Der kahle Berg

AF639586

LEX REURINGS &
WILLEM JANSSEN STEENBERG

DER KAHLE BERG

AUF UND ÜBER DEN MONT VENTOUX

Mit einem Vorwort von Peter Winnen

Aus dem Niederländischen von Ulrike Nagel und Rainer Sprehe

covadonga

Die Originalausgabe dieses Buches erschien unter dem Titel »De kale berg. Op en over de Mont Ventoux« (in dreizehnter überarbeiteter und erweiterter Auflage) bei Uitgeverij Thomas Rap, Amsterdam, und wurde von den beiden Autoren extra für die deutschsprachige Ausgabe nochmals aktualisiert.
© 2017/2020 Lex Reurings und Willem Janssen Steenberg

© der deutschsprachigen Übersetzung: Covadonga Verlag 2020
Covadonga Verlag, Spindelstr. 58, D-33604 Bielefeld
ISBN (Print): 978-3-95726-046-8
ISBN (E-Book): 978-3-95726-050-5

Übersetzung aus dem Niederländischen: Ulrike Nagel und Rainer Sprehe
Umschlagfotos: © Gruber Images
Druck und Bindung: Westermann Druck Zwickau GmbH
2. Auflage
Stand der Informationen: Frühjahr 2020

Alle Rechte vorbehalten. Wiedergabe, auch auszugsweise, nur mit ausdrücklicher Genehmigung des Verlags.

Der Verlag weist ausdrücklich darauf hin, dass im Text enthaltene externe Links vom Verlag nur bis zum Zeitpunkt der Buchveröffentlichung eingesehen werden konnten. Auf spätere Veränderungen hat der Verlag keinerlei Einfluss. Eine Haftung des Verlags ist daher ausgeschlossen.

Bibliografische Information der Deutschen Nationalbibliothek: Die Deutsche Nationalbibliothek verzeichnet diese Publikation in der Deutschen Nationalbibliografie; detaillierte bibliografische Daten sind im Internet über http://dnb.dnb.de abrufbar.

www.covadonga.de
www.dekaleberg.nl

»Tu fais du mal comme la Peste
Mais nous t'aimons, O Roi des Vents.«

»Du wütest rücksichtslos wie die berüchtigte Pest
Aber wir lieben dich, oh Herrscher des Winds.«

– Frédéric Mistral

»Le Ventoux ne se donne pas, chaque course est une conquête. Notre bonheur, c'est celui des alpinistes: se sentir bien en haut, savoir qu'on l'a fait, qu'on s'est dépassé.«

»Man bekommt den Ventoux nicht geschenkt, man muss ihn jedes Mal aufs Neue erobern. Unser Glück ist das der Bergsteiger: dieses wohlige Gefühl oben am Gipfel, im Wissen, dass wir es getan haben, dass wir uns selbst übertroffen haben.«

– Robert Aubéry, Radfahrer aus Mollans-sur-Ouvèze,
der den Mont Ventoux an seinem 60. Geburtstag
zum 58. Mal mit dem Rad erklommen hat

INHALT

VORWORT

Wer Ventoux sagt, sagt Tommy Simpson. Ich war noch ein kleiner Junge von gerade mal zehn Jahren, als dieser Engländer sich in der Mondlandschaft des Mont Ventoux buchstäblich zu Tode fuhr. Ich erinnere mich an dieses Ereignis, als wäre es gestern gewesen. Im Kopf des Zehnjährigen geschah etwas Merkwürdiges.

1) Der Mont Ventoux verwandelte sich von jetzt auf gleich in einen Berg, der mich in Angst und Schrecken versetzte.

2) Eine heftige Sehnsucht nach dem Gipfel ergriff mich.

Ich hatte vor, Radprofi zu werden, und ich wollte Heldentaten vollbringen. Und wo könnte das besser gelingen als auf einer Bergstrecke, die sich am Abgrund zum Tode entlangschlängelte.

Zwiegespaltenheit war Trumpf.

Die Abneigung gegenüber und die gleichzeitige Sehnsucht nach dem Mont Ventoux ist später allgemein Usus geworden. Nicht nur unter Radfahrern, sondern auch unter den Organisatoren von Radrennen. Nur selten wird dieser Berg in den Etappenplan einer Rundfahrt aufgenommen. Aber wenn der Ventoux auf dem Programm steht, kann man es kaum erwarten, dass die Karawane am Fuße des Berges ankommt. Der Ventoux ist ein Nervenkitzel *hors catégorie*.

Ist es ein glücklicher Umstand oder ist es ein Makel, dass ich das »Zuckerbrot« in den elf Jahren, die ich im Profi-Peloton lebte, nur einmal erklommen habe? Auch darauf gebe ich eine zwiegespaltene Antwort: Es ist beides, sowohl ein Makel als auch ein glücklicher Umstand.

Dieses eine Mal war an einem sehr heißen Juni-Tag während der Dauphiné Libéré 1983. Ich fuhr das Rennen als Vorbereitung auf die Tour de France und war noch weit von meiner Topform entfernt. Irgendwo in der Mitte des Feldes, mehr als zehn Minuten hinter der Spitze des Rennens, durchquerte ich die Mondlandschaft. Mein Schneckentempo und das der Leidensgenossen um mich herum war beschämend. In unserer Not warfen wir das Reglement über Bord und jedes Mal, wenn uns ein Begleitfahrzeug passierte, schnappten wir nach dem Türgriff, um uns ein paar Meter nach oben ziehen zu lassen. Damals zeigte der Mont Ventoux sein wahres Gesicht: Selbst unsere Arme befanden sich im Nu im Zustand allgemeinen Unbehagens.

Bei der Tour de France 1987 gab es ein Bergzeitfahren am Ventoux. Ich hatte einen Supertag. Ich saß in einem Strandpavillon im italienischen Lido di Jesolo. Mit einem großen Krug Bier vor mir. Im Fernsehen schaute ich mir die Live-Übertragung an. Jean-François Bernard und Stephen Roche versuchten beide, die Tour für sich zu entscheiden. Und ich verfolgte den Auftritt von Erik Breukink. Besser sie als ich, dachte ich nicht ohne Schadenfreude.

In jenem Jahr habe ich die Tour de France aus gutem Grund ausgelassen. Hätte ich auch noch die Tour bestritten, hätte ich nach der Tour de Suisse und dem Giro mehr als acht Wochen ohne Unterbrechung im Sattel gesessen. Das hält der stärkste Gaul nicht aus. Und dennoch, als ich mein Bier trank, spürte ich etwas in mir sprudeln, das mir wie Reue erschien. Schämte ich mich etwa wegen des Mangels an Leiden?

Am nächsten Tag kaufte ich mir eine niederländische Zeitung. Die Journalisten des Blattes hatten die Mutter von Erik Breukink eingeladen, den Auftritt ihres Sohnes am Ventoux live und aus nächster Nähe aus ihrem Auto heraus zu verfolgen. Ich las, dass sie hinten auf der Rückbank des Autos heftig geweint hatte. Es war herzergreifend. Danach war ich mir ganz sicher: Den Ventoux sollte man nie und nimmer auslassen. Und sei es nur, um der Held seiner Mutter zu werden.

Peter Winnen

DIE ERSTEN METER

Freitag, 5. Juli 1996. Mit Frau und Kindern habe ich mein Lager direkt vor den Toren von Bedoin aufgeschlagen, der Ausgangsbasis für die Fahrt auf den Mont Ventoux. Vom Campingplatz aus scheint der Berg schon seit ein paar Tagen ein Auge auf mich zu werfen und sein Blick ist unwiderstehlich. Ich habe mir schon ein paar Mal gesagt: »Ich muss und werde ihn bezwingen«, aber meine einzigen Erfahrungen als Kletterer bestehen aus einer Runde durch den Utrechtse Heuvelrug, aus dem Radweg durch die Dünen zwischen Noordwijk und Zandvoort und aus einer kleinen Ausfahrt in der Nähe der Pyrenäen. Und das ist sicherlich keine gute Grundlage, um den Riesen der Provence mit Zuversicht in Angriff zu nehmen. Deshalb beschließe ich, erst mal eine Erkundungstour in der Gegend zu unternehmen, ein wenig um den Berg herum.

Sommer 2000. *Irgendwann während unserer gemeinsamen Trainingsausfahrten im Sommer des Jahres 2000 fragt mich Karel: »Wie wär's, Willem, sollen wir nächstes Jahr mal zum Mont Ventoux fahren?« Unser Freund Wim ist dort im Juli sehr schön gefahren und seine Erzählungen haben das Feuer, das in Karel und mir schon längere Zeit glomm, aufs Neue entfacht. Als Jacquie und ich 1997 unseren Urlaub in Bedoin verbrachten, machte der Wächter des Südens großen Eindruck auf mich. Jeden Morgen, wenn ich auf dem Weg zur Boulangerie war, faszinierte mich der kahle Gipfel aufs Neue. Und wo auch immer wir gerade im Vaucluse unterwegs waren, überall schien mir das Observatorium zuzurufen: »Hey, Willem, wo bleibst du? Hol dein Fahrrad, Mann!« Doch leider – leider! – stand es zu Hause und erholte sich von der Vorsaison.*

Und nun fällt plötzlich dieser Name. Mont Ventoux. Huch. Wie verlockend das klingt.

Während ich so fahre, werde ich jedoch beinahe magnetisch in Richtung Berg gezogen. Ehe ich mich versehe, bin ich mit meinem Rad in Saint-Estève, wo der eigentliche Anstieg beginnt. Ich bin absolut nicht auf eine Kletterpartie vorbereitet. Es ist schon später Nachmittag und ich habe wirklich nicht vor, die Sache durchzuziehen, denn es wäre von vornherein zum Scheitern verurteilt. Ich fahre noch etwa drei oder vier Kilometer weiter und drehe dann um. Ich habe genug gesehen, um zu wissen: Der Anstieg zum Ventoux ist unglaublich hart, aber einen ernsthaften Versuch wert. Wenn ich früh am Morgen starte, habe ich genug Zeit, um bis nach oben zu kommen. Zehn Minuten später bin ich wieder auf dem Campingplatz.

»Ich kann das Zelt von Ruud haben«, fährt Karel fort, »und wenn wir uns am Steuer abwechseln, können wir in einem Tag in Bedoin sein. Ein Tag für die Hinfahrt, vier Tage Radfahren, ein Tag für die Rückfahrt, so müsste es gehen.« Sein Blick ist leicht amüsiert – er weiß, dass er mich längst am Haken hat, der Gauner.

Wir haben schon früher einmal darüber gesprochen, denn nach neun Jahren kennen wir die Vogesen inzwischen in- und auswendig. Zwischen Hohwald und Giromagny gibt es nur wenige asphaltierte Straßen, die wir nicht bereits unter den Rädern hatten. Auf dem Schnepfenried hatte ich mir jedoch seinerzeit geschworen, mir den Ventoux aus dem Kopf zu schlagen. Während dieses Anstiegs wurde ich von der Hitze und von Massen von Fliegen gequält, die in meine Nase und hinter meine Brille krochen. Anschließend sagte ich mir: Wenn diese knapp sieben Kilometer mit durchschnittlich zehn Prozent Steigung schon so eine Plackerei sind, was müssen dann erst die 21 Kilometer bis zum Gipfel des Ventoux für eine Folter sein?

Sonntag, 7. Juli 1996. Heute die verwegenen (Rad-)Schuhe angezogen: Es wird passieren! Das Wetter ist gut: nicht zu heiß, nicht viel Wind. Um acht Uhr sitze ich auf dem Rad; das Wasser spritzt fast aus den Bidons, die Trikottaschen sind mit ein paar Bananen und drei Packungen Sultana gefüllt. Vom Campingplatz fahre ich zuerst zurück nach Bedoin, weil ich vom Brunnen aus starten möchte, dem »offiziellen« Ausgangspunkt für die Auffahrt von der Südseite. Meistens stehen hier einige Radfahrer, aber im Moment ist niemand zu sehen. Nicht, dass es mir etwas ausmachen würde, denn ich muss es ja doch alleine schaffen. Ich steige auf, drücke den Startknopf am Tacho und fahre aus dem Dorf heraus wieder in Richtung Campingplatz, denn der liegt direkt an der Strecke.

Das eine führt zum anderen. Wie ein Haufen kleiner Jungs verbringen wir die folgenden Wochen damit, auf dem Rad Pläne zu schmieden. Natürlich habe ich den Schnepfenried nicht vergessen, aber der Ventoux, das wäre natürlich ein richtiger Berg... Wenn ich es auf meine alten Tage in einem Zug dort raufschaffen würde... Nun, ich habe keinen Zweifel daran, dass ich es irgendwie bis zum Gipfel packen würde, aber in einem Zug? Ohne Pause, ohne einmal abzusteigen? Ich bin zu schwer und habe nicht genug Talent, um das zu schaffen, nehme ich an. Und was für einen Haufen Training ich abreißen müsste, um...

Bis Saint-Estève läuft es prima, dann beginnt der eigentliche Anstieg: neun bis elf Prozent Steigung. Zum Glück ist es nicht heiß, aber ich mache es selbst heiß! Der Schweiß trieft aus meinem Körper und meine Handgelenke sind schwarz vor Fliegen. Ich versuche, sie zu vertreiben, aber es ist den Viechern egal – sie haben einstimmig beschlossen, mich als Mitfahrgelegenheit zu gebrauchen.

Kilometerlang schlängelt sich die Straße durch den Wald nach oben. Erst nach zehn Kilometern kommt der Gipfel in Sicht und verschwindet plötzlich wieder. Und obwohl es hart ist, fällt es mir bisher nicht wirklich schwer. Nicht absteigen, Lex, sage ich zu mir selbst, sitzen bleiben und weitertreten. Solange sich die Pedale drehen, komme ich voran, und solange ich vorankomme, komme ich dem Gipfel näher. Ich höre es mich selbst sagen, und ich werde es später noch etliche Male sagen. Laut.

Dienstag, 29. Mai 2001. *Um acht Uhr brechen wir mit unseren Rädern am Campingplatz auf, zwanzig Minuten später halten wir am Ortseingangsschild von Bedoin. Wir starten unsere Radcomputer, wünschen uns gegenseitig viel Erfolg, und los geht's: Auf zum Gipfel! Mehr als einundzwanzig Kilometer, durchschnittlich 7,7 Prozent Steigung, über 1.600 Höhenmeter. »C'est un col qui fait peur«, um mit Tour-Direktor Leblanc zu sprechen. Ich spüre die Anspannung in der Magengegend.*

Jeder fährt sein eigenes Tempo, haben wir abgemacht, also fährt Karel mir sofort davon. Nach nicht mal einem Kilometer, an der Abzweigung nach Flassan, ragt direkt vor mir, stolz in der Morgensonne leuchtend, der Gipfel des kahlen Berges auf. Da muss ich rauf.

Die erste Trinkflasche ist inzwischen fast leer und ich frage mich, ob ich genug Wasser dabeihabe. Laut meinen Berechnungen müsste ich jetzt fast beim Chalet Reynard sein. Dann hätte ich fünfzehn Kilometer geschafft, also nur noch sechs weitere vor mir.

Aber was für ein Schlag ins Kontor. Das Chalet Reynard will einfach nicht in Sicht kommen. Wie kann das sein? Mein Tacho zeigt bereits 16 Kilometer an. Hier sollte es laut dem *Kletterführer für Radfahrer* etwas leichter sein, aber ist dem tatsächlich so? Ha, ist das nicht das Chalet?

Ja, DAS IST DAS CHALET! Und da ist auch der kahle Gipfel. Jetzt nicht aufgeben, dann wird es gelingen!

Ich habe meine Pulsuhr ständig im Blick. Die angezeigten Werte schwanken zwischen 155 und 162, genau in der Nähe meiner Schwelle. Wenn ich das durchhalten kann, sollte ich es bis nach oben schaffen können. Einfach nur weiterkurbeln, immer weiter. Sicher, es ist ziemlich steil, und doch läuft es ganz gut. Ich keuche leicht. Wirklich schnell komme ich nicht mehr voran; selbst ein fröhlich flatternder Kohlweißling überholt mich.

Noch etwa sechs Kilometer. Zu Hause bei einer Tour über die Polder würde ich darüber lachen, aber hier ist das alles andere als ein Klacks. Immerhin, es geht jetzt etwas leichter, denn es ist etwas weniger steil. Nach einem Kilometer zieht die Steigung wieder an. Zum Glück gibt es nicht viel Wind; das gibt mir die Kraft weiterzumachen. Ich kriege die Pedale immer noch irgendwie rum, aber damit ist auch schon alles gesagt. Eigentlich ist es verrückt, aber jetzt, wo ich so weit gekommen bin, ziehe ich die Sache auch durch, bis ich buchstäblich umfalle.

Am Denkmal für Tommy Simpson, auf 1.770 Metern, spüre ich eine Gänsehaut. Ich tippe mit dem Finger an die Schläfe: Sei gegrüßt, Tommy, sei gegrüßt! Ich werde dafür sorgen, dass ich auf jeden Fall heile oben ankomme.

Sehe ich dort nicht das Denkmal für Tom Simpson? Dann muss ich noch einen weiteren Kilometer durch diese unwirkliche Mondlandschaft fahren.

Als ich endlich zur Gedenkstätte komme, halte ich nicht an – ich fahre seit dem Start im Sitzen und ich werde bis zum Ende im Sattel sitzen bleiben! Nun denn, ich sage: »Mach's gut, Tom«, denn das hat Tim Krabbé früher auch immer getan. Es ist, als ob Tom mir als Dankeschön ein wenig Antrieb verleiht, denn ich beschleunige nun tatsächlich! Wie viele Kurven müssten es noch bis zum Gipfel sein? Ich habe das Observatorium jetzt fortwährend im Blick, aber es kommt einfach nicht näher oder bestenfalls unmerklich. Bis jetzt bin ich fast allein gefahren, aber hier oben begegne ich immer mehr Leidensgenossen. An einigen fahre ich vorbei, andere überholen mich. Ich versuche, mich an sie dranzuklemmen, gebe das Unterfangen aber schnell wieder auf. Ich muss mein eigenes Tempo fahren, um es nach oben zu schaffen.

In der letzten Kurve fahre ich ganz außen: mehr Meter Wegstrecke, weniger steil. Ich sehe noch genau vor mir, wie die Köpfe von Armstrong und Pantani hinaufkommen, direkt nebeneinander, ihre Schultern, ihre Beine, ihre Füße. Das war im Jahr 2000. Und jetzt ich. Jetzt ich!

Am Ende der Kurve, wo das Gipfelplateau beginnt, steht Karel, mit dem Fotoapparat im Anschlag. Ich hebe den Zeigefinger meiner rechten Hand, während ich die letzten Meter fahre. Ohne abzusteigen, Junge, ohne einmal abzusteigen! Nach zwei Stunden und dreiunddreißig Minuten passiere ich die Ziellinie.

Sehe ich das richtig? Ist das da vorn die letzte Kurve? Das wäre zu hoffen, denn lange halte ich nicht mehr durch. Ich muss die Kurve weit außen nehmen, denn innen ist es viel zu steil. Einmal noch aus dem Sattel gehen und ICH HABE ES GESCHAFFT! Ich lehne mein Rad an eine Mauer, nehme meinen Helm ab und lasse mich zu Boden sinken.

* * *

Bei jedem Radfahrer, der den Gipfel erreicht, sucht sich die aufgestaute Anspannung auf die eine oder andere Weise einen Ausweg. Der eine lässt seinen Tränen freien Lauf, der andere wird sehr ruhig, ein Dritter beginnt zu glucksen oder starrt mit leeren Augen auf die weißen Gipfel der Alpen. Jeder braucht ein paar Minuten, um seine Emotionen zu verarbeiten und bis sich der Adrenalinspiegel wieder auf ein normales Maß eingepegelt hat. Dann geht der eine zum Verkaufsstand, um sich was Süßes mit Fliegendreck zu kaufen, der andere lässt sich einen Stempel auf ein teuer bezahltes T-Shirt setzen oder bittet einen netten Franzosen, ein Foto von ihm zu machen, während er sich quasi-nonchalant vor dem Schild mit der Aufschrift »Sommet du Ventoux 1909 m« gegen sein Fahrrad lehnt. Aber egal, wie lange es dauert, sich zu erholen und zu genießen, es kommt der Moment, in dem der Zauber gebrochen wird: Jacke an, Helm auf – die Abfahrt ruft.

Auf dem Campingplatz oder im Hotel gibt es als Belohnung die Bewunderung der Familie und anderer Urlauber. Es gibt eine Dusche, ein kaltes Bier aus dem Bach hinter dem Zelt oder aus dem Drei-Sterne-Kühlschrank des Hotels, und eines ist klar: Dies ist ein Tag, den man einrahmen muss, ein Tag, den man nie vergessen wird.

* * *

Manche Radfahrer gehen die Begegnung mit dem Mont Ventoux schüchtern an, andere treten ihm voller Bravour entgegen, aber jeder von ihnen erlebt sein eigenes Abenteuer. Und wer viel erlebt, kann auch viel erzählen.

Der kahle Berg – Auf und über den Mont Ventoux lässt Sie als Leser »den großen Tag« von Jungspunden und Veteranen, von Fahrradtouristen und ambitionierten Radsportlern, von Einzelgängern und »Waffenbrüdern« miterleben. Dieses Buch schildert die Geschichten von Männern und Frauen, die einmal im Leben mit dem Rad nach oben gefahren sind, aber auch die jener Wagemutigen, die den Berg elfmal an einem Tag bezwungen haben, wie üblich auf Asphalt, aber auch auf unbefestigten Wegen. Ihre authentischen Berichte erzählen von Unsicherheit und Leid und vom Glücksgefühl, das alle Mühsal und alle Unannehmlichkeiten vergessen lässt, sobald man einmal oben ist, am Fuße des Observatoriums.

Aber *Der kahle Berg* belässt es nicht dabei. Dieses Buch erläutert mittels ausgeklügelter Trainingspläne, wie man sich am besten auf die Bezwingung des Riesen der Provence vorbereitet. Es liefert Tipps von erfahrenen Experten zur Wahl der richtigen Kleidung, Ernährung, Ausrüstung und Übersetzung. Es enthält Steigungsprofile und Übersichtskarten der verschiedenen Routen hoch zum Observatorium, bietet einen Überblick über schöne Radtouren und jährliche

Radsportereignisse in der Umgebung und verweist auf weiterführende Lektüre in Form vieler hilfreicher Bücher, DVDs, Websites etc., die sich mit dem Mont Ventoux, der Provence oder dem Radfahren beschäftigen.

Zudem erzählt dieses Buch auch von der besonderen Rolle, die der Mont Ventoux in der Geschichte von u.a. Paris-Nizza, der Dauphiné Libéré und der Tour de France spielt – und von Tommy Simpson, dessen Schicksal die natürliche mythische Wirkung des Mont Ventoux nur noch verstärkt hat.

Auch all diejenigen, die zwar nie verstehen werden, was einen Menschen antreibt, solche Berge mit dem Fahrrad hochzufahren, aber sich doch schon für diesen wundersamen Berg interessieren, finden ebenfalls noch genug Lesestoff. Es gibt Kapitel über seine Entstehungsgeschichte und seine denkwürdigen geografischen Eigenheiten, über die Geschichte der Provence und die Besonderheiten der Dörfer im Schatten des Ventoux und auch über die herausragende Rolle, die dieser Berg im Werk etlicher Schriftsteller und bildender Künstler spielt. Denn auch der Nicht-Radfahrer kann sich dem Zauber des Ventoux nicht entziehen. Auch für ihn ist er ein Berg zum Einrahmen.

14 PROZENT

Heesch (Noord-Brabant, Niederlande). Ich habe in letzter Zeit oft mit meinem Kumpel darüber gesprochen: In der kommenden Saison müssen wir was dagegen unternehmen. Sieben Kilo müssen runter, vorerst kein Bier mehr und auch keine Süßigkeiten, viermal die Woche trainieren, auch bei miesem Wetter, und Ende Mai, Anfang Juni jagen wir den Mont Ventoux hoch. Müdes Geplapper mit einem Unterton von: Ach, Junge, wir werden alt, wir gehen aus dem Leim, es muss etwas passieren. Wenn wir weiterhin glaubwürdig über diesen Berg mitreden wollen, dann müssen wir etwas tun!

Dienstag, 27. Dezember. Und wir haben angefangen. Wir hatten richtigerweise geahnt, dass der Körper sich nach Weihnachten nach Betätigung sehnen würde, nach Bewegung. Der vom Fitnessstudio organisierte Spinningmarathon bietet eine Lösung: vier Stunden Radfahren am Stück. Okay, zwar drinnen, aber angesichts des schlechten Wetters und der noch winterlichen Straßen eine nette Alternative.

Ein Beamer, der unsere Videofilme von den Ventoux-Auffahrten und -Abfahrten von Bedoin und Malaucène groß an die weiße Wand projiziert, 26 Spinningbikes, exzellentes Catering, dröhnend bollernde Musik, »Hintern aus dem Sattel, achte auf deine Haltung«, und treten, treten, treten, treten. Langsam, aber sicher verschwinden die Spiegel hinter tropfender Kondensation. Vier Stunden nach dem Start fühlen sich die Beine hervorragend an, aber das Sitzfleisch protestiert: Es liegt noch viel Arbeit vor uns…

Samstag, 31. Dezember. Die »Top 2000«, der Radio-Hit-Marathon zwischen den Jahren, dröhnt durchs Haus, ein Rindertopf köchelt seit fast acht Stunden langsam vor sich hin. Und aller Anfang ist schwer: Eine Rum-Rosinen-Kugel findet ihren Weg nach unten, begleitet von einem kräftigen Schluck von fast 14 Prozent. 14 Prozent, die letzte Kurve der Südrampe von Bedoin…

Dreimal pro Woche stampfen und schwitzen wir im Spinningsaal mit zu viel Lärm auf den Ohren, Schweißpfützen auf dem Boden und pitschnassem Shirt. Deep Purple, »Smoke on the Water«, auf Platz 64.

In zwei Wochen werde ich 65. Fünfundsechzig… Und ich mache mir Sorgen wegen dieses dämlichen Bergs. Vierzigmal bin ich inzwischen mit dem Rad dort hinaufgefahren, rund hundertzwanzigmal hat das Auto den Job für mich erledigt, aber jetzt – jetzt! – muss ich mir so dringend wieder was beweisen: ohne absteigen bis nach oben oder ohne Schlangenlinien oder ohne eingeholt zu werden oder noch mal dreimal an einem Tag oder vielleicht mal rückwärts mit dem Fahrrad oder was auch immer. Eine verzögerte beziehungsweise hartnäckig anhaltende Midlife-Crisis? Mit fünfundsechzig? Höre ich da den Ventoux sich ins Fäustchen lachen?

Aus: Willem Janssen Steenberg, *Voor eigen parochie – Columns 2003–2011*

DER BERG

»Man kann Rad fahren, was man will, aber letztlich geht es um die 20 Kilometer, die auf den Gipfel des Mont Ventoux führen.«

– Bart Jungmann: *Fietsroutes – Zeven favorieten*, in: *de Volkskrant*, 2. März 2013

Der Name

Riese der Provence, weißer Wächter der Provence, Zuckerbrot, kahler Berg, Midlife Mountain. Es sind Spitznamen, die keiner weiteren Erklärung mehr bedürfen, und für den Literaturliebhaber ist auch die Bezeichnung Olymp des Südens eindeutig. Viele Radfahrer werden sich auch ihren eigenen Kosenamen ausgedacht haben, aber lassen Sie uns nicht darüber reden – in der Öffentlichkeit benutzt man nicht den Kosenamen seiner Geliebten.

Mont Ventoux – Höhe: 1.909 Meter; geografische Koordinaten: 44° 10' 26" N, 5° 16' 38" O. Woher hat das etwa 25 mal 15 Kilometer große Massiv an der Grenze der Départements Drôme und Vaucluse, etwa 40 Kilometer nordöstlich von Avignon gelegen, seinen Alltagsnamen, so wie er im Michelin-Führer steht?

Die offensichtlichste Erklärung hat mit dem Französischen *le vent* zu tun: der Wind. Mont Ventoux bedeutet in dieser Interpretation »windiger Berg« oder »windumtoster Berg«. Diese Erklärung kommt nicht von ungefähr. Jeder, der schon einmal inmitten eines starken Mistrals[1] an der Spitze der Mondlandschaft gestanden hat, wird diese Erklärung sehr plausibel finden. Und wenn wir die meteorologischen Daten und Fakten betrachten, bestätigt sich, was viele Radfahrer während ihrer Plackerei bergauf persönlich erlebt haben: Auf dem Ventoux kann es gehörig toben; die D 974 heißt 70 Meter unterhalb des richtigen Gipfels nicht umsonst *Col des Tempêtes* oder »Pass der Stürme«. Hören wir also besser gut auf die Warnungen, wenn das Wetterinstitut »starke Windböen mit Spitzen von 120 bis 150 km/h« kommen sieht; auf dem Ventoux wurden als Rekord schon 320 km/h gemessen.

Die zweite Erklärung für den Namen Ventoux ist etwas subtiler. Das Wort *Ventoux* geht möglicherweise zurück auf das Keltische des ersten oder zweiten Jahrhunderts, die Sprache des Stammes, der damals in diesen Gegenden lebte. Bodenfunde auf dem Gipfel des Berges deuten auf die Möglichkeit hin, dass die Kelten dort den Berggott Vintur verehrten. Dessen Name soll sich von *ven-topp* ableiten, was so viel wie »schneebedeckter Gipfel« bedeutet. Der Vorsilbe *ven* wird übrigens auch die Bedeutung »weithin sichtbare Anhöhe« zugeschrieben. Dies sind durchaus nachvollziehbare Bezeichnungen für einen Berg, der von November bis Ende März/Anfang April unter einer Schneedecke begraben liegt und auch im Sommer eine glänzend weiße Spitze besitzt. Auch im Juli oder August kann hier noch mal kurz Schnee fallen und es ist alles andere als ungewöhnlich, wenn Ende Mai/Anfang Juni in einer schattigen Ecke an der Nordflanke des Massivs noch Schnee liegt.

Eine dritte »Übersetzung« des Namens Mont Ventoux, die ebenfalls mit der Götterverehrung auf dem Gipfel zusammenhängt, soll, so meinen einige, »Berg aller Geister« lauten. Wer die Wahrheit kennt, soll es sagen.

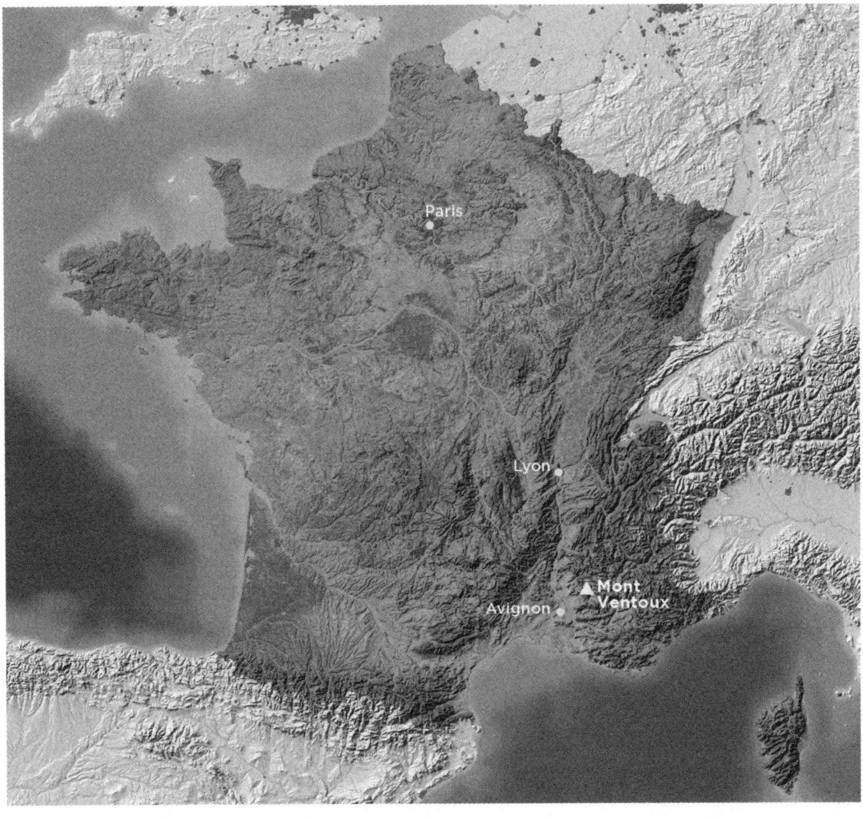

Die Höhe

Die Höhe des Ventoux war im Laufe der Jahrhunderte recht variabel, wenn man den Messungen vertrauen darf. Zu Beginn des 18. Jahrhunderts glaubte man den Gipfel auf 2.027 Metern Höhe, später kam man auf 1.976 Meter, auf 2.019 Meter und im Jahr 1823, sehr genau, auf 1911,4 Meter. Im Jahr 1882 wurden 1907,870 Meter gemessen – ja, auf den Millimeter genau. Die französische Luftwaffe gibt an, dass der Ventoux 1.912 Meter hoch ist. Diese Höhe nannte auch das Schild, das bis vor einigen Jahren über dem »Laden« hing, obwohl man hier bei genauerem Hinsehen noch undeutlich 1.909 Meter lesen konnte, die Höhe, die sich auch auf den berühmten Michelin-Karten findet.

Das Schild an dem prosaischen Pfosten gegenüber dem Laden behauptete 2010, dass der Berg 1.910 Meter hoch sei, fand aber 2012 heraus, dass der Gipfel auf 1.912 Metern Höhe liegt. Mitte 2015 gab es ein neues Schild ... und somit eine neue Höhe: 1.911 Meter. Gegenüber, direkt am Fuße des weißen Turms, ist der Netzbetreiber Télédiffusion de France (TDF) auf einem Schild nahe des Eingangs zum *Centre émetteur du Mont-Ventoux* der Meinung, dass es genau 1.900 Meter sein müssen. Guy Gérard Durand[2], der ein Buch über die Historie von Bedoin geschrieben hat, nennt 1.907 Meter. Die Wanderkarte des IGN gibt 1.910 Meter an. Und die Tour de France? Die schickt die Fahrer hinauf auf 1.895 Meter.

Und sie liegt damit tatsächlich am nächsten dran. Das wissen wir seit Juni 2016. Am 10. Juni jenes Jahres haben nämlich *géomètres-experts de la chambre départementale du Vaucluse*, die Landvermesser des Départements, ihre Ausrüstung am Gipfel aufgebaut, und inzwischen wurde das Ergebnis ihrer Berechnungen offiziell bestätigt, und zwar vom *Institut national de l'information géographique et forestière* – so heißen inzwischen, seit ihrem Zusammenschluss zum 1. Januar 2012, das *Inventaire forestier national* (IFN) und das *Institut géographique national* (IGN, bekannt von den gleichnamigen Karten). Der Col du Mont Ventoux, die asphaltierte Straße vor dem »Laden«, ist von nun an 1897,10 Meter hoch. »Bis auf weiteres«, wäre man geneigt zu sagen...

Es heißt, dass die Verwaltung des Départements Vaucluse nun oben auf dem Gipfel die richtige Höhe angeben wird. Dies ist zum Zeitpunkt der Recherchen für diese Ausgabe von *Der kahle Berg* allerdings noch nicht geschehen. Am 16. Mai 2017 wurde jedoch ein neues Schild mit einer neuen Höhenangabe – 1.909 Meter – angebracht, nachdem das alte Schild mit der Höhenangabe 1.911 Meter seit Januar desselben Jahres verschwunden war. Im Sturm davongeweht? Oder abgenommen, um es zu ersetzen? Von Souvenirjägern gestohlen? Das Verschwinden führte jedenfalls zu einer eigenen Twitter-Kampagne unter dem Hashtag #touchepasamontventoux (Hände weg vom Mont Ventoux) mit zahlreichen Bildern des Höhenschildes oder eines seiner Vorgänger. Der Initiator hoffte, dass dies den Dieb davon überzeugen würde, das Schild zurückzubringen...

Nach der Arbeit der *géomètres-experts* hat sich jedoch bisher noch nichts geändert. Das Schild an dem Pfosten am Rande des Aussichtsplateaus zeigte zuletzt noch immer 1.909 Meter an. Gut für das Ego aller Radfahrer, die die Plackerei auf sich genommen haben. »Locker über 1.900 Meter« klingt bei der Berichterstattung an der Heimatfront nun mal etwas beeindruckender als »nicht ganz 1.900 Meter«.

Aber, ach, worüber machen wir uns Sorgen. Jeder, der nach vollbrachter Tat irgendeine Zahl in der Nähe von 1.900 Metern erwähnt, liegt der Wahrheit bedeutend näher als die Menschen im Mittelalter, als man noch glaubte, der Ventoux wäre 6.000 Meter hoch...

All diese Unterschiede sind darauf zurückzuführen, dass nicht jede Messung auf dem gleichen Nullpunkt basiert und dass manche Vermesser die »Passhöhe« – in diesem Fall also das asphaltierte Gipfelplateau, die D 974 – nehmen, während andere die absolute Spitze des Berges messen. Und dann stellt sich die Frage, was Kartografen, Straßenverwaltungen und andere mit diesen Daten machen. Wenn die Pläne zur »Neugestaltung« des Ventoux durchkommen, soll auch die eher inkonsequente Beschilderung entlang der verschiedenen Zufahrtsstraßen erneuert werden. Man sollte es hoffen...

Abschließend noch einige weitere Messdaten aus dem Bericht der *géomètres-experts*. Das Chalet Reynard liegt auf 1.417,75 Metern Höhe, die Kurve bei Saint-Estève auf 529,91 Metern und der Start in Bedoin auf 309,39 Metern.

Die Entstehungsgeschichte

Der Mont Ventoux ist aus geologischer Sicht gar nicht mal so alt. Vor etwa 60 Millionen Jahren schoben sich tief unter der Provence Erdschichten wie wandernde Eisschollen gegen- und übereinander. Ähnlich wie bei einem DIN-A4-Blatt, dessen Ober- und Unterkante man auf einer ebenen Fläche aufeinander zubewegt, sodass sich eine Falte erhebt, entstanden durch diese Erdaktivität verschiedene in Ost-West-Richtung verlaufende Gebirgszüge wie die Pyrenäen, die Baronnies, die Montagne de Lure, der Luberon, die Alpillen und eben auch das Massiv des Mont Ventoux. Die Nordseite des Ventoux ragt steil und schroff in die Höhe. Auf der Südseite indes erhebt sich der Berg viel allmählicher aus der Ebene – zum Plateau de Vaucluse hinab erstrecken sich sanft abfallende, von der Sonne verwöhnte Hänge.

Ein markantes Merkmal des Berges ist natürlich der kahle Gipfel. Wie der Untergrund des gesamten Vaucluse besteht er aus Kalkstein. Kalkstein ist das Sediment, das sich im flachen Meer, das vor Hunderten Millionen Jahren die gesamte Provence bedeckte, abgelagert hat. Als sich das Wasser später zurückzog und der Ventoux sich zu erheben begann, nahm er den einstigen Meeresuntergrund mit in die Höhe. Im Laufe der folgenden Jahrhunderte zerbarst die einstmals massive Gesteinsschicht unter dem Einfluss von Wind und Wetter zu den Milliarden von Felsbrocken, die heute die berühmte »Mondlandschaft« formen.

Übrigens hat im Süden Frankreichs nicht allein der Ventoux aus diesem Grund eine nackte Spitze aus kalkhaltigem Geröll. Wenn Sie ein Stück weiter östlich die Montagne de Lure hinauffahren (siehe *Montagne de Lure: Die kleine Schwester des Mont Ventoux*, S. 272), liegt der Gedanke nahe, dass deren Entstehungsgeschichte parallel zur derjenigen des Mont Ventoux verlaufen sein könnte. Und tatsächlich, so ist es: Die prähistorischen Urkräfte, die den kalksteinhaltigen Meeresuntergrund in die Höhe gedrückt und das geschaffen haben, was heute der kahle Riese der Provence ist, bildeten auf die gleiche Weise auch die Montagne de Lure. Und so ist es kein Wunder, dass sich die beiden so ähnlich sind.

Das Klima

Klimazonen. Auf dem Mont Ventoux kommen ganz besondere klimatische Bedingungen zum Tragen. Man könnte sich den Ventoux als einen mehrschichtigen Kuchen vorstellen, der beim Backen auf der einen Seite – seiner Nordflanke – durch einen falschen Luftzug im Ofen (den kalten Mistral) am unteren Rand etwas eingesunken ist.

In den unteren Lagen des Mont Ventoux herrscht ein mediterranes Klima. Auf der Nordseite endet es in einer Höhe von etwa 500 bis 600 Metern, auf der Südseite auf 800 bis 900 Metern. Die nächste Klimazone erstreckt sich auf der Nordseite über etwa 500 Höhenmeter, auf der Südseite über 300. Dann folgt ein Bereich, der auf beiden Seiten bis auf etwa 1.700 Meter hinaufreicht. Auf dem Gipfel findet man dann Bedingungen vor, denen man auch auf Grönland oder in Lappland begegnet.

Es liegt auf der Hand, dass man nicht überall genau sagen kann, auf welcher Höhe sich die Grenze zwischen einer Klimazone und der nächsten befindet. Natürliche Gegebenheiten wie Landschaftsfalten, Schluchten, die Lage eines Hanges in Bezug auf die Sonne und dergleichen schaffen vielerorts ein besonderes Mikroklima.

Für Kenner ist es faszinierend zu sehen, welche Folgen dieser Übergang von einem mediterranen Klima am Fuße des Berges zu den Polarkreisbedingungen am Gipfel für die Pflanzen- und Tierwelt hat. So beginnt tatsächlich der größte Zedernwald Europas im für diese Spezies geeigneten Klima auf Höhe des Pavillon de Roland, während im fast polaren Klima am Gipfel naturgemäß kaum etwas wachsen will. Doch wer gut hinsieht, entdeckt zwischen den Felsbrocken die prächtigsten Pflanzen und Blumen, die sonst nur im hohen Norden vorkommen.

Wind. Es ist unmöglich, ihm zu entgehen: Auf dem Mons Ventosus, dem windigen Berg, muss man darauf gefasst sein, dass es öfter mal weht. In der Provence unterscheidet man 32 verschiedene Arten von Wind; in der Tat wird niemand den Provenzalen einen Mangel an Feinsinnigkeit vorwerfen können! Für Radfahrer aus unseren Landstrichen sind solcherart Nuancierungen indes wenig geeignet: »[...] der einsame Radfahrer, der sich tief über den Lenker gebeugt seinen Weg gegen den Wind bahnt«[3], lehnt sich am Ventoux vor allem gegen den berühmten Mistral, den kalten Wind, der hier immer auf der Spitze des Rennens zu stehen scheint.

Dass es auf dem Ventoux so zugehen kann, ist nicht weiter verwunderlich. Der Gipfel des Ventoux ist »*ominiprésent dans les paysages*«, wie die Franzosen sagen. Er erhebt sich hoch oben über dem Land, und wo man sich in der Provence auch gerade befindet: Man kann ihn praktisch immer und von überall aus sehen. Das bedeutet, dass es nichts gibt, was den Wind aufhalten würde, sodass er ungebremst auf den Ventoux zustürmen kann.

Unsere Vorfahren glaubten, dass der Mistral irgendwo auf der Nordseite des Ventoux, tief im Inneren des Bergs, in einer Höhle bei Brantes geboren wurde, die heute noch *Grotte du Vent* (Höhle des Windes) genannt wird, oder auch *Trou Soufflant* (wörtlich: »pustendes Loch«) oder *Trou du Souffleur*, was so viel bedeutet wie »Souffleurkasten«.

Die heutige Wissenschaft weiß es besser. Der Mistral, ein kalter, meist trockener Wind polaren Ursprungs, weht durchschnittlich 151 Tage im Jahr aus Norden/Nordwesten Richtung Frankreich. Dort wird er durch die Alpen zur Rhône hin umgeleitet. Das lange, untere Rhônetal wirkt dabei wie ein Tunnel: Der Luftstrom wird dort gleichsam hineingepresst, sodass seine Geschwindigkeit, ungebremst durch natürliche Hindernisse, stark zunimmt.

Der Mistral ist also immer ein Nordnordwestwind. Das erklärt, warum man sich oben in der Mondlandschaft in einem Moment die Seele aus dem Leib treten muss, um voranzukommen, und im nächsten Moment etwas durchatmen kann. Schließlich schlängelt sich die D 974 dort in einem kurvenreichen Zickzackkurs hinauf: ein Stückchen nordwärts (Gegenwind), nach der Kurve dann

Richtung Westen (Seitenwind), nach der nächsten Kurve wieder gen Norden (Gegenwind) und so weiter.

Als Radfahrer hat man es in der Regel mit dem sogenannten *weißen Mistral* zu tun. An einem überwiegend blauen Himmel schweben hier und da hohe Wolken, die die Form von Linsen oder Sepiaschalen haben, diesen weißen Rückenknochen von Tintenfischen, die man manchmal am Strand findet. Aber gelegentlich hat man Pech und der Himmel hat sich zugezogen und es regnet; dann ist man dem ausgesetzt, was *schwarzer Mistral* genannt wird.

Am häufigsten bläst der Mistral Ende Winter/Anfang Frühling und im Juli, und je höher man kommt, desto kräftiger.

Daneben gibt es noch den *Marin*, einen feuchten Wind, der vor allem im Herbst aus Süden/Südosten vom Mittelmeer her nach Frankreich hineinweht; das geschieht durchschnittlich 91 Tage im Jahr. Wenn der Marin sich erhebt, wissen die Menschen, dass es bald aus Kübeln schütten wird.

Aber es gibt nicht nur Grund zum Klagen, denn wir haben auch noch den *Ventoureso*, »die Brise vom Ventoux«. Die Einwohner von Arles, einer Stadt südwestlich des Mont Ventoux, gaben diesem Namen jenem trockenen, frischen Wind, der für sie gelegentlich aus Nordosten kommt, also aus Richtung des Ventoux. Besonders in heißen Sommern ist diese angenehm frische Brise mehr als willkommen.

Extreme Windgeschwindigkeiten. Es ist klar, dass in großen Höhen – und der Gipfel des Ventoux liegt ziemlich hoch – der Wind häufiger und heftiger weht als in der Ebene der Provence. Hinzu kommt, dass der beinahe senkrecht aus der Ebene aufsteigende Ventoux den heranströmenden Wind zu noch höheren Geschwindigkeiten antreibt.[4] Einige behaupten, dass oben auf dem kleinen Gipfelplateau an 256 Tagen im Jahr ein starker Wind weht, andere sprechen von 173 Tagen, wieder andere kommen auf 130 Mistraltage im Jahr. An 118 davon soll der Nordwind mehr als 100 km/h erreichen; mehrmals wurden schon über 250 km/h gemessen.

Nach Angaben des Verteidigungsministeriums steht der absolute Windgeschwindigkeitsrekord seit dem 15. Februar 1967 bei 320 km/h, ein Wert, der am 19. November desselben Jahres noch einmal gemessen wurde; übrigens war es seinerzeit nicht der Mistral, sondern der Marin, der über den Berg hinwegfegte. Am 20. März 1967 erreichte der Mistral seine (vermeintliche) Höchstgeschwindigkeit: 313 km/h.

Zum Vergleich: Als Windrekord in den Niederlanden gilt bisher ein Stundenmittelwert von 132,2 km/h, den die Messstelle KNMI Maastricht am 4. Juni 1912 vermeldete. Die bisher stärkste offiziell auf dem niederländischen Festland gemessene Böe bekam Hoek van Holland ab: Am 6. November 1921 zeigten die

Messgeräte dort einen Ausreißer von 162 km/h an – Peanuts im Vergleich zur geschätzten Geschwindigkeit des Wirbelsturms auf Vlieland am 5. November 1948: 202 km/h. Aber Vorsicht: Unterschiedliche Quellen liefern jeweils abweichende Zahlen.

Man erzählt sich – und mehrere Leute behaupten, es mit eigenen Augen gesehen zu haben –, dass bei den oben genannten Windgeschwindigkeiten auf dem Ventoux die Steine die Hänge hinaufgeweht werden. *Se non è vero, è bon trovato* – wenn es nicht stimmt, ist es zumindest gut erfunden... Es ist generell ratsam, all diese Informationen mit Vorsicht zu betrachten. In der Vergangenheit haben sich die Windmesser nicht gerade durch ihre Genauigkeit ausgezeichnet, sie zeigten oft zu hohe Werte an. Dies ist seit dem 7. Juli 2016 anders – siehe *Der braune Turm* in: *Der Berg*, S. 33.

Weil der Gipfel dieses Berges nun mal so vortrefflich die Fantasie anregt, im Folgenden noch ein paar weitere Daten und Fakten zu den Wetterbedingungen dort oben – mit Dank an die französischen Meteorologen, das Verteidigungsministerium sowie verschiedene Tourismusbüros und Naturschutzorganisationen.

Die Winter auf dem Gipfel des Ventoux wollen kein Ende nehmen. Mehr als 140 Tage im Jahr liegt dort oben Schnee, an 173 Tagen herrscht Frost und es kann wirklich sehr kalt werden: Die durchschnittliche Jahrestemperatur liegt zwischen 3 und 4 °C, aber die niedrigste in der kalten Jahreszeit gemessene Temperatur beträgt jedes Jahr etwa –27 °C. Selbst im Juli und August können die Temperaturen manchmal unter den Gefrierpunkt sinken. Andererseits: Während der Hitzewelle Ende Juni 2019 wurden oben auf dem Gipfel 33 °C gemessen – siehe *Wetter* in: *Tipps*, S. 177.

Im Sommer sind es am Gipfel meist zwischen 10 und 18 °C, was etwa elf Grad kühler ist als am Fuße des Berges – nicht wenige Besucher lassen sich davon überraschen.

Das Wetter auf dem Ventoux ist nicht nur eigenwillig, es kann auch in kurzer Zeit von einem Extrem ins andere umschlagen, und es ist oben immer ein Stückchen kälter als im Tal. *La Provence*, die lokale Tageszeitung des Vaucluse, formuliert es so: »*En terme de météo, il se passe toujours quelque chose au Ventoux. Sa normalité, c'est l'excès. On y est, le plus souvent, dans le trop. Trop chaud, trop froid ou trop venté...*«. Frei übersetzt: »Was das Wetter betrifft, ist auf dem Ventoux immer etwas los. Das Abnormale ist dort die Norm und meistens ist es hier ›zu‹: zu heiß, zu kalt oder zu windig.« Etwas, was insbesondere Radfahrer und Wanderer stets bedenken sollten.

Und dann versteckt sich der Gipfel auch noch an 200 Tagen im Jahr in den Wolken, auch das natürlich keine perfekten Fahrradbedingungen entlang der leeren Hänge. Obwohl, leer? Das *Syndicat Mixte d'Aménagement et d'Equipement du Mont Ventoux* (SMAEMV), das sich mit der Organisation von allen möglichen Dingen befasst, die sich auf dem Gipfel des Berges abspielen, schätzt, dass jedes Jahr rund 700.000 Menschen das Vaucluse von oben herab in Augenschein nehmen… Fast 70 Prozent davon sind Franzosen, die Gäste aus dem Ausland kommen hauptsächlich aus Deutschland, Belgien und den Niederlanden. Nach Angaben der Gemeinde Bedoin erreichen von diesen 700.000 Besuchern rund 130.000 den Gipfel mit dem Fahrrad.

Beeindruckende Zahlen, aber man sollte der Ehrlichkeit halber noch mal betonen, dass keine zwei Quellen die gleichen Zahlen liefern. Eine Frage der Definitionen? Von Messmethoden? Das berühmte französische Laissez-faire? Die einzige zuverlässige Schlussfolgerung, die Sie aus all den Daten ziehen können, sollte lauten: Beim kahlen Berg weiß man nie wirklich, woran man ist.

Wälder

Der Ventoux ist ein erstaunliches Phänomen. Man sollte meinen, dass es so weit im Süden überall ein mediterranes Klima mit der dazugehörigen Flora und Fauna geben würde. Im Tal stimmt das auch, aber wenn man den Berg genauer betrachtet, sieht man bemerkenswerte Dinge. Klimatisch gibt es große Unterschiede zwischen z.B. der Nord- und der Südseite – siehe *Klimazonen* in: *Der Berg*, S. 22.

Aber es gibt noch mehr Auffälligkeiten. Nur der Gipfel des Ventoux über 800 Metern besteht aus reinem Kalkstein; in den unteren Lagen wechselt der Kalkstein mit anderen Gesteins- und Bodenarten. Vor allem die Südflanke weist zahlreiche Störungen der ursprünglichen Erdschichten auf. Dies hat Konsequenzen für die Wasserversorgung und damit für die Vegetation.

Die Nordhänge sind im Allgemeinen feucht und dem kalten Mistral voll ausgesetzt. Hier leben nicht sehr viele Menschen; auf dieser Seite des Berges wachsen hauptsächlich Nadel- und Laubbäume.

Die Südhänge liegen direkt in der Sonne. Sie sind trockener und werden von den Menschen viel stärker kultiviert. Denken Sie nur an die Obstplantagen rund um Bedoin und die Weinberge, die man auf dem Weg nach Saint-Estève passiert. Das bedeutet natürlich nicht, dass man auf der Südflanke keinem Baum begegnen würde. Im Gegenteil: Wer von Bedoin zum Chalet Reynard will, kann ihr nicht entgehen, der »kleinen grünen Hölle mit schwarzem Asphaltstreifen«, wie Bart Aardema sie in seinem *Berggids voor fietsers* nennt, dem »Bergführer für Radfahrer«.

Kahlschlag. Die Aufforstung auf dem Berg ist noch relativ jung. In der Frühgeschichte beanspruchte der Mensch den Wald nur in sehr geringem Maße, aber als sich mehr Menschen an festen Orten niederließen und Äcker anlegten und begannen, Vieh zu halten, wurde die Nutzung des Waldes intensiver. Irgendwann war es so weit, dass Hirten mit großen Herden umherzogen, die alles auffraßen, was ihnen vor die Hufe kam. Doch hatte man offenbar begriffen, dass sich die Dinge in die falsche Richtung entwickelten, denn bereits 1549 forderte der Rektor des Comtat Venaissin, dass Gegenmaßnahmen ergriffen würden. Dieser Appell wurde später regelmäßig wiederholt, doch ohne Ergebnis.

Im Laufe der Zeit wurde immer mehr Holz zum Heizen und für wirtschaftliche Aktivitäten wie den Schiffsbau, Kalkbrennereien und Eisengießereien benötigt. Die Wälder in den unteren und mittleren Lagen des Berges fielen buchstäblich der Axt zum Opfer. Infolgedessen war es um die Waldbestände bereits im 17. Jahrhundert schlecht bestellt. Denn obschon es natürlich Phasen gab, in denen sich der Wald erholen konnte, fanden diese auch immer wieder ein Ende. So forderte zum Beispiel die Französische Revolution ebenfalls ihren Tribut. Schließlich befanden sich viele Wälder im Besitz des Adels und als die Macht an die revolutionäre Bourgeoisie überging, wurden nicht nur die Adligen, sondern auch ihre Bäume einen Kopf kürzer gemacht...

Als im 19. Jahrhundert die industrielle Revolution mit ihren Dampfmaschinen den Holzbedarf nochmals enorm forcierte, war auch der Wald in den höheren Lagen des Ventoux zum Tode verurteilt: Alles wurde rücksichtslos abgeholzt. Auch wütende Waldbrände infolge von Blitzeinschlägen – ein berüchtigtes Phänomen in Südfrankreich – trugen ihren Teil dazu bei. Kurzum, Bäume wurden am Ventoux zu einer relativ seltenen Erscheinung.

Die Folgen waren katastrophal: Das Wasser, das nach Regengüssen den Berg hinabfloss, riss den Boden mit sich, junge Pflanzen hatten keine Chance und die Erosion nahm verheerende Ausmaße an. Um 1840 wuchsen auf 550 bis 1.150 Metern Höhe nur Thymian und Lavendel; lediglich hier und da stand noch eine knochige Eiche, Buche oder Kiefer – siehe *Jean des Baumes* in: *Der literarische Berg*, S. 304.

In dem Maße, in dem der Anblick des Berges im Laufe der Zeit immer kahler wurde, wurden auch die Katastrophen für Mensch und Tier immer zahlreicher und heftiger. Allein im 19. Jahrhundert schwemmte das Wasser achtmal alles von den Hängen zu Tal: Straßen, Brücken, Dörfer, Äcker, Vieh – nichts entging der zerstörerischen Kraft der Natur.

Nationales Forstgesetz (1827). Am Ende setzte sich die Vernunft durch und die Regierung intervenierte. Das Nationale Forstgesetz von 1827 legte eine Reihe von Regeln fest, die darauf abzielten, den Wald für diejenigen, die dort lebten und arbeiteten, zu erhalten. Für Bedoin bedeutete dies, dass die Nutzung von 4.473 Hektar Wald reglementiert wurde. Auch in völlig kahlen Gebieten und auf offenen Flächen im Wald konnte man nun nicht mehr einfach tun und lassen, was man wollte.

Am Mont Ventoux war es Joseph Charles Eymard, der sich im Jahr 1858 unmittelbar nach seiner Wahl zum Bürgermeister von Bedoin als erster Amtsinhaber für die Wiederherstellung des Waldes in »seinem« Teil des Berges einsetzte. Auf der Nordseite folgte Malaucène ein Jahr später seinem Beispiel.

Die Leitung der Aufforstungsarbeiten wurde Charles Labussière als »Conservateur des Eaux et Forêts à Aix en Provence« (Oberförster der französischen Forstbehörde) übertragen. Er und seine Leute hatten jedoch keine Ahnung, wie und wo sie am besten welche Bäume pflanzen sollten, um die fast 4.500 Hektar degenerierter Flächen, über die Bedoin zu dieser Zeit verfügte, zu »revitalisieren«. Die steilen Hänge waren fast kahl gewaschen und es fehlte an vernünftigen Wegen. So wurden *routes forestières* angelegt (sandige, mit losen Steinchen verstärkte Wege), um den Berg zugänglich zu machen, und man experimentierte viel mit allerlei Arten von Nadel- und Laubbäumen und mit verschiedenen Anpflanzungsweisen. Aus Schaden wurde man klug, und Labussière und seinen Leuten gelang es allmählich, ihre Arbeitsmethoden stetig zu verbessern.

In den ersten zwanzig Jahren der Arbeiten wurde bis auf eine Höhe von ungefähr 1.000 Metern die Technik des Aussähens und der anschließenden Verpflanzung auf alle Arten von Kiefern wie etwa Lärche, See-, Wald- und Schwarzkiefer angewandt. Auch Eicheln wurden auf umgegrabenen Böden ausgestreut. Als nach etwa 15 Jahren in den gepflanzten Eichenwäldern, die in Zukunft eigentlich als Brennholz dienen sollten, wertvolle Trüffel gefunden wurden, trug dies wesentlich zur Popularität der Wiederaufforstungsmaßnahmen bei.

Im Zuge der Experimente fassten Labussière und der Inspektor der staatlichen Forstverwaltung François Tichadou den Plan, die Zeder auf dem Ventoux einzuführen. Es handelte sich um eine Baumart, die zwar im Vaucluse bis dahin nicht vorkam, aber in der französischen Kolonie Algerien von großer Bedeutung war.

Mit Hilfe französischer Soldaten sammelten algerische Forstwirte im Jahr 1861 im Atlasgebirge Zedernfrüchte, die dann in Fässern nach Frankreich verschifft wurden.

Im April 1862 wurden die ersten sechzehn Säcke Saatgut auf ehemaligen Lavendelfeldern im Kanton Mauvallat ausgesät, 1863 dann weitere fünfundfünfzig bis sechzig Säcke. Ganze Dorfgemeinschaften fanden Arbeit auf den provisorischen Plantagen. Die Männer und Frauen bereiteten den Boden auf, säten oder pflanzten, während die Kinder auf den Feldern spielten, um die Vögel zu verscheuchen. Die erste Generation von Setzlingen wurde 1863 gepflanzt. An einem prächtigen, heute anderthalb Jahrhunderte alten Exemplar auf der linken Straßenseite, etwa anderthalb Kilometer nach der Kurve bei Saint-Estève, wird durch eine Tafel daran erinnert.

Dank ihrer natürlichen Widerstandsfähigkeit hat sich die Zeder perfekt an ihren neuen Lebensraum angepasst. Wegen ihrer enormen Vitalität, der Qualität ihres Holzes und ihrer Robustheit gegen Feuer und Ungeziefer wird sie regelmäßig in Wiederaufforstungsprogrammen im Mittelmeerraum berücksichtigt.

Mit Hilfe des Mistrals hat sich die Zeder am Ventoux spektakulär ausgebreitet; seit vier Generationen bildet sie das berühmte Massif des Cèdres, den mit mehr als 800 Hektar größten Zedernwald Europas.

Langsam, aber sicher hat der einst fast völlig kahle Berg wieder eine anständige Vegetation erhalten. Bedoin verfügt heute über einen der größten Gemeindewälder Frankreichs – mit 6.300 Hektar entfällt auf ihn fast ein Drittel der gesamten Waldfläche auf dem Ventoux und er bedeckt rund 70 Prozent der Gemeindefläche. Der Ventoux ist inzwischen zum waldreichsten Gebiet der Vaucluse mit dem größten Artenreichtum geworden: Mehr als 1.200 verschiedene Pflanzen wachsen dort, darunter sechzig seltene Arten.

Die im 19. Jahrhundert gepflanzten Bäume sind heute ausgewachsen. Sie werden bereits abgeholzt, um den Wald zu verjüngen und den wirtschaftlichen Ertrag zu sichern, der teilweise in Instandhaltungs- und Pflegemaßnahmen reinvestiert wird.

Auch neue Entwicklungen wie der Tourismus erfordern eine veränderte Herangehensweise an die Waldbewirtschaftung: Entlang des Waldrandes wurden Picknickplätze eingerichtet, Mülltonnen und Informationstafeln aufgestellt, Feuerschneisen angelegt und Zisternen gebaut, Wassertanks, die im Falle eines Waldbrandes gut gefüllt sein sollten.

Restauration des Terrains en Montagne. Man hat ohne Zweifel aus den Fehlern der Vergangenheit gelernt und behandelt heute alles, was zum Berg gehört, überaus behutsam. Der Wald wird von der Restauration des Terrains en Montagne (RTM) betreut, einer Abteilung des Office National des Forêts (ONF), der nationalen französischen Forstbehörde. Das ONF agiert nach den Maßgaben eines allgemeinen Bewirtschaftungsplans, in dem die neuesten Erkenntnisse über Natur und Umwelt berücksichtigt werden.

Unter den Wäldern auf dem Ventoux erhält der von Bedoin die größte wissenschaftliche Aufmerksamkeit. Das Fachwissen von Biologen, Ökologen und anderen Wissenschaftlern verbessert zum Beispiel die Chancen im Kampf gegen Schädlinge, gibt Aufschluss darüber, wo man am besten welche Pflanzen und Bäume pflanzen sollte, steigert die Holzproduktion und dergleichen. In Zusammenarbeit mit dem ONF entsteht auf diese Weise ein ökologisch und ökonomisch verantwortungsvoller Umgang mit dem Wald. Dieser Ansatz führte im Dezember 1990 zur Einrichtung der Réserve de Biosphère du Mont Ventoux. Dabei handelt es sich um eine Naturschutzzone, in der versucht wird, die Interessen von Mensch und Umwelt so weit wie möglich in Einklang zu bringen. Da allein der Wald von Bedoin etwa die Hälfte des Biosphärenreservats ausmacht, hat dies für die Gemeinde natürlich erhebliche Auswirkungen auf die Bewirtschaftung des Gebietes. Der Schutzstatus bedeutet unter anderem, dass alle menschlichen Aktivitäten wie Forstwirtschaft, Jagd, Trüffelsuche, aber auch Tourismus etc. genehmigungspflichtig sind, ebenso wie alle Arten von wissenschaftlichen Aktivitäten. 1994 wurde das Projekt offiziell von der UNESCO anerkannt.

Non au Parc!

Wenn Sie von Bedoin aus hoch zum Gipfel fahren, können Sie an mehreren Stellen auf dem Asphalt und zum Beispiel auch an den Scheunen in der Kurve kurz vor den Ferienhäusern am Chalet Reynard die eindringliche Forderung »Non au Parc!« lesen. Was hat es damit auf sich?

Überall im Land schafft der französische Staat Regionalparks. Diese oft großen Flächen zeichnen sich durch eine einzigartige Landschaftsstruktur oder eine empfindliche Natur aus. Der Parc Naturel Régional du Luberon, ein Stück weit südlich des Ventoux, ist ein solcher Park: 185.000 Hektar, 171.000 Einwohner.

Die Idee hinter der Einrichtung regionaler Naturparks ist, dass die betreffende Landschaft geschützt und nachhaltig entwickelt werden soll. Das bedeutet, dass beispielsweise wirtschaftliche und touristische Aktivitäten, die in irgendeiner Weise schädlich für die Natur sein könnten, eingeschränkt werden müssen.

Die Bewohner Bedoins, insbesondere diejenigen, die ihren Lebensunterhalt am Ventoux verdienen, sind über die Pläne zur Einrichtung eines Parks gespalten, und auch in den anderen Dörfern der Region gibt es viele Bedenken.

Aber der Park wird kommen! Noch im Jahr 2020 wird der neunte regionale Naturpark Südfrankreichs eingerichtet: ein Gebiet rund um den Mont Ventoux, das etwa von Carpentras im Westen bis an die Grenze des Départements Alpes-de-Haute-Provence im Osten und von Vaison-la-Romaine im Norden bis zu den Monts de Vaucluse im Süden reicht. Der Park wird 91.600 Hektar umfassen, von denen 58 Prozent auf Naturgebiete entfallen und 33 Prozent auf landwirtschaftliche Nutzflächen, und er wird gut 90.000 Einwohner haben.

Gebäude

Wenn es wahr ist, dass zu Beginn unserer Zeitrechnung oben auf der Kuppe des Ventoux der Gott Vintur verehrt wurde, muss es dort so etwas wie ein Heiligtum, einen Tempel oder dergleichen gegeben haben, wo der Gottesdienst zu seinen Ehren stattfand. Dabei dürfte es sich dann wohl um das erste Gebäude auf dem Berg gehandelt haben. Archäologen haben jedoch nicht mehr als ein paar Überreste von Gegenständen finden können, die möglicherweise für den Gottesdienst verwendet wurden.

Chapelle de la Sainte-Croix. Wahrscheinlich war die Chapelle de la Sainte-Croix (die Kapelle des Heiligen Kreuzes) das nächste echte Gebäude auf dem Ventoux. Die Kapelle wurde Ende des 15. Jahrhunderts im Auftrag des Bischofs von Carpentras, Pierre de Valetariis, errichtet. Ganz oben auf dem Gipfel gelegen, wurde die Chapelle de la Sainte-Croix bald zu einem Wallfahrtsort, denn der Bischof brachte dort im Jahr 1500 eine wertvolle Reliquie unter: Ein Einsiedler passte auf Fragmente des Kreuzes auf, an dem Jesus gestorben sein soll.

Während der Religionskriege – vom 13. bis zum 17. Jahrhundert – und der Französischen Revolution am Ende des 18. Jahrhunderts wurde das Gebäude mehrmals zerstört und wiederaufgebaut. Zu Beginn des 20. Jahrhunderts war es eine komplette Ruine, und der geplante Bau der militärischen und zivilen Einrichtungen auf dem Gipfel war ebenfalls ein Grund, warum die Kapelle endgültig weichen musste. Am 19. Juli 1936 wurde auf einem kleinen, nach Südwesten ausgerichteten Grat unterhalb des Restaurants Vendran eine neue, moderne Kapelle eingeweiht. Vom Vendran aus ist sie über einen Pfad erreichbar. Regelmäßig finden hier Gottesdienste statt.

Vendran. François Vendran, der erste Betreiber des heutigen Gasthauses, beherbergte die allerersten Touristen, die auf dem Ventoux übernachten wollten, anfänglich noch in drei Zimmern des Observatoriums. Unterstützt von Bürgermeister Maxime Favier und auch von den Wetterbehörden, die sich durch das Verhalten der Gäste in ihrer Arbeit gestört fühlten, errichtete er bald eine richtige Herberge: Am 20. September 1903 wurde am Südhang des Gipfels das Hôtel de l'observatoire du Mont Ventoux, auch bekannt als Hôtel Vendran, eröffnet. Es hatte damals acht Zimmer und die Küche erwarb sich einen ausgezeichneten Ruf.

Auch in heutiger Zeit ist das »Vendran«, wie Besucher aus unseren Landen die Brasserie in den Promenadendecks kurz und bündig nennen, noch ein ausgezeichneter Zwischenstopp mit einer herrlichen Aussicht auf die Plaine de Vaucluse. Über den Tischen auf der Südterrasse hängt mittlerweile eine schöne Gedenktafel mit dem schnurrbärtigen Antlitz von Paul de Vivie, besser bekannt als Vélocio. Wie ein Heiligenschein umgibt seinen Kopf der Schriftzug: »Les cyclotourists à Vélocio«[5].

Zweiter von links: Paul de Vivie. Neben ihm Thérèse Roumanille, die erste Frau, die 1929 (einige Quellen meinen sogar bereits im September 1927) im Alter von gerade mal 16 Jahren von Malaucène aus mit dem Fahrrad querfeldein den Mont Ventoux hinauffuhr. Begleitet wurde sie von ihrem Onkel Hippolyte Roumanille und dem damals 76-jährigen (!) Paul de Vivie.

Die *NBG De Kale Berg*, eine Vereinigung niederländisch-belgischer Radsport- und Ventoux-Enthusiasten, hat eine der Routen, die Teil des »Forestier« und des »Grandonneur« ist, nach ihr benannt. Man sagt, dass bereits im Juni 1927 jemand per Fahrrad den Gipfel erreicht haben soll. Sein bzw. ihr Name ist nicht bekannt.

Observatorium. Der auffälligste Blickfang ist natürlich der weiße Turm mit der hoch aufragenden »Feuerwerksrakete« oder »Mondrakete«, wie die Franzosen seine rot-weiße Spitze nennen. Obwohl die meisten Radfahrer (und auch viele andere) das bemerkenswerte Gebäude umgangssprachlich Observatorium nennen, ist es eigentlich gar keines. Das ist es auch nie gewesen. Die Büros der Beobachtungsstation und die Unterkünfte für deren Mitarbeiter und ihre Familien befanden sich vielmehr in dem Gebäude, in dem heute unter anderem der »Laden« untergebracht ist. Die eigentlichen Beobachtungen erfolgten auf der Plattform, die sich etwas höher auf dem Berg befindet, hinter dem Hauptgebäude. Man kann dort leider nicht mehr hoch, denn genau wie die Treppe, die zu ihr hinführt, bedarf sie dringend ein paar Instandsetzungsarbeiten, um es vorsichtig auszudrücken. Auf dieser Plattform waren die verschiedenen Messinstrumente aufgestellt, ungeschützt Wind und Wetter ausgesetzt. Um immerhin die Besatzung der Wetterstation nicht mehr als unbedingt notwendig den teilweise schlechten Wetterbedingungen auszusetzen, wurde eine überdachte Verbindung zwischen der Plattform und dem »Bürogebäude« errichtet. Dieser oberirdische Korridor existiert noch.

Der damalige Landwirtschaftsminister (!) François de Mahy und der Bürgermeister von Bedoin, Maxime Favier, legten am 16. Mai 1882 den Grundstein für das Observatorium. Sie wären keine echten Franzosen, wenn sie dieses Ereignis nicht mit Grandeur begangen hätten. Laut der Pressemitteilung, die die Association Infoclimat anlässlich der Inbetriebnahme der neuen Messstation im Jahr 2016 herausgab – siehe *Der braune Turm* in: *Der Berg*, S. 33 –, begannen die Bauarbeiten offiziell mit den Worten: »Herr Minister, wir bitten Sie, den Grundstein für einen Tempel zu legen, der der Wissenschaft geweiht sein wird, jener Göttin, die den Menschen erhebt und adelt.« De Mahy, einer pompösen Sprache ebenfalls nicht abgeneigt, antwortete: »Ich bin mit Freude hergekommen, um zu sehen, wie man Wind und Sturm seinen Willen auferlegt.« Schön gesagt, nicht wahr?

Bei dieser Gelegenheit belohnten die beiden Herren zudem auch Gabriel Provane[6] für seine Initiative und seine Hartnäckigkeit, den Weg von Bedoin hinauf zum Gipfel angelegt zu haben, indem sie ihm den Verdienstorden verliehen – siehe *Die Straßen* in: *Der Berg*, S. 36.

Im Dezember 1884 wurde der erste Teil des Observatoriums in Betrieb genommen, aber erst um 1890 herum war dieses Geisteskind des Ingenieurs Henri Bouvier vollständig umgesetzt. Zu Beginn des Ersten Weltkriegs wurden die meteorologischen Beobachtungen eingestellt. Von 1916 bis 1920 gab es zwar wieder einen Meteorologen dort oben, aber aus organisatorischer Sicht war alles ein einziges Chaos, weshalb die Verwaltung des Vaucluse das Gebäude im Jahr 1926 mit allem Drum und Dran für den symbolischen Betrag von einem Franc an den französischen Staat verpachtete. Kurz darauf tauchten die ersten Antennen auf dem Dach auf.

Später wurde die Verarbeitung der Wetterdaten einfacher. Der technische Fortschritt ermöglichte es der Wetterstation, die aufgrund der klimatischen Bedingungen für einen großen Teil des Jahres nicht erreichbar war, Kontakt zur Außenwelt aufzunehmen: Es wurde eine permanente telegrafische Verbindung mit Carpentras und Bedoin eingerichtet. Bis 1968 war das Observatorium auf dem Ventoux die einzige Wetterstation im Vaucluse; dann zog Météo-France nach Carpentras.

Ein interessantes Detail am Rande: Am 27. Juni 1889 wurde im Observatorium der erste und einzige Mensch geboren, der bisher auf dem Gipfel des Ventoux das Licht der Welt erblickte. Der Sohn des ersten Wetterbeobachters François-Auguste Blanc erhielt den Vornamen Philippe-Ventoux…

Der weiße Turm. 1966 begann der Bau des weißen Betonturms. Das Gebäude an sich ist 42 Meter hoch, einschließlich der »Mondrakete« ragt es 62 Meter in den Himmel. Natürlich musste eine solche Konstruktion fest im Boden verankert werden. Nun denn, das Fundament ist stolze 16 Meter tief.

1970 wurde das Gebäude komplett fertiggestellt. Es erfolgen dort auch meteorologische Beobachtungen, aber es ist hauptsächlich eine Station für die zivile und militärische Telekommunikation. Seit 1968 gewährleistet die französische Luftwaffe zusammen mit Télédiffusion de France (TDF), dem ehemals staatlichen französischen Betreiber von Rundfunk- und Telefonienetzwerken, von diesem Turm aus verschiedene militärische und zivile Radio- und Fernsehverbindungen.

Der braune Turm. Der holzverkleidete Turm hat eine ähnliche Funktion. Es handelt sich um eine sogenannte *Station hertzienne des télécommunications*, also einen Unterstützungs- bzw. Hilfssender. Dieser steht seit 1954 auf der Nordseite des Gipfels. Der Sender wurde gebaut, um der französischen Bevölkerung das Phänomen des Fernsehens durch eine Übertragung der Krönung von Elisabeth II.

zur Königin von England näherzubringen. Derzeit wird er von Orange genutzt, dem ehemaligen France Télécom.

Die französische Luftwaffe, l'Armée de l'Air, ist schon seit geraumer Zeit auf dem Berg ansässig. Nach dem Ersten Weltkrieg benötigte der neue Zweig der Streitkräfte zuverlässige Wetterdaten; ab 1920 bezog man diese vom meteorologischen Dienst auf dem Ventoux, aber wie bereits erwähnt war dieser nicht sehr professionell. Ab 1930 wurde der Luftraum von der Bergspitze aus visuell überwacht. 1945 installierte das Militär eine Funkbake, die 1961 durch einen Funkstützsender ersetzt wurde. Im Laufe der 1990er Jahre wurde dann so ziemlich alles, was auf dem Ventoux passiert, digitalisiert.

Am 7. Juli 2016 wurde in Kooperation des *Syndicat Mixte d'Aménagement et d'Éuipement du Mont Ventoux* (SMAEMV) mit dem Département Vaucluse, der Region Provence-Alpes-Côte d'Azur, Météo-France und Orange eine neue Wetterstation in Betrieb genommen. Die Anlage befindet sich in und auf dem braunen Turm, der bereits vom Telekommunikationsanbieter Orange genutzt wurde.

Die meteorologischen Daten werden alle zwei Minuten aktualisiert und nicht nur Wissenschaftlern, sondern allen Interessierten via Internet zur Verfügung gestellt. So können Sie beispielsweise mit Ihrem Laptop oder Smartphone (auf www.meteo-ventoux.fr oder über die Infoclimat-App) sehen, wie kalt es »oben« ist und wie heftig der Wind gerade weht. Die Betreiber weisen ausdrücklich darauf hin, dass insbesondere Touristen und Radfahrer sehr von diesen Daten profitieren können. Das können wir nur bestätigen!

Radarstationen. Auf einem niedrigeren Gipfel (1.810 m) an der Westseite des Berges befindet sich seit 1995 eine weiße Kugel. Darin ist ein ziviler Radarposten untergebracht. Zur Orientierung: Nicht weit entfernt befindet sich der höchste Punkt des Skilifts von Mont Serein. In der Auffahrt von Malaucène sieht man ihn kurz vor dem eigentlichen Gipfel auf der rechten Seite.

In östlicher Richtung, unweit des Col des Tempêtes, stand 31 Jahre lang eine Radaranlage der Luftwaffe. Vom 2. August 1971 bis zum 22. Februar 1996 schützte eine Betonkuppel dieses sogenannte Réseau-Terminal T2 vor möglichen Atomangriffen. Im Mai/Juni 2002 wurde die Anlage abgerissen und das Gelände in abgeräumtem Zustand übergeben. Bei diesem Anlass brachte der Bürgermeister von Bedoin sein Glück darüber zum Ausdruck, dass der Col des Tempêtes nun seine wahre Identität wiedererlangt hatte. Aber er dachte auch pragmatisch: »Wo einst der Dôme du Ventoux stand«, so Luc Reynard, »wird die Tour-Karawane von nun an einen geräumigen Parkplatz vorfinden.« Und das ist natürlich praktisch, wenn man bedenkt, dass während einer Etappe mit Ziel auf dem Ventoux etwa 40.000 Fahrzeuge einen Platz an den Flanken und am Fuß des Berges suchen.

Auch das SMAEMV, das sich mit der Flächennutzungsplanung am Mont Ventoux befasst, war mit dem Abzug der Streitkräfte zufrieden. Endlich erhielt man freie Hand, um Pläne auszuarbeiten, die den Tourismus auf dem Berg in die richtigen Bahnen lenken sollen. Etwas so Profanes wie die Flugabwehr des Landes würde der Wiederherstellung des mythischen Erscheinungsbildes des Gipfels fortan nicht mehr im Wege stehen.

Und nun wird dort oben auch endlich etwas geschehen: Ab April 2020 rücken die Bauarbeiter auf dem Gipfel des Ventoux an. Mit einem »nachhaltigen und integrierten Ansatz« wird das Département den Bereich um den weißen Turm herum ganz neu gestalten.

Zuerst wird die natürliche Umgebung wiederhergestellt. So verschwinden die unerwünschten Fußwege, die im Laufe der Zeit entstanden sind, und die Umgebung erhält so etwas wie eine Generalreinigung.

Neue Fußwege werden alle Sehenswürdigkeiten verbinden, vom Col des Tempêtes über die Chapelle de la Croix bis zum Radôme (der »Radarkugel«, wie das Gebäude hierzulande meist genannt wird). Informationstafeln und ein »Pfad der sprechenden Steine« sollen Besucher über die Besonderheiten des Naturschutzgebietes »La Réserve de Biosphère du Mont Ventoux« informieren.

Das bisher rummelige, geschäftige Gedränge vor dem weißen Gebäude wird ein völlig neues Gesicht bekommen: Bald werden Touristen hier einen attraktiven, ruhigen Platz vorfinden: mit Toiletten, mit Steinmauern, auf denen man sitzen kann, mit Abstellmöglichkeiten für Fahrräder.

Wenn alles fertig ist, wird das obere Plateau am Gipfel nur noch für Radfahrer und Fußgänger zugänglich sein. Der motorisierte Verkehr darf dann nur noch die Straße knapp unterhalb benutzen; parken muss man linkerhand der Straße zwischen dem Col des Tempêtes und dem Bar-Restaurant Vendran. Autofahrer, die ganz nach oben wollen, können das Gipfelplateau von der »unteren Straße« aus zu Fuß über eine Treppe erreichen.

Bis Ende 2021 wird es durch die Bauarbeiten rund um den Gipfel zu gehörigen Einschränkungen und Belästigungen für Besucher kommen, aber »diese Verbesserungen werden zur Qualität des Besuchserlebnisses beitragen und die Attraktivität des Ortes erhöhen«, so die Regionalzeitung *La Provence*. Man könnte hinzufügen: »damit der Besucher dort oben Ruhe und Zeit zur Besinnung finden kann«, ähnlich wie Petrarca es im Jahr 1336 vorhatte, als er den Gipfel bestieg, »lediglich aus Verlangen, die namhafte Höhe des Ortes kennenzulernen« – siehe *Die Besteigung des Mont Ventoux*, in: *Der literarische Berg*, S. 296. Nebenbei bemerkt: Auch ein Niederländer hat sich bereits mit der möglichen (Neu-)Gestaltung des Ventoux-Gipfels beschäftigt – siehe *Einmal oben…*, S. 269.

Weiter östlich, am Col de la Frache (1.588 m), kontrollierte das Réseau-Terminal T1, eine Anlage ähnlich dem T2, den Luftraum. Man muss kein ausgebildeter Spion sein, um zu verstehen, dass beide Radarposten mit den Atomraketen zu tun hatten, die während des Kalten Krieges in achtzehn Raketensilos auf dem Plateau d'Albion stationiert waren. Am 13. Februar 1996 kündigte Präsident Chirac an, dass sich Frankreich von nun an mit anderen Mitteln als ballistischen Raketen verteidigen werde; am 16. September 1996 wurde das atomare Verteidigungssystem im Vaucluse außer Betrieb gesetzt. Anschließend begann die Demontage aller Anlagen, einschließlich derer am Col des Tempêtes.

Für alle Ventoux-Besucher, die wissen wollen, wo genau Bedoin liegt oder von welchem Punkt aus der berühmte Mont Blanc sichtbar sein soll, gibt es Orientierungstafeln auf dem Parkplatz der Brasserie Vendran und auf der »Terrasse« oberhalb der letzten Kurve der Straße aus Malaucène.

Die Straßen

Die Abfahrt nach Bedoin. Ende des 19. Jahrhunderts bekam Gabriel Provane, ein Bürger von Bedoin, der sich bereits seit vielen Jahren mit Leib und Seele für die Realisierung eines solchen Vorhabens eingesetzt hatte, endlich seinen Willen: Seine Heimatgemeinde würde mit dem Gipfel des Mont Ventoux durch eine Straße über die Südflanke verbunden werden – siehe *Observatorium* in: *Der Berg*, S. 32. Die Planungen sahen vor, dass anschließend auf dem Gipfel eine meteorologische Messstation errichtet werden würde.

Ende der 1870er Jahre machten sich die Herren Bouvier und Morard, ihres Zeichens Ingenieure von Ponts et Chausées, der französischen Straßen- und Wasserbaubehörde, ans Werk. Leiter der Arbeiten war Gabriel Provane.

Beim Bau der heutigen D 974 folgten Bouvier und Morard bis zum Chalet Reynard der uralten Trasse durch die Combe de Roland, einem kurvenreichen Pfad, der an natürlichen Rastplätzen und Tränken für die Pferde vorbeiführte. Der Pavillon de Roland am Straßenrand und das Collet de Roland in der Nähe bewahren bis heute den historischen Namen – wer genau dieser Roland war, ist allerdings nicht bekannt. Nach drei Jahren harter Arbeit wurde die Straße im Jahr 1882 eingeweiht und am 16. Mai 1882 begann man mit dem Bau des Observatoriums.

Am 19. Oktober 1884, noch vor der Fertigstellung des Gebäudes, wurde François-Auguste Blanc der erste meteorologische Beobachter auf dem Gipfel des Ventoux; 1890 folgte ihm Paul Provane. Bis zum Beginn des Ersten Weltkriegs war die Station ständig besetzt und so war der Mont Ventoux, bis dahin ausschließlich das Reich der Hirten und Jäger, bereit für das neue Zeitalter.

Man sollte sich allerdings nicht allzu futuristische Vorstellungen von der neuen, noch ungepflasterten Verbindung machen: Die Reise von Bedoin nach oben, natürlich mit Pferd und Wagen, dauerte immer noch etwa sechs Stunden. Erst zwischen 1930 und 1934 wurde die Trasse in Teilen asphaltiert, so gut dies die Erlöse zuließen, die Sammelaktionen unter der lokalen Bevölkerung einbrachten. Zumindest ein Mann war nicht sehr begeistert von der neuen Straße. Für seine Forschungen über die Flora und Fauna des Ventoux hatte der berühmte Wissenschaftler Jean-Henri Fabre (1823–1915) den Berg mehr als 50-mal bestiegen – zu Fuß wohlgemerkt. Und nun all die Pferde und Maultiere! »On a fienté sur le Ventoux!«, lautete seine wütende Reaktion: »Sie haben den ganzen Ventoux vollgeschissen.«

Die neue Ära gewann an Dynamik, als kurz nach der Jahrhundertwende das Automobil auf der Bildfläche erschien: Die ersten Autos der Marke De Dion-Bouton benötigten 1900 nur zweieinhalb Stunden für die Strecke zum Gipfel.

1901 konnte das erste »Bicyclette« auf dem Gipfel bewundert werden und 1903 kam Marthe Hesse als erste Frau nach oben; sie war in Bedoin aufgebrochen. In einem langen Rock und mit einem hübschen Hut auf dem Kopf, so wie es sich damals für eine Dame geziemte, radelte sie die Rampen hinauf. Erst 1929 kam dann die erste Frau mit dem Rad oben an, die in Malaucène losgefahren war – siehe *Vendran* in: *Der Berg*, S. 31.

Als 1932 die Straße von Malaucène zum Gipfel des Ventoux eröffnet und mit der bestehenden Route von Bedoin verbunden wurde, entstand an der Stelle, an der die Zufahrt zum ehemaligen Réseau-Terminal T2 beginnt, der Col[7] des Tempêtes (1.841 m), und wurde es möglich, den Berg zu »überqueren«.

In der ersten scharfen Kurve in der Abfahrt zum Chalet Reynard, in der Nähe des Col des Tempêtes, steht das Denkmal für Brügge–Mont Ventoux, eine internationale Radfernfahrt für Hobbyradsportler, die 2014 ihre 40. und letzte Auflage erlebte. Zumindest wenn man kurz vor der Kurve einmal über seine linke Schulter schaut, ist die Stele eigentlich nicht zu übersehen. Bei der Auffahrt fällt sie jedoch deutlich mehr ins Auge – siehe *Appellation Contrôlée*, S. 75.

Nach etwas mehr als einem Kilometer Abfahrt erinnert ein einfaches Denkmal am Straßenrand an Pierre Kraemer. Kraemer war ein sehr erfahrener Radfahrer. Im Jahr 1966 zum Beispiel nahm er erfolgreich an Paris–Brest–Paris teil, und wer das schafft, muss auf dem Rad schon ein bisschen was draufhaben! Doch Kraemer machte einen entscheidenden Fehler: Am 2. April 1983 fuhr er allein den kahlen Berg hinauf. Er erlitt einen Schlaganfall und konnte sich nicht mehr vom Fleck rühren. Die bittere Kälte erledigte den Rest: Französische Soldaten, die am nächsten Morgen die Besatzung des Observatoriums ablösten, fanden seine Leiche.

Ein Stückchen weiter zieht etwas höher am Hang der berühmte Gedenkstein in Erinnerung an Tom Simpson die Aufmerksamkeit auf sich – siehe *Major Tom*, S. 56. Wie die unzähligen Gegenstände und Blumen, die jedes Jahr hier zurückgelassen werden, zeigen, ist dieses Denkmal beinahe so etwas wie ein Wallfahrtsort für Radfahrer aus aller Welt geworden. Aber lassen Sie ruhig den Blick auch ein wenig schweifen. Das Panorama der riesigen Steinwüste ist so beeindruckend, dass es sich nachhaltig in die Netzhaut brennt.

Etwa vier Kilometer weiter, wo die Straße gesperrt wird, wenn die Wetterverhältnisse die Auffahrt zum Gipfel zu gefährlich machen, befinden sich zwei ehemalige *maisons cantonnières*, Straßenwärterhäuser, die 1995 restauriert wurden. Innen sind sie kahl, aber man kann sich dort unterstellen, wenn die Bedingungen zu ungemütlich werden; es gibt sogar eine Feuerstelle.

Im Zuge einer kleinen Erneuerungsmaßnahme im Jahr 2016 verlieh man den Gebäuden eine zusätzliche, museale Funktion: Fotos und Texte an den Wänden erinnern nun an die Arbeit von Wissenschaftlern am Ventoux, zum Beispiel die des Schriftstellers und Insektenforschers Jean-Henri Fabre.

In der Kurve ein Stückchen weiter befindet sich die Fontaine de la Grave, die manchmal klares, frisches Wasser liefert, aber im Hochsommer trocken fällt. Auch die Schafe und Hütehunde der Herden, die auf der Suche nach Futter über den Ventoux streifen, schlürfen nur zu gern aus dem Wassertrog.

Ein paar Kurven weiter öffnet sich die Straße zu einem Platz vor dem Chalet Reynard, wo der erschöpfte Kletterer auf dem Weg bergauf gern eine kleine Runde dreht, um seinen Muskeln einen Moment lang etwas Entspannung zu gönnen, oder noch etwas isst, bevor es »in die Mondlandschaft geht«. 1950 wurde hier der Anschluss der D 164 an die D 974 fertiggestellt, wodurch Sault eine direkte Verbindung zum Gipfel erhielt.

Das Chalet Reynard ist nach Eugène Reynard benannt, der damals einer der Ersten war, die – in den 1920er Jahren – am Südhang des Ventoux Skitouren organisierten und Pisten präparierten. Das Chalet wurde 1928 als Unterkunft und Restaurant für Skifahrer und Jäger eröffnet, entwickelte sich aber bald zu einem renommierten Hotel-Restaurant. Auch Radfahrer sind hier willkommen, zum Beispiel um mit dem *Plateau du Randonneur* wieder Kräfte zu tanken. Und auch der Cappuccino im Chalet Reynard ist nicht zu verachten…

Muss man bei der Abfahrt durch die Mondlandschaft die Geschwindigkeit noch ordentlich drosseln, um ein Kiesbad zu vermeiden, kann man es nach dem Chalet etwas mehr laufen lassen. Zuerst passiert man noch ein paar Ferienhäuser zur Linken. Auch im Winter ist die Siedlung bewohnt, es kommen dann viele Menschen zum Alpinskifahren und Skilanglauf hierher. Nach der ersten scharfen Kurve taucht man dann in den Wald ein: zehn Kilometer nichts als Bäume. Viereinhalb Kilometer später kommt man am früheren Maison forestière Jamet vorbei, das 1996 restauriert wurde und seither Wanderern eine Rast- und Unterschlupfgelegenheit bietet. Das ehemalige Straßenwärterhaus wurde 2016 mit Fotos der legendären Auto- und Motorradrennen geschmückt, die zwischen 1902 und 2007 auf dem Ventoux stattfanden. Ergänzende Texte liefern weitere Erläuterungen.

Anderthalb Kilometer weiter talwärts steht, knapp hundert Meter abseits der Straße im Wald, der bekannte Pavillon de Roland, der früher ebenfalls ein Straßenwärterhaus war und heute ein Picknickplatz ist. Es stehen hier auch einige Informationstafeln. Noch mal 400 Meter weiter folgt der Abzweig zur Route des Cèdres, die um den Berg herum zur Route de Malaucène und von dort zum Gipfel führt. Hier beginnt der vierte Anstieg für angehende »Galériens« – siehe *Confrérie des Cinglés du Mont Ventoux* in: *Für alle, die ein wenig verrückt sind: Mehrfach-Auffahrten*, S. 82.

Rund einen Kilometer vor Saint-Estève ist, oben an der Felswand in der ersten der sogenannten »Sept Virages«, der Serie von S-Kurven, eine Tafel angebracht. Mit ihr erinnert der Moto-Club d'Avignon an den damaligen Rekord von Georges Berthier, der es 1936 in 15:25 Minuten mit dem Motorrad von Bedoin zum Chalet Reynard schaffte.

Von hier führt die Straße zunächst noch weiter durch den Wald, es folgt die berühmte Haarnadelkurve bei Saint-Estève und anschließend öffnet sich der Blick: Linker Hand liegen die Felder des Plateau de Vaucluse. Die Strecke führt durch Les Bruns mit seinem blau bemalten Baum und durch Sainte-Colombe und passiert schließlich die berühmte Marmorlinie in der Straße (die für viele der Beginn des Anstiegs ist), um dann am Brunnen in Bedoin auszulaufen.

Wo die D 974 nach etwa hundert Kurven und 21,5 Kilometern schließlich auf der Espace Marie-Louis Gravier endet, wurde über dem Schild, das die Richtung zum Mont Ventoux anzeigt, eine Gedenktafel für Tom Simpson an einer Wand angebracht. Einige Mitglieder der Sozialkasse für Sportjournalisten aus Marseille wollen auf diese Weise das Andenken an den britischen Fahrer wachhalten – auch für diejenigen Bedoin-Besucher, die nicht auf den Berg hinauffahren können oder wollen.

Auf der anderen Seite der Espace Marie-Louis Gravier befindet sich das Bar-Restaurant Portail de l'Olivier, das von der belgischen Familie Lemmens betrieben wird. Eine riesige, etwa 250 Jahre alte Platane überragt die Terrasse und an der Fassade befindet sich eine Gedenktafel, die im Namen der beiden Bürgermeister Luc Reynard und Willy Vanhooren stolz die Städtepartnerschaft zwischen Bedoin und der flämischen Küstenstadt Bredene verkündet.

Willy Vanhooren, nicht nur Bürgermeister von Bredene, sondern auch passionierter Rennradfahrer und mehrfacher Bezwinger des Ventoux, versprach vor den Kommunalwahlen vom 8. Oktober 2000 feierlich: Wenn er zum dritten Mal zum Bürgermeister seiner Gemeinde gewählt werden sollte, würde er von seinem Arbeitsplatz aus nach Bedoin radeln. Nach seiner Wiederwahl zögerten die Einwohner von Bredene natürlich nicht, ihn sogleich an sein Versprechen zu erinnern. Und so machte sich Vanhooren also am 15. August 2002 mit einer neunköpfigen Delegation im Namen des Stadtrates auf den Weg, um in sieben Tagen mit dem Rad nach Südfrankreich zu fahren. Am 21. August konnte er seinem Kollegen Reynard tatsächlich die Hand schütteln.

Natürlich verdiente eine solche Reise von Amtsträgern eine offizielle Note und auch ein nicht-sportlicher Grund für die Verbrüderung zwischen den beiden Gemeinden war schnell gefunden. Bedoin verfügte mit der Domaine de Bélézy schon seit Jahren über einen FKK-Campingplatz und Bredene hatte Mitte 2001 zur Freude textilfreier Touristen als erste Gemeinde Belgiens einen FKK-Strand eingerichtet. Wenn das nicht Grund genug für eine hübsche Gedenktafel ist...

Die Abfahrt nach Malaucène. 1932 wurde die Straße über die Nordflanke des Berges eröffnet. Diese Ehre gebührte dem sozialistischen Minister Édouard Daladier, der aus Carpentras stammte, lange Zeit verschiedene Ministerien leitete und auch mehrmals Premierminister war. Die Tatsache, dass eine solche Berühmtheit die Route Malaucène–Mont Ventoux einweihte, zeigt, welche Bedeutung der Verbindung seinerzeit beigemessen wurde.

Die Abfahrt nach Malaucène weist etwas weniger markante Stellen auf als das Pendant nach Bedoin.

Auffallend ist, dass in den hohen senkrechten Gesteinsfalten in den Haarnadelkurven etwa zwei Kilometer vom Gipfel entfernt selbst Ende Mai oder Anfang Juni oft noch viel Schnee liegt, auch wenn es an anderer Stelle am Berg bereits brütend heiß ist.

Ein vielbesuchtes touristisches Ziel ist die Skistation Chalet Liotard, die 1947 an den Pisten von Mont Serein (1.400 m) erbaut wurde, etwa sechs Kilometer unterhalb des Gipfels des Ventoux. Wie gesagt: 1932 wurde die Straße von Malaucène zum Gipfel offiziell eingeweiht. In diesem Jahr fanden auch die ersten echten Wintersportaktivitäten rund um Mont Serein statt. Für den Komfort der Skifahrer wurden mehrere hölzerne Schutzhütten errichtet. Eines dieser Gebäude, direkt in der Nähe von Mont Serein, wurde während und kurz nach dem Zweiten Weltkrieg von der französischen Regierung genutzt. 1947 wurde es dann von der Familie Liotard übernommen, die ein Stockwerk oben draufsetzte und das so entstandene Chalet fortan als Hotel-Restaurant nutzte. Im Jahr

1995 wurde das Chalet dann, unter Beibehaltung des eingeführten Namens, von neuen Betreibern übernommen.

Der Ort an sich ist nicht sonderlich spektakulär, aber das wird durch die überwältigende Aussicht mehr als wettgemacht. An klaren Tagen kann man von hier aus mit bloßem Auge die sich auf dem weißen Gipfel des Mont Blanc spiegelnde Sonne sehen! Und man kann dazu sehr gut speisen.

Die Umgebung des Chalet Liotard und die Freiflächen in Mont Serein dienen an Tagen, an denen die Tour de France den Mont Ventoux ansteuert, als Parkplatz.

Ein paar Kilometer weiter in Richtung Malaucène befindet sich der steilste Abschnitt dieser Abfahrt, die »Grande Descente«: drei Kilometer mit einem Gefälle zwischen 10 und 10,9 Prozent.

Es lohnt sich, beim Belvédère (965 m, 9,5 km vor Malaucène) anzuhalten; die Aussicht auf die Rochers des Rams im Norden ist einen Zwischenstopp wert.

Man fährt leicht daran vorbei, aber keinen Kilometer weiter, auf 916 Metern Höhe, liegt auf der rechten Straßenseite die berühmte Gîte forestier des Ramayettes, ein Försterhaus aus dem 19. Jahrhundert, das eine zentrale Rolle bei der »Renaturierung« des Mont Ventoux spielte. Fotografien aus den 1880er Jahren zeigen komplette Dorfgemeinschaften, die rund um Les Ramayettes mit der Aufforstung einer völlig kargen Umgebung beschäftigt sind: Dies war einer der Orte, von denen aus die Wiederaufforstung angegangen wurde. Heute liegt das Ramayettes inmitten einer baumreichen Landschaft. Das Haus wird von der französischen Wasser- und Forstdirektion Eaux et Forêts unter anderem als Lager genutzt.

Rund dreieinhalb Kilometer weiter Richtung Malaucène, auf 708 Metern Höhe, folgt das berühmte Panorama mit Blick auf die Montagne de Piaud und wiederum zwei Kilometer darauf geht es durch die sogenannte Virage Indurain, die Spitzkehre, in der Miguel Indurain bei der Tour de France 1994 sein Rad nur mit Mühe und Not auf der Straße halten konnte. Auch viele übermütige Hobbyfahrer mussten hier schon mit pochendem Herzen einen Fuß auf den Boden setzen…

Etwas weniger als einen Kilometer weiter die Straße hinunter erhebt sich praktisch direkt neben der Fahrbahn der Rocher du Portail Saint-Jean. Gemäß einer jahrhundertealten Überlieferung öffnet sich zu Weihnachten um Mitternacht beim ersten Schlag der Uhr das Portal, um den Anwesenden einen Blick auf eine Ziege mit einem goldenen Mantel zu gewähren, die einen riesigen Schatz in einer tiefen Höhle bewachen soll. Niemand, der bei Verstand ist, würde es jedoch wagen, die Kostbarkeiten stehlen zu wollen, denn beim Klang des zwölften Schlages, so die Legende, schließt sich das Portal wieder hinter allen übermütigen Schatzjägern. Eine jüngere, katholische Version dieser Tradition sieht vor, dass Neugierigen während der Nachtmesse in der kurzen Zeit zwischen der Lesung aus den Apostelbriefen und dem Evangelium ein Blick auf die Kostbarkeiten gewährt wird.

Der Schatz soll dort von den Sarazenen zurückgelassen worden sein, die mit ihren Banden seit Jahrhunderten die Provence unsicher gemacht hatten, ehe sie Ende des zehnten Jahrhunderts vom provenzalischen Adel für immer vertrieben wurden.

Etwa anderthalb Kilometer vor Malaucène kommt man zur Source du Groseau. Am Fuße einer hohen, steilen Felswand fließt hier kristallklares (Trink-)Wasser aus einer Reihe von Löchern und Spalten in ein schönes, rustikales Becken, aus dem der Groseau seinen Lauf fortsetzt – ein idealer Ort zum Entspannen.

Es ist bemerkenswert, dass die erste Frau, die den Ventoux von Malaucène aus mit dem Fahrrad bezwang, dies am 15. September 1929 tat. Die Leistung von Thérèse Roumanille – siehe *Vendran* in: *Der Berg*, S. 31 – verdient umso mehr Bewunderung, wenn man bedenkt, dass sie ab der Groseau-Quelle auf einer *route forestière* fuhr, also einem schmalen Waldweg, der mit scharfen Kieselsteinen übersät war. Nein, da haben es heutige Fahrer doch besser: Es wurde eine anständige Asphaltstraße angelegt und vor allem seit den großen Instandsetzungsmaßnahmen 2003 und 2017 ist die Fahrt auf der D 974 auf diesem Abschnitt ein Genuss. Mit anderen Worten: Man kann schnell abfahren, hier und da sogar sehr schnell. Aber Vorsicht: Bevor man Malaucène erreicht, sind einige unübersichtliche und scharfe Kurven zu bewältigen.

Die Abfahrt nach Sault. Die Route vom Chalet Reynard hinab nach Sault (der Anschluss der D 164 an die D 974 erfolgte erst im Jahr 1950) ist eine Streckenvariante für Liebhaber von Ruhe, Stille und Natur. Die Straße schlängelt sich gemächlich durch den Wald; als Radfahrer muss man in der Abfahrt ordentlich reintreten, um den Tacho über 65 km/h zu halten.

An verschiedenen Orten wie dem Belvédère auf 1.327 Metern Höhe, etwa fünf Kilometer nach dem Chalet Reynard, wurden Picknickplätze angelegt. Es lohnt sich, hier anzuhalten, denn seit 2015 gibt es am Belvédère eine sehenswerte Skulpturengruppe zu bewundern. Sie besteht aus einem Hirsch, der groß und stolz an der Straße steht, und einigen Hirschkühen, die sich etwas schüchtern am Waldrand verstecken. Gefertigt sind die Skulpturen aus allen möglichen Werkzeugen, Schrauben und Muttern, Radkappen, diversen Maschinenteilen wie Kolben, Elektromotoren, Blattfedern, Stangen und so weiter. Schon sehr speziell.

Etwa sechs Kilometer hinter dem Chalet Reynard, auf 1.260 Metern Höhe, genießt man einen weiten Blick auf die Combe de la Font de Margot und – in der

Ferne – das Plateau d'Albion. Eine Orientierungstafel in der Nähe des Parkplatzes erläutert Ihnen, was Sie sehen.

Wenn der Ventoux Teil der Tour-de-France-Strecke ist, richtet die Tour-Direktion jeweils in dieser Ecke, unterhalb des Col de la Frache, Parkplätze für die Zuschauer ein.

Zweihundert Meter weiter lädt links der Straße, unweit eines Wegekreuzes, an dem mehrere Wanderwege aufeinandertreffen, die wunderschön restaurierte Chapelle Notre-Dame-des-Anges zu Ruhe und Besinnung ein. Das letzte Stück der Abfahrt führt dann durch Lavendel- und Getreidefelder.

Eigentlich ist die Ankunft in Sault die schönste. Das Rad auf dem schattigen Platz an der Avenue de la Promenade gegen eine dicke Platane lehnen und sich auf der alten Stadtmauer mit Blick auf die Ebene ausruhen, am besten während der Lavendelblüte... Einfach himmlisch.

SCHÖNHEIT

Villes-sur-Auzon (Vaucluse, Frankreich) – Ich parke das Auto im wenig überzeugenden Schatten einer jungen Platane. Die Sonne funkelt in den Speichen, als ich mit meinem Rad vom Parkplatz rolle.

Die Auffahrt zum Col des Abeilles ist angenehm. Elf Kilometer guter Asphalt, gleichmäßige Steigung, kaum Verkehr. Ich klettere entspannt. Die Sonne brennt auf meinen triefnassen Körper herab. Der Straßenrand ist voller Blüten, meist in kleinen Sträußchen zusammen. Rosa, weiß, lila, gelb. Links und rechts Wälder in allen Grüntönen. Nur das leise Surren der neuen Kette, die über ebenso neue Zahnräder gleitet.

An der Kreuzung in der Nähe des Cols taucht ein Radfahrer im Mercatone-Uno-Outfit auf. Er nickt mir stumm zu, macht kehrt und fährt auf dem Weg zurück, den er gekommen ist. Die Reinheit des Sinnlosen.

Ich lasse Sault links liegen und fahre zum Belvédère du Castelleras hinauf. Verträumt liegt er in der Hitze; zum Glück ist keine Menschenseele da. Der Friede vergangener Zeiten.

Ich trinke etwas und beginne die Abfahrt durch die Gorges de la Nesque. Ich muss nicht treten, lasse einfach der Form halber meine Beine ein wenig mitdrehen. 30, 32 km/h, ich habe es nicht eilig, muss keine Bestzeit aufstellen.

Ich passiere die Chapelle Saint-Michel-de-Anesca, die Opferstätte aus dem 12. Jahrhundert tief unter mir. Noch immer folgen jedes Jahr Tausende provenzalischer Pilger ihrem Herzen und steigen den gefährlich schmalen und steilen Pfad hinunter zum Grund der Schlucht. Der Gott vergangener Jahrhunderte – der Gott von heute. Ich höre Wasser plätschern; es ist noch früh in der Saison, die Nesque wurde noch nicht von ihrem Kalksteinbett aufgesogen.

In gemütlichen Schleifen schlängelt sich die Straße ins Tal. Je tiefer ich komme, desto schwüler wird der Wind. Le relais de Fayol, ein alter Rastplatz für müde Pferde und Reiter, scheint sich mit letzten Kräften an die Felswand zu klammern. Aus verschwundenen Fenstern und Dächern wachsen Kiefern und Eichen und Wolken aus Geißblatt. Düfte vermischen sich mit Farben und dem warmen Wind. Die Aussicht auf das, was hinter mir liegt, ist beruhigend, atemberaubend, himmlisch schön. Wenn es einen Schöpfer der Schönheit gibt, dann tut er heute alles, um seine Existenz zu beweisen.

Villes-sur-Auzon. Die Stadt döst vor sich hin. Das Auto steht nun direkt in der Sonne. Ich klicke meine Schuhe aus den Pedalen.

Aus: Willem Janssen Steenberg, *Voor eigen parochie – Columns 2003–2011*

DER MONT VENTOUX IN GROSSEN RADRENNEN

»Aber ich habe noch nicht den schlimmsten Killer erwähnt: den Riesen der Provence, den schrecklichen Mont Ventoux. Ein gruseliger Bastard in einem schönen Land und blanker Wahnsinn für die Fahrer. Die Sadisten hatten sich diesen schrecklichen Mont Ventoux ganz bis zum Schluss aufgehoben. Fast wie ein dämonisches Dessert oder ein unappetitliches Sorbet, bevor es für die müden Helden nach Paris geht.«

– Jos Vandeloo, *De beklimming van de Mont Ventoux*

1882 wird Bedoin direkt mit dem Gipfel des Ventoux verbunden: Die Straße vom Tal hinauf zu der Stelle, an der das Observatorium entstehen soll, wird fertiggestellt. Adolphe Benoît aus Marseille riecht seine Chance: Er will der erste Radsportler in der Geschichte sein, der den Mont Ventoux mit dem Fahrrad bezwingt. Nach seinem erfolgreichen Unterfangen fordert er andere Radfahrer heraus, es ihm gleichzutun, und legt damit den Grundstein für den historischen Radsport an den Flanken des Ventoux.[8] Der Erste, der sich dem Kampf stellt, ist Paul de Vivie aus Saint-Étienne, der berühmte Pionier des Radtourenfahrens. Vélocio, wie er auch genannt wird, benötigt 1903 für die rund 21 Kilometer eine Fahrzeit von 2:32 Stunden und ist damit drei Minuten schneller als Benoît.

Schon bald kommt die Idee auf, auf der Strecke einen offiziellen Wettbewerb zu organisieren. 1908 wird der Marathon du Ventoux aus der Taufe gehoben: 27 Läufer und 40 Radfahrer nehmen die Herausforderung an. Der erste Sieger unter den Läufern ist Alfred Joyerot, der die 36 Kilometer zwischen Carpentras und dem Observatorium in 4:20 Stunden zurücklegt. Der schnellste Radfahrer ist Jacques Gabriel, der für diese Strecke 2:29 Stunden benötigt. Er tritt dabei eine Übersetzung von fünf Metern pro Kurbelumdrehung

Der Marathon du Ventoux erweist sich jedoch als so schwer, dass sich erst 1922 wieder genügend Teilnehmer für eine zweite Austragung einschreiben. Danach ruht das Rennen jahrzehntelang.

Am 14. September 1974 gibt die Leichtathletikvereinigung l'Union Sault/Apt-Luberon/Ventoux den Startschuss für die nächste Auflage. Pierre Liardet legt die 26 Kilometer am schnellsten zurück: in 1:39:09 Stunde.

Ende der 1980er Jahre findet man einen etwas moderateren Ansatz: 1987 organisiert die Gemeinde Bedoin den ersten Halbmarathon auf den Berg. Das bedeutet 21,6 Kilometer Laufen von Bedoin hinauf zum Gipfel des Mont Ventoux. In den Jahren 1988 und 1989 gibt es zwei weitere Auflagen der Veranstaltung. Bei der letzten Austragung stellt Aimé Arnaud mit 1:35:57 Stunde einen Streckenrekord auf. Danach schläft das Event ein.

Mehr als zwei Jahrzehnte später beginnen fünf Teilnehmer aus der guten alten Zeit, der Veranstaltung neues Leben einzuhauchen, und 2011 wird ein weiterer Berglauf-Halbmarathon mit Ziel auf dem Ventoux organisiert. Die Initiative findet begeisterten Anklang und auch 2012 drängen sich erneut viele Teilnehmer an der Startlinie.

Das neue Konzept scheint aufzugehen, denn es folgen jährlich weitere Austragungen. Am 31. Juli 2016 begrüßen die Organisatoren, der Fußballverein Racing Club Bedoin, die Gemeinde Bedoin, der Carrefour-Supermarkt in Bedoin und Marathonien Sport in Marseille, immerhin 700 Athleten zum sechsten »Semimarathon Mont Ventoux«, wie der *course pedestre* über 21,6 Kilometer und 1.610 Höhenmeter seit 2013 heißt. Angesichts dieser Zahlen fürchten die Macher offensichtlich, dass ihnen die Veranstaltung über den Kopf wachsen könnte, denn seit der Ausgabe im Jahr 2017 sind maximal 600 Teilnehmer zugelassen.

Auch wenn Radrennveranstalter im Allgemein der Auffassung sind, dass die Bezwingung des Ventoux den Fahrern zu viel abverlangt, hat sich der Berg im Laufe der Jahre zur besonderen Note vieler Rennen entwickelt.

Das erste echte Radrennen, das den Ventoux ansteuert, ist 1935 der Circuit du Mont Ventoux, und seitdem schicken die Organisatoren u.a. der Tour du Vaucluse, der Dauphiné Libéré, von Paris–Nizza und natürlich der Tour de France ihre Fahrer mit großer Regelmäßigkeit nach oben.

Mont Ventoux Dénivelé Challenges und Tour de la Provence

Die Mont Ventoux Dénivelé Challenges ist ein Radrennen für Profis, das erstmals im Jahr 2019 ausgetragen wird. Die Fahrer starten in Vaison-la-Romaine und vor allem die Kletterer können ihre Qualitäten ausspielen. Insgesamt sind acht Anstiege in den Parcours aufgenommen worden, darunter der Col des Aires (3 km mit einer durchschnittlichen Steigung von 5,4 %) und der Col de l'Homme Mort (11,6 km à 4,9 %). Schlussstück ist natürlich der legendäre Mont Ventoux (21 km à 7,7 %). Der Radsportweltverband hat das Rennen in die UCI Europe Tour aufgenommen und in die Kategorie 1.1 eingestuft. Die erste Austragung kann der Spanier Jesús Herrada (Cofidis) für sich entscheiden. Die zweite Ausgabe ist ursprünglich für Montag, den 8. Juni 2020, terminiert, muss jedoch im Zuge der Corona-Pandemie um vorläufig zwei Monate nach hinten verschoben werden.

Sieger der Mont Ventoux Dénivelé Challenges

2019	von Vaison-la-Romaine:	**Jesús Herrada**

Seit 2016 organisiert die Zeitung *La Provence* die Tour de la Provence. Bis 2019 ist das Rennen Teil der UCI Europe Tour und dort in der Kategorie 2.1 eingestuft. Im Jahr 2020 wird die Veranstaltung in die UCI ProSeries aufgenommen, die zweithöchste Rennserie im internationalen Radrennsport. Die Tour de la Provence ist ein Etappenrennen, das im Februar in der durchaus gebirgigen Region Provence-Alpes-Côte d'Azur ausgetragen wird. Im Starterfeld sind vor allem französische Teams gut vertreten; sie betrachten das Rennen als gute Vorbereitung auf Paris–Nizza im März.

2016 holt der Franzose Thomas Voeckler den ersten Platz im Gesamtklassement. Die Sieger der weiteren Austragungen sind der Australier Rohan Dennis (2017), der Franzose Alexandre Geniez (2018) und der Spanier Gorka Izagirre (2019).

Bei der fünften Ausgabe der Tour de la Provence im Jahr 2020 endet am Samstag, dem 15. Februar, die 138 Kilometer lange dritte Etappe mit Start in Istres auf dem Mont Ventoux. Nicht oben auf dem Gipfel, aber immerhin beim Chalet Reynard. Gewonnen wird die Etappe durch Nairo Quintana (Arkéa-Samsic). Der Kolumbianer fährt die letzten Kilometer als Solist ins Ziel. Damit gelingt ihm ein Doppelschlag, denn mit seinem Etappensieg übernimmt er auch die Führung in der Gesamtwertung; diese gibt er auch auf der Schlussetappe am folgenden Tag nicht mehr ab.

Sieger von Etappen der Tour de la Provence mit Ziel am Mont Ventoux

2020	von Istres (bis Chalet Reynard):	**Nairo Quintana**

Paris–Nizza

Die Fernfahrt Paris–Nizza, gern auch »Fahrt zur Sonne« genannt, ist das erste wichtige Etappenrennen im Frühjahr. Die erste Ausgabe findet 1933 statt. Seit 2002 organisiert die ASO das Rennen. Im Jahr 2008 verschärft der Niederländer Robert Gesink im Schlussanstieg nach Mont Serein, dem Skigebiet an der Nordseite des Ventoux, in beindruckender Manier das Tempo. Nur Cadel Evans kann seinem Antritt folgen. Der Australier gewinnt schließlich die Etappe, aber Gesink übernimmt das Gelbe Trikot.

2016 steht der Ventoux bereits früh auf der 198 Kilometer langen Etappe von Saint-Paul-Trois-Châteaux nach Salon-de-Provence auf dem Programm. Die Strecke führt hinauf bis zum Chalet Reynard, dort biegen die Fahrer dann rechts in Richtung Sault ab. Etappensieger wird Alexei Lutsenko.

Sieger von Paris–Nizza-Etappen mit Ankunft auf dem Mont Ventoux

1984	von Orange:	**Eric Caritoux**
1986	von Rouret (bis Chalet Reynard):	**Eric Van Lancker**
1987	von Saint-Étienne (bis Chalet Reynard):	**Sean Kelly**
2008	von Montélimar (bis Mont Serein):	**Cadel Evans**

Dauphiné Libéré

Am 12. Juni 1947 fällt in Grenoble der Startschuss für die erste Dauphiné Libéré, so etwas wie eine Mini-Ausgabe der Tour de France. Sechzig Fahrer gehen bei dem viertägigen Etappenrennen durch den Südosten Frankreichs an den Start. Sie haben etwa 950 Kilometer vor sich, aufgeteilt auf fünf Etappen. Erster Sieger wird der gebürtige Pole Edouard Klabinski.

Zwei Jahre später wird der Mont Ventoux auf der Etappe Gap–Avignon erstmals in den Streckenplan der Dauphiné aufgenommen. In den folgenden Jahren soll der Berg noch viele Male die Rolle des Scharfrichters übernehmen.

Ist bereits der Amerikaner Jonathan Vaughters bei der Dauphiné 1999 sehr schnell am Mont Ventoux unterwegs (56:50 Minuten), so ist es dann doch dem Spanier Iban Mayo vorbehalten, am 10. Juni 2004 bei der Dauphiné Libéré die bis heute gültige Bestzeit für einen Radfahrer zwischen Bedoin und dem Gipfel aufzustellen: Beim Zeitfahren Bedoin–Mont Ventoux benötigt er 55:51 Minuten für die Strecke.

Seit 2010 heißt die mehrtägige Rundfahrt offiziell Critérium du Dauphiné.

Sieger von Dauphiné-Etappen mit Ankunft auf dem Mont Ventoux

1996	von Tain l'Hermitage:	**Richard Virenque**
1998	von Vals-les-Bains:	**José María Jiménez**
1999	von Bedoin:	**Jonathan Vaughters**
2000	von Romans-sur-Isère:	**Tyler Hamilton**
2002	von Tournon-sur-Rhône:	**Denis Menschow**
2004	von Bedoin:	**Iban Mayo**
2005	von Tournon-sur-Rhône:	**Alexander Winokurow**
2006	von Tain l'Hermitage:	**Denis Menschow**
2007	von Hauterives:	**Christophe Moreau**
2009	von Valence:	**Sylwester Szmyd**

Tour de France

Vor mehr als einem Jahrhundert, im Jahr 1903, geht die erste Ausgabe der Tour de France über die Bühne und es ist auch schon fast 70 Jahre her, dass – am 22. Juli 1951 – die Tour-Direktion die Fahrer zum ersten Mal über den Mont Ventoux schickt. Das geschieht auf der 17. Etappe, die über 224 Kilometer von Montpellier nach Avignon führt. Der Berg wird damals von der Nordseite in Angriff genommen. Der Franzose Lucien Lazaridès passiert als Erster den Gipfel. Sein Landsmann Louison Bobet gewinnt die Etappe.

Ein Jahr später findet sich der Ventoux erneut im Streckenplan wieder, aber diesmal steht die Südseite auf dem Programm. Die Fahrer starten in Aix-en-Provence, das Etappenziel befindet sich erneut in Avignon. Der französische Ausnahmekletterer Jean Robic ist als Erster oben und gewinnt die Etappe, dahinter kommt Gino Bartali, im Jahr zuvor bereits Dritter in Avignon, auf Platz zwei.

1955 beweist der Ventoux, dass man ihn nicht auf die leichte Schulter nehmen darf. Auf der Etappe von Marseille nach Avignon fallen der Franzose Jean Mallejac (Zweiter der Gesamtwertung 1953) und der Belgier Richard Van Genechten im Anstieg zum Ventoux taumelnd vom Rad. Den offiziellen Berichten zufolge hat Mallejac einen Sonnenstich erlitten. Im Krankenhaus kämpft er um sein Leben und seine Radsportkarriere ist vorbei. Auch Van Genechten geht es sehr schlecht.

Der Schweizer Ferdy Kübler und der Franzose Raphaël Géminiani fahren den Berg in mörderischem Tempo hinauf. Zu Beginn des Anstiegs hat das Duo einen Vorsprung von einer Minute und 15 Sekunden. In der Mondlandschaft bricht Kübler jedoch komplett ein und büßt viele Minuten auf Bobet an, der als Erster den Gipfel überquert, die Etappe und auch die Tour jenes Jahres gewinnt. Kübler gibt das Rennen auf.

Zur ersten Bergankunft kommt es 1958. Es ist der 13. Juli, am Ventoux herrschen fast vierzig Grad Celsius, die Tour-Direktion hat ein Zeitfahren von Bedoin aus angesetzt. Der Sieger Charly Gaul aus Luxemburg fährt eine beeindruckende Zeit: eine Stunde, zwei Minuten und neun Sekunden.

1965 endet erstmals eine »richtige« Etappe auf dem Ventoux. Der Start erfolgt in Montpellier. In Bedoin ist das Peloton noch zusammen. Zehn Kilometer vor dem Gipfel greift Poulidor an. Nur Julio Jiménez kann ihm folgen. Nach einem spannenden Kampf, in dem sich die beiden keinen Millimeter schenken, tritt »Poupou« am Col des Tempêtes an und gewinnt die Etappe mit sechs Sekunden Vorsprung vor Jiménez. Den Tour-Sieg holt sich der Italiener Felice Gimondi.

Zwei Jahre später. An einem glühend heißen 13. Juli 1967 trägt sich eines der größten Dramen in der Geschichte der Tour de France zu. Nachdem Bedoin passiert ist, liegen zwei Fahrer an der Spitze des Rennens: der Kletterspezialist Jiménez und – erneut – Poulidor. Poulidor muss Jiménez jedoch ziehen lassen, und die Verfolgergruppe dahinter, in der auch der Engländer Tom Simpson fährt, fällt am Chalet Reynard auseinander. Einer nach dem anderen muss abreißen lassen und auch Simpson kann nicht mehr. Rund zwei Kilometer vor dem Gipfel beginnt er Schlangenlinien zu fahren und fällt schließlich vom Rad. Trotz schneller medizinischer Hilfe stirbt er auf dem Weg ins Krankenhaus – siehe *13. Juli 1967* in: *Major Tom*, S. 62.

Jiménez ist der Erste, der den Gipfel überquert, gefolgt von Gimondi und Jan Janssen mit einer Minute und zehn Sekunden Rückstand. Janssen gewinnt die Etappe in Carpentras; er ahnt zu diesem Zeitpunkt noch nicht, welches Drama sich hinter ihm abgespielt hat.

1970. Das Peloton bleibt bis zum Fuße des Schlussanstiegs zusammen, aber dann startet Eddy Merckx, der bereits im Gelben Trikot fährt, ein beeindruckendes Solo. Drei Kilometer vor dem Gipfel scheint er jedoch außer Puste zu sein; seine Verfolger holen auf. Merckx schafft es noch, am Denkmal für Simpson seine Rennmütze zu lupfen und sich zu bekreuzigen. Völlig erschöpft erreicht er die Ziellinie oben auf dem Gipfel. Im Ziel muss er lange Zeit mit zusätzlichem Sauerstoff versorgt werden, ebenso wie der Etappenzweite Martin Van Den Bossche.

In der niederländischen TV-Dokumentation *De magie van de Mont Ventoux*, die am 19. Juli 2009 in der Sendereihe *Andere Tijden Sport* auf NOS ausgestrahlt wird, sagt Eddy Merckx: »Ein bisschen Theater, ein bisschen übertrieben... Ja, es war größtenteils gespielt. Keine Frage, ja. Jeder wollte einen Kommentar von einem und es hörte und hörte einfach nicht auf. Nach einer Weile hast du es einfach satt, und dann passiert so etwas... Ja, ich denke, es war ganz klug, weil die anderen Jungs erst eine dreiviertel oder eine Stunde später im Hotel waren.« Merckx habe den Zusammenbruch nach seinem Bekunden also lediglich vorgetäuscht, um auf diese Weise mit dem Krankenwagen schnell ins Hotel zu kommen.

1972 endet die Etappe erneut am 13. Juli auf dem Mont Ventoux, aber diesmal fährt das Feld von Malaucène aus hoch zum Gipfel. Eddy Merckx – im Gelben Trikot – und Luis Ocaña sind die Favoriten. Ocaña versucht, Merckx abzuschütteln, aber Merckx bleibt hartnäckig dran. Dann kommt plötzlich der Franzose Bernard Thévenet von hinten angestürmt und zieht vorbei. Er erreicht das Ziel 34 Sekunden vor Merckx, der seinerseits knapp vor Ocaña bleiben kann.

Bei der Tour 1974 wird der Ventoux zum ersten Mal von seiner Ostseite aus bezwungen. Merckx fährt erneut in Gelb. Der Spanier Gonzalo Aja passiert als Erster den Gipfel, 17 Sekunden dahinter folgt Poulidor. Das Ziel ist jedoch noch weit entfernt und so spielt der Ventoux keine große Rolle für den Ausgang der Etappe.

Erst dreizehn Jahre später wird der Riese der Provence erneut angesteuert und zwar diesmal wieder, wie 1958, in einem Einzelzeitfahren. Die Etappe startet in Carpentras und folgt der gleichen Route, die bereits der Marathon du Ventoux 1908 nahm. Damals betrug die Siegerzeit 2:29 Stunden. 1987 erreicht der junge Franzose Jean-François Bernard den Gipfel in 1:19:44 Stunde und übernimmt mit seinem Etappensieg das Gelbe Trikot. Am nächsten Tag muss er es jedoch an den späteren Toursieger Stephen Roche abgeben.

1994 liegt der Italiener Eros Poli – ein Baum von einem Kerl – am Fuße des Ventoux stolze 16:10 Minuten vor dem ersten Verfolger, dem Franzosen Mario Mantovan. Bei Kilometer sechs des Anstiegs greift Marco Pantani an. In der Nähe des Chalet Reynard verschärft Miguel Indurain im Gelben Trikot das Tempo. Poli leidet schrecklich im Glutofen der Mondlandschaft, aber trotzdem kommt niemand mehr an ihn heran. Er erreicht den Gipfel mehr als viereinhalb Minuten vor Pantani und ist auch der Erste, der in Carpentras über den Zielstrich fährt. Indurain gewinnt die Tour.

2000: Carpentras–Mont Ventoux. Zehn Kilometer vor dem Ziel liegen sechs Männer an der Spitze, darunter Lance Armstrong, Jan Ullrich und Richard Virenque. Dicht auf den Fersen ist ihnen Marco Pantani, der am »Gummiband« hängt. Ullrich führt die Gruppe bis zum Chalet Reynard, wo Pantani wieder Anschluss findet. Einen Kilometer weiter attackiert Pantani und löst sich von der Gruppe. Zweieinhalb Kilometer vor dem Ziel greift Armstrong wütend an und holt Pantani ein. Rad an Rad fahren sie die letzten Kilometer und Armstrong lässt Pantani auf dem Zielstrich den Vortritt.

2002: Kurz nach dem Start des Rennens bildet sich eine Spitzengruppe, die den ganzen Tag vorne bleibt. Am Fuße des Ventoux haben fünf Fahrer, darunter Richard Virenque, einen großen Vorsprung auf das Peloton mit Lance Armstrong im Gelben Trikot. Elf Kilometer vor dem Gipfel überholt Virenque den Ausreißer

Alexander Botscharow. Sein Vorsprung auf die Armstrong-Gruppe beträgt rund fünf Minuten. Armstrong attackiert noch aus der Gruppe heraus, kann Virenques Sieg aber nicht mehr gefährden. Botscharow wird mit 1:58 Minute Rückstand Zweiter, Armstrong als Dritter liegt 2:20 Minuten zurück.

2009: Der Mont Ventoux steht wieder im Etappenplan der Tour und das auf ganz besondere Weise! Nie zuvor hat es am Tag vor dem Finale in Paris eine Ankunft auf dem kahlen Berg gegeben. Die 20. Etappe führt über 167 Kilometer von Montélimar zum Gipfel des Ventoux. Juan Manuel Gárate beschert dem Team Rabobank endlich den ersehnten Erfolg, indem er als Erster das Ziel am Observatorium erreicht. Der Spanier ist im Sprint seinem Fluchtgenossen Tony Martin überlegen.

2013: Die Tour de France findet zum 100. Mal statt und natürlich kann man den Ventoux bei einem solchen Anlass nicht ignorieren. Bereits zum 15. Mal ist die Tour am Mont Ventoux zu Gast und zum neunten Mal befindet sich das Ziel oben auf dem Gipfel. Nach einem unglaublichen Antritt in der Mondlandschaft kommt Chris Froome als Erster allein über den Zielstrich.

2016: Am 14. Juli stehen die Fahrer in Montpellier wieder mit flauem Gefühl im Bauch am Start. Das Ziel der zwölften Etappe liegt 185 Kilometer entfernt am Fuße des weißen Turms.

Dies ist das bisher letzte Mal, dass der kahle Berg in den Streckenplan der Tour de France aufgenommen wurde, und es wird vielen Radsportfreunden noch lange in Erinnerung bleiben, denn 2016 wird hier wieder einmal wahrlich Geschichte geschrieben. Bislang wurden stets der Mont Ventoux und Tommy Simpson in einem Atemzug genannt, von nun an kommen der Mont Ventoux und Christopher Froome hinzu.

Zunächst einmal zwingt der heftige Wind die Tour-Direktion, den Zielstrich weiter nach unten zum Chalet Reynard zu verlegen, aber was auf den letzten Kilometern bis zum neuen Ziel passiert, macht diese Etappe absolut legendär.

Der Niederländer Bauke Mollema fährt zusammen mit Chris Froome und Richie Porte vor einer Gruppe, in der unter anderem Nairo Quintana sitzt. Entlang der Strecke steht eine riesige Zuschauermenge und es gibt keine Absperrgitter, die sie zurückhält. Zwischen den Menschen auf beiden Seiten der Straße ist kaum Platz für die Fahrer. Und das Unvermeidliche geschieht: Porte kracht hinten auf ein Begleitmotorrad, das plötzlich bremsen muss, wahrscheinlich weil die Straße von einem oder mehreren Fans blockiert wird. Porte und Mollema stürzen, können aber ihre Räder rasch aus dem Gewirr befreien und weiterfahren.

Froome wird ebenfalls durch den Vorfall aufgehalten, doch er hat das Pech, dass sein Rad nach der Kollision nicht mehr fahrtüchtig ist. In Panik beschließt der Mann in Gelb, zu Fuß weiterzulaufen; es dauert dann ewig, bis er endlich ein (neutrales) Ersatzrad bekommt. Das ist jedoch zu klein für ihn und es hat auch nicht die richtigen Pedale. Erst viel später kann Froome mit einem Ersatzrad vom eigenen Team weiterfahren.

Etappensieger wird Thomas De Gendt, gefolgt von einem weiteren Belgier: Serge Pauwels. Als Dritter überquert der Spanier Daniel Navarro die Ziellinie.

Nach Ende der turbulenten Etappe führt Froomes »Spaziergang« noch zu heftigen Diskussionen: Müsste man ihn nicht eigentlich disqualifizieren; schließlich wird von den Teilnehmern der Tour doch erwartet, dass sie das *ganze* Rennen *auf ihren Rädern* bestreiten? Glücklicherweise setzt sich der gesunde Menschenverstand durch und das Gelbe Trikot ruht beim Start am nächsten Tag auf denselben Schultern.

Alle Ventoux-Etappen bei der Tour de France

1951 17. Etappe Montpellier–Avignon (224 km)
1. **Louison Bobet** (Fra)
2. Pierre Barbotin (Fra)
3. Gino Bartali (Ita)

Nordseite | Überquerung | Erster am Gipfel: Lucien Lazaridès (Fra)

1952 14. Etappe Aix-en-Provence–Avignon (178 km)
1. **Jean Robic** (Fra)
2. Gino Bartali (Ita)
3. Raphaël Géminiani (Fra)

Südseite | Überquerung | Erster am Gipfel: Jean Robic

1955 11. Etappe Marseille–Avignon (198 km)
1. **Louison Bobet** (Fra)
2. Jan Brankart (Bel)
3. Pasquale Fornara (Ita)

Südseite | Überquerung | Erster am Gipfel: Louison Bobet

1958 18. Etappe Bedoin–Mont Ventoux (21,5 km Einzelzeitfahren)
1. **Charly Gaul** (Lux)
2. Federico Bahamontes (Spa)
3. Jean Dotto (Fra)

Südseite | Zielankunft

1965 14. Etappe Montpellier–Mont Ventoux (173 km)
1. Raymond Poulidor (Fra)
2. Julio Jiménez (Spa)
3. Henri Anglade (Fra)
Südseite | Zielankunft

1967 13. Etappe Marseille–Carpentras (211,5 km)
1. Jan Janssen (Ned)
2. Felice Gimondi (Ita)
3. Roger Pingeon (Fra)
Südseite | Überquerung | Erster am Gipfel: Julio Jiménez (Spa)

1970 14. Etappe Gap–Mont Ventoux (170 km)
1. Eddy Merckx (Bel)
2. Martin Van Den Bossche (Bel)
3. Lucien Van Impe (Bel)
Südseite | Zielankunft

1972 11. Etappe Carnon-Plage–Mont Ventoux (207 km)
1. Bernard Thévenet (Fra)
2. Eddy Merckx (Bel)
3. Luis Ocaña (Spa)
Nordseite | Zielankunft

1974 12. Etappe Savines-le-Lac–Orange (231 km)
1. Jos Spruyt (Bel)
2. Fedor den Hertog (Ned)
3. Ward Janssens (Bel)
Ostseite | Überquerung | Erster am Gipfel: Gonzalo Aja (Spa)

1987 18. Etappe Carpentras–Mont Ventoux (36,5 km Einzelzeitfahren)
1. Jean-François Bernard (Fra)
2. Luis Herrera (Kol)
3. Pedro Delgado (Spa)
Südseite | Zielankunft

1994 15. Etappe Montpellier–Carpentras (231 km)
1. Eros Poli (Ita)
2. Alberto Elli (Ita)
3. Pascal Lino (Fra)
Südseite | Überquerung | Erster am Gipfel: Eros Poli

2000 12. Etappe Carpentras–Mont Ventoux (149 km)
1. Marco Pantani (Ita)
2. Lance Armstrong (Usa)
3. Joseba Beloki (Spa)
Südseite | Zielankunft

2002 14. Etappe Lodève–Mont Ventoux (221 km)
1. Richard Virenque (Fra)
2. Alexander Botscharow (Rus)
3. Lance Armstrong (Usa)
Südseite | Zielankunft

2009 20. Etappe Montélimar–Mont Ventoux (167 km)
1. Juan Manuel Gárate (Spa)
2. Tony Martin (Deu)
3. Andy Schleck (Lux)
Südseite | Zielankunft

2013 15. Etappe Givors–Mont Ventoux (242 km)
1. Chris Froome (Gbr)
2. Nairo Quintana (Kol)
3. Mikel Nieve (Spa)
Südseite | Zielankunft

2016 12. Etappe Montpellier–Mont Ventoux
(179 km; Zielankunft verlegt zum Chalet Reynard)
1. Thomas De Gendt (Bel)
2. Serge Pauwels (Bel)
3. Daniel Navarro (Spa)
Südseite | Zielankunft Chalet Reynard

MAJOR TOM

»Bedenket, dass,
wenn die Erde sie doch
nur widerwillig bedeckt,
ihr Name für alle Zeiten
als Echo zwischen den Bergen
widerhallen wird.«

– Willie Verhegghe,
Tourmalet en andere poëzie buiten categorie

DER SPATZ

»Mont Ventoux – das ist doch der Berg, wo Tim Simpson gestorben ist?« Die tragische Geschichte vom Tod das Radrennfahrers Tom Simpson während der 13. Etappe der Tour de France 1967 ist sattsam bekannt. Die Erinnerung an ihn wird weiterhin lebendig gehalten durch einen Gedenkstein am Rande der Straße von Bedoin, etwa einen Kilometer vor dem Gipfel. Simpson ging in die Geschichte ein als »der erste Doping-Tote der Tour«. Aber war allein der Gebrauch stimulierender Mittel ursächlich für seinen Tod? Hätte er die Tour de France in jenem Jahr womöglich sogar gewinnen können, wenn er nicht gestorben wäre? War er einer der ganz großen Radrennfahrer? Wer war Tom Simpson eigentlich?

Jugendjahre

Tom Simpson wird am 30. November 1937 in Haswell geboren, einer Ortschaft im County Durham im Nordosten Englands. Mehr als die Hälfte seines Lebens widmet er dem Radsport, was ihm viel Glück beschert, aber auch bittere Enttäuschungen.

Der bis dahin größte britische Radrennfahrer aller Zeiten stammt aus einer großen Familie. Er hat vier Schwestern und einen zwei Jahre älteren Bruder, Harry. Seine Radsportkarriere beginnt mit einem alten Fahrrad, auf dem er mit seinem Bruder und seinen Freunden die Straße, in der sie wohnen, rauf- und runterjagt. Inzwischen ist die Familie nach Harworth in Nottinghamshire umgezogen, nachdem Vater Simpson bei einem Minenunglück verletzt wurde.

Mit dreizehn kauft sich Tom vom Taschengeld eine in die Jahre gekommene, halbwegs renntaugliche Schrottmühle, die günstig zu haben ist, und als Besitzer eines eigenen Fahrrads hält er die Zeit für reif, um zusammen mit Harry dem örtlichen Radsportverein beizutreten, dem Harworth and District Cycling Club.

Sein erstes Rennen ist kein Erfolg: 17:50 Minuten benötigt er für die fünf Meilen lange Strecke. Er nimmt sich vor, erst wieder an Vereinsrennen teilzunehmen, wenn er sich ein besseres Fahrrad zugelegt hat. Das gelingt ihm, indem er sein altes Rad gegen ein leichteres tauscht. Damit wagt er es, sich wieder im Club zu zeigen, aber sonderlich erfolgreich ist er weiterhin nicht. Die älteren Jungs hängen ihn jedes Mal ab und schauen ein wenig abschätzig auf ihn herab. »Four-Stone[9] Coppi« nennen sie den schmächtigen Tom in Anspielung an den legendären Fausto Coppi.

Sein Bruder Harry wird Vereinsmeister und entscheidet sich dann aber gegen den Radsport und für eine Karriere als Fußballer: Er wird Profi bei Blackpool. Im folgenden Jahr versucht Tommy, seinem Bruder nachzufolgen und den Vereinstitel in der Familie zu halten, aber er schafft es nicht einmal unter die ersten zehn. Mit sechzehn gewinnt er dann jedoch leicht und locker das 25-Meilen-Rennen des Vereins und Tom hält mit seiner Freude darüber nicht hinterm Berg. Die älteren Clubmitglieder ertragen es nicht, dass diese missratene Coppi-Kopie sie geschlagen hat. Sie drängen ihn mehr oder weniger aus dem Verein. Nun, wo er der Stärkste ist, hat er freilich in diesem Club eh nichts mehr verloren und er wechselt zu den Scala Wheelers.

Als Tom mit der Schule fertig ist, beginnt er eine Lehre als technischer Zeichner in einer Fabrik in Redford, etwa zwanzig Kilometer von Harworth entfernt. Er fährt jeden Tag mit dem Rad zur Arbeit und auch zur Anreise zu den vielen Straßen- und Bahnrennen, die er besucht, nimmt er stets das Fahrrad. Etwa zu dieser Zeit beginnt Simpson, über eine Karriere als Radprofi nachzudenken. Für ihn ist das Fahrrad zum Symbol von Freiheit geworden.

Amateurjahre

Sein erstes richtiges Rennen bestreitet er in Nottingham. Vom Start weg zeigt er sich an der Spitze, aber letzten Endes wird er geschlagen. Das soll ihm später noch häufiger passieren, denn das ist nun mal sein Charakter: Alles oder nichts. Mit dieser angriffslustigen Fahrweise, für die er oft kritisiert wird, die aber beim Publikum sehr gut ankommt, kann er mit siebzehn dann bereits sechzehn Rennen für sich entscheiden, unter anderem die Britische Bergmeisterschaft der Junioren (1954).

Tom verschlingt alles, was er an Literatur über den Radsport in die Finger bekommt, und alles, was auch nur im Geringsten mit Radfahren zu tun hat. Er lässt sich von einem gewissen Berger beraten, der schon jahrelang in Frankreich fährt, und stürzt sich auf dessen Rat hin auf Verfolgungsrennen auf der Bahn. Er kommt auch mit Cyril Cartwright in Kontakt, einem Fahrer, der für seinen starken Charakter bekannt ist. Cartwright vermittelt Tom eine Menge Selbstvertrauen, aber im Finale der Britischen Bahnmeisterschaften scheint Simpson mental noch nicht stark genug zu sein. Dann geht er auf Tournee nach Bulgarien und Russland, wo er wegen seiner hageren Statur den Spitznamen »Sparrow« erhält: der Spatz.

Simpson wird für die Olympischen Spiele 1956 in Melbourne nominiert, er soll Großbritannien in der Mannschaftsverfolgung vertreten. Das beschert ihm eine Bronzemedaille.

Bei der Bahn-WM 1957 in Paris stürzt Simpson im Verfolgungsrennen der Amateure nachmittags schwer. Um das Team nicht zu sehr zu schwächen, wird er noch am selben Abend wieder aufs Rad gesetzt. Spätestens seit diesem Augenblick weiß er, dass er einen harten Beruf gewählt hat, härter noch, als unter Tage zu schuften, wie es sein Vater getan hat. Auch hat er begriffen, dass damit viel Geld zu verdienen ist, wenn auch nicht in England. Er reist nach Gent, wo er mit Albert Beurick in Kontakt kommt, einem freundlichen Flamen, der ihm einen Vertrag im Velodrom Het Kuipke vermittelt. Später werden die beiden enge Freunde.

Profijahre

Auf der Isle of Man trifft Tom die Brüder Murphy, Radsportler aus Saint-Brieuc in der Bretagne. Er fragt sie, ob sie ihn vielleicht eine Saison lang bei sich unterbringen können, und so macht sich der 21-jährige Tom Simpson kurz nach Ostern 1959 mit hundert Pfund und einem Rennrad auf nach Frankreich. Obwohl die Murphys irischer Abstammung sind, sprechen sie kaum ein Wort Englisch und Tom fühlt sich in der Bretagne wie ein Einsiedler, bis er das englische Au-Pair-Mädchen Helen Sherburn trifft. Sie kommt aus Harworth, genau wie er, und auch noch aus derselben Straße.

In seiner ersten Saison auf dem Kontinent holt Simpson 28 Siege. Vor allem der zweite Platz im Etappenrennen Essor Breton beschert ihm international

Ansehen. Im Herbst 1959 tritt er in Zandvoort erstmals bei den Weltmeisterschaften im Straßenrennen der Profis an. Er wird Vierter. In seine Heimat kann er nicht zurückkehren, weil er dann zum Militärdienst eingezogen würde.

Tom Simpsons Stern geht 1960 beim Klassiker Paris–Roubaix endgültig auf. Eine Stunde lang ist er als einsamer Solist an der Spitze des Rennens auf den europäischen Fernsehbildschirmen[10] zu sehen. Er belegt schließlich den neunten Platz, wird aber begeistert gefeiert. Er ist nun eine Berühmtheit.

In jenem Jahr gewinnt er den Grand Prix Mont Faron, schlägt dort auch Charly Gaul, den Toursieger von 1958. Seine Fans drehen schier durch und glauben, dass Simpson selbst die Tour de France gewinnen kann. Er befriedigt die hohen Erwartungen, als er Erster bei der Tour du Sud-Est wird.

Simpson bestreitet in jenem Jahr auch seine erste Tour de France. Zu Beginn der Pyrenäen liegt er noch ganz gut im Gesamtklassement. Doch die schweren Bergprüfungen werden für ihn zur Hölle und er kommt eher tot als lebendig in Paris an. Er ist klapperdürr und Helen erkennt ihn kaum wieder. Er bestreitet noch ein paar Kriterien, dann begibt er sich völlig ausgelaugt in ein Krankenhaus in Paris, um sich zu erholen.

Er beendet seine Saison und reist im Dezember nach England, wo er sich wieder sehen lassen kann, ohne verhaftet zu werden. An Weihnachten fragt er Helen Sherburn, ob sie ihn heiraten will. Die Trauung findet am 3. Januar 1961 statt.

1961 gewinnt Simpson die Flandern-Rundfahrt, indem er den Italiener Nino De Filipis im Sprint überrascht. Den Rest der Saison muss er abschreiben, weil er bei Paris–Roubaix von einem Auto der französischen Presse angefahren wird. Mit seinem geschwollenen Bein schleppt er sich von einem Spezialisten zum anderen und erscheint dann, gewappnet mit ein paar Wunderpillen von einem russischen Arzt, beim Start der Tour de France. Auf der dritten Etappe muss er das Rennen aufgeben.

Helen ist schwanger und die Familie zieht nach Gent. Im Winter verdient Simpson sein Geld auf den Radrennbahnen von Gent, Antwerpen und Brüssel. Er unterschreibt einen Vertrag beim Team Gitane.

Die Klassiker-Saison 1962 läuft schlecht für Simpson. Immerhin wird er Zweiter bei Paris–Nizza und Fünfter bei der Flandern-Rundfahrt. Inzwischen ist er Vater einer Tochter geworden. Jane.

Tour de France

Dann steht die Tour de France auf dem Programm. Auf der zwölften Etappe wird Simpson der erste britische Fahrer in der Geschichte der Tour, der das Gelbe Trikot überstreifen darf. Aber am folgenden Tag ist er es bereits wieder los und später kommt er auch noch zu Sturz, als er auf der Abfahrt vom Col de Porte mit knapp 90 km/h durch eine Kurve fliegt. Mit zahllosen Prellungen setzt er die Tour fort und verteidigt seinen sechsten Platz bis Paris. Möglich ist dies nur dank der vielen »Medikamente«, die man ihm gegeben hat.

Es folgt eine schwere Zeit für ihn. Gitane will seinen Vertrag nicht verlängern und am 12. November 1962 brennt das hölzerne Velodrom Het Kuipke in Gent nieder. Simpsons Rad und einige andere Sachen von ihm gehen dabei verloren. Durch unerwartete Umstände muss er auch noch das Haus verlassen, in dem er bisher kostenlos wohnen durfte. Es bleibt ihm nichts anderes übrig, als sich nach einem neuen Zuhause umzusehen. Das findet er in Mariakerke.

1963 geht Simpson für Peugeot an den Start. Er wird in dieser Saison Zweiter bei Gent–Wevelgem, Dritter bei der Flandern-Rundfahrt und Zweiter bei Paris–Brüssel.

Tom setzt alles auf Bordeaux–Paris. Glücklicherweise wird seine zweite Tochter Joanne rechtzeitig vor seiner Abreise nach Bordeaux geboren und er verspricht Helen, dass er diesmal gewinnen wird – für das Baby. Er hält sein Versprechen und kommt nach langer Zeit endlich mal wieder als Erster über die Ziellinie. Ein paar Wochen später hat er auf der Isle of Man erneut Grund zum Feiern, es ist sein erster Sieg als Profi auf britischen Straßen.

Er lässt die Tour '63 aus, um sich voll und ganz auf die Weltmeisterschaft zu konzentrieren. Er geht mit großen Hoffnungen ins WM-Rennen, muss sich jedoch im Sprint geschlagen geben. Danach wird er Zweiter bei Paris–Tours und hinter dem großen Jacques Anquetil auch in der Super Prestige Pernod. Es steht außer Frage, dass Tom Simpson zu einem der stärksten Fahrer für Eintagesrennen geworden ist.

Die Saison 1964 beginnt hervorragend mit einem Sieg bei Mailand–Sanremo. Im Finale schlägt er Raymond Poulidor, der ihm als Einziger folgen konnte.

Aber das wichtigste Ziel in diesem Jahr ist die Tour de France. Auf der neunten Etappe, von Briançon nach Monaco, wird Simpson Zweiter hinter Anquetil, der schließlich auch die Rundfahrt gewinnt. Simpson kommt auf Platz 14 im Gesamtklassement nach Paris.

Auch die WM, die in strömendem Regen in den Alpen ausgetragen wird, beschert ihm keinen Sieg. Er muss sich mit dem vierten Platz begnügen.

Bei der Lombardei-Rundfahrt fährt Simpson ständige Attacken und liegt am Ende zusammen mit Gianni Motta in Führung. Allerdings hat er sein Pulver zu früh verschossen und muss auf den letzten Kilometern noch etliche Fahrer vorbeilassen. Völlig erschöpft erreicht er die Ziellinie.

Weltmeister

Der Start in die Saison 1965 ist eher mäßig. Zuerst bekommt er eine Grippe, dann erreicht er den dritten Platz beim Circuit Provençal und wird Sechster bei Paris-Roubaix. Diese Ergebnisse sind an sich nicht schlecht, aber er hätte den Circuit gewinnen können und bei Paris-Roubaix behindert ihn eine Prellung am Sprunggelenk. Deshalb muss er auch die Flandern-Rundfahrt auslassen.

Der Flèche Wallonne beschert ihm einen dritten Platz, aber ein paar Tage später schlägt das Pech erneut zu: Bei Lüttich-Bastogne-Lüttich stürzt Simpson. Bei Bordeaux-Paris belegt er diesmal Platz drei und dann folgt die Tour. Nach einem Sturz in den Pyrenäen muss er völlig demoralisiert aufgeben. Es sieht so aus, als könnte er seine Chance, Anfang September die Weltmeisterschaft in San Sebastián zu gewinnen, abschreiben.

Aber in Spanien laufen die Dinge anders als erwartet. Ausgerechnet zwei Fahrer, die sich gerade erst von Krankheiten und Verletzungen erholt haben, können sich absetzen. Tom Simpson und Rudi Altig kämpfen mit großem Vorsprung vor allen anderen um den WM-Titel. In einem sensationellen Zielsprint kann Simpson Altig schlagen und wird als erster Brite Straßenweltmeister. Ein Jahr später wird Altig sein Nachfolger im Regenbogentrikot.

Mit einem Sieg bei der Lombardei-Rundfahrt kann Simpson die Saison erfolgreich abschließen. Die britische Presse und die Öffentlichkeit wählen ihn verdientermaßen zum Sportler des Jahres, außerdem wird er zum Ehrenbürger von Mariakerke ernannt. Und als wäre das der Erfolge nicht genug, gewinnt er auch noch mit Peter Post das Sechstagerennen von Brüssel.

Aber auf Sonne folgt Regen, und so bricht sich Simpson im Winter beim Skifahren das Bein. Dies ist der Auftakt von noch mehr Unglück in einem Jahr der Krankheiten und Stürze. Auf der 17. Etappe der Tour de France 1966 muss er nach einer Kollision mit einem Motorrad, bei der er sich schwer am Arm verletzt, aufgeben.

1967 meldet er sich jedoch mit einem überwältigenden Sieg bei Paris-Nizza und Etappensiegen bei der Sardinien-Rundfahrt und der Spanien-Rundfahrt zurück auf der Sonnenseite. Toms Moral wächst mit jedem Tag.

13. JULI 1967

»... wo Tommy Simpsons Leben ging zu Ende ...«

– Jan Kal, *Dichten is fietsen op de Mont Ventoux*

13. Juli 1967. Die 13. Etappe der Tour de France führt über 211,5 Kilometer von Marseille nach Carpentras. Höhepunkt ist der Anstieg zum Mont Ventoux. Die 103 Fahrer haben seit dem Start der Tour schon rund 2.500 Kilometer zurückgelegt und die Pässe der Alpen noch in den Beinen. Sie haben sich Kohlblätter unter ihre Mützen geschoben, ein primitives, aber bewährtes Mittel zum Schutz vor der gnadenlosen Sonne. Denn es ist furchtbar heiß, heiß wie in der Hölle. Überall, wo es geht, werden Trinkflaschen an den Rädern befestigt und in die Kleidung der Fahrer gestopft.

Bis nach Bedoin wird ein gemächliches Tempo angeschlagen, nur allzu verständlich angesichts der mörderischen Bedingungen. Die Flaschen sind schnell leer und an jeder Bar, an der sie vorbeikommen, bitten die Fahrer um Getränkenachschub. So auch in Bedoin, wo sich Simpson laut Überlieferung ein Glas Cognac in der Bar l'Observatoire genehmigt. Oder war es Calvados? Es heißt auch, Zuschauer hätten ihm eine Flasche Cognac gereicht, aus der zuerst er und dann einige andere Fahrer getrunken hätten. Simpson habe die Flasche schließlich geleert. Der Gebrauch von Alkohol war seinerzeit im Peloton nicht ungewöhnlich. Alkohol betäubt die Schmerzen und drosselt das Alarmsystem des Körpers auf Sparflamme. Er versetzt einen in die Lage, ein wenig mehr an seine Reserven zu gehen. Und das ist es, was Tom immer wollte.

Am Fuße des Ventoux herrschen 38 Grad im Schatten. Auf den ersten Kilometern des Anstiegs attackiert der Spanier Jiménez. Poulidor setzt ihm nach, gefolgt von einer Gruppe mit Gimondi, Balmanion, Janssen, Pingeon und Simpson.

Simpson steht auf dem siebten Platz im Gesamtklassement. »Das wird mein Tag«, hat er seinen Teamkollegen am Morgen anvertraut. Ihm ist bewusst, dass die Chancen auf einen Toursieg immer kleiner werden. Immerhin ist er inzwischen 29 Jahre alt. Er wird alles in seiner Macht Stehende tun, um an diesem Tag als Erster die Ziellinie zu überqueren.

Eigentlich weiß er, dass seine Chance, sein großes Ziel zu verwirklichen, den Sieg bei der Tour, eher gering sind, aber ein Etappensieg ist auf jeden Fall drin. Und auch damit käme Geld in die Kasse, das er gut gebrauchen kann, um seinen anderen Traum zu verwirklichen: ein Haus auf Korsika.

»Put me back on my bike«

Simpson tut sich sehr schwer. Nach dem Chalet Reynard fällt die Verfolgergruppe auseinander. Dann berichtet Radio Tour, dass Simpson abreißen lassen musste. Er fährt immer langsamer und langsamer und wird links und rechts von mehreren Fahrern überholt. Wie ein Betrunkener schlingert er über die Straße, seine Leidensmiene wird bleicher und bleicher. Simpson hängt über seinem Lenker, leichenblass trotz zwei Wochen praller Sonne, und geht wie ein Terrier an die Grenzen. Im Zickzack fährt er von einer Straßenseite zur anderen und kommt dann am Straßenrand zum Stillstand. Völlig erschöpft gleitet er vom Rad.

»Put me back on my bike«,[11] bittet er Harry Hall, den Mechaniker des britischen Teams, der schnell aus dem Auto gesprungen ist. Mit Hilfe von umstehenden Zuschauern hebt Hall Simpson wieder aufs Rad und sie schieben ihn den Berg hoch an. Simpsons Augen sind stumpf. Wie ein Roboter fährt er noch ein paar Meter. Dann schwankt er und fällt hin.

Fernand Tuytens, der bei dieser Tour als Mechaniker der belgischen Mannschaft dabei ist, erzählt 25 Jahre später einer belgischen Zeitung, dass Simpson ein zweites Mal gestürzt und von dem britischen Mechaniker wieder auf sein Fahrrad gesetzt worden sei. Tuytens, der direkt hinter Halls Auto fuhr, sagt, er habe es nicht mehr mit ansehen können und sei aus seinem Auto gesprungen, um zu verhindern, dass Simpson in den Abgrund steuerte. »*Maintenant c'est fini*, habe ich zu ihm gesagt, aber Tom reagierte nicht mehr«, so Tuytens.

Ein Zuschauer beginnt sofort mit der Mund-zu-Mund-Beatmung, wenig später übernehmen Tourarzt Dr. Dumas und eine Krankenschwester. Sie legen Tom gegen die Böschung und versuchen abwechselnd, ihn wiederzubeleben. Vierzig Minuten lang kämpfen sie um sein Leben, auch eine Sauerstoffmaske kommt zum Einsatz.

Um zwanzig vor fünf landet ein Hubschrauber der französischen Polizei am Ort des Unglücks. Um viertel nach fünf kommt er mit dem leblosen Körper am Krankenhaus in Avignon an. Noch immer wird er reanimiert, aber vergeblich.

Um zwanzig vor sechs berichtet Tour-Direktor Félix Lévitan der Presse, dass Tom Simpson gestorben ist.

Doping…

Man findet zwei Ampullen in Simpsons Trikottaschen. Die eine ist leer, die andere noch zur Hälfte mit einem Amphetaminpräparat gefüllt. Eine andere Quelle spricht von drei Ampullen: zwei davon leer und eine mit Stenamina und Tonedron oder Onidrin. Aufgrund der Umstände verweigern die Ärzte ihre Zustimmung zur Bestattung des Leichnams.

Jan Janssen gewinnt an diesem Tag die Etappe, ohne etwas von dem Drama zu ahnen, das sich an den Flanken des Ventoux abgespielt hat. Als Tribut an den verstorbenen Rennfahrer darf am nächsten Tag einer von Simpsons Teamkollegen die Etappe gewinnen. Es wird Barry Hoban, der später Simpsons Witwe Helen heiraten wird.

Zwei Tage nach Ende der Tour gibt Staatsanwalt Lapavesin in Paris die Ergebnisse der Autopsie bekannt. Der offizielle Bericht besagt, dass Simpsons Tod auf einen Herzstillstand infolge völliger Erschöpfung (Hypoglykämie) zurückzuführen sei. Dabei wird auf die ungünstigen Wetterbedingungen (große Hitze) verwiesen, aber auch auf das Vorhandensein von Amphetaminen und Methylamphetaminen in Blut, Urin und Magen. Die gefundene Menge wäre an sich nicht tödlich gewesen – sie habe aber mit dazu beigetragen, dass Simpson seine Kräfte überschritten hätte.

In einem Interview mit Radio Luxemburg nährt Julio Jiménez den Verdacht, dass Doping tatsächlich eine Rolle gespielt haben könnte. In dem Gespräch räumt er ein, er selbst habe acht Tage nach Simpsons Tod im Anstieg zum Puy de Dôme zu Doping gegriffen. »Alle Fahrer bei der Tour de France schlucken Mittel. [...] Alle Fahrer nehmen Tabletten«, fügt er hinzu. »Jeder ist schuldig – oder keiner. So ist die Lage der Dinge nun mal.«

Am 28. August 1967 erscheint im *Miroir Sprint* ein Artikel mit der Überschrift: »Tom Simpson devait-il mourir?« – »War Tom Simpsons Tod unvermeidlich?« Es ist ein Interview mit Dr. Philippe Decourt, dem früheren Klinikchef der Faculté de Médecine de Paris.

Laut Dr. Decourt wäre Simpson von Dr. Dumas falsch behandelt worden. Simpson hatte einen Herzstillstand erlitten und in einem solchen Fall müsse das Opfer mit dem Kopf tiefer als das Herz gelagert werden, um die Blutversorgung des Gehirns nicht zu gefährden. Fotos und Filme zeigen, dass Simpson mit dem Kopf gegen den Hang gelegt wurde. Außerdem dürfe der Körper auf keinen Fall bewegt werden, sodass ein Transport vorerst nicht in Frage komme. Eine Adrenalin-Spritze wäre auch besser gewesen als eine Sauerstoffmaske. Bei richtiger Behandlung wäre Simpson nicht gestorben, folgert Decourt.

In einem Interview, das am 25. Juli 1998 in der französischen Sportzeitung *L'Équipe* erscheint, äußert Lucien Aimar, Gewinner der Tour de France 1966, eine deutliche Meinung. Er erklärt, dass Simpson nach zehn Renntagen völlig ausgelaugt gewesen wäre und bereits zwölf Tage lang Infusionen erhalten habe, weil er keine Nahrung mehr schlucken konnte. Laut Aimar, der am Ventoux in seiner Nähe fuhr, hatte Simpson höchstens 30 Milligramm Amphetamin genommen, während auch 1.000 Milligramm in 24 Stunden für einen Menschen noch nicht tödlich seien. Seiner Meinung nach waren weder Doping noch der Ventoux tödlich für Simpson, sondern die Medizin: Simpson sei durch das Zutun derjenigen gestorben, die ihn jedes Mal an den Tropf hängten, sodass er immer wieder weiterfahren konnte, obwohl sein Körper Tag für Tag immer schwächer wurde.

… oder Sonnenstich?

Der italienische Weltmeister Ercole Baldini, der Simpson gut kannte, ist wiederum von einer anderen Theorie überzeugt. In einem Interview, das Renate Verhoofstad mit Baldini führte und das im Oktober 2005 unter dem Titel »Museum Baldini« im Radsportmagazin *De Muur* erschien, heißt es: »›Unsinn, dass Tommy an Doping gestorben ist‹, begann Baldini. […] ›Natürlich hat er damals etwas genommen, so wie alle anderen zu jener Zeit auch. Vor allem Amphetamine, aber Pillen haben seinen Tod nicht verursacht. Sonst wäre ich nicht mehr hier‹, sagte Baldini und fing an, demonstrativ mit dem Kopf zu wackeln. ›Er hatte einen Sonnenstich, ganz einfach. […] Wir waren in jenem Jahr zu einem kleinen Etappenrennen in Neukaledonien. Während der Ruhetage machten wir Urlaub am Strand. Wir hatten eine tolle Zeit‹, sagte Baldini. ›Eines Tages brach Tommy plötzlich am Strand zusammen. Patsch! Wir erschraken uns zu Tode, hatten keine Ahnung, was los war. Bis im Krankenhaus ein Sonnenstich diagnostiziert wurde. Sie behandelten ihn dagegen und nach ein paar Tagen war Tommy wieder der Alte.‹ Baldini weiter: »Und, was stellte sich nun heraus? Nun, schon als Kind litt Tommy an einer schweren Form von Sonnenallergie. […] Die Hitze in Kombination mit den extremen Bedingungen ließ ihn oben auf dem Ventoux vom Rad fallen. Es war ein Sonnenstich, wirklich. Ich erkannte die Bilder wieder. Leider haben die Ärzte nie die richtige Diagnose gestellt. Tommy wurde falsch behandelt und das verursachte seinen Tod, nicht die Pillen. *Poverino*. Armer Tommy.««

Die belgische Internetzeitung *Skynet Nieuws* meldete am Montag, dem 27. November 2006: »Mit dem Tod des spanischen Fahrers Isaac Galvez während des Sechstagerennens von Gent am Samstagabend ist die Zahl der tödlichen Unfälle bei Radrennen auf 32 gestiegen.« In der danebenstehenden Liste ist Tom Simpson als sechster Radprofi aufgeführt, der bei einem Radrennen zu Tode kam, versehen mit dem Zusatz: »1967: Tom Simpson (Eng), Straßenweltmeister, erlitt während der Tour de France auf dem Mont Ventoux eine Ruptur der Koronararterie infolge von Hitze und Doping«.

Alec Taylor, Teamchef der britischen Nationalmannschaft bei der Tour '67, will die Beobachtung gemacht haben, dass Simpson mehr leiden konnte als seine Kollegen. Und auf seinem Grab auf dem Harworth Cemetery in North Nottinghamshire steht: »Sein Körper schmerzte, seine Arme wurden müde, aber er weigerte sich aufzugeben.« Simpson ist in seiner Rüstung gestorben. Und, wer weiß, vielleicht hätte er selbst es nicht anders gewollt, wenn er bewusst vor der Wahl gestanden hätte…

DER SPATZ UND SEINE TOCHTER

Schon kurz nach der verhängnisvollen Etappe wird eine einfache Gedenktafel an der Stelle platziert, an der heute das endgültige Denkmal steht. Übersetzt lautet der Text, der darauf zu lesen ist: »Zu Ehren seines Vaterlandes – Mont Ventoux. Tom Simpson, ›der Spatz‹, der in den höchsten Sphären seines geliebten Sports schwebte, fiel hier am Donnerstag, dem 13. Juli 1967, nieder. Mit dieser Gedenkplatte möchte The British Professional Cycle Racing Association die Erinnerung an den herzzerreißenden, tödlichen Kampf bewahren, den er lieferte, um die Tour de France zu gewinnen, und die Legende lebendig halten, dass ›Major Tom‹ unser Idol im Exil ist. Diese Tafel wurde von Mitgliedern des International Cyclists Saddle Club (London) im Namen von Radsportlern aus aller Welt aufgestellt.« Hinter der Gedenktafel werden eine Lebensbeschreibung von Simpson und ein Buch über die Tour de France in einen Gesteinsblock eingelassen.

In der Zwischenzeit ist auch bereits eine weitere Initiative vorangekommen, die sich seit einiger Zeit entwickelt hat. Unmittelbar nach Simpsons Tod haben die Leser des britischen Radsportmagazins *Cycling* begonnen, Geld für ein endgültiges Denkmal zu sammeln. Insgesamt bringen sie mehr als 13.000 britische Pfund zusammen, zu dieser Zeit eine beträchtliche Summe.

Am 14. Oktober 1969, einem klaren, aber eisig kalten Tag, ist es so weit: Eine Ansammlung von Menschen begibt sich fröstelnd zu einem Gedenkstein, der noch unter einem Union Jack verborgen ist. Helen, die Witwe von Tom Simpson, sein Freund und Teamkollege Barry Hoban, sein Teamleiter bei der Tour '67 Alec Taylor, ein gewisser Monsieur Vermelinger im Namen der Tour-de-France-Direktion, Bedoins Bürgermeister Artilland und der Rest der Gesellschaft haben große Mühe, im steilen Gelände des Ventoux dem starken Mistral zu trotzen.

Artilland legt Blumen am Fuße des Monuments nieder und bittet Barry Hoban, das Denkmal zu enthüllen. Hoban nimmt die Flagge an sich und setzt den Gedenkstein den Launen des Ventoux aus. Die Gesellschaft schweigt minutenlang andächtig und lässt die Worte der Inschrift auf sich wirken.

A LA MEMOIRE DE TOM SIMPSON
MEDAILLE OLYMPIQUE CHAMPION DU MONDE
AMBASSADEUR SPORTIF BRITANNIQUE
DECEDE LE 13 JUILLET (TOUR DE FRANCE 1967)
SES AMIS CYCLISTES DE GRANDE BRETAGNE

»Wenn die Kinder groß sind, werde ich sie auf jeden Fall mit hierhernehmen«, sagt Helen Simpson noch. Dann begibt sich die Gesellschaft zurück nach Bedoin; auf dem Ventoux selbst ist es zu beengt für Ansprachen.

Seit diesem Tag liest jeder, der vorbeikommt, die goldenen Lettern, passiert jeder Radfahrer diesen Ort mit gemischten Gefühlen. Seit diesem Tag ist der Mont Ventoux, der bereits von sich aus eine so eigentümliche, geheimnisvolle Ausstrahlung besitzt, noch um einen Mythos reicher, den Mythos des Gentleman-Rennfahrers, der zum ersten Doping-Toten der Tour wurde.

Simpson Memorial

Gent 1996. Simpsons Tochter Joanne hört den befreundeten Sänger Helmut Lotti in einem Radiointerview erzählen, dass er und seine Frau den Mont Ventoux hinauffahren wollen. »Das kann ich auch!«, schießt es ihr durch den Kopf. »Ich werde es 1997 machen, dann jährt sich der Todestag meines Vaters zum dreißigsten Mal.« So wurde das Tom Simpson Memorial geboren: Joanne Simpson macht sich auf, um »boucler la Boucle«, wie sie selbst es formuliert. Der Kreis soll sich schließen, sie will vollenden, was ihr Vater nicht vollenden konnte.

Sie kauft sich ein Rad, beginnt mit dem Training und steht am 13. Juli 1997 in Sault, am Fuße des Berges aller Berge. Spontan hat sich eine bunte Begleiterschar formiert. Barry Hoban, inzwischen seit fast 28 Jahren Helens Ehemann, ist ebenso mit von der Partie wie Vin Denson, ebenfalls ein ehemaliger Teamkollege von Tom. Joannes Cousin Chris Sidwells, Autor von Simpsons Biografie *Mr. Tom*, fährt ebenfalls mit, genau wie Thomas, der 13-jährige Sohn ihrer Schwester Jane. Ein australischer Rugbyspieler, der eigens zu diesem Anlass angereist ist, einige Freunde aus Gent und ein paar belgische Touristen, die zufällig von dem Plan gehört haben, komplettieren das kleine Peloton.

Die Gruppe fährt in aller Ruhe mit dem Rad hinauf; der Rest der Familie steht auf Höhe des Denkmals und feuert Joanne an, als sie vorüberkommt. Joanne fährt weiter und vollendet in der Tat, was ihr Vater damals nicht vollenden konnte: Sie erreicht den Gipfel. Nach einem Moment der Ruhe macht sie kehrt. Auf dem Weg zurück zum Denkmal kommt sie an einem Dudelsackspieler vorbei, der »Amazing Grace« spielt.

Am Denkmal angekommen, brechen sich die Emotionen Bahn. Helen reicht ihrer Tochter einen Becher aus Toms Trophäenschrank. Sie hat etwas eingravieren lassen:

JOANNE
FOR ACHIEVING YOUR GOAL IN CLIMBING THE MONT VENTOUX ON THE
30TH ANNIVERSARY
OF DADDY'S DEATH
13TH JULY 1997
HE WOULD HAVE BEEN SO PROUD

»Joanne, du hast dein Ziel erreicht, den Mont Ventoux am 30. Todestag deines Vaters zu erklimmen. Er wäre so stolz auf dich gewesen.«

Es werden Blumen niedergelegt und die Töchter befestigen eine Metallplakette am Gedenkstein. Darauf steht:

»THERE IS NO MOUNTAIN TOO HIGH…«
YOUR DAUGHTERS: JANE & JOANNE
JULY 13TH 1997[12]

Am 13. Juli 2002, rund eine Woche bevor die Tour de France den Ventoux ansteuert, bezwingt Joanne Simpson den Berg erneut. Aber diesmal ist das Unterfangen nicht in Sault gestartet. »So viel zu trainieren, nur um 26 Kilometer bergauf zu fahren, das ist mir zu blöd. Beim nächstes Mal werde ich in Gent aufbrechen und dann werden wir der Tour ein Motto geben«, hatte sie sich 1997 geschworen. »Eine Tour gegen das Doping, das den Tod meines Vater mit verursacht hat. Die Menschen müssen der Wahrheit ins Auge blicken. In fünf Jahren werde ich wieder hier stehen.«

Treppe

Die folgenden Jahre haben ihr jedoch deutlich gemacht, dass es keinen Zweck hat, alte Wunden aufzureißen, dass die Welt nicht bereit ist, dass die Menschen – mitunter bewusst – lieber den Kopf in den Sand stecken. Sie will keinen Kreuzzug beginnen, nicht als »Doña Quichotte« von Gent enden. Dennoch muss sie etwas tun gegen dieses Gefühl der Machtlosigkeit, das sich ihrer in dieser Frage bemächtigt hat. Deshalb gibt sie dem Tom Simpson Memorial 2002 letztlich ein weniger direktes, aber doch verwandtes Motto: Sie will mit der Tour das nötige Geld zusammenbringen, um das Denkmal am Ventoux aufzuwerten.

Schließlich erfüllt es immer noch seine Funktion: Es hält die Erinnerung an Tom Simpson lebendig und somit auch die Aufmerksamkeit für die Gefahren des Dopings. Eine neue Treppe soll dafür sorgen, dass das an recht schwer zugänglicher Stelle gelegene Denkmal besser erreichbar wird. »Aber eigentlich«, sagt Joanne Simpson, »weht über unserer Fahrt kein Banner mehr. Wir fahren gerne Rad und das Gedenken an Toms Tod vor 35 Jahren gibt uns ein Ziel.«

Und so klicken Joanne und sieben Radfahrkollegen am 29. Juni 2002 ihre Schuhe in die Pedale. Am 13. Juli, knapp 1.200 Radkilometer später, starten sie in Sault zum Memorial Tom Simpson 2002. Aus dem Radio erklingt »La Bicyclette« von Yves Montand – passender geht es kaum.

Als sie das Denkmal passiert, grüßt Joanne ihren Vater, indem sie eine Hand vom Lenker nimmt. Kurz darauf erreicht sie den in Nebel gehüllten Gipfel.

Fünf Jahre später ist dank Spenden genug Geld zusammengekommen, um Joannes' Traum nachträglich zu verwirklichen. Am Freitag, dem 13. Juli 2007, genau vierzig Jahre nach Simpsons Tod, fährt sie in einem kleinen Peloton wieder hinauf auf den Mont Ventoux. Viele Menschen, darunter Helen und Barry Hoban, Jane Simpson und Bürgermeister Luc Reynard, sind gekommen, um der offiziellen Einweihung der Betontreppe beizuwohnen. Auf dem Gedenkstein wird auch noch eine weitere Gedenkplakette angebracht.

Im Oktober 2016 wird die inzwischen etwas in die Jahre gekommene Treppe am Tom-Simpson-Denkmal restauriert und bei dieser Gelegenheit mit Granitplatten verkleidet. Der Belgier Thomas De Gendt, einige Monate zuvor Sieger der letzten Tour-de-France-Etappe mit Ziel auf dem Ventoux, hilft beim Verlegen der ersten Platte, Joanne Simpson übernimmt die letzte. Dank neuer Spenden und ehrenamtlichen Engagements ist die Treppe nun endgültig fertig, rechtzeitig zum Tom Simpson Memorial 2017.

Am 13. Juli jenes Jahres – dem 50. Todestag von Tom Simpson – versammeln sich rund 200 Menschen am Denkmal. Unter ihnen ist Bradley Wiggins, zusammen mit Joannes Mutter Helen Hoban und zwanzig Verwandten aus Australien. Bedoins Bürgermeister Luc Reynard schneidet zur Einweihung ein weiteres Band durch.

* * *

Ein Familienfreund von Joanne Simpson sagte einmal: »Die Leute sollten aufhören, ständig über Doping zu reden; Tom war mehr als ein Opfer. Er war jemand, der für seinen Sport lebte, der alles für ihn getan hat.«

Aber das Denkmal steht nun einmal da[13], und wenn man von Bedoin oder Sault aus hochfährt, kommt man auf jeden Fall daran vorbei. Und egal wie man es auch dreht und wendet, egal wie rational man die Welt und das Leben im Allgemeinen betrachtet, spricht einen dieser Gedenkstein auf die eine oder andere Weise an. Es mag seltsam oder unlogisch erscheinen, man mag für oder gegen Doping sein oder überhaupt nicht an dieses Thema denken, aber kaum jemand passiert emotionslos den Ort, an dem der Spatz zu Boden fiel.

> Am 13. Juli 1997 steigt Alec Taylor, Teamchef der britischen Mannschaft bei der Tour '67, auf sein Rad. In *Cycling* hat er über das Tom Simpson Memorial gelesen und fühlt sich schrecklich, jetzt, da die Erinnerungen wieder hochkommen. Er will in Gedanken bei der Tochter seines ehemaligen Fahrers sein und beschließt, als eine Art Tribut an Simpson ebenfalls eine Runde mit dem Rad zu drehen, wenn auch zu Hause, bei sich in England. Während der Fahrt erleidet er einen Herzinfarkt. Alec Taylor stirbt am 13. Juli 1997, am Tag des ersten Tom Simpson Memorials, genau dreißig Jahre nach dem Tod von Tom Simpson.

Eine Auswahl der Resultate von Tom Simpson

1954 Britischer Bergmeister der Junioren

1956 2. Platz Britische Meisterschaft in der Einerverfolgung auf der Bahn
Bronze in der Mannschaftsverfolgung bei den Olympischen Spielen

1957 Britischer Bergmeister der Senioren

1958 1. Platz Großer Preis der Bulgarischen Union f. Körperkultur u. Sport
Silber in der Einerverfolgung bei den Commonwealth Games

1959 Tom Simpson wird Profi
Etappensieg Tour de l'Ouest
2. Platz und Etappensieg Essor Breton
Etappensieg Route de France
4. Platz Straßenweltmeisterschaft

1960 1. Platz Tour du Sud-Est
1. Platz Grand Prix Mont Faron
29. Platz Tour de France
9. Platz Paris-Roubaix

1961 1. Platz Flandern-Rundfahrt
2. Platz Menton-Rom
5. Platz Paris-Nizza
9. Platz Straßenweltmeisterschaft
Aufgegeben auf der 3. Etappe der Tour de France

1962 2. Platz Paris-Nizza
5. Platz Flandern-Rundfahrt
6. Platz Tour de France, erster Brite im Gelben Trikot (12. Etappe)

1963 1. Platz Bordeaux-Paris
1. Platz Manx Premier
2. Platz Straßenweltmeisterschaft
2. Platz Super Prestige Pernod
2. Platz Gent-Wevelgem

2. Platz Paris–Brüssel
2. Platz Paris–Tours
2. Platz Critérium des As
3. Platz Flandern-Rundfahrt
8. Platz Paris–Roubaix

1964 1. Platz Mailand–Sanremo
3. Platz Trofeo Angelo Baracchi (mit Rudi Altig)
4. Platz Straßenweltmeisterschaft
10. Platz Paris–Roubaix
14. Platz Tour de France

1965 1. Platz Straßenweltmeisterschaft
1. Platz Sechstagerennen Brüssel (mit Peter Post)
1. Platz Lombardei-Rundfahrt
1. Platz London–Holyhead
1. Platz Corona Grand Prix
2. Platz Super Prestige Pernod
3. Platz Flèche Wallonne
3. Platz Circuit Provençal
3. Platz Midi Libre
3. Platz Bordeaux–Paris
6. Platz Paris–Roubaix
Aufgegeben auf der 20. Etappe der Tour de France
Sportler des Jahres

1966 2. Platz GP Kanton Aargau-Gippingen
Aufgegeben auf der 17. Etappe der Tour de France

1967 1. Platz Paris–Nizza
Etappensieg Sardinien-Rundfahrt
Zwei Etappensiege Vuelta a España
1. Platz Manx Premier
3. Platz GP Salvarini
4. Platz Polymultipliée

Teams: *Harworth and District Cycling Club, Scala Wheelers, Velo Sport, Briochin-Vins Santa Rosa, Rapha-Geminiani, Rapha-Gitane, Gitane-Leroux und Peugeot-BP.*

Radrennfahrer sterben nicht,
sie verschwinden nur außer Sicht,
wenn sie mit unvergleichlichem Stil
die letzte Ziellinie überquert haben
und die Geschwindigkeit des Lebens
sie mit schweren Beinen zurücklässt.

Denn im Rennen bleiben sie,
auch wenn Herzen und Räder verstummen,
ja, sie gehen weiterhin in tausenden
Köpfen umher und sterben nie,
ihr Schweiß verleiht dem Asphalt
bleibenden Glanz.

Bedenket, dass,
wenn die Erde sie doch
nur widerwillig bedeckt,
ihr Name für alle Zeiten
als Echo zwischen den Bergen
widerhallen wird.

– Willie Verhegghe,
Tourmalet en andere poëzie buiten categorie

APPELLATION CONTRÔLÉE

»... pour leur courage et leur volonté de vaincre.«
»... für ihren Mut und ihren Willen, es zu schaffen.«

– Inschrift auf dem Denkmal für die
Fernfahrt Brügge-Mont Ventoux

Gleich hinter dem Col des Tempêtes erhebt sich am Hang die Stele für die Radtourenfahrt Brügge-Mont Ventoux. Wenn man als Radfahrer in diesem Moment des Anstiegs noch ein Auge für seine Umgebung hat, kann man sie eigentlich nicht übersehen. Und sofern das Gehirn noch nicht gänzlich seinen Dienst ob der Strapazen quittiert hat, wird man auch begreifen, dass dieses Denkmal auch für einen selbst bestimmt ist – der Verwaltung des Départements Vaucluse, der Gemeinde Bedoin und den Leuten vom PPC Brügge sei Dank.

Im Jahr 1972 macht Roland Hurtecant aus Brügge Urlaub in der Provence. Er ist ganz vernarrt in die Region; er kann gar nicht genug bekommen von der friedlichen Ruhe, der Natur, der sauberen Luft und dem Mont Ventoux.

Eines Abends kommen Hurtecant und sein Gastgeber Marie-Louis Gravier zur Abwechslung mal aufs Radfahren zu sprechen und damit auch auf den Ventoux. Monsieur Gravier, als Leiter des Fremdenverkehrsamts von Bedoin nie verlegen, »sein« Dorf zu promoten, hat einen Plan: »Du fährst doch so gerne Rad, oder? Warum organisierst du nicht eine Radtour von Brügge zum Mont Ventoux?«

Hurtecant ist ein Machertyp, der kein Abenteuer scheut. Graviers Vorschlag fällt also nicht auf taube Ohren.

Zurück in Belgien packt Hurtecant die Dinge voller Tatendrang an. In Eric De Bel und Valentin Vermeersch findet er begeisterte Mitstreiter, er organisiert einen Sponsor, er rekrutiert Mitglieder und ein wenig später erblickt der Perquy Plastic Cycle Club Brügge das Licht der Welt – Vorsitzender und großer Strippenzieher bis zur letzten Ausgabe im Jahr 2014: Roland Hurtecant.

1973 ist in Brügges Zeitungen zu lesen, dass am 21. Juli jenes Jahres 34 Rennradfahrer die Pedalriemen strammziehen werden, um zum Mont Ventoux zu fahren. Angekündigt ist eine siebentägige Tour über 1.500 Kilometer für »sportive Cyclotouristen«. Das bedeutet, dass das Teilnehmerfeld bunt gemischt ist: auf der einen Seite erfahrene Tourenfahrer, auf der anderen Radsportler, die sich gemeinhin mehr auf die Teilnahme an Rennen konzentrieren. Brügge–Mont Ventoux wird folglich als eine Art RTF mit Wertung und Platzierungen ausgetragen: Man absolviert die Strecke im geschlossenen Verband, aber am Fuße der Anstiege wird das Rennen freigegeben. Oben wartet man wieder aufeinander und es wird ein Klassement erstellt.

Dieses Format hat immer gut funktioniert und viele Teilnehmer angezogen, vor allem aus Belgien natürlich. So haben zum Beispiel auch die beiden einzigen belgischen Gewinner von La Marmotte[14] an der Fernfahrt Brügge–Mont Ventoux teilgenommen: Fons Moors, der 1984 als Erster in Alpe d'Huez ankam (»Ich habe mit einer Trinkflasche, sieben Feigen, einer Flasche Zuckerwasser und einer halben Banane gewonnen.«), und Marc Criel, der drei Jahre zuvor siegreich war. Aber auch viele Ausländer gehörten zum Peloton: Engländer, Deutsche, Schweizer, Österreicher und Niederländer natürlich.

Im Laufe der Jahre entwickelt sich Brügge–Mont Ventoux zu einem Klassiker. Der Startschuss fällt immer auf De Burg, einem monumentalen historischen Platz im Herzen der Stadt Jan Breydels und Pieter De Conincks.

Die Route verändert sich von Jahr zu Jahr immer ein wenig. Manchmal absolviert das Peloton die komplette Strecke runter in den Süden mit dem Rad, manchmal gibt es einen Transfer mit dem Bus. Bereits auf dem Weg in die Provence knüpfen sich die Teilnehmer berühmte Pässe vor. Les Arcs, Roselend, Croix de Fer, Alpe d'Huez, Granier und all die anderen Legenden. Die Veranstaltung endet immer auf rund 1.900 Metern Höhe: an der weißen Linie am Fuße des Observatoriums.

* * *

Ende der 1970er Jahre nimmt die Idee, den Perquy Plastic Cycle Club Brügge und seine Radfernfahrt irgendwo auf dem Ventoux zu verewigen, allmählich konkretere Formen an. Es bedarf vieler Gespräche und einer Menge Überzeugungskraft, aber Hurtecant ist hartnäckig. Schließlich erteilen die französischen Behörden die Erlaubnis, eine Gedenktafel zu errichten. Sie stellen jedoch die Bedingung, dass sich die Veranstaltung nicht als Eintagsfliege erweist und dass der Text auf dem Stein sich nicht nur auf die Teilnehmer der Tour aus Brügge beziehen dürfe, sondern alle Radsportliebhaber einbeziehen soll. Auf diese Weise wollen sie verhindern, dass künftig jeder Verein, der ein paar Mal den Ventoux hochgefahren ist, um sein eigenes greifbares Andenken bettelt, denn das würde nur zu einem Wildwuchs von *stèles*[15] auf den Flanken des Berges führen.

Als alles besprochen und die Pläne ausgearbeitet sind, macht sich ein flämischer Steinmetz an die Arbeit. Auf einen mannshohen Granitstein meißelt er einen Text auf Niederländisch und Französisch, der ganz den Anforderungen der französischen Behörden entspricht und jedem vorbeifahrenden Radfahrer Mut für die letzten Meter zuspricht.

Schließlich wird der 960 Kilogramm schwere Stein in einen VW-Bus gelegt und nach Südfrankreich transportiert. Die Zöllner an der Grenze bekommen nichts mit oder sind bereit, beide Augen zuzudrücken.

Am 29. Juli 1979 wird der Gedenkstein auf dem Ventoux aufgestellt, an einer schönen Stelle direkt unterhalb des Gipfels. Der Sturm bläst ihn zwar im nächsten Winter einmal um, aber seit er ein eisernes Rückgrat bekommen hat, trotzt er den Elementen, als Hommage an alle Bezwinger des Mont Ventoux »... für ihren Mut und ihren Willen, es zu schaffen«.

Eigentlich ist die Stele auch ein wenig Hurtecants eigenes Denkmal. Es gibt nur wenige Radfahrer seines Schlags und deshalb ist er in Belgien und Frankreich »bekannt wie schlechtes Geld«, wie sein Radsportkollege Bart Caron einmal sagte. Hurtecant hat alle legendären belgischen und französischen Fernfahrten absolviert, Paris-Perpignan, Paris-Brest, Knokke-Paris-Dakar oder Brügge-Beirut, um nur einige zu nennen. Er ist am Nordkap gewesen, er war mit dem Rad auf Island und er hat Afrika durchquert. Und zwischen all diesen Unternehmungen ist er 216-mal den Mont Ventoux hinaufgefahren...

Wie schafft man das, wenn man glaubt, man müsse mal wieder hoch zum Observatorium, aber eigentlich gar nicht die Zeit dafür hat? Ganz einfach: Man packt sein Rad in sein eigenes Privatflugzeug, fliegt nach Carpentras, stellt dort am Rande der Landebahn sein Zelt auf, holt sein Fahrrad raus, fährt nach Bedoin und erklimmt den Ventoux. Danach macht man das Gleiche in umgekehrter Reihenfolge und schon ist man wieder zu Hause in Bellem...

Am Nachmittag des 22. Juli 2004, dem Schlusstag der 30. Ausgabe von Brügge-Mont Ventoux, stellt sich Roland Hurtecant, inzwischen 65 Jahre alt, wieder einmal neben dem Gedenkstein auf, als Denkmal neben dem Denkmal. Aber man sollte nicht die ursprüngliche Absicht aus den Augen verlieren: Die Stele ist ja eine Hommage an »alle Radtouristen und Hobbyradsportler«. Das war die Bedingung, die man seitens der Verwaltung des Départements an ihre Errichtung geknüpft hatte.

Bart Caron, seines Zeichens flämischer Gemeinde- und Bundespolitiker und zudem Teilnehmer gleich mehrerer Austragungen der Fahrt, spricht im folgenden Tagebuch-Auszug folgerichtig von »*dem* Denkmal *unseres* Brügge-Mont Ventoux, das *allen* Radtouristen viel Mut und Durchhaltewillen« zuspricht. Der Chef des Vaucluse kann zufrieden sein.

Der Schlussanstieg

Am 17. Juli 1992 warten wir wie echte Flandriens im strömenden Regen darauf, dass die Pressefotografen ihre Arbeit erledigt haben. Die heute beginnende Ausgabe von Brügge-Mont Ventoux ist etwas Besonderes, denn es ist die 20. Austragung, ein Jubiläum. Jede der vorausgegangenen Ausgaben hat ihre eigenen Geschichten von heroischen Etappen, spektakulären Zusammenbrüchen und Rad fahrenden Weltwundern hervorgebracht. Geschichten von Stahl, Gummi und Asphalt, überzogen von stürmischen Böen und strömendem Regen oder gebacken in brütender Hitze. Es gab auch Fahrten mit Stürzen und Unfällen, die manchmal eine tiefe Wunde in die Erinnerung gerissen haben.

Aber ganz gleich, wie unterschiedlich die verschiedenen Ausgaben von Brügge-Mont Ventoux hinsichtlich Atmosphäre, Strecke, Wetterbedingungen und dergleichen gewesen sein mochten, so wartete doch am Ende immer noch der Schlussanstieg hoch zum rot-weißen Zylinder auf dem Observatorium.

* * *

Samstag, 25. Juli 1992. Über Noyers-sur-Jabron fahren wir auf Nebenstraßen nach Sault. Raue Felsmassive, tiefviolette, kräftig duftende Lavendelfelder, die provenzalischen Häuser mit ihren roten, runden Dachpfannen und die Sonne direkt senkrecht über uns bestimmen die Atmosphäre. Wir durchqueren die Départements Alpes-de-Haute-Provence, Drôme und Vaucluse. Über kleinere Pässe erreichen wir Bedoin, das Dorf am Fuße des gefürchteten Riesen.

Am Dorfbrunnen ist eine Verpflegungsstation. Während wir uns stärken, schauen wir uns das völlig zersplitterte Peloton des Cyclosportive La Tom Simpson an. Die Fahrer müssen noch weiter nach Carpentras. Es handelt sich nicht unbedingt um die absoluten Topleute der Veranstaltung, viele von ihnen halten am Brunnen an, um ihre Flaschen zu füllen und sich ein wenig zu erfrischen.

Der Mont Ventoux, wie immer die Apotheose der Fahrt, ist furchteinflößend. Die ersten fünf Kilometer gehen noch, aber im Pinienwald reißt unsere Gruppe sofort auseinander. In Begleitung des Veteranen Luc schleppe ich mich hoch.

Ich kann meist eine Übersetzung von 39×24 treten, aber manchmal muss ich aufs 26er runterschalten. Dann geht es mit 13 bis 14 km/h dahin.

Kurz vor uns fährt Danny. Vor ihm fahren noch drei Mann, aber die sehen wir im Wald nicht mehr wieder. Auch hinter uns können wir niemanden entdecken.

Am 28. Juli 1990 war es nicht so warm. Damals kämpfte ich mit Danny und Steven auf der anderen Seite Berges, im Anstieg von Malaucène, um den vierten Platz in der Bergwertung in unserer Altersklasse. Es wehte ein heftiger Wind und je höher wir kamen, desto frischer wurde es. Oben war es angenehm kühl.

In der Hitze, die heute herrscht, haben wir womöglich mehr zu leiden als damals. Glücklicherweise haben unsere Begleiter genug Wasser und Schwämme eingepackt.

Am Chalet Reynard ist es vorbei mit dem Schatten des Waldes. Vor uns liegt eine einsame Hochgebirgslandschaft aus Geröll und hier und da einer seltenen Blume oder einem Grasbüschel. Die extremen Wetterbedingungen haben die Flanken gnadenlos kahl geschliffen; die Straße schlängelt sich in den Berg hineingeschnitten weiter. Das Observatorium ist fast greifbar, so nah wirkt es, aber es ist immer noch sechs Kilometer entfernt und wir müssen noch fünfhundert Höhenmeter hinauf...

Die geraden Stücke werden länger. Der Wind ist stark, der Berg trägt seinen Namen nicht umsonst. Vor uns, zwei Kurven weiter oben, sehen wir zwei andere Rennradfahrer. Die Beine werden langsam, aber sicher schwer, die letzten Kilometer sind hart. Luc »spielt Akkordeon«, verliert ein paar Mal kurz den Anschluss, kommt aber immer wieder zurück.

Ich besitze noch die Geistesgegenwart, einen Blick auf das Denkmal zu Ehren von Tom Simpson zu werfen. Blumen wurden dort niedergelegt. Vor zwei Jahren habe ich in der Abfahrt eine Weile angehalten, jetzt fahre ich weiter. Fünfhundert Meter vom Gipfel entfernt muss Luc endgültig abreißen lassen.

Ein Stück weiter spricht das Denkmal unseres Brügge-Mont Ventoux allen Radfahrern in zwei Sprachen Mut und Durchhaltewillen zu.

Mit den rennerfahrenen Marc Criel und Danny Meuleneire kann ich nicht mithalten; sie sind eindeutig die stärksten Kletterer bei dieser Austragung. Nach einer Stunde und 32 Minuten Klettern komme ich als Fünfter unserer Gruppe über die Ziellinie. Ich habe also knapp drei Minuten länger gebraucht als seinerzeit von Malaucène aus.

Im Souvenirladen kaufe ich drei gekühlte, aber überteuerte Dosen Orangina, die ich mir sofort die Kehle hinabgieße.

Die Abfahrt erfolgt in zwei Etappen, denn auf der Terrasse des Chalet Reynard sitzen die Pajottenländer mit Halblitergläsern Pils vor sich. Das ist eine Einladung. Wenig später schließt sich der Sponsor der bereits fröhlichen Bande an und verwöhnt sie mit einem weiteren Bier. Die Abfahrt nach Bedoin geht anschließend sehr flott. Ich schätze, ich bin noch nie so schnell und unerschrocken bergab gefahren.

Im Schwimmbad möchte ich traditionsgemäß im vollen Radsport-Ornat ins Becken springen, aber das ist nicht mehr erlaubt. Der freundliche Schwimmmeister leiht mir eine Badehose. In Bedoin ist es glühend heiß, aber das Wasser hier ist eiskalt. Das erfrischt den müden Körper und reinigt den beduselten Geist.

Die Siegerehrung findet wie immer in der Vignerons de la Cave de Bedoin statt, einer der Weingenossenschaften rund um den Ventoux. Ich kaufe einige Kisten Côtes du Ventoux Appellation Contrôlée, um später, in den langen Wintermonaten des Nordens, noch mal selig von diesem zwanzigsten Brügge-Mont Ventoux zehren zu können. Und dann ist es wieder vorbei. Morgen bin ich schon wieder daheim in meinem »Plat Pays«.

Bart Caron

Auch Roland Hurtecant hat nun seinen Schlussanstieg antreten müssen: Am 1. Juli 2019 starb er im Alter von 80 Jahren. Nach einem Gottesdienst für ihn in Bedoin ging sein letzter Wunsch in Erfüllung: Seine Asche wurde an »seinem« Denkmal auf dem Ventoux verstreut – nach 216 Auffahrten hat er dort nun seine letzte Ruhe gefunden. Luc Reynard, Bürgermeister von Bedoin und seit Jahrzehnten ein guter Freund von Hurtecant, leitete die Trauerzeremonie.

MONT VENTOUX: GIPFEL, STRASSEN, TOUR DE FRANCE

DER GIPFEL

Linke Seite:
Der Gipfel des Mont Ventoux aus der Vogelperspektive mit Blick in Richtung Nordwesten (oberes Bild) und aus der Drohnenperspektive mit dem »weißen Turm« und den angrenzenden Gebäuden des Observatoriums am oberen Bildrand und direkt darunter dem kleinen asphaltierten Gipfel- und Aussichtsplateau, wo sich für alle die Ziellinie des Anstiegs befindet (unteres Bild). Beide Aufnahmen entstanden während des Santini Gran Fondo Mont Ventoux – deshalb das zusätzliche Zielbanner.

Oben: Worum es letztlich geht…
Das Gipfelschild gibt seit 2017 die Höhe des Mont Ventoux mit 1.909 Metern an.

Rechte Spalte: Das Observatorium, das auch dank seiner »Mondrakete« hohen Wiedererkennungswert hat (oben), das oft arg rummelige Treiben auf dem Gipfelplateau (Mitte) und der Hilfssender (»der braune Turm«) knapp hundert Meter weiter nördlich (unten).

DER GIPFEL UND DIE MONDLANDSCHAFT

Diese Seite: Der Süßigkeitenstand (oben), der Gipfel aus der Vogelperspektive mit Blick in Richtung Osten (links, 2.v.o.), die Chapelle de la Sainte-Croix (links, 3.v.o.), das Denkmal für Brügge-Mont Ventoux nahe des Col des Tempêtes (links unten), die Radarkugel und die letzten paar hundert Meter des Anstiegs aus Malaucène (rechts unten).

Rechte Seite: Gipfel und Nordflanke des Mont Ventoux, betrachtet von dem Plateau aus, auf dem bis Mitte 2002 das Réseau-Terminal T2 stand (oben), und der Blick von oben auf das abgeräumte Areal (unten).

Diese Seite: *Ven-topp* – der schneebedeckte Mont Ventoux.

Linke Seite: Eine Art moderne Pilgerstätte für Radfahrer aus aller Welt. Das Denkmal für Tom Simpson rechts der Straße aus Bedoin/Sault.

DER ANSTIEG AUS BEDOIN

Diese Seite: Blick hinauf zum Gipfel von einem Kreisverkehr direkt südlich von Bedoin (oben); ab dem Chalet Reynard schlängelt sich die D 974 durch die Mondlandschaft (unten).

Rechte Seite:

Oberste Zeile (jeweils v.l.n.r.): Wegweiser am Start (310 m), »der Brunnen« vor der Touristeninformation und die Marmor-Startlinie unweit des Radgeschäfts La Route du Ventoux.

Zweite Zeile: Der blaue Baum in Les Bruns (520 m), Fontaine de la Grave mit Straßenwärterhäusern (ca. 1.500 m) und Les Sept Virages (ca. 650 m).

Dritte Zeile: Der Pavillon de Roland (837 m), das Chalet Reynard (1.440 m), wo die Straße aus Sault auf die D 974 mündet, und das Tom-Simpson-Denkmal (1.750 m).

Unten: Die berühmt-berüchtigte Kurve bei Saint-Estève (ca. 540 m).

D974
22 LE M^T VENTOUX
FLASSAN
BELEZY
Parking
LUNDI MATIN
ITINERAIRE CONSEILLE
LE JOUR DU MARCHE

DER ANSTIEG AUS MALAUCÈNE

Oberste Zeile (jeweils v.l.n.r.): Wegweiser am Start (330 m), der Rocher du Portail Saint-Jean (470 m) und die Gîte des Ramayettes (916 m).

Zweite Zeile: Das Chalet Liotard (1.432 m) und ein Stückchen weiter oberhalb die Tournant d'Anglais (1.526 m).

Dritte Zeile: Ein paar Kilometer vor bzw. nach dem Chalet Liotard.

Unten: Knapp zwei Kilometer vor dem Gipfel.

DER ANSTIEG AUS SAULT

Oberste Zeile (jeweils v.l.n.r.): Wegweiser am Start (720 m) und Blick vom Platz vor der Bar La Promenade in Sault hinab auf das Val de Sault.

Darunter: Die D 164 auf etwa 720 Metern Höhe.

Dritte Zeile: Noch im Flachen ein paar Kilometer außerhalb von Sault und die D 164 auf circa 800 Metern Höhe.

Vierte Zeile: Auf Höhe der Chapelle Notre-Dame-des-Anges (1.008 m) und auf 1.420 Metern Höhe kurz vor dem Chalet Reynard.

MEHRFACH-AUFFAHRTEN

Oben: Karel Kleijn auf der Route de Chamois. **Rechts oben:** Jaap Vos auf der Route Thérèse Roumanille. **Rechts Mitte:** Beginn der Route des Cèdres am Abzweig von der D 974. **Unten:** Hans und Peter Willemse auf der Route Joseph Eymard.

DER WEG
SPRICHT FÜR SICH

DER MONT VENTOUX IN DER TOUR DE FRANCE:
LEGENDÄRE MOMENTE DER RADSPORTGESCHICHTE

Diese Seite: Sonntag, 13. Juli 1958. 18. Etappe. Der Luxemburger Charly Gaul auf dem Weg zum Sieg im ersten Einzelzeitfahren mit Zielankunft auf dem Gipfel des Mont Ventoux.

Rechte Seite oben: Donnerstag, 13. Juli 2000, 12. Etappe. Zwei kontroverse, gegensätzliche Protagonisten der Tour-Historie am Berg der Berge. Lance Armstrong und Marco Pantani kommen Seite an Seite das Gipfelplateau hinauf. Auf dem Zielstrich lässt Armstrong dem »Piraten« den Vortritt.

Rechte Seite unten: Donnerstag, 14. Juli 2016, 12. Etappe. Chaos am Ventoux. Wegen starken Windes muss das Ziel zum Chalet Reynard verlegt werden. Die Zuschauermassen am Nationalfeiertag sind zu viel für den verkürzten Anstieg. Ein Kameramotorrad wird zu einer Vollbremsung genötigt und die Gruppe der Favoriten kommt zu Sturz. Pech für Chris Froome: Er hat kein fahrtüchtiges Rad mehr – und auch keinen Materialwagen in der Nähe. Es folgt eine legendäre Joggingeinlage im Gelben Trikot.

CREDIT LYONNAIS
sport

3 POOL
FRED
BMC

Sonntag, 21. Juli 2002, 14. Etappe Modeve–Mont Ventoux.
Die noch mal extrem steile Schlusskurve im Anstieg aus Bedoin,
knapp hundert Meter vor dem Zielstrich.

BEGEGNUNG

Mont Ventoux (Vaucluse, Frankreich) – Normale Radtouristen verirren sich nicht hierher. Der steile Weg durch den Zedernwald, voller Risse und Löcher und mit scharfen Steinen übersät, ist auch völlig ungeeignet für ein Rennrad. Aber ich liebe dieses Erkunden unbekannter Pfade in völliger Einsamkeit. Die unkomplizierte Plackerei an den zerklüfteten Flanken des Mont Ventoux macht den Kopf frei. Und dafür bin ich hier.

Nach rund einer Stunde Klettern habe ich die Zedern hinter mir gelassen und rieche den typischen Geruch von Kiefern, die in der Sonne schmoren. Und zum ersten Mal bin ich nicht mehr allein. Auf einer großen Lichtung im Wald, wo zwei Waldwege sich kreuzen, steht ein kleiner Mann, auf dem Rücken ein eingebeulter Camelbak. Sein Helm sitzt zu weit hinten auf seinem Kopf, um wirklich effektiv zu sein. Zwischen seinen Beinen ein Mountainbike, das schon bessere Zeiten gesehen hat. Der Sattel ist offenkundig nicht italienischer Machart. Nur die Kette scheint seine Aufmerksamkeit erregt zu haben, sie glänzt geradezu vor Öl. Auf der Nase trägt er eine Sonnenbrille mit Sportbügelenden hinter den Ohren. Aber am bezauberndsten finde ich seine Schienbeinschoner: schmutzige weiße Plastikteile, mit denen sich kein F-Jugend-Kicker trauen würde, auf dem Sportplatz aufzutauchen. Noch dazu trägt er keine Socken. Ich liebe ihn spontan.

Erst als er meine quietschende Bremse hört, schaut er von seiner Streckenkarte auf. Im Handumdrehen hat er mich gemustert. Aufgrund meines uralten, verwaschenen PDM-Trikots, einer eher blassen Radhose, durch die man fast schon hindurchschauen kann, und der großen Klingel am Lenker erkennt er in mir anscheinend einen Gleichgesinnten: Er greift in seine Rückentasche und bietet mir einen Müsliriegel an. Ich verstehe nicht, was er sagt – es klingt irgendwie nach Balkan. Seinerseits versteht er auch meine Antwort nicht: Englisch, Französisch und Deutsch sind ihm allesamt fremd, mit Niederländisch probiere ich es erst gar nicht. Wir verständigen uns mit allerlei Gesten: »Schön hier, nicht wahr?« und: »Meine Güte, was für eine Hitze!« Er zeigt auf meine noch halb gefüllte Trinkflasche, dankbar saugt er einen Schluck lauwarmes Wasser heraus.

Plötzlich steht die Gämse dort, mitten auf dem Weg, keine zwanzig Meter von uns entfernt. In aller Seelenruhe nimmt sie uns wahr, keineswegs beeindruckt von unserer Präsenz auf ihrem Terrain. Ihre Backen mahlen. Mindestens eine Minute lang steht sie da, springt dann lautlos den steilen, felsigen Hang hinunter, ohne dass ein Stein von seinem Platz rollt.

Wir sehen uns an und machen gleichzeitig die universell verständliche Geste: »Bitte! Ist das nicht schön?« Wir beide lachen über unsere Pantomime. Dann klickt er seine Schuhe in die Pedale. Er winkt mir zum Abschied, sagt noch etwas, rollt dann los und begibt sich auf die Abfahrt.

Ich spüre die Sonne auf meinen Schultern, der Schweiß tropft mir aus den Haaren. Ich setze meine Sonnenbrille auf und gleite zurück in den Sattel. Etwas später komme ich an der Stelle vorbei, an der die Gämse sich zu Tal gestürzt hat. Es ist nichts mehr von ihr zu sehen.

Aus: Willem Janssen Steenberg, *Voor eigen parochie – Columns 2003–2011*

FÜR ALLE, DIE EIN BISSCHEN VERRÜCKT SIND: MEHRFACH-AUFFAHRTEN

»N'est pas fou qui monte au Ventoux, mais est bien fou qui y retourne.«
»Man musst nicht verrückt sein, um den Ventoux zu erklimmen.
Aber man ist gewiss verrückt, wenn man noch mal zurückkehrt.«

– *Provenzalisches Sprichwort*

CONFRÉRIE DES CINGLÉS DU MONT VENTOUX

Sie haben alle gefürchteten Kopfsteinpflasterstraßen im Umkreis schon 54-mal gesehen, haben jede RTF weit und breit und alle Streckenvarianten der diversen Jedermannrennen mehrmals bestritten, Sie kennen die Naturparks und Mittelgebirge der Heimat in- und auswendig, Sie haben auch den Ventoux schon erklommen (zwar von der Weichei-Seite, aber immerhin) und sind bei La Marmotte einmal halb erfroren. Was jetzt? Doppelkopf bis zur Rente? 100-Meter-Goldfischgucken für Vereinsteams? Perlentauchen im IJsselmeer, die Ardennen zeichnen, Steinfrösche sammeln, oder ... den Versuch unternehmen, ein *Cinglé* zu werden? Ein was? Ein Cinglé. Ein Cinglé du Mont Ventoux. Oder sogar ein Galérien.

Cinglé bedeutet so viel wie *ein bisschen verrückt, leicht gestört*. Und etwas bekloppt muss man in der Tat sein, wenn man dreimal an einem Tag den Ventoux erklimmen will. Denn das ist die Bedingung, an die die *Confrérie des Cinglés du Mont Ventoux*, sozusagen die Gilde der Bekloppten vom Mont Ventoux, die Aufnahme neuer Kandidaten knüpft: an einem Tag den Riesen der Provence dreimal hinaufzufahren, einmal aus Bedoin, einmal aus Malaucène und einmal aus Sault.

Die *Confrérie des Cinglés du Mont Ventoux* wurde Ostern 1988 von Christian Pic gegründet. Mit typisch französischem Sinn für Grandeur nannte Pic sich selbst ganz unbescheiden: Gründungspräsident.

Wer der stolzen Bruderschaft der Cinglés beitreten möchte, muss sich an Monsieur Pic wenden. Gegen Zahlung der Anmeldegebühr (20,– Euro im Jahr 2020) erhält man eine Startkarte zum Abstempeln, eine Rahmenplakette zur Befestigung am Rad und weitere Unterlagen. Die Anmeldung und Bezahlung erfolgt über die Website des *Club des Cinglés*. Im Grunde ist die Anmeldung das ganze Jahr über möglich. Mindestens 15 Tage (in der Ferienzeit 21 Tage) bevor man das Abenteuer in Angriff nehmen möchte, muss man sich eingeschrieben haben – alles weitere zu den genauen Bedingungen und Strecken und zum Anmeldeverfahren sowie viele weitere Informationen finden Sie unter www.dekaleberg.nl und www.clubcinglesventoux.org.

Dreifache Auffahrt: Cinglé

An einem geeigneten Tag, d.h. normalerweise irgendwann zwischen Ende April und Anfang Oktober, fährt man alle drei Straßen hinauf, die zum Gipfel des Mont Ventoux führen. In der Regel bedeutet dies, dass man seine Startkarte in Bedoin in einem Geschäft oder von einer öffentlichen Einrichtung abstempeln lässt (gegebenenfalls bereits am Vorabend) und dann zum Gipfel hinauffährt. Dort erhält man im Souvenirshop oder im Restaurant Vendran den nächsten Stempel. Sodann nimmt man die Abfahrt nach Malaucène in Angriff, holt sich dort einen weiteren Stempel (beim Bäcker, in der Touristen-Information oder bei der örtlichen Gendarmerie – dort sollte man inzwischen einiges gewohnt sein), radelt wieder hoch – nun muss man oben nicht stempeln –, fährt hinunter nach Sault, lässt sich einen weiteren Stempel auf die Karte setzen, macht wiederum kehrt in Richtung Observatorium – auch diesmal muss man oben am Gipfel nicht noch mal stempeln – und beendet einen anstrengenden Tag schließlich wieder in Bedoin. Insgesamt 136 Kilometer und 4.443 Höhenmeter hat man nun in den Beinen. Man kann auch in Malaucène oder in Sault starten – wichtig ist nur, dass man alle drei Streckenvarianten hin- und zurückfährt. Wenn Sie alles nach den Regeln von Monsieur Pic erledigt haben, erhalten Sie eine schöne nummerierte Erinnerung und die Mitgliedschaft in der Confrérie; nun sind Sie offiziell Teil der Gilde der Bekloppten vom Mont Ventoux.

Vierfache Auffahrt: Galérien

Wenn Sie glauben, das wäre noch nicht verrückt genug, gibt es immer noch die »option musculée«: In diesem Fall fahren Sie halt noch ein viertes Mal nach oben. Diese zusätzliche Auffahrt beginnt in Bedoin, folgt rund sieben Kilometer der üblichen D 974 und biegt dann nach links ab, auf eine nicht allzu gute Straße, die durch das Massif des Cèdres hinaufführt. Etwa anderthalb Kilometer hinter Mont Serein mündet sie auf der Straße, die von Malaucène zum Gipfel führt. Wenn Sie sich zum vierten Mal vom Observatorium verabschiedet haben und wieder unten in Bedoin sind, haben Sie 187 Kilometer mit 6.052 Höhenmetern hinter sich und dürfen sich von nun an Galérien du Mont Ventoux nennen: »Galeerensklave des Mont Ventoux«. Einfach ist sicherlich was anderes…

Sechsfache Auffahrt: Bicinglette

2007 dachte sich Monsieur Pic etwas Neues aus: Seither kann man sich bei ihm auch für die Prüfung zum Bicinglette anmelden. Das ist ein doppelter Cinglé an einem Tag: sechs Auffahrten und sechs Abfahrten, sprich 272 Kilometer und 8.886 Höhenmeter. Danach sollte man den Weg hinauf zum Ventoux halbwegs kennen…

15.000 Cinglés

Waren der Cinglé und der Galérien in den ersten Jahren noch eine hauptsächlich französische Angelegenheit, so stieg durch die Website www.dekaleberg.nl und die Veröffentlichung der ersten Ausgabe dieses Buches auf Niederländisch, die im Jahr 2002 als *De kale berg – Op en over de Mont Ventoux* erschien, explosionsartig die Zahl der Niederländer und Belgier, die drei oder vier Auffahrten an einem Tag absolvierten. Die Gesamtzahl der Cinglés nähert sich inzwischen den 15.000. Es gibt mehr als 600 Galériens und über 300 Bicinglettes.

Die Absolventen kommen aus allen Ecken der Welt: Nicht weniger als 67 Nationalitäten sind inzwischen vertreten. Überraschenderweise ist London die Stadt mit den meisten Ventoux-Verrückten, aber unter den Top 10 finden sich danach sieben niederländische Städte: Amsterdam, Utrecht, Tilburg, Roosendaal, Rotterdam, Den Haag und Oosterhout. Seit 2010 kamen jedes Jahr die meisten neuen Cinglés aus den Niederlanden, aber seit 2017 haben die Engländer uns Niederländern den Rang abgelaufen. Deutschland belegt seit 2014 den dritten Platz bei der Zahl der jährlichen Absolventen.

Der *Club des Cinglés* ist seit jeher eindeutig eine Männerangelegenheit: 93,5 Prozent der Mitglieder sind Männer, was nicht verwunderlich ist, wenn man bedenkt, welch immense Strapaze einem hier abverlangt wird. Aber die Frauen sind auf dem Vormarsch. Der enorme Zulauf, den der niederländische Frauenradsport zuletzt erhielt, spiegelt sich auch hier wider: Die meisten weiblichen Cinglés kommen aus den Niederlanden.

Die hohe Zahl niederländischer Mitglieder im *Club des Cinglés* dürfte zum Teil auch auf die vielen Charity-Veranstaltungen wie »Climbing against MS«, »Join4Energy« und »Tour du ALS« zurückzuführen sein. Gemessen an der Anzahl der erfolgreich bestandenen Prüfungen liegen die Niederlande inzwischen an erster Stelle. Die Statistik zum 30. Januar 2020 (nur die fünf bestplatzierten Nationen):

	Cinglé	**Galérien**	**Bicinglette**	**gesamt**
Niederlande	3.691	126	45	3.682
Frankreich	2.794	231	34	3.059
England	2.761	34	44	2.839
Belgien	1.601	134	48	1.783
Deutschland	1.244	47	59	1.350

Der jüngste Cinglé ist zehn Jahre alt, und auch ein zwölfjähriges Mädchen hat den Ventoux bereits dreimal an einem Tag bezwungen. Der älteste Cinglé ist ein 86-jähriger Amerikaner. Der jüngste Galérien ist 16 und der älteste 74.

Einen ganz besonderen Platz nimmt der Fahrer ein, der die höchste Anzahl an Auszeichnungen zusammengestrampelt hat. Diese Ehre fällt dem (inzwischen 68-jährigen) Italiener Faustino Giudici – alias »Ventounissimo« – zu, der von Christian Pic insgesamt 64 Zertifikate zugestellt bekam; 58-mal absolvierte er den Cinglé, viermal den Galérien und zweimal den Bicinglette.

Eine ehrenvolle Erwähnung in dieser Liste verdient sicherlich auch die zum Zeitpunkt ihres letzten Starts 61-jährige Französin Florence Girard. Sie absolvierte elfmal den Cinglé, einmal den Galérien und einmal den Bicinglette. Chapeau!

Ein interessanter Fakt am Rande: Florence Girard kümmert sich beim *Club des Cinglés* um die Anmeldungen, Christian Pic um die Beglaubigung der Stempelkarten. *Honi soit qui mal y pense…*[16]

Es fällt auf, dass es insbesondere ältere Herrschaften sind, die diesem illustren Club angehören wollen: 65 Prozent der Absolventen sind älter als 40.

Die Statistiken auf der folgenden Seite wurden Ende Januar 2020 zusammengestellt. Die entsprechende Aufstellung wird regelmäßig auf der Website www.dekaleberg.nl aktualisiert.

Eine aktuelle und vollständige Liste der Absolventen ist auf der Website des *Club des Cinglés* zu finden. Dort können die Daten auf verschiedene Weise aufgeschlüsselt werden. Sie können auch Ihre eigenen Angaben überprüfen, indem Sie einfach Ihren Namen in das Suchfenster eingeben.

Club des Cinglés du Mont Ventoux

gegründet 1988

Anzahl Cinglés:	**14.947 am 31.01.2020**
erster Cinglé (m):	**Christian Pic (Fra)**
erste Cinglé (f):	**Claude Codron (Fra)**
erster niederländischer Cinglé (m):	**Dirk Kuijper**
erste niederländische Cinglé (f):	**Jopie van Weegen**
erster belgischer Cinglé (m):	**Guy Deprez**
erste belgische Cinglé (f):	**Odile Hochard**
erster deutscher Cinglé (m):	**Michael Ahner**
erste deutsche Cinglé (f):	**Daniela Treiber**
ältester Cinglé (m):	**86 Jahre**
älteste Cinglé (f):	**70 Jahre**
jüngster Cinglé (m):	**10 Jahre**
jünste Cinglé (f):	**12 Jahre**
Anzahl Galériens:	**678 am 31.01.2020**
erster Galérien (m):	**Christian Pic (Fra)**
erste Galérien (f):	**Wilma Vissers (Ned)**
erster niederländischer Galérien (m):	**Bas Steman**
erste niederländische Galérien (f):	**Wilma Vissers**
erster belgischer Galérien (m):	**Alphonse Werner**
erste belgische Galérien (f):	**–**
erster deutscher Galérien (m):	**Alexandre Gerwinat**
erste deutsche Galérien (f):	**Barbara Roehn**
ältester Galérien (m):	**74 Jahre**
älteste Galérien (f):	**59 Jahre**
jüngster Galérien (m):	**16 Jahre**
jüngste Galérien (f):	**30 Jahre**
Anzahl Bicinglettes:	**307 am 31.01.2020**
erster Bicinglette:	**Florence Girard (Fra)**
erster niederländischer Bicinglette:	**Aart Keijer**
erster belgischer Bicinglette:	**Lucien Valkenborgh**
erster deutscher Bicinglette (m):	**Helaman Krause**
erste deutsche Bicinglette (f):	**Barbara Roehn**
ältester Bicinglette (m):	**67 Jahre**
älteste Bicinglette (f):	**54 Jahre**
jüngster Bicinglette (m):	**18 Jahre**
jüngste Bicinglette (f):	**33 Jahre**

DIE NIEDERLÄNDISCH-BELGISCHE GENOSSENSCHAFT DE KALE BERG

Nach dem Erscheinen der ersten Ausgabe von *De kale berg – Op en over de Mont Ventoux* stieg die Zahl der Niederländer und Belgier, die versuchten, den Cinglé oder den Galérien zu meistern, geradezu explosionsartig an, aber es wurde noch verrückter.

Anfang 2003 erklärte Dominic Rosé aus dem belgischen Zonhoven, dass er die Grenzen neu zu definieren gedachte: Er plante, den Ventoux fünfmal an einem Tag in Angriff zu nehmen. Und weil er und sein Begleitteam dem Ganzen eine offizielle Note geben wollten, nahmen sie Kontakt zu den Leuten auf, die hinter dem vorliegenden Buch und der Website www.dekaleberg.nl stehen. In gemeinsamen Beratungen einigten wir uns auf eine Streckenführung und einen Ehrentitel für diejenigen, die es schaffen, den Berg der Berge fünfmal an einem Tag zu erklimmen – dazu gleich mehr.

Nach seiner erfolgreichen Fahrt am 1. Juni 2003 musste Dominic Rosé nur mal kurz durchschnaufen, schon kam ihm der Gedanke, dass er ja noch ein sechstes oder sogar siebtes Mal dranhängen könnte. Ob wir uns vielleicht netterweise eine Route dafür überlegen würden…

Es wurde bald deutlich, dass die typischen Cinglé- oder Galérien-Aspiranten aus Belgien und den Niederlanden es offenbar sehr zu schätzen wissen, wenn es klare Bestimmungen für solche Mehrfach-Bezwingungen gibt und ihre Leistungen in Form eines Zertifikats oder dergleichen honoriert werden. Es wurden zahlreiche Versuche unternommen, mit Christian Pic in Kontakt zu treten, damit dieser seinen Club um eine Wertung für Fahrer erweiterte, die den Ventoux fünf- oder sechsmal hintereinander hinaufgefahren waren, aber letztlich liefen seinerzeit all diese Vorstöße ins Leere.

Angespornt durch mögliche Kandidaten beschloss das Team hinter diesem Buch und der Website www.dekaleberg.nl schließlich, die Sache selbst in die Hand zu nehmen. Und so gründeten Lex Reurings (Cinglé, Niederlande), Marnix Van Hecke (Galérien, Belgien) und Willem Janssen Steenberg (Cinglé, Niederlande) am 16. August 2003 im Stadskasteel Oudaen zu Utrecht die *Niederländisch-belgische Genossenschaft De Kale Berg*, um auf diese Weise die Aktivitäten rund um fünf- oder sechsfache Bezwingungen des Ventoux in geregelte Bahnen zu lenken und weitere exotische Vorhaben dieser Art so gut wie möglich in den Griff zu kriegen und zu erfassen.

Fünffache Auffahrt: Diable

Am 1. Juni 2003, gegen 21 Uhr, drehte Dominic Rosé eine Runde auf dem kleinen Gipfelplateau, um seine Emotionen in den Griff zu bekommen: Nach 231 Kilometern und 7.770 Höhenmetern überquerte er an diesem Tag zum fünften Mal die Linie oben vor dem »Laden«. Er hatte den Liebhabern des kahlen Berges einen (weiteren) historischen Moment beschert: Er war der erste Fahrer, der den Mont Ventoux fünfmal an einem Tag auf verschiedenen Routen bezwungen hatte.

Nach vollbrachter Tat gab Rosé bekannt, dass er sich und seiner Höllentour dafür den Namen »Diable« zugedacht hatte. Und zu Ehren dieses ersten Diable vergibt die *NBG De Kale Berg* seither diesen Titel an jeden, der es schafft, mit der Leistung von Dominic Rosé mitzuhalten. Auch die Unternehmung als solche trägt fortan diesen Namen.

Sechsfache Auffahrt: Cannibale

An jenem denkwürdigen 1. Juni 2003 schien es so, als sei mit dieser gigantischen Leistung die Grenze des Menschenmöglichen erreicht, aber tatsächlich hätten es alle Begleiter am Fuße des Observatoriums besser wissen müssen: Domi Rosé sah noch so frisch aus... Und tatsächlich kamen sofort Fragen nach einer möglichen sechsten Streckenvariante auf. Sechsmal an einem Tag auf möglichst vielen verschiedenen Routen hinauf zum Observatorium...

Und ja: Wieder war Rosé der Erste, der sich der Herausforderung stellte. Am Samstag, dem 6. September 2003, um vier Uhr morgens klickte er in die Pedale und knapp 24 Stunden später packte er sein Fahrrad wieder in seinen Transporter. Nicht sechs-, sondern siebenmal war er den Berg rauf- und runtergefahren. Siebenmal! Wie ein wahrer Monarch ernannte sich Rosé nach diesen sieben Auffahrten zum »Diable d'Or du Ventoux«, zum Goldenen Teufel des Ventoux.

Die *NBG De Kale Berg* verlieh ihm jedoch den Titel Cannibale, den Namen, den fortan jeder erhalten sollte, der den Mont Ventoux sechsmal an einem Tag erklommen hat. Den Namen auch, den die Unternehmung als solche erhielt.

Warum kein siebtes Mal?

Sollte man eine Wertung für Fahrer einführen, die den Ventoux siebenmal an einem Tag mit dem Rad rauf- und runterfahren? Oder gar achtmal? Die *NBG De Kale Berg* hat den Taschenrechner bemüht. Das Resultat unserer Kalkulationen legt den Schluss nahe, dass ein normaler Hobbyradsportler, der sieben Ventoux-Auffahrten bewältigt und auch die Abfahrt mit dem Rad bestreitet, rund um die Uhr beschäftigt ist, um die knapp 337 Kilometer und 11.240 Höhenmeter zurückzulegen, und das ist wirklich zu verrückt für uns. Dominic Rosé hat es getan und er war dafür rund 24 Stunden im Einsatz. Obwohl er ein außergewöhnlich starker Fahrer ist, der an diesem Tag hervorragend trainiert und bestens betreut war, lautete seine Reaktion: »Der reine Irrsinn. Ich hab's getan, aber ich rate jedem davon ab. Der reine Irrsinn!« Die *NBG* war an beiden Tagen Augenzeuge von Rosés grandiosen Darbietungen. Und genau aus diesem Grund schließen wir uns von ganzem Herzen seiner spontanen Reaktion an: »Der reine Irrsinn! Machen Sie es bloß nicht nach«, lautet auch unser Rat: »Tun Sie es nicht!« Lassen Sie Dominic Rosé der einzige Diable d'Or bleiben!

Eigentlich sind auch sechs Auffahrten auf den Mont Ventoux an einem Tag bereits völlig bekloppt, denn das bedeutet, dass rund 285 Kilometer und 9.530 Höhenmeter überwunden werden müssen. 99,99 Prozent von uns Flachländern sollten eine solche Aufgabe nicht einmal in Betracht ziehen. Es muss Spaß machen, es darf keine Opfer geben.

Der Ventoux-Wahnsinn scheint langsam epidemische Ausmaße anzunehmen. In den letzten Jahren sind einzelne Fahrer neun-, zehn- und sogar elfmal binnen 24 Stunden den Berg rauf- und wieder runtergefahren. In den belgischen Medien toben erbitterte Schlachten darum, wer der eigentliche Rekordhalter ist, ob der Diable und der Cannibale der *NBG De Kale Berg*, bei denen die Strecke zum Teil über *routes forestières* führt, anders zu bewerten sind als Fünffach- oder Sechsfach-Auffahrten ausschließlich auf der D 974, ob auch eine Abfahrt mit dem Auto zählt und so weiter. Die *NBG De Kale Berg* hat ihren Standpunkt klargemacht (siehe oben: *Warum kein siebtes Mal?* in: *Die niederländisch-belgische Genossenschaft De Kale Berg*), hält sich aus dieser Kontroverse wohlweislich heraus und widmet ihr Augenmerk lieber etwas Neuem.

Denn es gibt einen Typ Radsportler, der bisher noch keine eigene Ventoux-Wertung hatte: den Mountainbiker. Für einen echten MTBler, der etwas auf sich hält, ist die normale, asphaltierte Straße natürlich keine Herausforderung, denn richtig Spaß macht es ihm erst in ruppigerem Gelände. Für ihn hat sich die *NBG De Kale Berg* deshalb zwei heftige Herausforderungen ausgedacht: den Forestier und den Grandonneur.

Zweifache MTB-Auffahrt: Forestier

Der Forestier (Förster) bedeutet: zweimal an einem Tag überwiegend über holprige Reitwege hinauf zum Gipfel des Ventoux, einmal von Malaucène aus und einmal von Bedoin. In beiden Fällen – die Reihenfolge spielt keine Rolle – führen die letzten Kilometer bis zum Gipfel und der komplette Rückweg über die bekannte D 974. Wenn Sie den Forestier gemeistert haben, können Sie danach insgesamt 97,3 Kilometer in Ihr Trainingstagebuch eintragen, von denen Sie rund 55,3 Kilometer bergauf gefahren sind, wobei Sie einen Höhenunterschied von 3.184 Metern überwunden haben.

Am 5. Juni 2006 war der 61-jährige Niederländer Jaap Vos der Erste, der sich die Ehre erkämpfte, sich Forestier nennen zu dürfen. Am Ende der Saison 2019 zählt die *NBG De Kale Berg* insgesamt 36 Forestiers: 28 Niederländer, sieben Belgier und eine Türkin – ja richtig, eine Dame!

Dreifache MTB-Auffahrt: Grandonneur

Die *NBG De Kale Berg* hat sich auch eine Version für besonders hemdsärmelige Männer und Frauen einfallen lassen: den Grandonneur. In diesem Fantasienamen stecken die Begriffe *grand* (groß), *randonneur* (Tourenfahrer), *grande randonnée* (Langstreckenfahrt) und *honneur* (Ehre) – Grandonneur ist demgemäß ein echter Ehrentitel für einen Mountainbiker.

Der Grandonneur verlangt den Offroad-Freunden schon etwas mehr ab: dreimal an einem Tag abseits der Straßen hinauf zum Gipfel. Grundlage dieser Leistung ist zunächst einmal der Forestier. Dann kommt aber noch eine dritte Auffahrt hinzu, eine Variante, die ebenfalls in Bedoin beginnt. Nach 24,3 zusätzlichen Kilometern Querfeldein-Einsatz warten noch die bekannten letzten Kilometer auf dem üblichen Weg zum Gipfel und eine 21,5 Kilometer lange Abfahrt über die D 974, sodass der Grandonneur auf insgesamt rund 143,1 Kilometer mit 4.786 Höhenmetern kommt.

Am 5. Mai 2006 hat Edwin Kamp, 45 Jahre alt und ebenfalls Niederländer, als Erster dieses Kunststück vollbracht. Ende der Saison 2019 gibt es insgesamt 15 Grandonneurs: zehn Niederländer und fünf Belgier.

Herrscher des Ventoux

Inzwischen gibt es unter den niederländischen und belgischen Radfahrern einige wenige, die alle Prüfungen des *Club des Cinglés du Ventoux* und der

NBG De Kale Berg gemeistert haben. Dies sind die wahren Herrscher des Ventoux.

Der Erste, der diesen Ehrentitel von www.dekaleberg.nl und der *NBG De Kale Berg* verliehen bekam, war der Niederländer Edwin Kamp. Am 10. Mai 2007 holte er sich mit dem Forestier den letzten noch fehlenden Titel. Der Bicinglette existierte seinerzeit noch nicht, sodass Kemps Leistung genügte, um sich das Prädikat Herrscher des Ventoux zu sichern.

Wie auf S. 84 erwähnt, hat sich der Gründer des *Club des Cinglés* im Jahr 2007 den Bicinglette ausgedacht: einen Doppel-Cinglé. Seither muss man auch diese Prüfung gemeistert haben, um sich Herrscher des Ventoux nennen zu dürfen. Zum Stichtag Ende der Saison 2019 gibt es fünf Fahrer, die diesen Titel mit Stolz tragen: drei Belgier und zwei Niederländer.

Für diese Sportskanonen erstellt die *NBG De Kale Berg* natürlich gern eine eigene Wertung, ein Klassement in Großbuchstaben!

KLASSEMENT HERRSCHER DES KAHLEN BERGES

Cinglé + Galérien + Bicinglette + Diable + Cannibale + Forestier + Grandonneur gesamt: 29 Auffahrten, 1.352 Kilometer, 44.545 Höhenmeter

Name	m/f	Alter	Wohnort / Land	Nr.	Jahr
Edwin Kamp*	m	46	Zwolle / Ned	1	2007
Lucien Valkenborgh	m	50	Diepenbeek / Bel	2	2008
Marc Claesen	m	41	Diepenbeek / Bel	3	2008
Marc Monballieu	m	55	Brügge / Bel	4	2010
Hans Willemse	m	27	Drunen / Ned	5	2013

** Edwin Kamp ist nicht den Bicinglette gefahren, da es diese Wertung im April 2007 noch nicht gab.*

Für diejenigen, die sich ein Zertifikat der *NBG De Kale Berg* sichern möchten, gelten einige Regeln. Alles Wissenswerte rund um Teilnahmebedingungen, Routen und Anmeldung sowie weitere Tipps und Warnhinweise (z.B. im Zusammenhang mit Fahrten in der Dunkelheit) finden sich auf der Website www.dekaleberg.nl.

NBG De Kale Berg

gegründet: 2003

Anzahl Diables:	**12**
erster Diable:	**Dominic Rosé (Bel)**
erster niederländischer Diable:	**Ruud de Bont**
ältester Diable:	**53 Jahre**
jüngster Diable:	**26 Jahre**
Anzahl Cannibales:	**6**
erster Cannibale:	**Dominic Rosé (Bel)**
erster niederländischer Cannibale:	**Edwin Kamp**
ältester Cannibale:	**50 Jahre**
jüngster Cannibale:	**23 Jahre**
Anzahl Forestiers:	**36**
erster Forestier:	**Jaap Vos (Ned)**
erster weiblicher Forestier:	**Filiz Yigit (Tür)**
erster belgischer Forestier:	**Marc Claesen**
ältester Forestier:	**61 Jahre**
jüngster Forestier:	**26 Jahre**
Anzahl Grandonneurs:	**15**
erster Grandonneur:	**Edwin Kamp (Ned)**
erster belgischer Grandonneur:	**Rupert Mergan**
ältester Grandonneur:	**56 Jahre**
jüngster Grandonneur:	**27 Jahre**

Wohlgemerkt: Für die Herausforderungen der NBG De Kale Berg hat sich erst eine Frau eingeschrieben.

VOM CINGLÉ ZUM GRANDONNEUR

ROUTEN AUF DEN MONT VENTOUX[17]

CINGLÉ drei Auffahrten	Malaucène-Gipfel + Bedoin-Gipfel + Sault-Gipfel (in beliebiger Reihenfolge)
GALÉRIEN vier Auffahrten	*Cinglé* + Bedoin-Route des Cèdres-les Grands Pins-Tournant de l'Anglais-Gipfel
DIABLE fünf Auffahrten	*Galérien* + Bedoin-Route des Cèdres-les Grands Pins-Route des Chamois-Vallon de la Grave-Gipfel
BICINGLETTE sechs Auffahrten	*doppelter Cinglé*
CANNIBALE sechs Auffahrten	*Diable* + Malaucène-Chalet Liotard-Tournant de l'Anglais-les Grands Pins-Route des Chamois-Vallon de la Grave-Gipfel
FORESTIER zwei Auffahrten (MTB)	Malaucène-Route Thérèse Roumanille-Tournant de l'Anglais-Gipfel + Bedoin-Route Joseph Eymard-Plaine des Hermitants-Gipfel (in beliebiger Reihenfolge)
GRANDONNEUR drei Auffahrten (MTB)	*Forestier* + Bedoin-Route Jean des Baumes-Tournant de l'Anglais-Gipfel-Bedoin/Malaucène

Anmerkung: In allen Fällen erfolgt nach Erreichen des Gipfels eine Abfahrt zum Ausgangspunkt der nächsten Auffahrt.

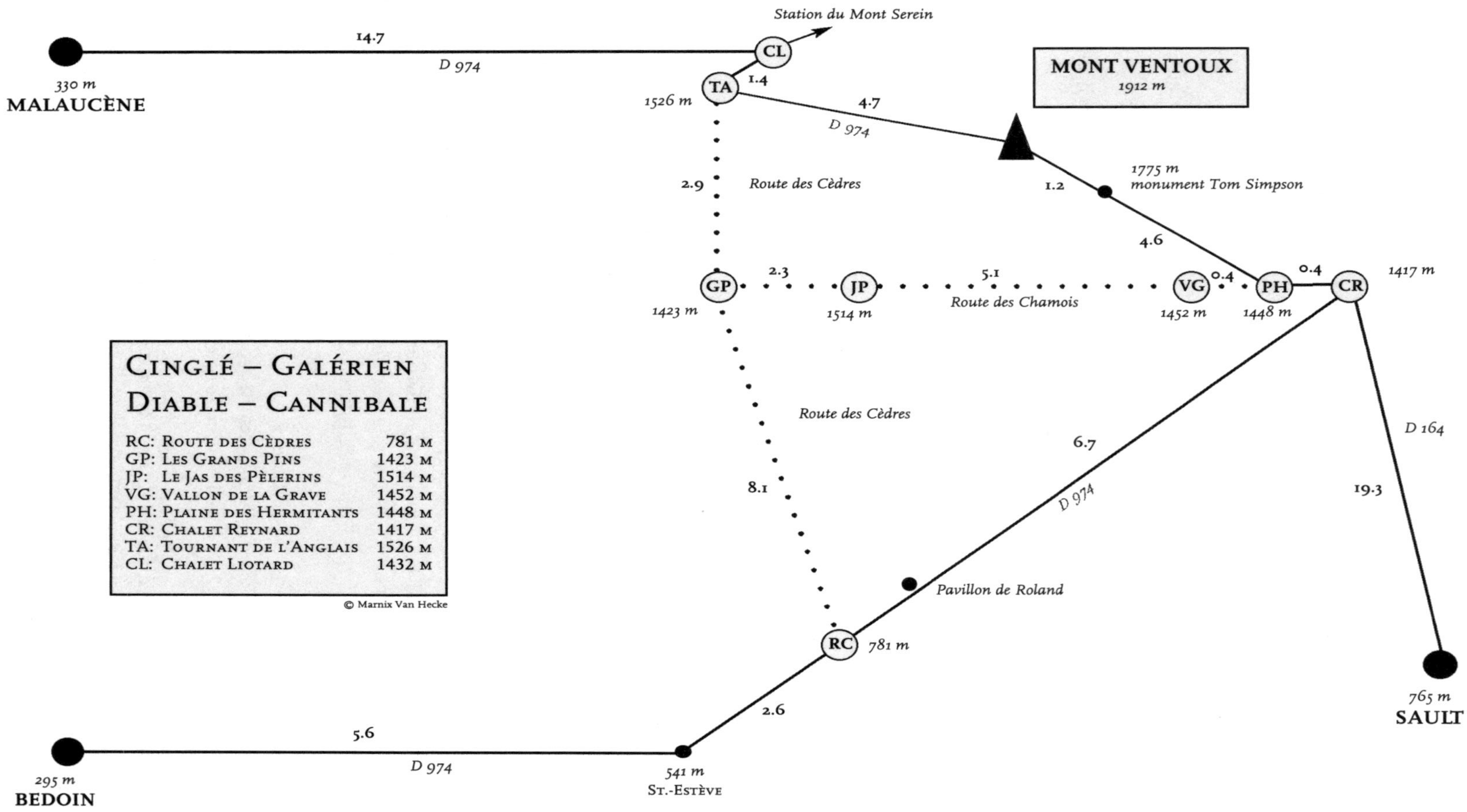
MONT VENTOUX
1912 m
Station du Mont Serein
14.7
D 974
330 m
MALAUCÈNE
CL
TA
1.4
1526 m
4.7
D 974
1775 m
monument Tom Simpson
1.2
4.6
2.9
Route des Cèdres
GP
1423 m
2.3
JP
1514 m
5.1
Route des Chamois
VG
1452 m
0.4
PH
1448 m
0.4
CR
1417 m
Route des Cèdres
8.1
6.7
D 974
D 164
19.3
Pavillon de Roland
RC
781 m
2.6
5.6
D 974
295 m
BEDOIN
541 m
St.-Estève
765 m
SAULT
Cinglé – Galérien
Diable – Cannibale
RC: Route des Cèdres 781 m
GP: Les Grands Pins 1423 m
JP: Le Jas des Pèlerins 1514 m
VG: Vallon de la Grave 1452 m
PH: Plaine des Hermitants 1448 m
CR: Chalet Reynard 1417 m
TA: Tournant de l'Anglais 1526 m
CL: Chalet Liotard 1432 m
© Marnix Van Hecke

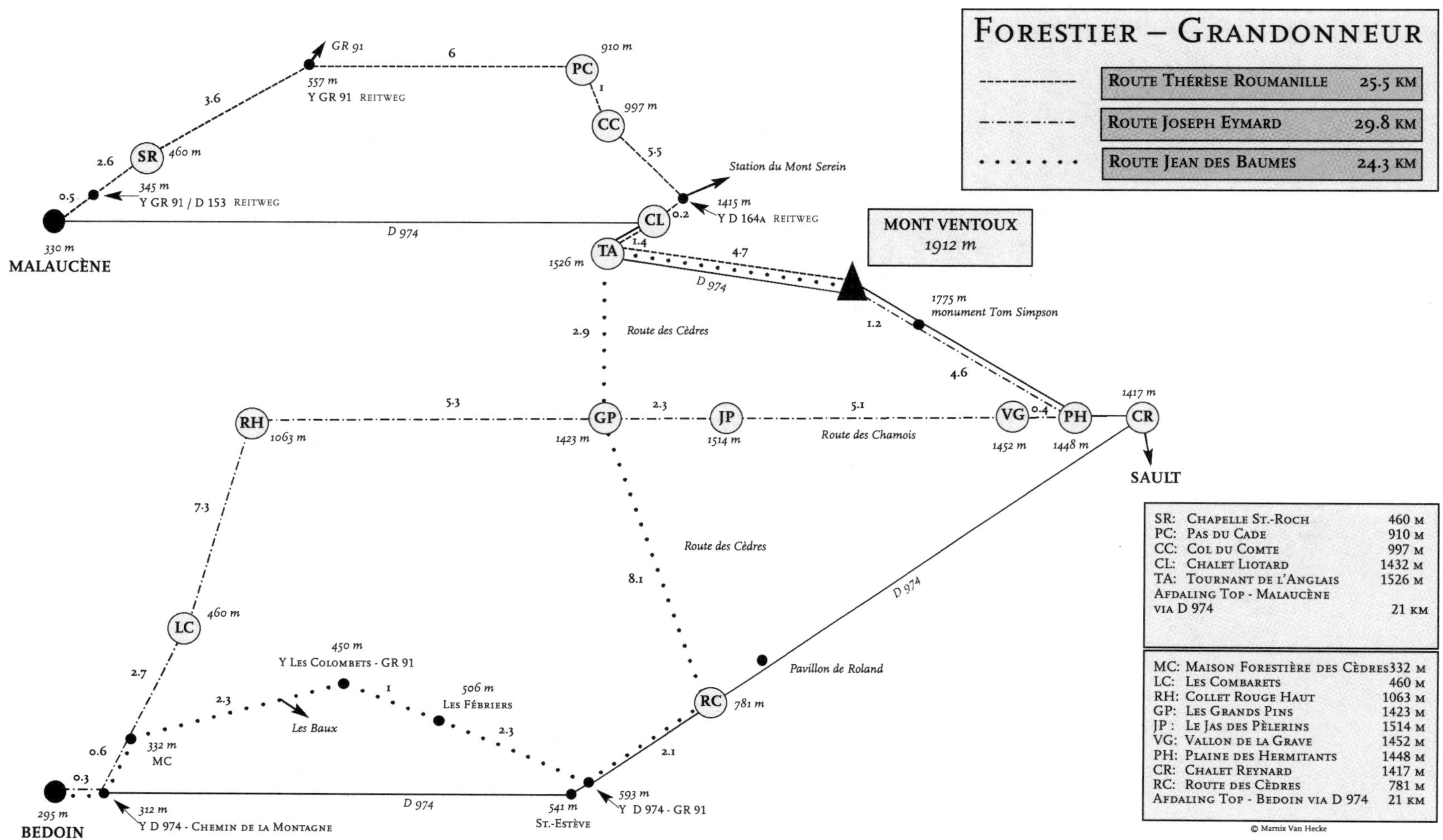
Forestier – Grandonneur
Route Thérèse Roumanille 25.5 km
Route Joseph Eymard 29.8 km
Route Jean des Baumes 24.3 km
Mont Ventoux
1912 m
Malaucène
330 m
0.5
345 m
Y GR 91 / D 153 Reitweg
2.6
SR
460 m
3.6
557 m
Y GR 91 Reitweg
GR 91
6
PC
910 m
1
CC
997 m
5.5
Station du Mont Serein
1415 m
Y D 164a Reitweg
0.2
CL
D 974
TA
1526 m
1.4
4.7
D 974
1775 m
monument Tom Simpson
1.2
4.6
2.9
Route des Cèdres
RH
1063 m
5.3
GP
1423 m
2.3
JP
1514 m
5.1
Route des Chamois
VG
1452 m
0.4
PH
1448 m
CR
1417 m
Sault
7.3
Route des Cèdres
8.1
D 974
LC
460 m
450 m
Y Les Colombets - GR 91
1
506 m
Les Fébriers
2.3
Pavillon de Roland
2.7
2.3
Les Baux
RC
781 m
0.6
332 m
MC
2.1
0.3
Bedoin
295 m
312 m
Y D 974 - Chemin de la Montagne
D 974
541 m
St.-Estève
593 m
Y D 974 - GR 91
SR: Chapelle St.-Roch 460 m
PC: Pas du Cade 910 m
CC: Col du Comte 997 m
CL: Chalet Liotard 1432 m
TA: Tournant de l'Anglais 1526 m
Afdaling Top - Malaucène via D 974 21 km
MC: Maison Forestière des Cèdres 332 m
LC: Les Combarets 460 m
RH: Collet Rouge Haut 1063 m
GP: Les Grands Pins 1423 m
JP : Le Jas des Pèlerins 1514 m
VG: Vallon de la Grave 1452 m
PH: Plaine des Hermitants 1448 m
CR: Chalet Reynard 1417 m
RC: Route des Cèdres 781 m
Afdaling Top - Bedoin via D 974 21 km
© Marnix Van Hecke

DER LÄNGSTE TAG MEINES LEBENS

Samstag, 6. September 2003. Mitten in der Nacht stehe ich mit dem richtigen Bein auf. Willy ist auch schon hellwach. Nach einem Frühstück aus zwei Bananen und einigen Sandwiches stehe ich um 3:45 Uhr mit schlotternden Knien an der blauen Startlinie am Kreisverkehr Portail de l'Olivier in Bedoin. Unser Kameramann lässt uns genau jetzt im Stich. Die Sekunden ticken.

Plötzlich macht ein großer Mercedes mit französischem Nummernschild kehrt und hält direkt hinter uns an. Mein Puls schnellt in die Höhe. Spontan erwarte ich, dass die französische Polizei nachschauen möchte, was ein austrainierter Sandwich-Freund hier mitten in der Nacht treibt. Ich bin erstaunt, als Marcel Lemmens, Bedoins sympathischer Belgier, aus dem Auto steigt, um uns viel Glück zu wünschen. Die morgendliche Begrüßung ist sehr emotional. Ich habe sogar eine Träne verdrückt. Und Willy auch.

Natürlich ist auch unser Kameramann Luc mit seiner rechten Hand Swa genau rechtzeitig da. Im Scheinwerferlicht von TV Limburg schiebt mich Marcel Lemmens, begleitet im Hintergrund von vier Schlägen der Kirchturmglocke, um exakt 4:00 Uhr morgens an, um mich auf den Weg zu bringen. Mit Willy im Begleitfahrzeug und dem gesamten Fernsehteam im Schlepptau verschwinde ich in die dunkle Nacht.

Ich schaue mich seelenruhig um, fahre mal links, dann wieder rechts. Es ist wirklich niemand auf den Beinen, nicht mal eine streunende Katze ist zu sehen. Oder doch: Plötzlich flitzt eine kleine Maus direkt vor meinem Rad über die Straße. Es ist mucksmäuschenstill, bis auf das leise Stottern unseres Autos.

Ab und zu höre ich etwas in den Büschen rascheln. Die Augen einiger Rehe leuchten im Licht der Scheinwerfer. Ein Stück weiter sehen wir sogar ein leibhaftiges Wildschwein. Das waren dann wohl unsere ersten Supporter. Langsam, aber sicher gewinnen wir an Höhe. Nach einer guten Stunde biegen wir beim Chalet Reynard links ab. Im Chalet rührt sich nichts.

Je höher wir kommen, desto schöner wird die Aussicht. Unten sehen wir die herrlichen orangen Lichter der kleinen provenzalischen Dörfer.

Zwischendurch sorgt Luc für prächtige Aufnahmen, indem er mich mit seinem Auto ins Rampenlicht setzt. Im Lichtkegel der Scheinwerfer hinter mir kann ich die richtige Kadenz von 80 Umdrehungen pro Minute schön aufrechterhalten, im Rhythmus meines Schattens, der über die kreideweißen Steine tanzt. Mein kleines Kettenblatt vorne ist ein 39er, und hinten sind als Rettungsringe ein 26er- und sogar ein 29er-Ritzel montiert.

Die letzten Kilometer sind schlichtweg herrlich mit einer wunderbaren Aussicht auf die gut 1.500 Meter tiefer gelegenen, erleuchteten Dörfer. Nach einer Stunde und 45 Minuten überquere ich zum ersten Mal den Gipfel. Meine treuen Unterstützer Michel und Nans und ihre kleine Tochter Fieke haben die Nacht auf dem Gipfel verbracht, um ganz sicher zu sein, dass sie ein Foto von meiner ersten Überfahrt schießen können.

Dann folgt, noch in der Dunkelheit, die Abfahrt nach Malaucène. Seit die Straßendecke im Juni erneuert wurde, fährt sie sich wie eine Autobahn. Zwischen zwei Autos geht es manchmal mit 70 km/h bergab. Die Abfahrt macht mir richtig Spaß und manchmal muss ich mich zurückhalten, um nicht am vorausfahrenden Auto vorbeizuschießen. Nach 35 Minuten werde ich unten von einem Haufen Supporter begrüßt, darunter Tom Kenis, der am Tag zuvor Cinglé geworden ist. So etwas macht wirklich Freude.

Ich wende im Ortskern, der, abgesehen von einigen frühen Händlern, noch immer tief und fest schläft. Schnell die nächste Banane verputzen und im Halbdunkel zurück auf die Suche nach dem Gipfel und der aufgehenden Sonne. Ich spüre, dass der Wind schon mit von der Partie ist und dass ich an diesem Tag meine ganze Erfahrung nutzen und an jede Kleinigkeit denken muss, sonst werde ich die Sache in den Sand setzen.

In einem ruhigen Tempo und bei heller werdendem Himmel erreiche ich nach einer Stunde und 40 Minuten den Gipfel, nur so eben zu spät, um den schönen Sonnenaufgang zu erleben, an dem sich einige Supporter in vollen Zügen erfreuen konnten. Oben wehen die belgische Flagge und die Sonne von Zonhoven brüderlich nebeneinander. Michel hält Gipfel-Überfahrt Nummer zwei digital für die Nachwelt fest.

Mit einem wärmenden Oberteil wie ein Pfeil hinab in Richtung Bedoin zum Frühstück. Nach etwas Baguette mit Aufschnitt und einer Erfrischung in unserer Ferienresidenz Les Florans wechsle ich die Kleidung und ziehe ein paar weniger warme Sachen an.

Nach einer halben Stunde geht es mit 19 km/h zurück nach Saint-Estève, um bei Kilometer acht nach links abzubiegen und die *route forestière* und dann den berüchtigten Gämsenpfad zu nehmen. Hier bekomme ich Gesellschaft durch meinen Kumpel Steven. Sofort merke ich, dass der Waldweg viel besser befahrbar ist als im Juni, als die Schlaglöcher noch nicht gefüllt waren. Das erlaubt mir, ein vernünftiges Tempo von zehn km/h aufrechtzuerhalten.

Hier treffe ich einen Niederländer, der im Schneckentempo bergauf fährt und ernsthaft in Schwierigkeiten ist. »Bist du Domi?«, ruft er mir zu. Ich bestätige seine Vermutung und er fährt fort: »Na, das ist ja eine Freude!« Sein Kopf läuft noch röter an, während er versucht, mit dem kleinsten Blatt seiner Dreifachschaltung irgendwie voranzukommen, ohne umzukippen.

Auf den letzten Kilometern zum Gipfel macht der Fotograf von *La Provence* noch einige Fotos von mir in Aktion. In der Sonntagszeitung wird es einen reich bebilderten Bericht geben. Nach knapp zweieinhalb Stunden komme ich oben an und überrasche die wartenden Begleiter mit Gipfelankunft Nummer drei. Ich ziehe mir warme Kleidung an, esse noch eine Banane und kehre dann schnell nach Bedoin zurück für Nummer vier.

Bei Jan vom Restaurant Portail de l'Olivier machen wir Halt für ein herzhaftes Mittagessen. Und was könnte unter diesen Umständen besser geeignet sein als eine Portion gute Spaghetti?

Zusammen mit einigen enthusiastischen Supportern mache ich mich auf zum nächsten Einsatz. Bei der Abzweigung zur *route forestière* wartet Willem von *Der kahle Berg – Auf und über den Mont Ventoux* mit seiner Frau.

Steven leistet mir bei dieser Auffahrt wieder Gesellschaft. Es beginnt, allmählich schwerer zu werden, vor allem die letzte Rampe im Wald in Richtung Mont Serein.

Bei Gipfelankunft Nummer vier muss ich mir den Weg durch eine Gruppe applaudierender Radtouristen aus Overpelt bahnen. Sie begleiten mich später hinunter nach Malaucène.

Auch auf den ersten Kilometern wieder hinauf Richtung Gipfel nehmen sie mich noch ein wenig aus dem Wind. Danach heißt es, allein weiter nach oben. Die Steigungsprozente fangen an, sich bemerkbar zu machen. Bei Kilometer neun bitte ich Willy, ein Stückchen weiter mein Mountainbike bereitzuhalten, denn hier steigt die Strecke mit bis zu elf Prozent an. Es geht darum, in Bewegung zu bleiben und keine unnötigen Kräfte zu verschwenden. Ein paar Kilometer weiter steige ich wieder aufs Rennrad, hier sinkt die Steigung auf drei Prozent. Beim Chalet Liotard nehme ich wieder das Mountainbike. Vor der Schranke verschwinde ich im Wald, Richtung Chalet Reynard. Ich fange jetzt wirklich an zu leiden.

An der Plaine des Hermitants wartet das ganze Team auf mich. Hier fahre ich mit dem MTB weiter. Ich habe alle Mühe, mich den Berg hinaufzuhieven. Gipfel

Nummer fünf ist in Sicht. Beim letzten Mal war hier bereits der finale Zielstrich und ich wurde der erste Diable. Jetzt warten noch zwei weitere Auffahrten auf mich. Oben steht eine echte Diable und feuert mich an... Merci, Christine.

Dann rolle ich wieder hinab zur Plaine des Hermitants. Hier hat Nans einen schönen Topf Nudeln vorbereitet. Trotz der Müdigkeit genieße ich die Mahlzeit. Die Begleiter sitzen gemütlich beim Wein und beim Muscat de Beaumes.

Ich gebe Willy den Hinweis, dass es eine lange Nacht werden wird. Jetzt weiß er, dass ich die Nummer bis zum bitteren Ende durchziehen werde und noch FELSENFEST daran glaube, es zu schaffen. Ich überdenke in Ruhe meine Lage und beschließe, mich für eine halbe Stunde in Michels Wohnmobil zurückzuziehen.

Die optimistische Planung ist inzwischen längt weit überholt, das bedeutet: improvisieren. Willy beginnt zu rechnen und kommt zu dem Schluss, dass die letzte Fahrt auf dem Gämsenpfad im Dunkeln stattfinden wird. Mein Fahrradlicht hat jedoch den Geist aufgegeben. Wie lässt sich das Problem lösen? Für einen Moment denken wir an ein Moped mit Fernlicht. Davon nehmen wir jedoch Abstand, weil es zu gefährlich wäre. Nach einem kurzen Gespräch mit einem Hirten, der seine Schafe hinabführt, unternehmen wir eine kleine Testfahrt mit dem Auto. Das scheint gut zu funktionieren. Problem gelöst.

Um Punkt 19 Uhr trete ich durch die Tür des Wohnmobils nach draußen; kurz darauf setze ich meine Fahrt hinab nach Bedoin fort. Dann geht es wieder hoch zum Chalet Reynard. Inzwischen ist die Sonne hinter dem Horizont verschwunden.

Auf der Plaine des Hermitants bekomme ich Begleitschutz: Willy setzt sich mit dem Auto hinter mich. Es wird eine spektakuläre Fahrt entlang der gewundenen Abhänge. Michel macht ein paar tolle Actionfotos und Nancy vertreibt die Angst.

Einige Supporter sind noch einmal extra gekommen, um meine vorletzte Auffahrt zu erleben. Bei Gipfelankunft Nummer sechs bekomme ich sogar eine nette Flasche geschenkt: Merci, Kris und Johan. Die beiden Cinglés sind voller Bewunderung für meine Leistung und sie glauben an mich.

Den Leuten von TV Limburg erzähle ich, dass ich längst aus dem letzten Loch pfeife und auf dem Zahnfleisch gehe, dass für die letzte Auffahrt aber auch das nicht genügen wird und ich mich bis aufs Knochenmark verausgaben muss. Ich habe sogar durchblicken lassen, dass ich nie wieder hierher zurückkehren werde. Diese Bemerkung kommt bei Willy gar nicht gut an.

Um 23:28 Uhr bin ich offiziell der erste Cannibale der *Niederländisch-belgischen Genossenschaft De Kale Berg*!

Dann zum letzten Mal hinab ins Tal, Richtung Sault. Für einen Moment hoffe ich, dass meine Begleiter ein wenig Mitleid mit mir haben werden, aber sie sind erbarmungslos: Auch der kleine Gegenanstieg hinauf ins Zentrum von Sault wird unter die Räder genommen. So gehört es sich auch.

Und dann zum letzten Mal hoch zum Gipfel. Es wird eine mühsame Auffahrt, sie scheint kein Ende zu nehmen. Steven leistet mir Gesellschaft. Ich komme sehr langsam voran und fange an, vor Kälte zu bibbern. Es geht darum, in Bewegung zu bleiben. Alles Mögliche geht mir durch den Kopf. Was habe ich mir da nur aufgehalst... Augen zu und durch... Selbst diese leichte Seite gerät nun zum Kalvarienberg für mich.

Bei Erreichen des Chalet Reynard flimmert der Gipfel in der Höhe. Aber das sehe ich nicht mehr.

Kurz vor 3:00 Uhr erreiche ich endlich Gipfel Nummer sieben. Die Passagiere eines einsamen Wohnmobils werden aus dem Schlaf gerissen und fragen sich wahrscheinlich, was hier los ist.

Schnell noch ein Glas Champagner und dann zurück nach Bedoin und endlich in die Federn. Ein wenig Bettruhe habe ich mir doch sicherlich verdient.

Juchhu, ich habe den Job erledigt und werde auf diese Weise zum ersten Diable d'Or. Es ist wahr: Ich habe auf dem Rad gesessen, aber ich habe auch eine Menge Unterstützung bei der Bewältigung dieser unmenschlichen Herausforderung erhalten. Ich danke insbesondere meiner Frau Christine, die vielleicht mehr gelitten hat als ich selbst, meinem Sohn Louis, Willy als Organisator hinter den Kulissen, dem Fernsehteam Luc, Swa und Ilse, den Supportern Michel und Nans, Kris und Johan, Tom und Co, den Jungs von Koti, Marcel und natürlich Willem und Jacquie.

In diesem Zusammenhang sind Zeiten weniger von Bedeutung. Viel wichtiger ist meine heutige Erfahrung. Ich habe den Ventoux in der Tat siebenmal an einem Tag bezwungen. Ich bin stolz darauf, aber ich unterstütze voll und ganz die Empfehlung der Menschen, die hinter www.dekaleberg.nl stehen: Siebenmal ist zu viel. Aus meinem Mund haben sie als spontane Reaktion aufgezeichnet: »Der reine Irrsinn. Ich habe es getan, aber ich rate jedem davon ab. Der reine Irrsinn!« Aber auch wenn ich inzwischen völlig erholt und wiederhergestellt auf diesen 6. September 2003 zurückblicken kann, sage ich weiterhin voller Überzeugung: »Der reine Irrsinn! Machen Sie das bloß nicht nach.«

Domi Rosé und Willy Reuvis, Zonhoven (Belgien) – 6. September 2003

MONT VENTOUX: REKORDE UND ANDERE STATISTIKEN

Meiste Auffahrten binnen 24 Stunden – Männer

Die größte Zahl an Auffahrten binnen 24 Stunden beträgt elf. Eigentlich existieren zwei Versionen dieses Rekords, eine von Bedoin aus und eine ab Malaucène.

Die erste Version der Bestmarke gehört Jean-Pascal Roux aus Bedoin. Er kam am Dienstag, dem 16. Mai 2006, um fünf Uhr morgens zum elften Mal auf dem Gipfel des Mont Ventoux an (alle Auffahrten erfolgten von Bedoin aus) und verbesserte damit den Rekord von Jean Michel Robert (neunmal ab Bedoin) aus dem Jahr 2004. Roux fuhr in jenem Jahr den kahlen Berg auch noch zehnmal an einem Tag hinauf, zusammen mit Dominique Briand, aber diesmal von Bedoin, Malaucène und Sault aus. Roux sagte, auf die Idee habe ihn der flämische Cannibale und Diable Dominic Rosé gebracht, der im September 2003 sieben Auffahrten meisterte – siehe *Der längste Tag meines Lebens* in: *Für alle, die ein bisschen verrückt sind: Mehrfach-Auffahrten*, S. 96.

Für seine Kletterpartien benötigte er zwischen einer Stunde und 36 Minuten und zwei Stunden und zwei Minuten (letzte Auffahrt). Insgesamt brauchte er 23:47 Stunden und für seine elf Mal. Danach hatte er starke Knieschmerzen. Vom Ventoux hatte er danach genug: »Den überlasse ich jetzt anderen!« Das klingt verdächtig nach Rosés Aussage: »[...] aber ich rate jedem davon ab.«

Aber so ganz können die Menschen ja doch nicht aus ihrer Haut. Zehn Jahre später, am 21. Mai 2016, versuchte Roux, seinen Rekord zu verbessern. Bei der elften Auffahrt strandete er jedoch am Chalet Reynard.

Die zweite Version des Rekords halten Stéphane Rubio aus der Picardie und der aus Savoyen stammende Philippe Balland. Am 24. September 2006 kam Rubio ebenfalls auf elf Auffahrten, aber er bezwang den Berg immer von Malaucène aus. Er schaffte dies in 22:40 Stunden, und zwar unter schwierigen Wetterbedingungen. Mitrekordhalter Balland fuhr am 18. September 2009 in 22:33 Stunden ebenfalls elfmal von Malaucène aus zum Gipfel.

Der Vollständigkeit halber: Roux, Rubio und Balland haben die Abfahrten jeweils im Auto absolviert, aber das kann ihre Leistungen kaum schmälern.

Liegerad

Der Tagesrekord an Ventoux-Auffahrten mit dem Liegerad (oder mit der »Vélo-couché«, wie die Franzosen sagen) gehört Serge Coutton aus Buis-les-Baronnies: sechsmal von Bedoin aus. Er schaffte dies am 12. Juli 2009 in 23:14 Stunden auf einem Métabikes Métaphysic 700C. Er hatte ein 50/39/30-Dreifachkettenblatt und ein Ritzelpaket mit 11-32 Zähnen montiert.

Einradfahrer

Der Belgier Lode de Paepe fuhr am 16. Mai 2007 mit seinem »Zirkusrad« innerhalb von 22:48 Stunden viermal den kahlen Berg hinauf. Damit ist er der einzige Einrad-Galérien du Ventoux und die *NBG De Kale Berg* verlieh ihm den Ehrentitel »Cyclope du Mont Ventoux« – siehe *Glanznummer – Auf einem Einrad* in: *So geht's natürlich auch*, S. 204.

Hors catégorie

Am 24. Mai 2016 versuchte der schwer gehandicapte Ultraradsportler Christian Haettich, den Ventoux innerhalb von 24 Stunden sechsmal zu bezwingen. Der Elsässer blieb letztlich bei fünf Auffahrten hängen, dennoch eine unglaubliche Leistung. Unglaublich? Ja, wirklich unglaublich. Haettich hat nämlich nur noch ein Bein und einen Unterarm, er fuhr mit einem normalen Rennrad und das auch noch bei schlechtem Wetter.

Meiste Auffahrten binnen 24 Stunden – Frauen

Bei den Frauen heißt die Rekordhalterin Isabelle Esclangon. Am 12. Juli 2009 absolvierte sie acht Auffahrten ab Bedoin. Sie blieb mit 23:51 Stunden so gerade innerhalb des 24-Stunden-Zeitfensters.

Meiste Höhenmeter binnen 24 Stunden – Frauen

»Der Riese hat seine Riesin gefunden«, schrieb die französische Radsport-Website *Vélo101* über den erfolgreichen Rekordversuch, den die Pariserin Stéphanie Gros (38) am 24. Mai 2016 am Ventoux unternahm. Mit 14.612 Höhenmetern brach sie den alten Rekord der Belgierin Betty Kals um Längen (+ 2.268 Höhenmeter). Sie ist nun Weltrekordhalterin mit den meisten positiven Höhenmetern, die eine Frau innerhalb von 24 Stunden zurückgelegt hat. Gros absolvierte dabei nicht den kompletten Anstieg von Bedoin bis zum Gipfel, sondern wählte den Streckenabschnitt zwischen der berühmten Haarnadelkurve bei Saint-Estève und dem Chalet Reynard, also die Passage, die kurz auch »der Wald« genannt wird. Eine kluge Wahl, auch angesichts des schlechten Wetters am Gipfel. Mit der Regelmäßigkeit eines Metronoms spulte sie 16,5 Auffahrten ab.

Der Rekord »Meiste Höhenmeter binnen 24 Stunden« ist nicht an einen bestimmten Berg gebunden; zur Not können Sie es auch an einem Berg bei sich in der Nähe oder an einer imposanteren Brücke versuchen. Da Stéphanie Gros ihren Rekord aber nun mal am Mont Ventoux erzielt hat, nehmen wir ihre absolute Topleistung dennoch hier auf.

Ob auch die Männer einen Ventoux-Rekord in der Tradition von Stéphanie Gros kennen, wissen wir nicht.

Meiste Auffahrten an mehreren Tagen

Ein anderer Rekord ist in Händen des aus Lyon stammenden Hervé Morel: Am 18. und 19. Oktober 2007 schaffte er 14 Auffahrten in 45:43 Stunden.

Vielkletterer

Und dann ist da der nun 56-jährige Lionel Tartelin aus Cavaillon. Sein Spitzname ist, nicht ganz aus der Luft gegriffen, »Ventouman« – ohne »x« wohlgemerkt. Am 28. September 2019 hat Ventouman seine Auffahrt Nummer 610 vollendet und denkt noch immer nicht ans Aufhören. Vermutlich wird er auch keine wirkliche Angst vor Konkurrenz haben, die ihm den Titel streitig machen könnte…

Man fragt sich, warum in aller Welt jemand Hunderte Male aufs Rad steigt, um auf den Gipfel des Mont Ventoux zu fahren – die meisten lassen es schließlich auch nach einem oder zwei Mal gut sein. Für Tartelin ist es eine persönliche Sache. Es sei »eine Geschichte zwischen mir und ihm, ein Aufruf, dem ich folgen muss, ein Treffen auf dem Gipfel«, lässt er sich in der Regionalzeitung *La Provence* zitieren.

Keine Frage, Tartelin ist ein Ventoux-Bezwinger der Ehrenkategorie. Aber es gibt noch weitere erwähnenswerte Vielkletterer.

Roland Hurtecant aus Bellem (Belgien) zum Beispiel ist 216-mal »nach oben« gefahren. Im Jahr 2015 absolvierte er 13 Auffahrten an 13 aufeinanderfolgenden Tagen, jeden Tag eine. Er starb am 1. Juli 2019 im Alter von 80 Jahren.

Marc Monballieu aus Brügge, ebenfalls ein Belgier also, fuhr 2015 zum hundertsten Mal mit dem Rad auf den Mont Ventoux. Er wurde in jenem Jahr 60 Jahre alt und sein persönlicher Zähler stand zu diesem Zeitpunkt bei 98 Auffahrten. »Meine Frau sagte: Komm schon, zu deinem Geburtstag fahren wir wieder runter, und dann machst du die Hundert voll.« Aber warum bei hundert aufhören? 130, das war z.B. der Stand Mitte Juli 2019. Marc zählt auch zum Kreis der Herrscher des Ventoux.

Der niederländische Diable Ruud de Bont (58) steht im Februar 2020 bei 192 Auffahrten. Bernard Eshuis (61) absolvierte seine 100. Auffahrt zusammen mit Ruud und hat es mittlerweile auf 117 gebracht. Er absolvierte auch zweimal den Bicinglette, einmal den Galérien und viermal den Cinglé.

Der Italo-Belgier Faustino Giudici (68) – alias Ventounissimo – hat 58-mal den Cinglé gemeistert, viermal den Galérien und zweimal den Bicinglette. Insgesamt hat auch er nun schon 539-mal den Ventoux mit dem Rad bezwungen.

Es sind übrigens nicht nur Männer, die nicht genug vom Ventoux bekommen können. Onja van der Schoot (59), die Frau von Diable Ruud, absolvierte 70 Auffahrten; viermal schaffte sie drei an einem Tag.

Schnellste Zeit

Die bisher schnellste Zeit zwischen Bedoin und dem Gipfel erzielte Iban Mayo: 55:51 Minuten im Einzelzeitfahren der Dauphiné Libéré 2004. Kurz vor Mayo schaffte Tyler Hamilton die Strecke in 56:26 Minuten. Zuvor lag die Bestmarke fünf Jahre in Händen von Jonathan Vaughters: 56:51 Minuten. Vaughters erzielte diese Zeit auf der dritten Etappe der Dauphiné Libéré am 9. Juni 1999. Er brach damals den Uraltrekord des Luxemburgers Charly Gaul, der bei der Tour de France 1958 das Bergzeitfahren auf den Ventoux gewonnen hatte.

Weitere Bestzeiten

Die belgische Zeitung *Het Laatste Nieuws* hat ausgerechnet, dass Lance Armstrong im Jahr 2002 die beste Zeit für den Streckenabschnitt von der Kurve bei Saint-Estève bis zum Gipfel des Ventoux erzielt hat, die in diesem Jahrhundert bei der Tour de France erreicht wurde. Er brauchte 48:33 Minuten. Christopher

Froome war 2013 zwei Sekunden langsamer. Deutlich schneller war Iban Mayo mit 45:47 Minuten bei der Dauphiné 2004.

Noch mehr Zeiten: 46 Minuten benötigte Marco Pantani bei der Tour 1994, Andy Schleck und Alberto Contador brauchten bei der Tour 2009 jeweils 48:57 Minuten. Im Jahr darauf waren Marco Pantani und Lance Armstrong nach 49:01 Minuten oben. Nicht zu vergessen: Es geht hier nur um den Abschnitt zwischen Saint-Estève und dem Gipfel, nicht um den kompletten Anstieg von Bedoin aus.

Es wurden auch Zeitmessungen für den Streckenabschnitt zwischen der Haarnadelkurve bei Saint-Estève und dem Chalet Reynard vorgenommen. Anhand der Videoaufnahmen der dritten Etappe der Tour de la Provence 2020 lässt sich ablesen, dass Nairo Quintana diese Passage in der Rekordzeit von 28:12 Minuten zurückgelegt hat. Den bisherigen Rekord hielt Marco Pantani, der bei der Tour de France 1994 acht Sekunden mehr benötigte. Angemerkt sei jedoch, dass diese Etappe bei weniger günstigen Wetterbedingungen stattfand und die Fahrer bereits viel mehr Kilometer in den Beinen hatten, als sie zum Ventoux kamen (die Etappe war insgesamt 231 Kilometer lang). Außerdem musste Pantani seinerzeit komplett hoch bis zum Gipfel und danach noch weiter bis Carpentras. Und so zeigt sich mal wieder: Alles ist relativ.

NOTRE-DAME-DE-PARELOUP

Mazan (Vaucluse, Frankreich) – Eines dieser Dörfer, die fast unmerklich in die Neuzeit hinübergeglitten sind. Das vom berüchtigten Marquis de Sade erbaute Schloss steht noch immer. Er veranstaltete dort drinnen einige nicht ganz so sittsame Feiern und auch große Theateraufführungen. Heute ist es ein Seniorenheim.

Auf dem Friedhof am Rande des Dorfes befindet sich Notre-Dame-de-Pareloup, eine Glaubensburg aus dem zwölften Jahrhundert mit einem herrlichen Lichteinfall. Die Kapelle ist der Heiligen Maria als Beschützerin gegen die Wölfe gewidmet. Es ist angenehm kühl und ruhig. In der Apsis nur ein nackter Steintisch als Altar und oben an der Wand eine einfache Jesusfigur. An den Natursteinmauern ein paar Farbfragmente, die Überreste längst abgeblätterter Fresken. In einer Nische, wie ein versteinertes Andachtsbild aus den 1920er Jahren, eine Gipsstatue der Heiligen Maria mit einem unterwürfigen, dunkelbraun bemalten Wolf zu ihren Füßen. Ihr weißes Gewand ist mit Gold verziert. Jemand hat ihr eine noch frische rosa Blume zwischen die Finger gesteckt.

Notre-Dame-de-Pareloup. In früheren Zeiten erklang hier mit großer Regelmäßigkeit ein leidenschaftliches »Heilige Maria, Mutter Gottes, beschütze uns vor den Wölfen«. Ein Hilferuf und gleichzeitig ein ständig wiederholtes Mantra, um die Angst zu vertreiben. Denn davor fürchteten sich die Einwohner von Mazan: dass im Winter die ausgehungerten Wölfe aus den Wäldern des Mont Ventoux hinunterkommen würden. Dass sie die Toten ausgraben würden, so wie Hunde ihre vergrabenen Knochen ausbuddeln, und dass sie ihren grimmigen Hunger mit den Überresten der Toten stillen würden. Deshalb wurden die verstorbenen Angehörigen tief in der Erde begraben und ihre letzte Ruhestätte immer weiter erhöht. Die Menschen glaubten an Maria und setzten ihre Hoffnung in sie. »Heilige Maria, Mutter Gottes, beschütze uns vor den Wölfen.« Aber um auf Nummer sicher zu gehen, nahmen sie auch die Schaufel in die Hand. So wurde der Friedhof schließlich zu einem Hügel und die Kapelle scheint heute halb in der Erde versunken.

Jean de Murs und seine Gemahlin Christine Leclerc sowie der kleine André Delor ruhen noch immer in Frieden auf dem alten Friedhof von Mazan, beschützt durch Maria. Oder durch den Meter Erde auf ihrem Grab. Oder dadurch, dass Wölfe nun mal keine Gräber aufbrechen. Oder dadurch, dass die Wölfe verschwanden, als der Ventoux aus wirtschaftlichen Gründen kahlgeschlagen wurde. Wer weiß das schon? Es ist ja auch nicht so wichtig; der kleine André ruht noch immer in Frieden.

Aus: Willem Janssen Steenberg, *Voor eigen parochie – Columns 2003–2011*

VORBEREITUNG AUF DEN BERG: DIE FRAGE NACH DEM RICHTIGEN TRAINING

»Der Radrennfahrer, der allein körperlich trainiert, ist wie ein Maler, der nur Farbe aufträgt. Genau wie ein Künstler mit dem Kopf, mit Gefühl, mit Gedanken malt, so können wir auch Sport treiben und mit der Kraft des Geistes trainieren.«

– Joris van den Bergh, »Carburatie«,
in: *Vélo-Dromen*

»Aber das Schöne am Klettern ist, dass es so übersichtlich ist. Man fängt unten an und man muss nach oben. Alles andere ist nebensächlich.«

– Herman van der Zandt, »Passo di Gavia«,
in: *de Volkskrant*

Ist es unbedingt notwendig, gezielt trainiert zu haben, bevor man sich aufmacht, um mit dem Rad hinauf zum Observatorium zu fahren? Oder ist das alles nur Gerede von einem Haufen Wichtigtuer? Wenn Sie andere Rennradfahrer danach fragen, scheint eigentlich alles möglich zu sein.

Naturtalente und Menschen, die sich ohnehin wegen nichts einen Kopf machen, klicken einfach an einem schönen Urlaubstag die neu erworbenen Radschuhe in die ebenfalls frisch gekauften Pedale und fahren ohne jede Vorbereitung, einfach hier und da eine Pause einlegend, glücklich und frei von Sorgen hinauf. Wenn das auf Sie zutrifft, können Sie dieses Kapitel getrost überspringen.

Die Adrie van der Poels unter uns halten sich derweil eh an das, was in den Niederlanden gern als »Polderjungs«-Modell bezeichnet wird. Training heißt für sie vornehmlich Kilometer abzuspulen. Viele Kilometer. Auch für sie ist dieses Kapitel nicht sonderlich interessant.

Das Kapitel *Vorbereitung auf den Berg: Die Frage nach dem richtigen Training* ist vor allem für (unerfahrenere) Hobbyradsportler gedacht, die zwar trainieren müssen, um ihr Ziel zu erreichen (d.h. in einem Zug hoch auf den Ventoux, ohne anschließend mit Sauerstoff beatmet werden zu müssen), aber das Training nicht nur als Mittel zum Zweck betrachten. Es richtet sich an Leute, die ein abwechslungsreiches Training als erstrebenswert erachten und nicht einfach nur Kilometer bolzen können oder wollen. Für sie ist bereits der Weg zum Ziel ein Ziel an sich, könnte man sagen.

Da der Körper nun mal von Zeit zu Zeit Ruhe braucht, tun auch begeisterte Radfahrer gut daran, im Herbst und Winter ein wenig Druck rauszunehmen. Aber es ist, aus verschiedenen Gründen, keine gute Idee, komplett zu pausieren und das Rad gar nicht mehr anzufassen.

Natürlich können Sie zu jeder Jahreszeit mit den Vorbereitungen für Ihr Ventoux-Abenteuer beginnen. Die Praxis zeigt jedoch, dass viele Hobbyfahrer aus unseren Landen etwa zur Mitte des Jahres ins Vaucluse aufbrechen. Zur Orientierung legen wir deshalb ein Datum Ende Juni/Anfang Juli als Zielpunkt fest und rechnen von dort aus 16 Wochen zurück, um den Beginn der wirklich ernsthaften Vorbereitung zu terminieren. Das bedeutet, dass Sie mit dem gezielten Training beginnen sollten, wenn auch die Amseln munter werden.

Ganz vorsichtig können Sie in den noch dunklen Tagen nach dem Jahreswechsel bereits damit beginnen, den Weihnachtsspeck schmelzen zu lassen und so die Grundlage für die neue Radsportsaison zu schaffen. Bei uns in den Niederlanden schnallen viele Radfahrer dafür auch gern die Schlittschuhe unter. Aber Sie können auf alle möglichen Arten in Bewegung bleiben.

Sie können auch ins Fitnessstudio zum Spinning gehen, sich aufs Mountainbike setzen, laufen, schwimmen, auf der Rolle fahren, was immer Ihnen zusagt. Es geht darum, ein möglichst abwechslungsreiches Programm zusammenzustellen, das auf Ihre individuellen körperlichen Fähigkeiten, die Wetterbedingungen, die zeitlichen und räumlichen Möglichkeiten, den finanziellen Spielraum, das Ziel, Ihre persönlichen Vorlieben etc. abgestimmt ist. Wenn der Frühling kommt, etwa Anfang März, beginnt dann das gezielte Training auf dem Rad.

Übertreiben Sie es nicht: Insbesondere bei übermotivierten Fahrern älteren Semesters, die von jetzt auf gleich loslegen, ist die Möglichkeit einer Überlastung immer gegeben. Vergessen Sie nicht, stets ein vernünftiges Warm-up und Cool-down vorzusehen. Das Dehnen vor und nach dem Training bringt nicht nur die Muskulatur in Ordnung, sondern gibt auch dem Geist die Möglichkeit, sich zu entspannen.

Da Radsportler nun mal gern auf irgendetwas hintrainieren, ist der Saisonaufbau auf drei Ziele ausgerichtet:

1) eine lange Tagestour in hügligem Terrain, wie man es z.B. vom Amstel Gold Race kennt (die siebte Trainingswoche);

2) ein Trip ins Lüttich-Bastogne-Lüttich-kompatible Mittelgebirge (die elfte Trainingswoche);

3) der Höhepunkt: eine Non-Stop-Bezwingung des Mont Ventoux etwa Ende Juni/Anfang Juli.

Ausgangspunkt ist stets der folgende Grundgedanke: Spaß durch Abwechslung und eine verantwortungsbewusste Steigerung der Trainingsbelastungen. Wer Spitzenleistungen anstrebt, tut vielleicht gut daran, sein Heil woanders zu suchen.

Die Pläne eignen sich gut für das Einzeltraining, können aber auch von Gruppen von Fahrern mit unterschiedlichem Leistungsniveau genutzt werden. Das klappt, wenn man sich einfach an das alte Motto hält, dass die stärksten Schultern die schwersten Lasten tragen müssen. Soll heißen: Der stärkste Fahrer übernimmt am häufigsten und/oder am längsten die Führungsarbeit, die schwächeren Fahrer verstecken sich im Windschatten. Dann wählen alle unabhängig voneinander ihre Übersetzung und Trittfrequenz (RPM) so, dass sie das Ziel der Übung erreichen. Auf diese Weise bekommt jeder das, was er braucht, wenn auch manchmal mit etwas Geben und Nehmen – Kollegialität ist übrigens auch etwas wert. Bei spezifischen Übungen zum Beispiel für die Sprint- und Kletterfähigkeiten ist das natürlich nicht ganz so einfach, aber mit ein wenig Einfallsreichtum lassen sich eigentlich immer alle Interessen unter einen Hut bringen.

Um gefährliche Belastungsgrenzen nicht zu überschreiten und stets effizient zu trainieren, gehen wir davon aus, dass Sie ein Herzfrequenzmessgerät verwenden: Die Empfehlungen für die verschiedenen Aktivitäten orientieren sich jeweils an der Herzfrequenz (HF). Aber auch ohne so ein Gerät können Sie die vorgeschlagenen Pläne umsetzen.

Wer sich an die im Folgenden erläuterten Trainingspläne hält, verschafft sich auf diese Weise eine in jeder Hinsicht anständige Kondition und wird sich dann am Mont Ventoux zumindest einigermaßen gut aus der Affäre ziehen. Aber vor allem: Es beschert Ihnen eine Saison mit viel Spaß, viel Abwechslung und ohne Verletzungen. Dennoch: Immer gut auf den eigenen Körper zu hören und den Verstand zu benutzen, bleibt das Wichtigste. Um nur ein Beispiel zu nennen: Ein schweres Intervalltraining hat keinen Sinn, wenn man sich krank fühlt, sondern wäre in einem solchen Fall vielmehr unbedingt zu vermeiden.

Zum guten Schluss: Lassen Sie sich nicht von Ihrem Plan verrücktmachen. Es geht um den Geist des Trainingsprogramms, nicht darum, es Buchstabe für Buchstabe umzusetzen. Genießen Sie Ihre Trainingseinheiten und die gute Form, die das Training Ihnen verschafft. Ein gesunder Geist ist genauso wichtig wie ein gesunder Körper. Außerdem: Manchmal ist es, um Marc Van den Bossche zu zitieren, viel klüger, ein Künstler zu sein, der an einer Skulptur arbeitet, als ein Buchhalter, für den die Zahlen stimmen müssen.[18]

DAS WIE UND WARUM VERSTEHEN: DIE THEORIE HINTER DEN TRAININGSPLÄNEN

Bevor Sie nach dem vorbereitenden Geplänkel das zielgerichtete Training beginnen, ist es ratsam, sich eine Frage zu stellen: Wie arbeite ich sinnvoll und verletzungsfrei auf meinen großen Tag am kahlen Berg hin? Gewisse Grundkenntnisse der Trainingstheorie können dabei nicht schaden, damit Sie wissen, *was* Sie im Laufe Ihres Trainings *warum* unternehmen. Wenn Sie darauf keine Lust haben, überspringen Sie einfach die folgenden Seiten und stürzen sich gleich auf die konkreten Pläne am Ende dieses Kapitels.

Fett und Kohlenhydrate

Der menschliche Körper verfügt über zwei wichtige Energiereserven: Zucker (= Kohlenhydrate) und Fett.

Fett haben wir reichlich auf Lager, aber leider können die Muskeln diesen Brennstoff bei großer Anstrengung nicht mehr hinreichend verarbeiten. Man kann diesen Energieträger gut mit Diesel vergleichen: ein »ruhiger« Kraftstoff, brauchbar für starke, aber relativ langsame (Last-)Kraftwagen.

Kohlenhydrate hingegen sind viel leichter anzuzapfen. Man kann sie deshalb ganz gut mit Benzin vergleichen: ein »nervöser« Treibstoff, besonders geeignet für rasend schnelle Formel-1-Boliden. Beide Arten von Kraftstoffen, sowohl Diesel als auch Benzin, erfüllen bestens ihren Zweck, aber sie sind jeweils für bestimmte Aufgaben vorgesehen.

Es mag ein wenig verkürzt dargestellt sein, aber einfach gesagt funktioniert es in unserem Körper genauso. Bei extensiven und lang andauernden Belastungen wählt der Körper den »ruhigen«, reichlich vorhandenen Kraftstoff: Fett. Bei intensiven und explosiven Anstrengungen hingegen können die Fettreserven kaum verwertet werden und die Muskeln greifen auf die viel direkter ansprechbare Energiequelle zurück: Zucker (Kohlenhydrate), und davon haben wir, wie gesagt, nicht so überreichlich viel.

Die Energieproduktion: Ertrag und Verschwendung

In einem chemischen Prozess wandeln die Muskeln Fett und Kohlenhydrate in Bewegungsenergie um. Meistens spielt Sauerstoff dabei eine wichtige Rolle – man spricht in diesem Fall von einem *aeroben* Prozess. Manchmal müssen die Muskeln jedoch so hart arbeiten, dass nicht schnell genug genügend Sauerstoff zugeführt werden kann – wenn dies der Fall ist, spricht man von einem *anaeroben* Prozess.

Muskeln produzieren bei der Energiegewinnung einen Abfallstoff, der Milchsäure oder Laktat genannt wird. Dieses Laktat muss wieder aus den Muskeln entsorgt werden, denn wenn das nicht geschieht, stellen die Muskeln ihre Arbeit ein: Man »übersäuert«, wie das umgangssprachlich genannt wird. Dies ist im Allgemeinen dann der Fall, wenn nicht genügend Sauerstoff zur Verfügung steht, um den Laktatgehalt des Blutes bei 4 mmol pro Liter oder niedriger zu halten. Der Punkt, an dem dies geschieht, wird als *Laktatschwelle* oder *anaerobe Schwelle* bezeichnet. Übrigens ist es so, dass manche Fahrer auch viel höhere Laktatwerte als 4 mmol/l vertragen.

Ärgerlich für den angehenden Ventoux-Bezwinger ist folgender Fakt: Je größer die Anstrengung, desto größer auch die Produktion von Milchsäure. Hinzu kommt noch die Tatsache, dass Ihr Körper jenseits der Laktatschwelle zunehmend auf Kohlenhydrate angewiesen ist und diese zudem immer weniger effizient nutzt – ein Strohfeuer, das den Kraftstoff mit hoher Geschwindigkeit durchjagt und ihn sinnlos verpulvert. Eine äußerst frustrierende Erfahrung, wenn der Gipfel noch nicht in Sicht ist...

Anaerobe Schwelle – 4 mmol

Jeder kennt das Phänomen: Hält eine körperliche Anstrengung zu lange an und/oder ist sie zu heftig, muss man irgendwann das Handtuch werfen. Es »verlassen einen die Kräfte«, man »übersäuert«, »die Beine versagen ihren Dienst«. Sportwissenschaftler würden dann sagen, dass man die anaerobe Schwelle zu lange überschritten hat bzw. sich zu lange jenseits der Laktatschwelle bewegt hat.

Belastungen unterhalb der anaeroben Schwelle kann man, im Rahmen dessen, was die allgemeine körperliche Verfassung zulässt, viel länger aufrechterhalten, ohne dass eine leistungslimitierende Übersäuerung eintritt.

Es sollte klar sein, dass es für einen Radsportler bei einem langen, schweren Anstieg wichtig ist, an der anaeroben Schwelle zu bleiben, also um die Laktatschwelle herum. Dieses entscheidende Belastungsniveau, das für jeden anders ausfällt, kann von Experten mittels einer Leistungsdiagnostik bestimmt werden. Der beste Ort dafür wäre ein Test- und Trainingszentrum, ein sportmedizinisches Institut, eine Sportarzt-Praxis oder eine sonstige Einrichtung, wo Ihre Laktatwerte bestimmt werden können. Nach einem solchen Test wissen Sie dann genau, wo Ihre anaerobe Schwelle liegt. Da diese eng mit der Herzfrequenz verknüpft ist, können Sie fortan viel intelligenter trainieren: Sie wissen, ab welcher Herzfrequenz Sie übersäuern werden, und somit auch, wie weit Sie gehen können, ohne in Schwierigkeiten zu geraten.

Das ist natürlich praktisch zu wissen, aber das ist längst noch nicht alles: Ein gezieltes Training bewirkt auch, dass Sie auf dem im Test ermittelten Belastungsniveau schneller Rad fahren/laufen/klettern, weil Ihr Körper dadurch lernt, 1.) eine größere Menge an Kohlenhydraten zu speichern und 2.) effizienter mit ihnen umzugehen. Außerdem stärkt und vergrößert das, was gelegentlich auch als »4-mmol-Training« bezeichnet wird, den Herzmuskel. Dadurch kann das Herz u.a. mehr sauerstoffreiches Blut zu den Muskelzellen pumpen. Und wenn diese mit mehr Sauerstoff versorgt werden, können sie eine schwerere Anstrengung länger durchhalten. Alles nur von Vorteil!

Aerobe Schwelle – 2 mmol

Um die Sache noch komplizierter zu machen: Es gibt neben der anaeroben auch eine aerobe Schwelle. Dabei handelt es sich um das Belastungsniveau, auf dem nicht mehr als 2 mmol Laktat pro Liter Blut erzeugt werden, eine Menge, bei der der Abbau der Milchsäure keine Probleme bereitet.

Das Training um die aerobe Schwelle herum verbessert die Fettverbrennung, was während längerer Anstrengungen auch Ihre Kohlenhydratreserven schont – nicht ganz unwichtig, wenn Sie glauben, mehr als zwei Stunden für den Mont Ventoux zu benötigen.

Darüber hinaus wird durch gezieltes Training an der aeroben Schwelle eine Anpassung in den Muskelzellen ausgelöst, sodass sich die reale Sauerstoffaufnahme der Muskeln von z.B. 40 Prozent dessen, was diese maximal aufnehmen könnten, auf bis zu 70 Prozent erhöht. Und etwas verkürzt gesagt, gilt natürlich stets: Je mehr Sauerstoff in der Muskulatur aufgenommen und verarbeitet werden kann, desto solider ist die Grundlagenkondition.

Das relativ lockere 2-mmol-Training beschert Ihnen demgemäß eine bessere allgemeine Ausdauer, was wiederum die Grundlagen schafft, um darauf aufbauend heftigere Trainingseinheiten absolvieren zu können.

Und wir haben Glück: Sie können auch das Anstrengungsniveau, bei dem diese 2-mmol-Schwelle eintritt, durch Training nach oben verlagern. Das heißt letztlich nichts anderes, als dass Sie dann an der aeroben Schwelle schneller fahren können.

Anwendung auf das Bergfahren

Wenn Sie am Mont Ventoux die steileren Abschnitte zu schnell in Angriff nehmen, werden Sie dafür unwiderruflich weiter oben die Zeche bezahlen: Ihnen geht die Puste aus oder Sie bekommen einfach die Pedale nicht mehr rum.

Ein Anstieg kann so lang und/oder so steil sein, dass Ihnen gar nichts anderes übrigbleibt, als sich im roten Bereich zu bewegen. Bei solchen Belastungen beziehen die Muskeln ihre Energie beinahe ausschließend aus Kohlenhydraten. Im Schnitt verfügt unser Körper über Kohlenhydratreserven für 60 bis 90 Minuten schwerer Anstrengung. Durchschnittsbürger aus unseren Gefilden benötigen für den Anstieg zum Mont Ventoux jedoch rund 2:25 Stunden. Wenn man zu lange oder sogar kontinuierlich im roten Bereich fährt, sind die Kohlenhydratspeicher aufgezehrt, lange bevor man oben ist, und man begegnet bereits weit vor dem Gipfel dem gefürchteten Mann mit dem Hammer... Reden Sie sich übrigens nicht ein, dass Ihnen so etwas nicht passieren könnte, weil Sie so gut trainiert wären. Auch ausgewiesene Bergziegen wie Alberto Contador müssen richtig dafür büßen, wenn sie zu lange im roten Bereich fahren.

Es ist im Übrigen einerlei, ob Ihnen nun die Luft ausgeht oder Sie keine Kraft mehr in den Beinen haben. Ganz gleich, ob Sie dem Mann mit dem Hammer begegnen, weil Sie eine zu große Übersetzung wälzen oder weil Sie es bei kleinerem Gang mit der Trittfrequenz übertreiben, es läuft in diesem Fall aufs Gleiche raus: Der Puls schnellt in die Höhe, sodass Sie den Löwenanteil der Energie aus Ihren Kohlenhydratreserven ziehen müssen.

Das eine wie das andere bedeutet letztlich, dass Sie während eines langen und schweren Anstiegs wie dem Mont Ventoux eine gute Balance zwischen einer angemessenen Trittfrequenz und einer angemessenen Übersetzung finden müssen. Ziel ist es, dass ein Gleichgewicht entsteht zwischen der zu liefernden Energie und der Menge an Sauerstoff, die benötigt wird, um diese Energie während des Anstiegs zu nutzen.

Mit anderen Worten: Es ist wichtig, dass man, wo immer dies möglich ist, dosiert fährt, um so viele Kohlenhydrate wie möglich zu sparen. Wenn Sie nicht ständig (fast) alle Register ziehen, kann Ihr Körper auch einen (größeren) Teil der Energie aus der Fettverbrennung gewinnen, einer für uns Menschen fast unerschöpflichen Energiequelle. Am Mont Ventoux lässt sich diese Taktik im Abschnitt bis nach Saint-Estève und zu Beginn der Mondlandschaft gut anwenden. Übrigens können Sie auch in den steilen Passagen sparsam mit Ihren Kohlenhydratreserven umgehen. Im Allgemeinen würde dies bedeuten, dass Sie Ihr Tempo reduzieren müssten.

Eine zweite Ursache für ein zu frühes Zur-Neige-Gehen der Kohlenhydratreserven sollte eigentlich auf der Hand liegen, wird aber dennoch häufig übersehen: eine unzureichende Zufuhr »frischer«« Kohlenhydrate. Wenn Sie vergessen, vor und/oder während einer langen Anstrengung zu essen, wird dies unweigerlich den gefürchteten Hungerast zur Folge haben und Ihre Muskeln verweigern den Dienst – und man kann es ihnen nicht verdenken. Im Kapitel *Tipps*, S. 171, finden Sie die notwendigen Informationen, wie Sie richtig essen und trinken.

Sollten Sie bei der Lektüre dieser kleinen Theorie des Trainings ein wenig den Mut verlieren, so gibt es einen Trost: Die oben dargelegten Aspekte sind allesamt sehr gut trainierbar. Die folgenden Trainingspläne zielen jeweils darauf ab, die Belastungsniveaus zu erhöhen, bei denen Sie die aerobe und die anaerobe Schwelle erreichen.

Trainingsintensität

Es lässt sich sagen, dass die Chance auf eine Verbesserung der Kondition steigt, wenn in jedem einzelnen Training mindestens der aerobe Trainingsbereich (im Folgenden als »grüne« und/oder »orange« Zone bezeichnet) abgedeckt wird.

Entscheidend ist, dass der Körper verschiedene Trainingsreize benötigt, um optimal trainiert zu werden. Dies erreichen Sie, indem Sie manchmal locker trainieren (in der »grünen« Zone zwischen 2,0 und 2,5 mmol/l) und manchmal etwas härter (in der »orangen« Zone zwischen 2,5 und 4 mmol/l) oder einfach in einer Trainingseinheit beide Trainingsformen kombinieren.

Das soll nicht bedeuten, dass die rote Zone über 4 mmol/l gemieden wird. Auch diese Trainingsintensität sollte hin und wieder ins Spiel kommen, wenn man besser werden will.

»Auf die richtige Mischung kommt es an«

Indem man die verschiedenen Typen und Formen von Trainingseinheiten gut aufeinander abstimmt und im richtigen Verhältnis zum Einsatz bringt, entsteht ein ausgewogener Trainingsplan, der vor allem verhindert, dass man zu oft, zu viel und zu hart trainiert. Sie bauen eine optimale Kondition auf und verringern auch das Risiko von Übertraining und Verletzungen.

Typen von Trainingseinheiten

Die schematische Übersicht oben auf Seite 118 bietet Ihnen einen Überblick über die verschiedenen Typen, Formen und Unterformen von Trainingseinheiten, die in Ihrem Trainingsplan für den Ventoux eine Rolle spielen und die im Folgenden nun ausführlich erläutert werden. Am Ende finden Sie dann eine übersichtliche Tabelle, in der noch mal alles Wissenswerte zusammengefasst ist.

Typ I – Grünes Training und aktive Regeneration in Form von extensiven Ausdauereinheiten. Die Grundregel für diese Art von Training ist simpel: lang und locker. Eine Trainingseinheit in der grünen Zone dient dazu, die Ausdauer zu verbessern. Dieser Trainingstyp ist eine wichtige Grundlage und gerade deshalb von essenzieller Bedeutung, weil er als Unterbau die schwereren Belastungen in der orangen und roten Zone unterstützt und erst ermöglicht. Und auch wenn Sie sich bei Ihrer Fahrt hinauf auf den Mont Ventoux größtenteils außerhalb der grünen Zone bewegen werden, beginnt auch diese Herausforderung für Sie an der Basis.

Ein häufiges Phänomen beim Ausdauertraining ist, dass man am Ende, wenn man schön aufgewärmt ist, das Tempo immer mehr anzieht und somit auch die Herzfrequenz steigt. Denn man neigt dazu, sich einzureden: »Ach, ich bin ja überhaupt nicht erschöpft, also habe ich bestimmt nicht gut trainiert.« Das ist jedoch blanker Unsinn. Achten Sie darauf, dass Sie beim grünen Training in der grünen Zone bleiben, es sei denn, der Plan sieht etwas anderes vor. Und wie bereits erwähnt, ist es von großer Bedeutung, dass der gesamte aerobe Bereich trainiert wird.

Einheiten zur aktiven Regeneration sind kein expliziter Teil der Vorbereitung auf den Mont Ventoux; sie dienen nur dazu, dem Körper die Möglichkeit zu geben, sich nach einer schweren Anstrengung zu erholen. Sie können diese Art von Trainingseinheiten immer dann unternehmen, wenn Sie z.B. am Tag vorher sehr hart trainiert haben oder einmal am Vorabend heftig gefeiert haben. In solchen Fällen ist es nicht verkehrt (und sehr angenehm!), seinen Körper wieder in Ordnung zu bringen. Dann fahren Sie einfach eine bis maximal anderthalb Stunden in der grünen Zone. Gehen Sie es ganz locker an und akzeptieren Sie, auch mal von Müttern mit Kindersitz überholt zu werden. Denken Sie daran: Sie sind gerade dabei zu regenerieren.

Schlüsselbegriffe: lang, ruhig, Gewöhnung an längeres Sitzen in der Radfahrposition, Fettverbrennung, Verbesserung der Sauerstoffaufnahme in der Muskulatur.

Typ II – Oranges Training in Form von intensiven Ausdauer- und extensiven Intervalleinheiten. Intervalleinheiten leisten einen Beitrag, um im Training den gesamten aeroben Bereich abzudecken. Aus physiologischer Sicht setzt diese Form des Trainings den Körper einem eigenen, besonders wirksamen Trainingsreiz aus und trägt somit zur Stärkung der allgemeinen Kondition bei.

Obwohl sich beide Trainingsformen nahe der Schwelle abspielen, gibt es erhebliche Unterschiede zwischen extensivem Intervall- und intensivem Ausdauertraining. Es sind verschiedene physiologische Trainingseffekte zu konstatieren, aber man kann auch Unterschiede in den Trainingsformen selbst feststellen.

A) Bei extensivem Intervalltraining liegt der Schwerpunkt auf kürzeren Belastungsblöcken von 30 Sekunden bis vier Minuten Dauer.

B) Bei intensivem Ausdauertraining sind die Belastungsblöcke deutlich länger. Diese Art von Training lässt sich auf zwei Weisen absolvieren:

1) bei Ausdauer-Intervallen fahren Sie Belastungsblöcke von 4 bis 20 Minuten Dauer;

2) beim Tempotraining unternehmen Sie einen kontinuierlichen Belastungsblock von bis zu rund 60 Minuten Dauer.

Aufgrund der unterschiedlichen Länge der Belastungsblöcke wird Ihre Geschwindigkeit bei extensivem Intervalltraining höher sein als bei Ausdauer-Intervallen (als Unterform des intensiven Ausdauertrainings), obschon Sie in beiden Fällen um Ihre Schwelle herum arbeiten werden. Wenn Ihnen also nach etwas zusätzlicher Geschwindigkeit in Ihrem Training ist, sollten Sie sich für extensive Intervalle entscheiden. Aber auch hier gilt: »Auf die richtige Mischung kommt es an.« Um die besten Ergebnisse zu erzielen, sollten Sie beide Arten von Intervalleinheiten in Ihrem Trainingsprogramm berücksichtigen.

Es gibt auch einen deutlichen Unterschied zwischen Ausdauer-Intervallen einerseits und Tempotraining andererseits. Wenn man bei Letzterem zum Beispiel 60 Minuten ununterbrochen rund um seine Schwelle herum fährt, bedeutet dies für durchschnittliche Hobbyfahrer, dass sie dabei fast ihre gesamten Kohlenhydratvorräte verbrauchen. An sich ist daran nichts auszusetzen, aber auf diese Weise sind dieser Form des Trainings zeitlich und damit auch hinsichtlich der Zahl der Kilometer gewisse Grenzen gesetzt.

Wenn Sie einen knapp 60-minütigen Tempo-Block in mehrere kleinere Abschnitte unterteilen, zum Beispiel in drei kleinere Blöcke von 20 Minuten Dauer mit dazwischen 10 Minuten Pause (in denen Sie locker in der grünen Zone weiterfahren, sprich: Kohlenhydrate sparen), können Sie die Trainingsdauer spürbar verlängern und auf diese Weise auch zusätzliche Kilometer sammeln. Darüber hinaus trainieren Sie in den Ruhephasen praktisch unbemerkt in der

Trainingsintensität

- > TYP I – grünes Training > Form:
  - > Regeneration
  - > extensive Ausdauer (EA)
- > TYP II – oranges Training > Form:
  - > intensive Ausdauer (IA) > Unterform:
    - > Ausdauer-Intervalle (AI)
    - > Tempotraining (T)
  - > extensive Intervalle (EI)
- > TYP III – rotes Training > Form:
  - > intensive Intervalle (II) > Unterform:
    - > Submaximal (SMM)
    - > Maximal (MM)

grünen Zone und decken in einer Trainingseinheit den gesamten aeroben Bereich ab.

Schlüsselbegriffe: höheres Tempo im Flachen, Kohlenhydratverbrennung, Schwelle, Regenerationsvermögen, Stärkung des Herzmuskels, Vergrößerung des Herzens.

Typ III – rotes Training in Form von intensivem Intervalltraining. Training in der roten, anaeroben Zone, also oberhalb der Schwelle, kommt in den Trainingsprogrammen, mit denen Sie sich auf die Bezwingung des Mont Ventoux vorbereiten, weniger häufig vor, da Sie am großen Tag während des Anstiegs kaum von einer Energiebereitstellung Gebrauch machen werden, die anaerob erfolgt. Sie werden den kahlen Berg überwiegend in der orangen, aeroben Zone hinauffahren, in der Sie auf eine Energie zurückgreifen, die mit Sauerstoff erzeugt wird.

Trotzdem ist es sinnvoll, auch das rote Training zu berücksichtigen, weil es Ihnen später am Ventoux manchmal doch sehr von Nutzen sein wird. Wie bereits erwähnt, gibt es während der Fahrt hinauf Momente, in denen man zwangsläufig in den roten Bereich kommt, einfach weil einen der Anstieg wegen seiner Steilheit und Schwere dazu zwingt. Darüber hinaus kommt es bei Laktatwerten von mehr als 4 mmol/l zu einer Übersäuerung, was zur Folge hat, dass man weniger effizient fährt. Und obwohl es genügend Fahrer geben mag, die auch bei höheren Laktatwerten die Pedale noch effizient rund treten können, führt das Fahren im roten Bereich doch in vielen Fällen nach einiger Zeit dazu, dass man die Anstrengung vorzeitig abbrechen muss.

Extensive Intervalle (3 Min. Belastung / 2 Min. Pause)
erstes Intervall mit schnellem Start

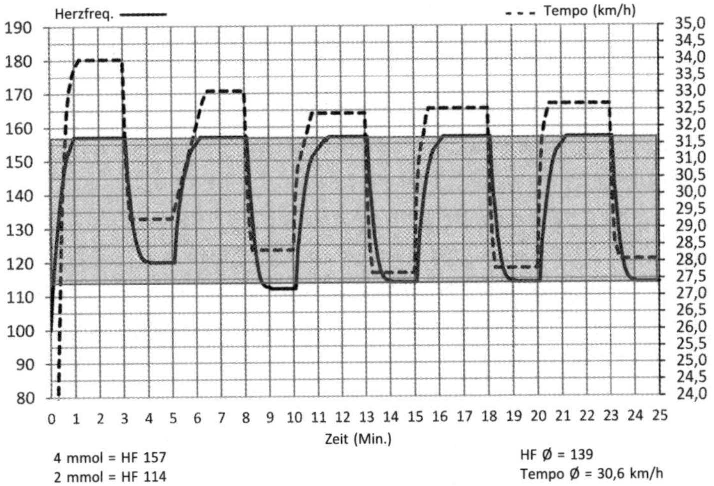

Extensive Intervalle (3 Min. Belastung / 2 Min. Pause)
erstes Intervall mit bedächtig gesteigertem Start

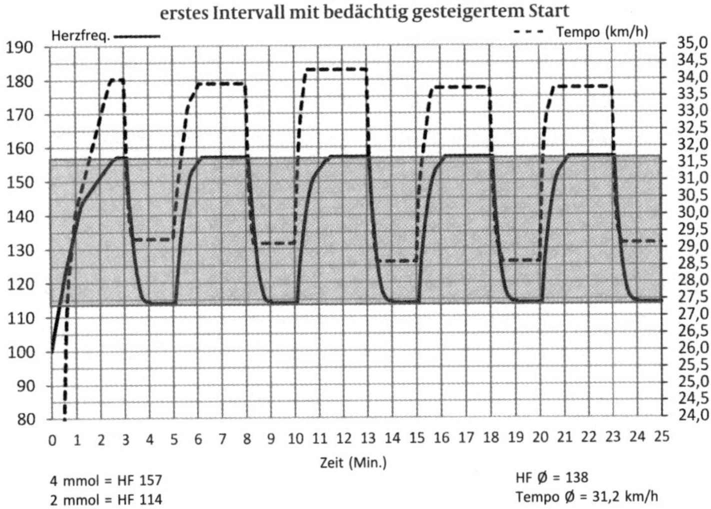

Beim Intervalltraining in der orangen Zone besteht der Trick darin, seine Kräfte möglichst gleichmäßig auf die Belastungsblöcke zu verteilen. Sie müssen in der Lage sein, das letzte Intervall so schnell zu fahren wie das erste. Das ist etwas, was man lernen kann – ein Radcomputer ist dafür natürlich ein hervorragendes Werkzeug.

Achten Sie daher beim Intervalltraining darauf, dass Sie zu Beginn einer Beschleunigung das Tempo allmählich steigern. Beim ersten Intervall einer Serie wird das etwas mehr Zeit in Anspruch nehmen als beim darauffolgenden. Wenn Sie die Sache zu motiviert angehen (z.B. indem Sie ein zu hohes Tempo oder eine zu große Übersetzung wählen), schnellt Ihre Herzfrequenz in die Höhe und Ihnen geht die Puste aus. Am Ende des Intervalltrainings werden Sie das bereuen: Sie schaffen entweder die vorgegebene Dauer nicht oder Sie halten das Tempo nicht durch und verfehlen auf diese Weise das Trainingsziel. Die beiden Diagramme oben veranschaulichen die Unterschiede.

Quelle: Drs. Pieter Pas

Das Energiesystem, das in der roten Zone trainiert wird, bietet die Möglichkeit, in solchen Fällen etwas zusätzliche Leistung abzurufen. Etwas vereinfacht könnte man sagen, dass das anaerobe System dann dem aeroben System zu Hilfe kommt. Dies kostet zwar zusätzliche Energie (sprich: Kohlenhydrate), ist aber manchmal unvermeidlich. Aus diesem Grund ist auch das »rote Training« in der Vorbereitung auf den Berg von Nutzen.

Aber seien Sie beruhigt: Wenn Sie nach einem Abschnitt in der roten Zone wieder in den orangen Bereich zurückkehren, wird auch die Übersäuerung der Muskulatur wieder auf das Niveau rund um Ihre Schwelle, also die berühmten 4 mmol/l, abgebaut.

Anaerobes Training zielt im Wesentlichen darauf ab, »in der Übersäuerung« zu arbeiten, und erfordert daher eine hohe Intensität. Zu unterscheiden ist dabei anaerobes Training, das knapp unterhalb der maximalen Belastung stattfindet (gern auch als »submaximal« bezeichnet), und Training, das bis zur maximalen Übersäuerung reicht.

Beim submaximalen anaeroben Training, bei dem die Herzfrequenz über der Schwelle, aber noch nicht beim Maximum liegt, kann das Tempo während der gesamten Anstrengung bis zum Ende nahezu konstant bleiben. Die Pause zwischen den Belastungsblöcken ist in der Regel genauso lang wie die Intervalle selbst. Manchmal ist es sinnvoll, die Pausen noch großzügiger zu bemessen, sodass diese bis zu vier Minuten länger dauern als die Belastungen. Da man bei der Intensität nicht bis zum Letzten geht, können die Belastungsblöcke bei gut trainierten Fahrern bis zu sechs Minuten lang sein.

Wenn Sie beim anaeroben Training mit wirklich maximalem Einsatz fahren, wird die Übersäuerung gegen Ende eines Belastungsblocks eine so leistungslimitierende Wirkung haben, dass die Geschwindigkeit deutlich abnimmt. Belastungsblöcke von zwei bis drei Minuten Dauer sind dann oft das Maximum, was realisierbar ist. Auch danach ist eine lange Pause angeraten, bis die nächste Beschleunigung folgt.

Natürlich lässt sich anaerobes Training hervorragend absolvieren, wenn man z.B. einen Hügel oder eine knackige Brücke hinauffährt.

Viele Menschen werden sich an dieses besonders schwere Training erst herantasten müssen, denn es ist nicht selbstverständlich, sich selbst dermaßen »den Hintern zu versohlen«. Vergessen Sie auch nicht, dass diese Form des Trainings stets eine lange Erholungszeit erfordert.

Schlüsselbegriffe: Leiden, Übersäuerung,
Gewöhnung an Sauerstoffschuld, (sub-)maximal,
hohes Tempo (im Flachen), Wechselwirkung aerob/anaerob.

Auf der folgenden Seite finden Sie die oben dargelegte Theorie in einer Übersicht zusammengefasst. In der Tabelle wurden vier Fahrertypen berücksichtigt:

- Fahrer, die ihre Laktatwerte und die dazugehörigen 2- und 4-mmol-Schwellen kennen,
- Fahrer, die ausgehend von Herzfrequenzvorgaben, die mittels eines VO_2max-Tests oder einer Atemgasanalyse wissenschaftlich ermittelt wurden, ihre Trainingszonen üblicherweise mit Begriffen wie KB, GA1 etc. oder Z1 bis Z5 bezeichnen.
- Fahrer, die auf Grundlage nichtwissenschaftlich bestimmter Herzfrequenzvorgaben trainieren, wie zum Beispiel der (übrigens sehr unzuverlässigen) Faustregel »maximale HF = 220 minus Lebensalter«.
- Fahrer, die keine solchen Bezugspunkte haben und sich nur auf ihre Wahrnehmung und das Körpergefühl verlassen können.

Trainingsintensität	Atmung – Sprechen / Körpergefühl	Dauer / Verhältnis Belastung – Pause	Belastungsniveau
grüne / aerobe Zone	Sie können sich normal unterhalten, eventuell mit leicht angestrengter Atmung.	*aktive Regeneration:* Sie können die Anstrengung leicht und für längere Zeit (viele Stunden) aufrechterhalten.	*aktive Regeneration*
2,0–2,5 mmol/l aktive Regeneration / KB/Z1 50%–70% HFmax	*Anstrengungsempfinden:* (sehr) bequem / (sehr) locker	*extensive Ausdauer:* dito	*extensive Ausdauer*
orange / aerobe Zone	Ihre Atmung wird schwerer, Sie neigen dazu, außer Atem zu geraten. Sie bringen maximal Sätze von 3 bis 4 Wörtern raus.	*intensive Ausdauer:* Sie können die Anstrengung für maximal 45 bis 60 Minuten am Stück aufrechterhalten.	*intensive Ausdauer: Ausdauer-Intervalle / Tempotraining*
		extensive Intervalle: Die Tempoblöcke sind bis zu vier Minuten lang.	*extensive Intervalle*
2,5–4,0 mmol/l GA1/Z2 – GA2/Z3 70%–85% HFmax	*Anstrengungsempfinden:* ungemütlich / heftig / submaximal	*Verhältnis Intervall-/Pausenlänge:* 2:1	
	Anaerobe Schwelle oder Laktatschwelle		
rote / anaerobe Zone	Sie geraten fast komplett außer Atem.	Sie können die Anstrengung (in Intervall-Form) nur kurz (Sekunden oder Minuten) aufrechterhalten.	*intensive Intervalle: submaximal / maximal*
> 4,0 mmol/l EB/Z4 – SB/Z5 >85% HFmax	*Anstrengungsempfinden:* sehr ungemütlich / schmerzhaft / maximal	*Verhältnis Intervall-/Pausenlänge:* 1:2	

WIE DIE TRAININGSPLÄNE ZU LESEN SIND: DIE PRAXIS

Nachfolgend finden Sie detaillierte Anleitungen für 16 (Wochen) × 4 (Anzahl der Trainingseinheiten pro Woche) = 64 Trainingseinheiten – siehe *Trainingsintensität* in: *Das Wie und Warum verstehen: Die Theorie hinter den Trainingsplänen*, S. 115.

In Woche 17 können Sie im Vorfeld Ihrer Fahrt auf den Ventoux nach eigenem Gutdünken ein wenig locker Rad fahren (extensive Ausdauer) und ein paar Höhenmeter an kleineren Bergen machen (z.B. am Col de la Madeleine in der Nähe von Bedoin), aber Sie müssen darauf achten, dass Sie nicht zu viele Kräfte vergeuden. Trainingswoche 16 nimmt bereits eindeutig Rücksicht auf die Belastung, die in der Folgewoche mit der Bezwingung des Ventoux ansteht. Was den Umfang und die Intensität des Trainings betrifft, geht es in diesen Tagen bereits vergleichsweise locker zu.

- In den Plänen ist jeweils angegeben, welche Intensität in den Belastungsblöcken einzuhalten ist.
- Während der Intervall-Einheiten sollten Sie darauf achten, dass die Herzfrequenz (HF) in den Ruhephasen auf etwa 2 mmol/l sinkt. Wenn das bei einer kurzen Pause nicht ganz klappt, ist das kein Problem.
- Auch beim Warmfahren und Cool-down bewegt sich die Intensität bei etwa 2 mmol/l.
- Die Reihenfolge der vier Trainingseinheiten in einer Woche ist nicht verpflichtend; passen Sie sie Ihren individuellen Gegebenheiten entsprechend an. Denken Sie daran, dass es nach einem intensiven Intervalltraining am besten ist, aktive Regeneration oder eine extensive Ausdauereinheit einzuplanen. Zwei schwere Klettertrainings hintereinander sind auch keine so gute Idee.
- Das zweite Training in jeder Woche ist ein Klettertraining. Es sind immer zwei Möglichkeiten angegeben:
  1. *Kombination EA/EI/IA* – dies ist ein kletterspezifisches Training für Fahrer, die in hügeligem/bergigem Terrain trainieren können;

2. *im Flachen/auf der Rolle* – für Fahrer, die keine entsprechenden Hügel/Berge vor der Tür haben.

- Wenn der Auftrag lautet: »Klettern: 100 Minuten«, bedeutet das, in 100 Minuten so viele Höhenmeter wie möglich zu machen, nicht dass Sie nach einem Anstieg suchen sollen, für den Sie 100 Minuten benötigen. Die Intensität im Anstieg sollte möglichst 4 mmol/l betragen. Die Trittfrequenz (RPM) ist frei wählbar.
- Versuchen Sie, den Übergang zwischen zwei Anstiegen so kurz wie möglich zu halten und dabei ein Intensitätsniveau von 2 mmol/l beizubehalten.
- Hinter *Im Flachen // Auf der Rolle* ist in der Tabelle vor dem // jeweils angegeben, was Fahrer unternehmen sollten, die im Flachen trainieren, hinter dem // dann das vorgesehene Training für diejenigen, die auf dem Indoortrainer fahren. Letzteres fällt etwas kürzer aus als das Training auf der Straße, um der Langeweile keine Chance zu geben.
- Die aufgeführten Übersetzungs- und Trittfrequenz-Vorgaben gelten für beide nicht-spezifischen Trainingsformen.
- Für das Klettertraining *Im Flachen // Auf der Rolle* ist jeweils eine bestimmte Übersetzung angegeben. Wenn Ihr Rad bzw. Indoortrainer nicht über diese Übersetzung verfügt, wählen Sie diejenige, die ihr am nächsten kommt. Denken Sie auch daran, dass Sie bei dieser Trainingsform mit den Händen am Oberlenker greifen.
- Wenn im Plan etwas steht wie: »Extensive Ausdauer 100 Minuten, dabei willkürlich 4 x 1 Minute«, bedeutet das, dass Sie während der Fahrt die Intensität viermal eine Minute lang bis zu einem Maximum von 4 mmol/l verschärfen. Wann Sie das tun und wie weit diese Blöcke auseinanderliegen, ist nicht von Bedeutung. Ziel des Ganzen ist es, dass die reine Ausdauerbelastung unterbrochen wird und Ihr Körper kurzzeitig einem anderen Trainingsreiz ausgesetzt ist.
- Wenn bei einer Trainingseinheit verlangt wird, mit einer bestimmten Übersetzung zu fahren, bleibt im Zweifelsfall jedoch immer die Herzfrequenz bindend: Wenn Ihre HF zu sehr ansteigt, schalten Sie zurück in einen kleineren Gang.
- Bei extensiven Ausdauereinheiten sind Warm-up und Cool-down unmittelbar in das Training eingebunden, sodass sie in den Trainingsplänen nicht gesondert erwähnt werden.

Laurens Groenendijk

	WOCHE 1		WOCHE 2		WOCHE 3		WOCHE 4	
Training 1:								
Typ *Form* *Unterform*	orange IA AI	WU 15' 4 x (10'-5') CD 15'	orange EI	WU 15' 8 x (2'-1') SP 6' 8 x (2'-1') CD 15'	orange Kombi EI/IA teils AI	WU 15' (10'-8'-6'-4'-2'-4'-6'-8'-10') Pause = Hälfte des gefahrenen Tempoblocks CD 15'	orange EI	WU 15' 4 x (3'-1'30") SP 6' 4 x (3'-1'30") CD 15'
Training 2:								

Typ
Form
	grün/orange
	Kombi EA/EI/IA
	
	oder:
	im Flachen //
	auf der Rolle
		WU 15'
		Klettern 90'
		CD 15'
		WU 15'
		3 x (10'-4') // 3 x (10'-4')
		53x12 * RPM 60–65
		SP 7'
		10 x (2'-1') // 5 x (2'-1')
		53x12 * RPM 75–80
		CD 15'
			grün/orange
			Kombi EA/EI/IA
			
			oder:
			im Flachen //
			auf der Rolle
				WU 15'
				Klettern 100'
				CD 15'
				WU 15'
				10 x (3'-1') // 10 x (3'-1')
				53x12 * RPM 75–80
				SP 7'
				5 x (8'-2') // 2 x (8'-2')
				53x12 * RPM 60–65
				CD 15'
					grün/orange
					Kombi EA/EI/IA
					
					oder:
					im Flachen //
					auf der Rolle
						WU 15'
						Klettern 110'
						CD 15'
						WU 15'
						4 x (10'-4') // 2 x (10'-4')
						53x12 * RPM 60–65
						SP 7'
						15 x (2'-1') // 8 x (2'-1')
						53x12 * RPM 75–80
						CD 15'
							grün/orange
							Kombi EA/EI/IA
							
							oder:
							im Flachen //
							auf der Rolle
								WU 15'
								Klettern 75'
								CD 15'
								WU 15'
								6 x (3'-1') // dito
								53x12 * RPM 75–80
								SP 7'
								3 x (8'-2') // dito
								53x12 * RPM 60–65
								CD 15'

Training 3:								
Typ *Form*	grün EA	120'	grün EA	135'	grün EA	150'	grün EA	120'
Training 4:								
Typ *Form*	grün EA	90' dabei willkürlich 3 x 4'	grün EA	90' dabei willkürlich 2 x 8'	grün EA	90' dabei willkürlich 6 x 1'	grün EA	75' dabei willkürlich 2 x 5'

AI:	Ausdauer-Intervalle	**HF:**	Herzfrequenz (Schläge pro Min.)	**RPM:**	Trittfrequenz (Rounds per Minute/ Umdrehungen pro Minute)	**SMM:**	submaximal
CD:	Cool-down = Ausfahren	**IA:**	intensive Ausdauer			**T:**	Tempotraining
EA:	extensive Ausdauer	**II:**	intensive Intervalle	**SP:**	Serienpause = Pause zwischen zwei Belastungsserien	**WU:**	Warm-Up = Warmfahren
EI:	extensive Intervalle	**MM:**	maximal				

	WOCHE 5		WOCHE 6		WOCHE 7		WOCHE 8	
Training 1:								
Typ *Form* *Unterform*	orange IA AI	WU 15’ 4 x (12’-6’) CD 15’	rot II SMM	WU 15’ 7 x (3’-7’) SP 6’	orange Kombi EI/IA teils AI	WU 15’ (2’-4’-6’-8’-12’-8’-6’-4’-2’) Pause = Hälfte des gefahrenen Tempoblocks CD 15’	orange Kombi EI/IA teils AI	WU 15’ 12 x (2’-30”) SP 8’ (1 x 20’) CD 15’
Training 2:								

Typ
Form
	grün/orange
	Kombi EA/EI/IA
	
	oder:
	im Flachen //
	auf der Rolle
		WU 15’
		Klettern 100’
		CD 15’
		WU 15’
		10 x (4’-1’) // 5 x (4’-1’)
		53x12 * RPM 75–80
		SP 8’
		2 x (11’-4’) // dito
		53x12 * RPM 75–80
		CD 15’
			grün/orange
			Kombi EA/EI/IA
			
			oder:
			im Flachen //
			auf der Rolle
				WU 15’
				Klettern 110’
				CD 15’
				WU 15’
				4 x (15’-5’) // 2 x (15’-5’)
				53x12 * RPM 60–65
				SP 8’
				15 x (1’-1’) // 6 x (1’-1’)
				53x12 * RPM 60–65
				CD 15’
					grün/orange
					Kombi EA/EI/IA
					
					oder:
					im Flachen //
					auf der Rolle
						WU 15’
						Klettern 120’
						CD 15’
						WU 15’
						12 x (4’-1’) // 6 x (4’-1’)
						53x12 * RPM 75–80
						SP 8’
						3 x (11’-4’) // 2 x (11’-4’)
						53x12 * RPM 75–80
						CD 15’
							grün/orange
							Kombi EA/EI/IA
							
							oder:
							im Flachen //
							auf der Rolle
								WU 15’
								Klettern 85’
								CD 15’
								WU 15’
								3 x (15’-5’) // 2 x (15’-5’)
								53x12 * RPM 60–65
								SP 8’
								6 x (1’-1’) // dito
								53x12 * RPM 60–65
								CD 15’

Training 3:								
Typ *Form*	grün EA	150’	grün EA	165’	grün/orange	Klettern in hügeligem Terrain 180’	grün EA	135’
Training 4:								
Typ *Form*	grün EA	100’ dabei willkürlich 3 x 7’	grün EA	100’ dabei willkürlich 2 x 9’	grün EA	100’ dabei willkürlich 4 x 3’	grün EA	85’ dabei willkürlich 5 x 2’

	WOCHE 9		WOCHE 10		WOCHE 11		WOCHE 12	
Training 1:								
Typ *Form* *Unterform*	orange IA AI	WU 15' 6 x (9'-5') CD 15'	rot II MM	WU 15' 5 x (15"-1'45") SP 10' 4 x (30"-2') CD 30'	orange EI	WU 15' 8 x (4'-2') 8 x (4'-2') CD 15'	orange Kombi EI/IA teils AI	WU 15' (1 x 18') SP 7' 8 x (3'-1') SP 6' (1 x 18') CD 15'
Training 2:								

Typ
Form
	grün/orange
	Kombi EA/EI/IA
	
	oder:
	im Flachen //
	auf der Rolle
		WU 15'
		Klettern 100'
		CD 15'
		WU 15'
		4 x (14'-5') // 2 x (14'-5')
		53x12 * RPM 75–80
		SP 9'
		10 x (3'-1') // 4 x (3'-1')
		53x12 * RPM 60–65
		CD 15'
			grün/orange
			Kombi EA/EI/IA
			
			oder:
			im Flachen //
			auf der Rolle
				WU 15'
				Klettern 140'
				CD 15'
				WU 15'
				15 x (2'-1') // 6 x (2'-1')
				53x12 * RPM 60–65
				SP 9'
				4 x (18'-7') // 2 x (18'-7')
				53x12 * RPM 75–80
				CD 15'
					grün/orange
					Kombi EA/EI/IA
					
					oder:
					im Flachen //
					auf der Rolle
						WU 15'
						Klettern 150'
						CD 15'
						WU 15'
						5 x (14'-5') // 2 x (14'-5')
						53x12 * RPM 75–80
						SP 9'
						12 x (3'-1') // 6 x (3'-1')
						53x12 * RPM 60–65
						CD 15'
							grün/orange
							Kombi EA/EI/IA
							
							oder:
							im Flachen //
							auf der Rolle
								WU 15'
								Klettern 95'
								CD 15'
								WU 15'
								10 x (2'-1') // 4 x (2'-1')
								53x12 * RPM 60–65
								SP 9'
								2 x (18'-7') // dito
								53x12 * RPM 75–80
								CD 15'

Training 3:								
Typ *Form*	grün EA	180'	grün EA	210'	grün/orange Kombi EA/EI/IA	Klettern im Mittel- gebirge 240'	grün EA	180'
Training 4:								
Typ *Form*	grün EA	110' dabei willkürlich 4 x 4'	grün EA	110' dabei willkürlich 8 x 1'	grün EA	110' dabei willkürlich 2 x 10'	grün EA	95' dabei willkürlich 1 x 13'

	WOCHE 13		WOCHE 14		WOCHE 15		WOCHE 16	
Training 1:								
Typ *Form* *Unterform*	orange IA AI	WU 15' 6 x (11'-5') CD 15'	rot II SMM	WU 15' 2 x (6'-6') 4 x (2'-4') SP 8' 3 x (3'-5') 3 x (5'-5') CD 15'	orange Kombi EI/IA SMM	WU 15' 1 x (16'-7') 3 x (4'-1') SP 6' 6 x (2'-1') (1 x 16') SP 8' 1 x (16'-7') 4 x (3'-1') CD 15'	orange IA AI	WU 15' 30 x (1'-1') CD 15'
Training 2:								
Typ *Form*	grün/orange Kombi EA/EI/IA oder: im Flachen // auf der Rolle	WU 15' Klettern 160' CD 15' WU 15' 13 x (1'-1') // 8 x (1'-1') 53x12 * RPM 60–65 SP 10' 4 x (19'-8') 53x12 * RPM 60–65 CD 15'	grün/orange Kombi EA/EI/IA oder: im Flachen // auf der Rolle	WU 15' Klettern 170' CD 15' WU 15' 5 x (13'-5') // 2 x (13'-5') 53x12 * RPM 75–80 SP 10' 15 x (4'-1') 53x12 * RPM 75–80 CD 15'	grün/orange Kombi EA/EI/IA oder: im Flachen // auf der Rolle	WU 15' Klettern 180' CD 15' WU 15' 15 x (1'-1') // 10 x (1'-1') 53x12 * RPM 60–65 SP 10' 5 x (19'-7') 53x12 * RPM 60–65 CD 15'	grün/orange Kombi EA/EI/IA oder: im Flachen // auf der Rolle	WU 15' Klettern 75' CD 15' WU 15' 2 x (13'-5') // (1 x 13') 53x12 * RPM 75–80 SP 10' 7 x (4'-1') 53x12 * RPM 75–80 CD 15'
Training 3:								
Typ *Form*	grün EA	240'	grün EA	270'	grün EA	300'	grün EA	120'
Training 4:								
Typ *Form*	grün EA	120' dabei willkürlich 2 x 11'	grün EA	120' dabei willkürlich 6 x 2'	grün EA	120' dabei willkürlich 2 x 12'	grün EA	75' dabei willkürlich 5 x 3'

MEIN MONT VENTOUX

ZWISCHEN TRAUM UND TAT...

»Le Mont Ventoux, ce n'est qu'une question de temps.«

– Jan Wolters – *www.dekaleberg.nl*

JEUDI LE PREMIER AOÛT 1994. In gewissem Maße ein Meilenstein in meinem Leben. Zumindest soll es das werden. Ein lang erwarteter Traum wird in Erfüllung gehen. Nach verschiedenen Klassikern wird der Skalp des Mont Ventoux, der Col des Tempêtes, erobert werden. Es ist nur noch eine Frage der Zeit...

Dieser grässliche 1.909 Meter hohe Pickel, der uns schon seit mehr als einer Woche auf dem Campingplatz Domaine de Bélézy in Bedoin beobachtet und herablassend auf die Menschheit niederblickt. Sich regelmäßig in Dunst und Nebel zurückziehend. Sich am Abend erhebend, sich hegend und pflegend in der warmen untergehenden Sonne. Wie ein erleuchteter Despot herrschend über die Provence, die seit Wochen unter versengenden Temperaturen um die vierzig Grad stöhnt. Überraschenderweise Regie führend über ein bestrafendes Unwetter, sodass das Ende der Welt sehr nah scheint.

Das Wetter ist nun allerdings optimal. Die Temperatur am Fuße des Berges beträgt 25 Grad. Viel Sauerstoff in der Luft durch ein nächtliches Gewitter. Eine wässrige Sonne. Ich bin bereit. Der Ventoux wird es zu spüren bekommen, ich bin auf dem Weg. Der Wettkampf beginnt.

Natürlich wähle ich die Auffahrt von Süden, bekannt von zahlreichen heroischen Tour-de-France-Duellen mit Jean Robic – dem zarten Bretonen, Fausto Coppi – il campionissimo, Charly Gaul – dem Engel der Berge, Federico Bahamontes – dem Adler von Toledo, und Jean-François Bernard – dem talentierten Stilisten. Ich fühle mich kurz wie der Adler vom Hooidijk. Die einst so faszinierenden Radioreportagen von Barend Barendse und Theo Koomen sind hörbar nah.

Bedoin gleitet hinter und unter mir hinweg. Die Straße lässt sich ganz gut fahren. Gar nicht so übel. Flüsterasphalt im Radsportjargon. Wenig Verkehr. Nur ein langsam hinaufkriechender französischer Diesel, der schwarze Abgase ausspuckt. Er fährt zu schnell, um eingeholt zu werden. Ich werde auf dieser Königsetappe begleitet von einem monotonen Konzert Tausender zwitschernder Zikaden. Ich nähere mich dem Weiler Sainte-Colombe. Ein paar Bauernhöfe und eine Kneipe, umarmt von frischen grünen Weingärten. Der Weg wird steiler, die Atmung unregelmäßiger. Vor mir der Ventoux, ein Mysterium, in Wolken gehüllt.

Ein inbrünstiger Wunsch geht in Erfüllung. Aufregung überkommt mich. Monatelang habe ich mich auf dieses Treffen gefreut. Ich habe sogar einen Campingplatz reserviert, weil nichts dem Zufall überlassen werden darf. Hunderte Male hab ich den Hooidijk erklommen, dutzende Male den Holterberg. Ich habe eine Übersetzung von 39x28 an meinem maßgeschneiderten Ponsteen-Rad montieren lassen. Gestern Abend kein Bier und keinen Wein getrunken. Früh in die Federn. Keinen Sex. Viel Spaghetti gegessen, bis sie mir aus den Ohren kamen. Ich fühle mich stark. Unbesiegbar. So wie die Male an der Redoute, der Côte de Wanne, der Mauer von Geraardsbergen. So stark wie Dirk De Wolf, der mit Bier und Pommes aufgepäppelte flämische Urmensch, dessen Name mir ein Radkumpel im Peloton verpasste.

Der Schweiß läuft mir an den Schläfen runter. Horden von Fliegen kreisen unaufhörlich um meinen Kopf. Die Sonne hat sich jetzt endgültig durchgesetzt. Wie stinkend heiß es ist. Wasser! Ich schalte. Verdammt, ich habe nur noch ein Ritzel übrig. Mein Masterplan ist in Gefahr. An der Straße ein Schild: »Sommet à … 18 km«. Ich passiere nun, kurz ganz geschmeidig in die Pedale tretend, einen mühselig ranklotzenden Fahrer vor mir. Ich grüße höflich, aber überheblich. Ein unbestimmtes Nicken kommt zurück, stumpfe, tief liegende, leere Augen. Bewunderung? Er tritt fast auf der Stelle.

Die Kurve, kurz hinter Les Bruns. Sie fühlt sich an wie eine Mauer. Ich lasse mich nicht überraschen und wähle wohlweislich die geräumige Außenkurve, wie Gerard mir das beigebracht hat. Auf der Straße die Reste der Heldentaten der vor kurzem zurückgelegten Etappe: ERIC CARITOUX, Sohn der Provence und aus dem am Fuße des Ventoux gelegenen Ort Flassan stammend. VIRENQUE, Frankreichs Überraschung der letzten Tour. AC, die Initialen des ewigen Versprechens Armand de las Cuevas. Ich trete nun auch fast auf der Stelle. Ich sehe, nach hinten schauend, dass mein gerade überholter Leidensgefährte von seinem Rad steigt und zu Fuß weitergeht. Das wird mir nicht passieren…

Drei Wochen ist es schon wieder her, dass hier reichlich zweihunderttausend Radsportfans die Flanken des Ventoux säumten, als Eros Poli, ein völliger Außenseiter mit 23 Minuten Vorsprung vor dem Peloton als Erster den Fuß des Berges erreichte und diesen grässlichen Anstieg in Angriff nahm. Eine Orgie begeisterter Menschen, die am Tag vor der Etappe schon hochliefen und nachts auf dem Berg übernachteten, weil die Straße über den Pass am Tag der Etappe für jeden Verkehr gesperrt war. Ich höre die Anfeuerungen. Hier standen die Dänen. Auf der Straße die Namen von SÖRENSEN, SKIBBY, RIIS, HAMBURGER. Und natürlich das unvermeidliche DANISH DYNAMITE.

Es wird heißer. Die Sonne wird erwachsen und schließt einen Bund mit dem Ventoux. Die Hölle auf Erden. Glücklicherweise sorgt der Wald für etwas Abkühlung. Zu wenig. Davon, dass die Temperatur im Verlauf des Anstiegs um zwölf bis fünfzehn Grad sinkt, merke ich wenig. Die Straße windet sich nach links. Saint-Estève, badend in der Farbe und im Duft der blühenden Mohn- und Lavendelfelder.

Ich schaue auf meinen Tacho: Sieben Kilometer pro Stunde steht da. Was in Himmels Namen mache ich hier? Und das obwohl die Vorbereitung ausbalanciert war und die Bedingungen perfekt sind. Ich bin jetzt fast anderthalb Stunden unterwegs. Eine Trinkflasche leer. Ich versuche es mit einem Müsliriegel. Ich kriege das Zeug nicht durch meine trockene Kehle. Die verrücktesten Gedanken kommen mir. Ich wünsche mich wieder in die Schule zurück. Ein Gedanke, den ich, das muss ich ehrlich zugeben, niemals vorher im Urlaub hatte. Alles ist besser als diese furchtbare Höllenstrecke.

Nach 16 Kilometern gibt es wieder eine kleine Spur menschlicher Zivilisation: das Chalet Reynard. Im Winter ein mondäner Ort für den Après-Ski, wenn sich der Ventoux bei Temperaturen bis zu minus dreißig Grad in eine meterdicke Schneedecke hüllt. Im Sommer eine Oase, ein Asyl für verwirrte Radjunkies, umherirrend zum Gipfel, auf der Suche nach Ruhe, Kühle, Wasser und Anerkennung.

Ich nähere mich dem Ende des Waldes, der hier in eine halluzinierende Mondlandschaft übergeht. Bier, viel kaltes Bier und Schatten. In Gottes Namen einen Stundenplan mit vielen Freistunden und alle blöden Unterrichtsstunden zusammen. Alles ist besser als die Fortsetzung dieser Höllentour durch dieses von Gott verlassene Elend. Ich suche eine kleinere Übersetzung: 39x28. Damit muss ich es schaffen. Notfalls trete ich das Hinterrad raus. Ich werde nun freundlich gegrüßt. Der Radfahrer, den ich vor einer dreiviertel Stunde überholt habe, tänzelt geschmeidig an mir vorbei. Leere, tief liegende Augen, ein unbestimmtes Nicken. Diesmal von mir. Die Vegetation hört auf. Eine verirrte Tanne. Nur noch Steine, Steine, Steine. Entlang der Straße gelb-schwarze Pfosten, die den Abgrund markieren. Dort unten liegen Bélézy und mein Campingplatz, im Schatten der Platanen, eine von Sonnenschirmen geschützte Terrasse mit einem himmlischen Pool und einem gut mit Bier gefüllten Kühlschrank. Talwärts fahrende Radfahrer kommen mir im Mordstempo entgegen. Es erscheint mir wie eine Flucht aus der Hölle. Ich schätze achtzig, neunzig Stundenkilometer. Vor mir taucht langsam der Gipfel auf, aus dem Nebel. Der Asphalt schmilzt, klebt, bleibt hängen. Steine, Sonne und daneben ein bodenloser Abgrund. Wer hat mich jemals dazu gebracht, Fahrrad zu fahren? Le sommet ... nur noch drei Kilometer... Achtzehn liegen hinter mir, drei lange Kilometer folgen, dann eine sehr schnelle Abfahrt nach Malaucène. Wo Indurain vor drei Wochen mit rutschender Hinterradbremse fast in den Abgrund fuhr und sich gerade so noch retten konnte.

Von dieser schrecklichen Abfahrt bin ich noch mehr besessen als vom Anstieg. Vor allem die Geschwindigkeit. Wo Pantani mit nur 55 Kilo und seiner Hintern-hinterm-Sattel-Position 95 Stundenkilometer schaffte. Mir wird klar, dass ich das Doppelte wiege. Das wird Konsequenzen für das Tempo bei der Abfahrt haben. Jetzt habe ich aber einen Helm auf dem Kopf, den ich vor drei Monaten nicht trug, als ich mit 35 Kilometern pro Stunde irgendwo zwischen Wierden und Vriezenveen über einen Buckel stürzte.

Intensivstation mit kreischenden Sirenen: Schlüsselbein an diversen Stellen gebrochen, schwere Gehirnerschütterung. Angst überfällt mich. Direkt nach unten?

Die zweite Trinkflasche ist nun auch leer. Aber der Gipfel ist greifbar nahe. Noch ein paar Haarnadelkurven und es ist vollbracht.

Knapp ein Kilometer vor dem Gipfel, viele Autos, Menschen. Dort muss es passiert sein, *la chute de Tom Simpson*. Viele Kameras. Ich höre Theo Koomen. Jetzt herrscht hier majestätische Stille. *La stèle de Tom Simpson.* Ein Gedenkstein zwischen Millionen von Steinen, bedeckt mit Fahrradreifen, Schuhen, Bidons, Radmützen, sogar einem verrosteten Mercier-Rahmen. Ein Ort, wo man still wird. Wo 1967 Koomens Stimme brach. Wo die Karawane weinte. Wo man versteht, was Doping ist, und vor allem, warum gedopt wird. Aber insbesondere, wer hier der Stärkste ist, wer hier regiert.

Mühselig humpele ich wieder auf mein Rad. Noch zweihundert Meter bis nach oben. Ein Siegeszug. Zehntausende entlang der Straße, meinen Namen in Sprechchören rufend. Mir wachsen Flügel. Ich kann plötzlich klettern, tanze auf den Pedalen. Die Durchfahrt wird immer schmaler. Viel Wasser, Anfeuerungsrufe. Motorräder müssen weichen. Der Himmel öffnet sich. Ich falle meiner Frau gerührt um den Hals und küsse sie innig. Sie hat mir verboten, diese Strecke zu fahren, so kurz nach meinem Sturz, mit der Androhung einer lebenslangen Sperre. Aus Angst vor neuen Unfällen. Ihre Angst vor meiner Angst. Sie hatte recht. Wie das bei Frauen häufiger der Fall ist. Das Risiko war groß. Ich besessen von Angst. Eine halbe Stunde habe ich neben ihr im Auto träumen dürfen. Leidend und stark schwitzend, wie ein echter Kletterer, auf dem Weg zum Col des Tempêtes… Oben habe ich ihr eine Karte geschickt, mit dem Stempel des Col des Tempêtes, le Mont Ventoux, mit dem Text: »Merci, ma chérie, pour ce bon voyage, mais une fois je reviendrai ici avec le bidon que j'ai volé. Ce n'est qu'une question de temps…«

Ich träumte (und träume immer noch) von der Bezwingung des Ventoux. Aber nach meinem *chute* vor ein paar Monaten drohte mir meine liebe Gattin mit einer lebenslangen Sperre, wenn ich den Nerv haben sollte, mein Rennrad heimlich im Wohnwagen mitzuschleppen, um den Ventoux zu erklimmen. Und dann – muss ich zugeben – ist auch ein zwei Meter großer Kerl von hundertzehn Kilogramm klein mit Hut. Als Zeichen der Anerkennung hat sie mich mit dem Auto zum fast 2.000 Meter hohen Gipfel gebracht. Dort habe ich beim Denkmal für Tom Simpson eine Trinkflasche mitgehen lassen, die ein britischer Tourist dort hinterlassen hatte, und mir geschworen: Irgendwann werde ich auf meinem Velo zurückkehren und die Trinkflasche wieder zurücklegen.

Oder: Wie ein Stümper aus dem platten Land einmal über sich hinauswächst…

Jan Wolters, Almelo – 1. August 1994

ZURÜCK NACH MALAUCÈNE

Die Etappe dieses Tages führte uns von einem unbedeutenden Dorf nordöstlich des Ventoux nach Aubignan, ebenso wenig eine Weltstadt, südwestlich des Berges. Morgens hatten wir endlich Sicht auf die geriffelten violetten Felder, die für diese Gegend so charakteristisch sind. Heute Nachmittag würde die Strecke entlang der Nordseite des Ventoux-Massivs führen und wir würden den auffälligen Gipfel des Berges zu sehen bekommen.

Bei Montbrun-les-Bains mussten wir nach Reilhanette abbiegen. An der Kreuzung stieg ich ab, um ein Brot zu essen. Ich pflückte einen Zweig Lavendel. Es war warm, der Himmel stahlblau. Auf den Schildern geradeaus, Richtung Süden, stand »Sault«. Unwillkürlich streiften meine Gedanken dorthin, zurück in die Vergangenheit, zum Anfang der achtziger Jahre. Sault steht für meinen ersten echten Fahrradurlaub. Sault steht auch für das erste Mal, dass ich den Mont Ventoux bezwang.

Wir waren nachmittags am Campingplatz angekommen. Der folgende Tag sollte ein Ruhetag sein, damit wir am Tag darauf den Mont Ventoux hinauffahren konnten. Ich war nicht die Einzige der Gruppe, die zum ersten Mal einen Radurlaub machte, aber auch für die Gestandenen unter uns galt der Ventoux als eine Herausforderung großen Kalibers. Rob hatte schließlich beschlossen, nicht mitzufahren. Schade, zumal er von uns fünfen bergauf der Stärkste war und uns gut hätte zeigen können, wie man das macht. Eben weil wir nicht genau wussten, was uns erwartete, war an dem Abend eine gewisse Spannung untereinander spürbar.

Obwohl keiner von uns ein fanatischer Radrennfahrer war, sondern alle eher sportliche Tourenfahrer, schien sich eine Art unterschwelliger Wetteifer zu entwickeln. Als ich beim Essen vorschlug, dass ich am nächsten Tag – unserem Ruhetag – schon die Auffahrt wagen wollte, wurde darauf mit Empörung reagiert: Dies war doch ein gemeinsames Unterfangen? Wir sollten doch wohl zumindest alle gleichzeitig starten und nicht auf einmal einen Tag früher als geplant!

Am Morgen des 5. August starteten wir noch vor Tagesanbruch, damit wir alle – wenn auch jeder für sich – auf jeden Fall der Hitze zuvorkommen würden. Nach einer Stunde erreichte ich das Chalet Reynard. Für die letzten sechs Kilometer brauchte ich 50 Minuten. Die anderen, die mir mit ihren leichteren Gängen allmählich davongefahren waren, standen oben auf dem Gipfel und warteten auf mich. Es war dort, so früh morgens, totenstill. Wir trafen aber zwei Franzosen, die auf superleichten Rennrädern hochgefahren waren. Überrascht schauten sie sich mein Tourenrad an, oder war es Bewunderung? Ungläubig zählten sie die 45 Zähne meines kleinsten Kettenblatts.

Zurück auf dem Markt in Sault entschieden wir, noch am selben Tag zum nächsten Campingplatz weiterzufahren. Und so fuhren wir am frühen Nachmittag entlang der Gorges de la Nesque auf der Südseite des Bergs vorbei. Diese Nachmittagsetappe ist eine Strecke, die mich ein Leben lang begleiten wird. Die Gorges de la Nesque wurden nämlich – so scheint es zumindest – speziell angelegt für Menschen, die morgens zum ersten Mal den Ventoux bezwungen haben und nun nachmittags ihre Belohnung abholen dürfen. Nach einem kurzen Anstieg aus Monieux folgt die längste, leichtest abfallende, am meisten mäandernde Abfahrt, die man sich als Radfahrer wünschen kann. Achtundzwanzig Kilometer lang fährt man so langsam runter, dass man endlich Zeit übrig hat, um zu überlegen, warum nicht jeder Anstieg mindestens auf einer Seite so ein Profil hat. Die faule Nachmittagsetappe bleibt unlösbar mit der Leistung jenes Morgens verbunden.

Zwei Jahre später war ich wieder in Sault, dieses Mal mit Rob. Vom Campingplatz in Entrechaux aus fuhren wir Tagestouren mit dem Rennrad; an jenem Freitag fuhren wir am Fuße des Massivs ganz um den Berg herum. Es war das Aufwärmen für die richtige Auffahrt von Malaucène aus, am darauffolgenden Sonntag. Erst später würde mir bewusst werden, dass das exakt zwei Jahre nach meiner Fahrt von Sault aus war.

Es war warm. Ab und an hielten wir an, um – sozusagen für die mentale Vorbereitung – einen Blick auf den kahlen Berggipfel zu werfen.

Nach dem Mittagessen in Sault fuhren wir weiter nach Monieux und zu den Gorges de la Nesque. Ich wollte, dass Rob diese sonderbare Abfahrt miterlebt, die mir vom letzten Mal, als ich hier war, so gut im Gedächtnis geblieben war. Als ich in einer höher gelegenen Kurve ein Foto knipste, entdeckte ich, dass der weiße Gipfel uns sogar in den Schluchten beobachtete. Wir fuhren weiter runter und tranken in Bedoin eiskalten *menthe à l'eau*.

Der Tag vor der Auffahrt war voll und ganz der Ruhe gewidmet: Wir rührten unsere Räder nicht an, lagen faul am Fluss in der Sonne und tranken zum Mittag schon Weißwein. Rob machte mit roter Farbe ein Bergtrikot aus dem weißen T-Shirt, das er speziell dafür mitgebracht hatte. Obwohl es sein Ventoux-

Debüt sein sollte, war das Bergtrikot für mich gedacht. Ich versprach ihm, dass ich es nach der Ankunft auf dem Gipfel anziehen würde.

An jenem Sonntag fuhren wir in aller Frühe nach Malaucène. Nach einem schnellen, aber nahrhaften »Drive-in-Frühstück« auf dem Bordstein der örtlichen Konditorei starteten wir. Die ersten paar hundert Meter fuhren wir nebeneinander, aber dort wo der Anstieg begann, musste ich Rob ziemlich schnell ziehen lassen. Erst zwei Stunden später sah ich ihn wieder, bei der Ziellinie.

Es war voll auf dem Gipfel: viele Tagesausflügler, andere Radfahrer und sogar Radfahrer, die mit dem Auto hochgekommen waren und nur runterfahren wollten.

Ich zog das weiße Shirt mit den roten Punkten an und beim Gipfelschild fotografierten wir uns gegenseitig. Wir mussten uns Mühe geben, dass keine anderen Menschen aufs Foto kamen, so voll war es. Trotzdem, oder vielleicht auch gerade deshalb, wird es wohl viele Menschen gegeben haben, die oben und unterwegs zurück nach Malaucène eine Frau in einem auffälligen Bergtrikot gesehen haben.

Ich steckte den Lavendelzweig in meine Lenkertasche und stieg wieder auf. Während der Rest der Gruppe nach Reilhanette abbog, fuhr ich geradeaus, nach Sault. War es Sentimentalität, deretwegen ich mich entschloss, an diesem Nachmittag die Strecke aus der Vergangenheit zu fahren? Für morgen stand für die Gruppe das Bergzeitfahren von Bedoin zum Gipfel auf dem Programm: Für mich eine gute Gelegenheit, um auch die dritte der drei Strecken auszuprobieren. Aber was wäre dieser Anstieg ohne das dritte Mal die wundervolle Fahrt durch die Schluchten zu machen? Den kurzen Anstieg würde ich nur zu gern in Kauf nehmen, um den Rest des Nachmittags noch einmal die schöne Abfahrt zu erleben.

Während ich mich dem Zentrum von Sault näherte, fiel mir etwas ein: Ich könnte natürlich auch den individuellen Plan, den ich vor achtzehn Jahren hatte, endlich ausführen, indem ich heute Nachmittag schon, unabhängig von allen anderen, von hier aus zum Gipfel fahren würde. Es war niemand da, der empört reagieren konnte. Es war niemand da, der rufen konnte, dass dies doch eine gemeinsame Unternehmung wäre. Es gab niemanden, der sagen konnte, dass wir erst am 5. August starten würden und außerdem alle zusammen losfahren wollten. Trotzdem fuhr ich beim Markt schließlich geradeaus in Richtung der Gorges.

Ich genoss die Fahrt entlang der Berghänge. Kurz mal raus aus der Gruppe, Platz, meinen Gedanken freien Lauf zu lassen, an früher zu denken, Erinnerungen aufkommen zu lassen, frühere Freundschaften heraufzubeschwören.

In einer Woche, wenn wir die Pyrenäen erreichen würden, wäre es sieben Jahre her, dass Rob gestorben ist. Ein paar Jahre nach unserer gemeinsamen Auffahrt hatte auch er seine zweite Ventoux-Fahrt angetreten, aber die dritte Strecke und auch die Pässe der Pyrenäen hatte er nicht mehr geschafft.

Ich hatte gezögert beim Buchen dieser Reise. Nicht nur, weil die Tour von Alpe d'Huez zum Tourmalet als Strecke gilt, wo gern »richtig Kette gegeben« wird, oder weil eine Gruppe in so einem Fall schnell eine große Anzahl von »Kilometerfressern« beherbergt. Dass ich schließlich die einzige Frau in einer Gruppe von mehr als zwanzig Teilnehmern sein sollte, hatte ich übrigens nicht erwartet. Ich hatte vor allem gezögert, weil ein Großteil der Strecke durch das Gebiet führen würde, wo ich schon so viele Reifenspuren hinterlassen hatte. Dieses Gebiet war die Heimat meines inzwischen fanatisch ausgeübten Hobbys: Fahrradtouren über immer größere Entfernungen, Radurlaube zu immer exotischeren Zielen, mit alten Freunden, aber auch mit immer mehr neuen. War es richtig, dass ich dort noch einmal radeln würde, wo mir in jeder Kurve, an jedem Hang Erinnerungen begegnen würden? Wie würde es sein, sechzehn Jahre später wieder in der Provence zu sein, zwischen den Lavendelfeldern, in den Schluchten, auf dem Ventoux? Viel konnte sich nicht verändert haben, aber doch wäre nichts mehr wie damals.

Das Ende der langen Abfahrt kam in Sichtweite. Ich fuhr weiter nach Bedoin und hielt für ein Glas *menthe à l'eau* an. Langsam, aber sicher bildete sich eine Alternative für mein Programm am nächsten Tag heraus. Ich beschloss, das Zeitfahren den Männern zu überlassen. Ich musste nicht unbedingt Leistung zeigen, ich brauchte nicht mehr zu beweisen, dass ich den Ventoux im Griff hatte. Ich gönnte den zwanzig Männern ihr Zeitfahren, aber ich würde selbst als »Non-playing Captain« im Bus mit nach oben fahren. Endlich mal Zeit, während des Anstiegs die Umgebung zu betrachten.

Oben herrschte die kommerzielle Hektik der Souvenirbuden, Süßigkeitenstände und Tagesausflügler mit Videokameras. Nachdem alle aus unserem Team im Ziel waren, fuhren wir auf der anderen Seite wieder ins Tal, Richtung Malaucène. Auf dieser Seite des Berges hingen Nebelschwaden unterhalb des Gipfels. Knallbunte Rennradfahrer in flatternden Windjacken schossen an uns vorbei und verschwanden schnell in der Tiefe, im Nebel. Kurz darauf war auch der Bus von Nebel umhüllt. Als die Sicht wieder klar wurde, war die Straße vor uns leer, bis auf einen einzelnen Fahrer auf dem Weg nach oben. Eine Kurve nach der anderen schwenkte der Bus zwischen den Bäumen hindurch und wir verloren an Höhe. Ein wenig schwindelig vom ständigen Neigen nach links und rechts, vom Bremsen und wieder Anfahren, kurbelte ich das Fenster runter für ein wenig frische Luft. Während ich mich hinausbeugte, sah ich in der Ferne vor uns eine Radfahrerin, die wir langsam einholten. Aufgrund ihrer Körperhaltung erinnerte sie mich an jemanden – so von hinten besehen –, aber mir fiel nicht so schnell ein, an wen. Als wir noch eine Kurve von ihr entfernt waren, erkannte ich plötzlich ihr Rad und auch das Bergtrikot, das sie trug.

Endlich hatten die Haarnadelkurven zwischen den Bäumen ein Ende und ich konnte auf dem langen, geraden Stück meinem Rad freien Lauf lassen. Ich sah Rob wieder im Augenwinkel, der ungefähr zweihundert Meter vor mir etwas schneller die Abfahrt meisterte. Während ich meine Hände tief in die Beuge des Lenkers schob, wurde ich von einem Bus mit einer Gruppe von Menschen überholt. Eine Frau lehnte aus dem Fenster. Sie hob ihre Hand und winkte mir zögerlich.

Monique de Vries, Utrecht – 1982, 1984, 2000

MIT KLEINER ÜBERSETZUNG GEGEN DAS ALTERN

DIE BEZWINGUNG DES VENTOUX

»Seit ich ein Teenager bin, diene ich Gott mit ganzem Herzen.
Ich freue mich über alles, was er mir gegeben hat,
und ich werde ihm ewig dankbar bleiben für den Umstand,
dass er mir die Chance gegeben hat, in seinen Bergen Rad zu fahren
und voller Ehrfurcht einen Riesen wie den Ventoux zu erklimmen.«

– Bob Wakelin, Manawatu (Neuseeland) – 30. Januar 2008

Nach einer Reise von 12.065 Kilometern waren wir am Ende einer langen Rundfahrt kreuz und quer durch Frankreich angekommen. Wir hatten ein paar Tage vor uns, an denen wir jetzt einmal nicht wild campen wollten, sondern uns den guten Sorgen von Sue und David Sweet anvertrauen würden, unseren Freunden aus Rangiwahia.[19] […] Sehr verlockend, das alles, aber sobald wir uns den Alpen näherten, spürte ich auch den Lockruf der Wolken über den Bergen, fühlte, wie das Adrenalin durch meine Adern strömte. All diese bezaubernden Anstiege waren mit unserem Auto leicht zu erreichen. Es gab so viele Möglichkeiten! Alpe d'Huez war ich schon sechsmal gefahren und den Galibier dreimal, aber den Ventoux noch nicht … und der lag einladend auf unserer Strecke. Das Wetter sah vielversprechend aus und deshalb entschieden wir, unseren Aufenthalt bei den Sweets um einen Tag zu verschieben und den weltberühmten Berg zu erklimmen.

Olympisches Finale

Wie echte Bergsteiger schlugen wir unser Basislager am Fuße des Berges auf, an einer ruhigen Stelle zwischen Eichen, circa vier Kilometer außerhalb von Bédoin, an der Straße, die zum Gipfel führt. Wasser holte ich aus einem Brunnen beim Kreisverkehr in Bédoin, einem Becken aus Naturstein, mit einem Durchmesser von wohl drei Metern. Rittlings auf dem Rand sitzend ließ ich aus einem der vier kupfernen Wasserspeier kristallklares Wasser in unsere Plastikflaschen laufen. Als die Dämmerung an diesem angenehm schwülen Abend einsetzte, aßen wir Ravioli aus der Dose und frische Melone.

Bei Tagesanbruch begannen im Dorf ein paar Hunde zu bellen. Eine Eule flog tief über unser Zelt. »Uhu! Uhu!«, ertönte es, genau wie in meinen Kinderbüchern. Allerlei Gedanken geisterten mir durch den Kopf und in meinen Träumen bekam die anstehende Tour etwas Episches. Wenn jemand in mein Gehirn hätte spähen können, hätte er so ungefähr ein olympisches Finale gesehen...

Um sechs Uhr hörte ich Prue; man kann sich darauf verlassen, dass sie zur vereinbarten Zeit aufwacht, um mich aus dem Bett zu zerren. Fünfzehn Grad Celsius. Die Mondsichel neigte sich aus dem wolkenlosen, gelb-blauen Himmel zum Horizont. Wo Sonne und Mond einander hinter dem Ventoux trafen, leuchtete der Himmel noch mehr auf. Ich aß ein paar Bananen, machte eine Tasse Tee für Prue. Ich nahm mir noch ein paar Cornflakes und ein wenig Brot, ölte meine Fahrradkette. Noch etwas Wasser und Fruchtsaft und während sich das Observatorium vor dem Hintergrund der aufgehenden Sonne scharf abzeichnete, fuhr ich zum Aufwärmen Richtung Bédoin.

Einundzwanzig Kilometer vor der Brust...

Zurück zum Basislager. Noch eine Banane gegessen und etwas getrunken und gemeinsam mit Prue ein kurzes Gebet gesprochen. Danach mein Trikot und meine Hose mit dem Neuseeland-Aufdruck angezogen und zum Kreisverkehr in Bédoin gefahren, wo mein Kampf mit dem Ventoux beginnen sollte.

Um acht Uhr, beim letzten Schlag der Turmuhr, startete ich den Radcomputer und den Pulsmesser und klickte in die Pedale. Schon bald fand ich einen angenehmen Rhythmus, der meine Herzfrequenz auf 130 bis 140 Schläge brachte. Das bedeutet harte Arbeit, tief atmen und vor allem: darauf vertrauen, dass ich das durchhalten kann. Einundzwanzig Kilometer vor der Brust. [...]

Während ich mich zwischen unserer Unterkunft und Bédoin warmfuhr, lud Prue das Auto voll. Als ich von Bédoin aus unterwegs zum Gipfel wieder an unserem Lager vorbeifuhr, startete sie die Videokamera.

Nicht hochschauen!

Hinter dem dritten Weiler entlang der D 974 biegt die Straße nach links ab und die Steigung zieht von rund fünf Prozent auf mehr als zehn Prozent an.

Fünfzehn Minuten unterwegs, noch sechsmal so viel vor mir. Der Puls näherte sich der 140 und ich hatte mit mir selbst vereinbart, dass das heute das Limit sein würde. Sonst würde meine Schwägerin Rose böse auf mich werden; sie mag mich wirklich und möchte, dass ich am Leben bleibe.

Ab jetzt steigt die Straße alle zehn Meter um einen Meter an, und das ungefähr eine Stunde lang, gnadenlos. Sie wendet sich nach links und nach rechts, aber meist nach links, gegen den Uhrzeigersinn, um den Berg herum, immer hoch.

Unten am Hatepe Hill[20], entlang der Fun-Route rund um den Lake Taupo, gibt es ein Schild, das den Hobbyfahrern rät, die kommenden zehn Minuten nicht hochzuschauen. Nun, genauso ist es beim Ventoux auch. Wenn man hochschaut, um zu sehen, wie weit es noch bis zum Ende der nächsten Rampe ist, sieht man die unaufhörlich ansteigende Straße vor einem einfach zweihundert Meter weiter um die Kurve verschwinden. Die zweihundert Meter werden nie kürzer: Was hinten abgezogen wird, wird vorn wieder drangeklebt. Glücklicherweise kann man in den unteren Regionen des Berges selten weiter nach vorn sehen als zweihundert Meter.

Der wunderschöne Wald, durch den man fährt, stammt von 1860. Jetzt filtert die Vegetation barmherzig die Sonne; man kann sich wieder ein bisschen erholen und die wundervolle Umgebung lässt den Urlaubsradler wieder hoffen.

Natürlich, auch die Flora kann schließlich nicht mehr mit der zunehmenden Höhe mithalten: Bäume werden seltener und kleiner und weichen Sträuchern. Nach ungefähr fünfzig Minuten tritt links von einem das Ziel in Erscheinung. Aber ... das kann gar nicht sein, es muss ein Witz sein: Es sieht so aus, als ob der Turm nicht näher gekommen ist, seit ich das Basislager verlassen habe!

»Zieh's durch, Bob!«

Das sieht aber nur so aus. Die Straße zermürbt einen weiter und ungefähr an diesem Punkt verdeutlichte mir mein Körper Dinge wie: »Du hast noch nicht mal die Hälfte.« Oder: »Du bist schon arg erschöpft und wie es sich anfühlt, könntest du einen Krampf im linken Oberschenkel kriegen.« Oder: »Du bist schon 68.« Es mahlt im Kopf, es mahlt immer weiter. Der Puls fällt unter die 130 und es fühlt sich an, als hätte ich keine Energie mehr, um ihn wieder in die Höhe zu bekommen.

An diesem Punkt redet man ständig mit sich selbst und mit Jesus, aber wenn diese Grenze, auf halbem Wege des Anstiegs, einmal überschritten ist und man wieder einen guten Rhythmus gefunden hat, ist alles wieder wunderschön, auch wenn man immer noch hart arbeiten muss. Das zweite Ziel, das man sich gesteckt hat, vielleicht die eigene Bestzeit zu brechen, auch wenn man ein paar Jährchen älter geworden ist, sorgt dafür, dass sich die Beine weiterdrehen und die Arme weiter am Lenker ziehen. »Komm schon, du Weichei, nicht aufgeben, jetzt wo das Ziel in Sichtweite ist. Zieh's durch Bob!«, höre ich Garry Hendersons Stimme aus der Vergangenheit.

»Good Morning!«

Es hat so seine Vorteile, wenn man nicht als Erster mit der Auffahrt beginnt. Jeden Rennradfahrer, den ich ins Visier bekam, wollte ich einholen, und das war eine Motivation, ein wenig härter in die Pedale zu treten. Vermutlich bin ich niemals der Schnellste am Berg, aber Gott sorgt immer für eine Schlange an Radfahrern vor mir, die etwas langsamer sind als ich. Wenn ich an ihnen vorbeiziehe, sage ich immer freundlich »Good Morning!« Ich sage mit Absicht nicht »Bonjour!«, um den Menschen, die Englisch sprechen, zu zeigen, dass sie nicht die einzigen Nicht-Franzosen sind.

Eine halbe Stunde weiter oben wird die Straße flacher und man bekommt das Gefühl, dass man fliegt. Vor einem liegt ein sehr großer Parkplatz aus Beton. Das letzte Stückchen dorthin fühlt man sich wie ein kleines Kind, das ohne zu treten auf seinem Dreirad die Auffahrt zur Garage herunterdüst: »Juuuuhuuuu!« Es dauert nur etwa einhundert Meter, aber es ist himmlisch.

Aber leider, jeder Vorteil hat einen Nachteil: In den zwanzig bis dreißig Minuten des Anstiegs, der noch vor einem liegt, muss man für dieses kurze Vergnügen büßen...

...wie beim Hatepe

Hier wächst nichts mehr, außer hier und da etwas Gras, und mit den Kalksteinbrocken überall um mich herum und über mir sah es aus wie in einer Mondlandschaft. Die Straße vor mir ähnelte der auf den Hatepe: Man kann die gesamte Strecke sehen, außer die Kurven vielleicht, die sich dem Sichtfeld entziehen und die, ganz fies, immer für einen zusätzlichen Kilometer sorgen. Der Gipfel scheint nah, aber er ist immer noch sechs Kilometer weit weg. Dafür nimmt die Steigung auf sieben Prozent ab und bleibt dann auch erst mal gleichmäßig.

Glücklicherweise hatte der Wind die Entscheidung getroffen, sich heute ruhig zu verhalten und zuzusehen, wie ich kletterte. Es war nur eine sanfte Brise zu spüren, die meinem schwitzenden, inzwischen geschmolzenen Körper etwas Abkühlung bescherte. Ich wischte mir den Schweiß aus den Augen. Prue reichte mir alle zehn Minuten eine Trinkflasche mit Wasser rüber und alle dreiviertel Stunde eine Banane.

Radfahrersprache

Ein Rennradfahrer, der vor mir gestartet war und den ich schon eher überholt hatte, versuchte, mich nun einzuholen. Als ich beim Chalet Reynard kurz anhielt, bekam er seine Chance. Vermutlich war er schon etliche Kilometer kurz hinter mir gewesen. Er sah ziemlich kaputt aus. Ich fuhr zu ihm auf, meinen Gruß auf Englisch beantwortete er auf Französisch. Wir sprachen einanders Sprache nicht, aber wir lächelten einander zu: Radfahrersprache. Ohne etwas zu sagen, verstand jeder von uns, was der andere gerade durchmachte. Als Geste der Sympathie reichte ich ihm meine Hand; er reagierte mit einem warmen Händedruck. Prue war mit ihrer Videokamera dabei, sie zeichnete den rührenden Moment auf.

Ich überließ ihm die Spitze und wieder fragte ich mich in einem Moment des Zweifels, ob mich meine Kräfte nicht im Stich lassen würden. Ich dachte an das schwere Training der letzten Jahre in den Hügeln von Rangiwahia und schüttelte meine Zweifel ab. Mein Freund war auch schon fast am Ende seines Lateins; etwa einen Kilometer fuhren wir so gleichauf.

Megastolz

Ungefähr an der Stelle, wo Tommy Simpson starb, wo Rose einen Gedenkstein für mich aufstellen würde, wenn *ich* hier sterben würde, genau dort, mit noch weniger als zwei Kilometern vor mir, machten meine Beine fast völlig zu. Es kam nun auf die Kraft des Geistes an und der gab meinen Beinen den Befehl, weiterzumachen, trotz des Schmerzes. Mein Freund kroch langsam von mir weg und erreichte das Ziel, das wir beide vor Augen hatten, ein paar Minuten früher als ich. Aber ich hatte es geschafft und ich war dankbar für jedes Gramm Durchsetzungsvermögen und Kraft und Talent, das Gott mir gegeben hatte, und für die Unterstützung von Prue und für mein Rad und für meinen neuen, französischen Freund ohne Namen und für den Ventoux.

Ich hatte eine Stunde und 49 Minuten gebraucht, mit einem durchschnittlichen Puls von 134 Schlägen pro Minute. Lance Armstrong war bei seinem Rekord von 59 Minuten nicht mal doppelt so schnell gewesen! Ich war megastolz.

Bob Wakelin, Manawatu (Neuseeland) – 2. September 2005[21]

DAS GEHEIMNIS DES MONT VENTOUX

Hinter Vaison-la-Romaine, auf dem letzten geraden Stück zu unserem Ziel im Vaucluse, taucht plötzlich der Berg vor uns auf, hoch, herausfordernd und bedrohlich: der Mont Ventoux, der Riese der Provence. Auf der Straße vor der Motorhaube des Autos zeichnet die Sonne den Schatten unserer Räder, die auf dem Dach wackeln, zitternd vor Ungeduld. Mir kommt diese Reise, unser Ziel, den Berg mit dem Fahrrad zu erklimmen, plötzlich vor wie ein lächerlicher Plan, zu dem ich mich von der Begeisterung von Matthijs, meinem achtzehnjährigen Sohn, habe hinreißen lassen. »Die Ruine von Entrechaux«, zeigt er, und im gleichen Atemzug: »Beim Kreisverkehr links abbiegen.« Als wir durch das charakteristische südfranzösische Dorf fahren, ist der Berg aus unserem Sichtfeld verschwunden. Es gibt ihn nicht mehr. Kurz scheint es, als seien wir einfach nur im Urlaub.

Die Sonne brennt unerbittlich, als wir morgens aufs Rad steigen. Nach dem *rond-point* fahren wir über die D 13 hinein in die Kulisse frischgrüner Weinfelder, umringt von dunklen Bergrücken. Aus der Landschaft weht uns der süße Duft knallgelben Ginsters entgegen. Nach einer leichten Steigung fahren wir hinab zur D 938. Wir sind noch auf unschuldigem Gebiet, Radfahren im Freilauf.

Kurz vor Malaucène biegen wir links ab und erneut geht es bergauf. Aber es ist nicht die steile Straße, sondern die Hitze, die mir Angst einjagt. Ich höre meinen Herzschlag in meinen Ohren rauschen, in einem summenden Rhythmus. Meine Arme sind braun und verschwitzt. Meine Hände liegen auf dem Lenker. Das Bild kenne ich von Radrennfahrern im Fernsehen. Das hat schon was. Es gibt mir Mut. Außerdem habe ich schon ein paar Kilometer in den Beinen, auch wenn es nicht viele sind. Der Schweiß tropft mir von der Nase, als ob ich auslaufen würde. Im Gesicht von Matthijs sehe ich gar nichts. Reißt er sich für mich zusammen? Ich traue mich nicht, ihn zu fragen. Wir fahren nebeneinander und wenn ich genügend Luft habe, sage ich etwas über die Aussicht. Nach einer Stunde reicht mir das erste Kennenlernen der Landschaft, der Straßen und der Hitze. Durch eine weite Welt von Ruhe und Stille (nur den Wind in den Ohren) rauschen wir den Berg hinab, über Nebenstraßen, zurück zu unserem Haus.

Jeden Morgen steigen wir unter einer versengenden Sonne an einem tiefblauen Himmel aufs Rad und nachmittags liegen wir im Pool oder auf den Stühlen am Rand, wie Radprofis an Ruhetagen. Wir lesen oder studieren die Karte (Nr. 81 Michelin), um uns neue Etappen auszudenken für unsere Tour de Vaucluse en Drôme. Wundervolle Etappen über den Col de la Madeleine (Höhe 448 m) nach Bédoin und zurück in drohendem Unwetter. Wassertropfen so groß wie Wassersäcke und der Geruch des staubigen Asphalts. In der Hitze zum Col de la Chaine (Höhe 447 m) Richtung Suzette, wonach eine lebensgefährliche Abfahrt folgt (ohne Helm) über gerade erst geteerte Straßenabschnitte mit frischem, losem Splitt. Mit Gegenwind im Flachen nach Vacqueyras (VINS DE VACQUEYRAS steht in weißen Hollywood-Buchstaben an der Bergwand), dann hoch zu den schönen Bergdörfern Sablet, Séguret und Crestet.

Wir sehen die Schönheit und erleben die überwältigende Stille, wenn wir auf der Kuppe kurz innehalten und eins werden mit der elektrisierenden Landschaft. Aber an all den Tagen sehen wir auch ständig in kleinen Fluchten und in der Ferne den kahlen Kopf des Berges, der aus seiner Höhe piesackend und herausfordernd auf uns hinunterblickt: »Je vous attends.« Wir wissen es, er erwartet uns. Nicht umsonst herrscht seit unserer Ankunft eine eigenartige Spannung in unserem Körper, vor Angst, Erwartung und Verlangen.

An einem unserer ruhigen Nachmittage lese ich *Sonette und andere Gedichte* des nahe Florenz geborenen Francesco Petrarca (1304–1374), Humanist, Wegbereiter der Renaissance, aber vor allem Dichter. Ein Besuch des Hauses in Fontaine-de-Vaucluse, wo er von seinem vierunddreißigsten bis zu seinem fünfzigsten Lebensjahr wohnte und wo er den Großteil seines literarischen Werkes verfasste, ist ein anderes Ziel unseres Aufenthalts hier. Naja, ein anderes Ziel von mir.

In Fontaine-de-Vaucluse stoßen wir zum ersten Mal auf touristischen Trubel: Ein Strom von Urlaubern und Tagesgästen schlendert zur Quelle der Sorgue. Petrarca kennen sie nicht; wir sind die Einzigen in dem kargen Haus, das unten gegen die Felswand lehnt. Tiefer im Haus laufen wir durch die kühlen Räume entlang der unterschiedlichen Frauenporträts, die alle auf »Laura« verweisen. Wer war die Frau seiner Träume, die Unerreichbare, die Eine, die er am 6. April 1327, einem Karfreitag, getroffen hat? Die Hunderte von Sonetten, die er für sie schrieb, sagen mehr aus über seine psychische Verfassung als über sie.

In der Einsamkeit des Einsiedlerdaseins (obwohl er viele Reisen unternahm) lebte er auf der Grenze von zwei Welten: dem Ewigen und dem Vergänglichen, dem Göttlichen und dem Menschlichen, Himmel und Erde. Den Gegensatz zwischen Ideal und Wirklichkeit hat er in den vielen Sonetten aus seinem *Canzoniere* (Liederbuch) besungen, in denen Laura das unerreichbare Glück verkörpert. In seiner erhabenen Bewunderung und der ewigen Grübelei ist er als Vorläufer der Romantik anzusehen. Das Menschliche, die Authentizität und das Ungekünstelte machen seine Poesie unverwechselbar und unvergänglich.

Nichts Menschliches ist ihm fremd. Er hat ein wildes Studentenleben, lebt in Italien und Frankreich, unternimmt viele Reisen, begibt sich in hohe Kreise von Bischöfen, Königen und Kardinälen, die ihn bewundern, wird Vater eines Sohns und einer Tochter. Aber schon in ziemlich jungem Alter wird er immer spiritueller und nimmt beschämt Abstand von seiner sinnlichen Vergangenheit. Das Idealbild von Glück und Schönheit findet er in der Natur und dabei kommt er Gott immer näher. Das zeigt sich unter anderem in seinen Beschreibungen der Besteigung des Mont Ventoux, die er zu Fuß mit seinem Bruder Gherardo unternimmt und über die er in *L'ascension du Mont Ventoux* schreibt, das ich beim Verlassen des Hauses erwerbe. Über einen Gang in den Felsen neben dem Haus kehren wir zurück in die Gegenwart und schließen uns dem Strom der Touristen an, auf dem Weg zum Parkplatz.

Um Kräfte zu sammeln, steigern wir unser Verlangen noch ein paar Tage (ich verschweige, dass auch die Angst wächst). Wir fahren noch ein paar Etappen nördlich des Berges, in der Drôme. Den ersten Anstieg komme ich jedes Mal leichter hoch als Matthijs, aber der Triumphzug dauert nicht lange. Den Rest des Tages habe ich das Nachsehen und er fährt auf seinem Mountainbike mit Straßenreifen ein angeberisches Stück vor mir. Er will einfach zeigen, dass er der Stärkste ist. Unterwegs zu jedem Gipfel zeigen die weißen Kilometersteine mit gelber Spitze die D-Straßen an, die D 108 zum Col d'Ey (Höhe 718 m), die D 147 zum Col de Propiac (Höhe 526 m) und die D 64 zum Col de Peyruergue (Höhe 820 m). Das D von drauftreten, durchziehen und dabei draufgehen, aber auch das D von dürfen und Draufgängertum. Wir schweben über der Drôme. In der Tiefe liegen die lilablauen Lavendelfelder: das Tal von violett und Tod.

Wir fahren den kleinen Anstieg des ersten Tags noch einmal, die Straße links hoch, an Malaucène vorbei. Es kostet keinerlei Anstrengung. »Lass uns ein Stückchen den Ventoux hochfahren«, schlage ich vor, »mal kurz antesten.« Hinter den Terrassen biegen wir links ab. Nach ein paar hundert Metern zeigt ein Schild an, dass der Anstieg bis zum Gipfel (1.909 m) 21 Kilometer lang ist, mit einer durchschnittlichen Steigung von 7,5 Prozent. Und dann hat das Klettern auf der D 974 begonnen. Matthijs fährt mir davon und bleibt ungefähr hundert Meter vor mir. Manchmal verschwindet er hinter einer Kurve. Nach noch einmal vier Kilometern lässt er sich zurückfallen. »Sollen wir weiterfahren?«, fragt er. »Prima«, sage ich. »Wäre schade um die vier Kilometer, wenn wir jetzt umkehren.«

Ich spüre meine Waden und sehe beim Blick nach hinten aufs Ritzelpaket mit Schrecken, dass ich nicht mehr runterschalten kann. Auf einem Kilometerstein, an dem ich quälend langsam vorbeifahre, lese ich »Höhe 630 m«. Links in einer Lücke zwischen den Bäumen sehe ich die Tiefe. Der Schweiß tropft mir vom Körper. Ich regne einfach, denke ich im Geiste Peter Winnens. Ansonsten explodieren nur Ausrufe in meinem Kopf wie »zu schwer«, »Wahnsinn«, »nicht in Panik verfallen«, »weiterfahren«, »nicht hochschauen«. Solange die weißen Streifen unter meinem Rad hinweggleiten, bewege ich mich, komme ich vorwärts. Der Radcomputer zeigt 6,5 Kilometer pro Stunde. Schneller als laufen. Aber das halte ich niemals durch... Und dann passiert es. Als siebenjähriger Messdiener wartete ich, nachdem ich ein ganzes Jahr lang in der Morgenmesse um sieben Uhr im Nonnenkloster gedient hatte, noch vergeblich auf ein Zeichen von Gott, eine Hand aus den Wolken, irgendeine Geste, dass er da war und mich gesehen hat. Jetzt, wo ich fünfundfünfzig bin, ist Er da, unsichtbar zwar, aber ich kann ihn fühlen und spüren: Aus dem Tal zieht ein Wind auf, der mir den entscheidenden Schubs gibt, den Ventoux hoch, den »Windumtosten«.

Beim Kilometerstein »1.033 m« ist der Wind verschwunden. Noch fast tausend Höhenmeter muss ich wegtreten. Wie ein Gorilla sitze ich mit gebogenen Armen auf meinem Rad, um jeden noch so entfernten Winkel meiner Lungen anzusprechen. Atme ich eigentlich noch? Links in der Ferne sehe ich schneebedeckte Berggipfel. In der Tiefe liegt die Erde, wo die Menschen wohnen... Der Berg spielt ein eigenartiges Spiel mit mir. Immer wenn ich in der Endlosigkeit eines steilen Stücks denke, dass ich vom Rad fallen werde (ich habe nicht mal die Kraft, anzuhalten), gibt der Berg nach, wird es auf einmal weniger steil. Aber sobald Mutlosigkeit in zögerliches Heldentum und leichte Gefühle von Euphorie umzuschlagen droht (Ich werde es schaffen!), schlägt der Berg zurück mit einer Steigung von 10,5 Prozent. Er ist hier der Chef, er hat das Sagen. Ihn bezwingen zu wollen, ist, um es mit den Worten unseres Sonettendichters Jan Kal (*Dichten ist Radfahren am Mont Ventoux*) zu sagen: »Eitelkeit und Jagd nach dem Wind voll Mut«.

Zwei Kilometer vor dem Gipfel habe ich das Gefühl, dass mich jemand anschaut. Ich richte meinen Blick hoch und dort steht er, der weiße Turm des Observatoriums, mit dem rot-weißen Mast. Jetzt erst zeigt er sich: der kahle Berg. In den letzten langen Kurven trete ich unter der brennenden Sonne in meinem Subtempo (die Pedale in Bewegung halten, ohne abzustürzen wie Ikarus) nach oben. Auf dem Gipfel denke ich nichts. Mein Körper hat unterwegs meinen Geist mit den Umdrehungen der Pedale zermahlen. Kein Gefühl des

Sieges oder der Erleichterung. Es weht ein eisiger Wind. »Matthijs«, schießt es mir plötzlich durch den Kopf. Er steht neben mir: »Scheißwind! Dass wir jetzt unsere Jacken nicht dabeihaben!«

Von dem Mann hinter dem Süßigkeitenstand bekommen wir Zeitungen, die wir für die Abfahrt auf der anderen Seite des Berges unter unsere Trikots stopfen. Beim Denkmal von Tom Simpson, der am 13. Juli 1967, anderthalb Kilometer vor dem Gipfel, von seinem Rad fiel und starb, verharren Menschen ehrerbietig mit gesenkten Köpfen, als ob sie vor einem Altar stehen. Sport ist der neue Glaube unserer Zeit. Von der Zeit Petrarcas ist nur die Aussicht geblieben, erkenne ich und schaue nach links, bevor ich auf die Straße trete und sie überquere. Ich kann nicht glauben, was ich sehe. Ein hellblauer Schmetterling kommt tanzend auf ihrem Rad hoch. Ihr Gesicht ist leicht gebräunt, schön und entspannt, ein Engel, keine Spur von Müdigkeit, kein Tropfen Schweiß. Ihr schwerer Pferdeschwanz wiegt, wie im Tanz, mit in der Kadenz ihres geschmeidigen Körpers, der, im Wiegetritt, auf den Pedalen steht. Sie flattert an mir vorüber. Erst als sie vorbei ist, weiß ich, wer sie ist: Laura.

Tage später dringt das Mysterium meines Leidenswegs und meines Siegeszugs auf dem Mont Ventoux zu mir durch, im letzten Terzett des ersten Sonetts aus dem *Canzoniere* von Petrarca:

Und meiner Thorheit einz'ge Frucht zur Stunde
Ist Scham und Reu' und deutliche Erkenntnis,
Dass Weltlust wie ein kurzer Traum entfliehe.

Nico Keuning, Malaucène – Juli 2008

Literatur

Kal, Jan: *Fietsen op de Mont Ventoux, 222 sonnetten*, De Arbeiderspers, Amsterdam 1979.

Petrarca, Franceso: *Sonnetten en andere gedichten*, Athenaeum-Polak & Van Gennep, Amsterdam 1993.

Petrarque: *L'ascension du Mont Ventoux*, Edition Mille et une nuits, Nr. 333, Mai 2001.

Reurings, Lex und Janssen Steenberg, Willem: *De kale berg – Op en over de Mont Ventoux*, Thomas Rap, Amsterdam 2004.

Dieser Beitrag erschien ursprünglich in: *HP/De Tijd*, KW 31 – 1. August 2008.

DANKE, MONT VENTOUX, WIR SEHEN UNS WIEDER!

Zweimal die Herausforderung angenommen, bis zum Chalet Reynard zu radeln, zweimal auch geglückt. Bis ganz nach oben schien mir damals (letztes Jahr im September und dieses Jahr im Juni) noch nicht machbar, wegen schlechter Kondition und wenig Erfahrung auf dem Rad. Aber dieses Jahr im Juni, als ich wieder am Chalet Reynard eintraf, dachte ich: Nächstes Mal will ich bis zum Gipfel!

Noch am gleichen Abend fuhren wir mit dem Auto hoch. Ein bisschen die Aussicht genießen, kein Wölkchen am Himmel und eine wunderbare Sonne. Innerlich dachte ich: Ja, nächstes Mal nicht mit dem Auto, sondern mit dem Rad!

Wieder zu Hause, mit der Aussicht auf den Urlaub im September, mehrere Male das Rad genommen, um zur Arbeit zu fahren, abends oder am Wochenende eine Runde gedreht, die Streckenlänge etwas hochgeschraubt, ungefähr 70 Kilometer mit hier und da ein paar Brücken und Hügeln, man weiß ja nie, wofür das gut ist, was die Vorbereitung anbelangt, oder? Und dank meines Personal Trainers und auch meines Schatzes Gino weiß ich: Alles, was wir gemeinsam dafür tun, trägt etwas zum großen Tag bei.

September, super zufrieden, endlich wieder Urlaub, angekommen in Malaucène, für zwei Tage. Aus Gewohnheit fährt Gino am ersten Tag den Ventoux hoch und ich sitze auf der Terrasse neben dem Hotel mit einem Aperitif und warte, bis er wieder da ist und sagt: »Lief ganz gut« oder »Hm, ging nicht ganz so gut wie sonst«. Aber meistens ist er zufrieden und ich auch, denn ich bin doch besorgt, wenn er alleine weg ist; es könnte unterwegs etwas passieren! Auf der Weiterreise nach Sault, wo wir eine Ferienwohnung mieten, sehen wir, dass die kahle Spitze des Ventoux überall auftaucht; keine Wolken, nur die Sonne, die das Observatorium gut sichtbar macht. In Gedanken ist die Bezwingung des Ventoux noch etwas zu weit weg, ich befasse mich noch nicht mir ihr, aber sie ist sehr schön!

Am nächsten Tag machen wir eine kleine Tour vorbei an Monieux, einem kleinen gemütlichen Dorf mit einem Restaurant namens La Lavande; es hat eine große Terrasse mit einem Brunnen und einer schönen Aussicht.

Tag vier. Der Plan lautet 55 Kilometer Radfahren, inklusive der Gorges de la Nesque. Nervös losgefahren, denn letztes Jahr waren es ungefähr 40 Kilometer und das ist mir nicht so gut bekommen. Ich hatte wahrscheinlich zu schnell losgelegt und bekam auf halbem Wege einen Hungerast. Abends dann völlig leer an einem Tisch gesessen, wo wir viel zu essen bekamen und unsere Teller halbvoll stehen ließen!

Aber jetzt bin ich es schlauer angegangen, Pulsuhr um und die Herzfrequenz beim Fahren nicht über 163 Schläge kommen lassen, und das ging zügig. Überall die Aussicht genossen, echt superschön hier zu radeln und nach jeder Kurve oder Auf- oder Abfahrt stand da jemand in der Ferne und funkelte: Er begann auf mich zu warten, der Mont Ventoux! Er begann mehr und mehr an mir zu zerren, und in meinen Gedanken sagte ich: »Ich komme bald zu dir!«, genauso als würde dort ein Geliebter oder ein guter Freund stehen, der auf mich wartet, ein sehr angenehmes Gefühl.

Die Gorges de la Nesque darf man auch nicht unterschätzen; 20 Kilometer immer leicht bergauf, das kann einem auf die Dauer auch in die Beine gehen – plusminus 13 km/h, aber ich bin angekommen, zufrieden, es war genug.

Abends im Restaurant beginnen wir beim Absacker zu spekulieren über übermorgen, den Tag, an dem wir den Ventoux in Angriff nehmen wollen. Bin gespannt, ein wenig nervös, beginne zu zweifeln, ob ich dort ankommen werde? Warum mache ich das? Ich kann doch auch voller Bewunderung dort hinaufschauen? Die Angst zu scheitern ist groß.

Es ist so weit! Heute ist der Tag, mein Tag! Donnerstag, 11. September, morgens um acht Uhr aufgestanden, gestern Abend ein Glas Wein getrunken, um die Anspannung etwas zu lösen; vielleicht nicht so gut für heute, aber ich fühle mich trotzdem munter. Ein Schälchen Müsli, ein Stück Baguette mit Honig, Tasse Kaffee, Vitamine und Magnesium einnehmen mit einem Glas Fruchtsaft. Wird es heute gelingen?

Sachen an, gut eincremen, Pulsuhr um, aufs Rad, noch ein Kuss und dann ab durch die Mitte! Es sind noch ein paar Minuten zu fahren bis zum Dorf Sault und gleichzeitig ein gutes Aufwärmen, bevor wir am Fuße des Ventoux starten können. Das Wetter ist gut, die Sonne scheint, einige Wolken, aber vor allem nicht zu heiß! Wenn die Kletterei erst anfängt, auch wenn es nicht so steil hochgeht, wird es schon schnell genug hart und mühsam und man denkt: Das schaffe ich nicht! Wenn man einen bestimmten Rhythmus und eine Atmung gefunden hat, ist man, ohne es zu merken, schon ein gutes Stück unterwegs.

Dieses Mal ist es anders. Die beiden anderen Male genügte es mir bis zum Chalet Reynard, jetzt denke ich an den Gipfel. Das Chalet nähert sich sehr schnell und die richtige Arbeit kann beginnen, die große Angst, die steile Straße, nur noch Steine rundherum, eine schöne Aussicht auf das Observatorium; das ist mein Antrieb und nach jeder Kurve kommt es etwas näher, aber trotzdem ist es noch weit entfernt.

Mann, wie mühselig das alles doch ist. Warum nur? Warum lasse ich mich von so etwas herausfordern? Ich kann nicht erklären, wie oder warum, ich musste an diesem Tag einfach dort sein, das Bild passte perfekt zusammen. Gino steht mir bei, ab und an fährt er vor, aber er kehrt zurück, um dann gemeinsam zum Gipfel zu fahren, reicht mir seine Trinkflasche, einen Keks, ein Bonbon, ein in meinen Augen ganz furchtbares kleines Gel, aber er sagt, dass das gut für mich ist, also vertraue ich ihm und schlucke das Zeug runter. Und vielleicht auch besser so, denn ein paar Kilometer vor dem Gipfel fängt alles an wehzutun. Unglaublich schwere Beine, in denen nichts mehr drin zu sein scheint, man wird immer langsamer, es wird steiler, 7,5 bis 10 Prozent, ich spüre, wie mein Herzschlag irgendwann in meinem gesamten Körper pulsiert, mein Magen fühlt sich komisch an. Ich sage zu Gino, dass Menschen, die so etwas machen, verrückt sind!

Noch etwas weiter oben, als es erneut schwieriger wird, sage ich (scheinbar schon lachend), dass ich zu Fuß weitergehe, woraufhin Gino meint: »Nach dieser Kurve hast du Rückenwind und dann noch ein Stückchen hoch und du bist da!«

Genau in dem Moment fährt eine Frau an uns vorüber. »Einfach gesagt«, sagt sie, »aber man muss es selbst tun, oder?«

»Das stimmt, werte Frau, ich verstehe Sie…«

Bei Tom Simpson noch kurz etwas trinken und dann wieder zurück in mein schleppendes Vorwärtstraben.

Dann auf einmal kommt die Erkenntnis: Ich werde es packen, man glaubt es nicht… Die letzten fünfzig Meter sind geschafft und noch einmal ist es ein Sieg, denn auf diesem Stück fährt man fast auf der Stelle und sieht sie alle schon dort oben, wie sie dastehen und über beide Backen strahlen und es genießen, und dann will man auch absteigen und schieben, aber nur kurz…

Ich bin da, nicht zu fassen! Müde und zufrieden, erst einen fetten Glückwunsch von meinem Kerl, mit einer dicken Umarmung! Und kurz darauf einen Glückwunsch von der Frau gerade eben, echt toll!

Das Rad erst mal kurz zur Seite und alles in mich aufnehmen... pfff. Ich habe es getan, ich habe meinen schönen Berg bezwungen und sehe ihn nun noch lieber, mein Respekt ist groß. Jetzt weiß ich, warum ich das gemacht habe; das fühlt sich so gut an, davon möchte ich noch mehr spüren. Danke, Mont Ventoux, wir sehen uns wieder!

Sonia Bekaert, Sault - 16. Juli 2009

MONT VENTOUX

Man kann Rad fahren, was man will, aber letztlich geht es um die 20 Kilometer, die auf den Gipfel des Mont Ventoux führen. Eine schönere Belohnung gibt es oberhalb der Baumgrenze nicht. Der Philosoph Roland Barthes nannte diesen Berg den Gott des Bösen. Das ist eine Charakterisierung, in der die zweischneidige Anziehungskraft auf wunderbare Art und Weise enthalten ist. Der Mont Ventoux ist wie ein Hochseetanker, gestrandet in einer plätschernden Landschaft. Ansonsten besteht die Provence aus pittoreskem Geplauder. Aber dann lockt der kahle Berg. (So nennen ihn niederländische Liebhaber, weil sein Gipfel eine Landschaft aus Geröll ist. Aber das klingt zu lieblich, kahler Berg…)

Der Gott des Bösen kann von drei Seiten aus bezwungen werden. Die echte ist die vom Dorf Bedoin aus. Start beim Brunnen, dann der unendliche Wald, dann das Chalet Reynard als letztes Zeichen menschlichen Lebens und dann noch sieben Kilometer. Mit Gegenwind durch das große Nichts. Das ist das wahre Radfahren: Leiden und Widerwillen, resultierend im reinsten Glück.

Bart Jungmann, Fietsroutes – Zeven favorieten,
in: *de Volkskrant*, Reisen, 2. März 2013

WIE STARK IST DER EINSAME RADFAHRER?

»Hoe sterk is de eenzame Fietser?«, heißt es in einem bekannten Song des Liedermachers Boudewijn de Groot: »Wie stark ist der einsame Radfahrer?« Dieses Kapitel liefert eine buchstäbliche Antwort auf diese Frage. Es ist für Fahrradfreaks gedacht, die nicht nur gerne ins Schwitzen kommen, sondern hin und wieder auch gerne mal ein bisschen rechnen.

ÜBER WIDERSTAND, ARBEIT UND LEISTUNG

Mit Hilfe der hier dargelegten Formeln ist es möglich, die persönliche Leistung objektiv einzuordnen und einige vermeintliche Weisheiten als Radfahrerlatein zu entlarven. Alle, die sich vor Formeln eher fürchten, finden am Ende dieses Absatzes einen Link zu einem Online-Kalkulator, in dem alle Formeln ausgeblendet sind, sodass sie ganz bequem auf Knopfdruck die entsprechenden Berechnungen für sich anstellen können. Aber erst mal die Theorie.

Gesamtwiderstand beim Radfahren (F_{ges})

$$F_{ges} = F_l + F_s + F_r + F_m$$

Der Gesamtwiderstand F_{ges}, den ein auf sich allein gestellter Radfahrer überwinden muss, ist die Summe aus dem Luftwiderstand F_l, dem Steigungswiderstand F_s, dem Rollwiderstand F_r und dem mechanischen Widerstand F_m (nicht in der Abbildung dargestellt). Jeder dieser Widerstände ist eine Kraft, die in Newton (N) ausgedrückt wird (1 N = 1 kgm/s^2).

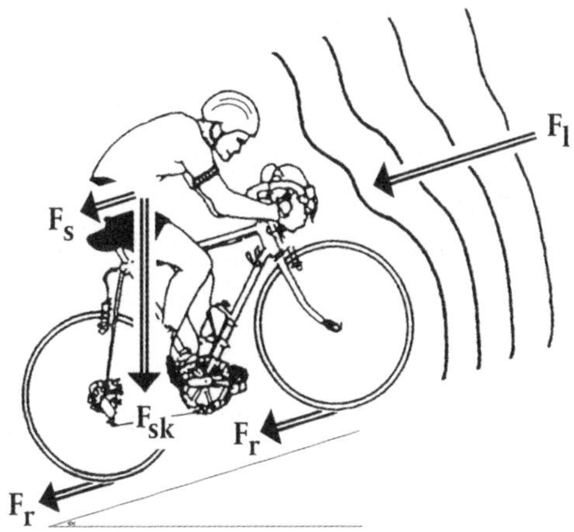

Luftwiderstand (F_l)

$$F_l = ½ * A * C_w * ro * (V_f + V_w)^2$$

F_l ist der Luftwiderstand ausgedrückt in N. A ist die Stirnfläche von Radfahrer und Fahrrad in m^2 (in Rennhaltung ca. 0,3 und aufrecht sitzend ca. 0,5). C_w ist der Strömungswiderstandskoeffizient von Fahrer und Fahrrad (ca. 1). ro ist die Dichte der Luft, ausgedrückt in kg/m^3 (auf Meereshöhe und bei einem Luftdruck von 1.010 mbar ca. 1,3; dieser Wert verringert sich in größerer Höhe um etwa 10 % pro 1.000 m Höhenunterschied). V_f ist die Fahrgeschwindigkeit in m/s. V_w ist die (Gegen-)Windgeschwindigkeit in m/s (diese beträgt z.B. bei den Windstärken 1, 3, 5, 6 und 7 circa 0–3, 3–8, 8–11, 11–14 bzw. 14–17 m/s).

Steigungswiderstand (F_s)

$$F_s = F_{sk} * sin\ a = G * g * sin\ a$$

F_{sk} ist die Schwerkraft, ausgedrückt in N. a ist der Steigungswinkel in Grad. G ist die Masse von Fahrer und Fahrrad in kg. g ist die Erdbeschleunigung in m/s^2 (Normalwert 9,81).

Rollwiderstand (F_r)

$$F_r = F_{sk} * cos\ a * C_f \sim G * g * C_f$$

F_{sk} ist die Schwerkraft, ausgedrückt in N. a ist der Steigungswinkel in Grad. G ist die Masse von Fahrer und Fahrrad in kg. g ist die Erdbeschleunigung, ausgedrückt in m/s^2 (9,81). C_f ist der Rollwiderstandskoeffizient, der von der Reifen- und Fahrbahnbeschaffenheit abhängt (der übliche Wert für harte Reifen auf Asphalt beträgt ca. 0,003 bis 0,004).

Mechanischer Widerstand (F_m)

Für diese Größe gibt es keine einfachen Formeln. Es geht hier um die innere Reibung des Kettenantriebs und der Lager von Naben, Tretlager, Pedalen. Der Wert hängt maßgeblich vom Wartungszustand des Fahrrads (und seiner Kette) ab. Der mechanische Widerstand eines gut gewarteten Fahrrads fällt in Relation zum Gesamtwiderstand beim Radfahren gering aus und bewegt sich dann in der Größenordnung von einigen wenigen Prozent.

Arbeit (W)

$$W = F_{ges} * s$$

Die verrichtete Arbeit entspricht dem beim Fahren überwundenen Widerstand multipliziert mit der zurückgelegten Strecke. W ist die verrichtete Arbeit, ausgedrückt in J(oule = Nm). F_{ges} ist der Gesamtwiderstand beim Radfahren in N. s ist die zurückgelegte Strecke in Metern.

Leistung (P)

$$P = W : t = F_{ges} * V_f$$

Die Leistung (P) entspricht der verrichteten Arbeit pro Zeiteinheit. Ausgedrückt wird diese Größe in Watt (= J/s). P ist die geleistete Arbeit in J. t ist die Zeit (gemessen in Sekunden), in der die Arbeit verrichtet wurde. F_{ges} ist der Gesamtwiderstand beim Fahren in N. V_f ist die (durchschnittliche) Fahrgeschwindigkeit in m/s.

Haarlemmermeer-Runde

Getretene Leistung und die Verteilung auf die verschiedenen Widerstände:

Höhenunterschied	= 0 m	$V_{w(ind)}$	= 0,0 m/s	
Strecke	= 59,0 km	C_w*A	= 0,4 m²	
Zeit	= 99,5 min	ro	= 1,3 kg/m³	
Gewicht Rad	= 10,0 kg	C_f	= 0,003	
Gewicht Fahrer	= 75,0 kg	C_m	= 5,0 %	
Geschwindigkeit	= 35,6 km/h	Steigungsprozent	= 0,0 %	
Steigungsgeschw.	= 0,0 m/h	Steigungswinkel	= 0,0 °	
Rollwiderstand	= 2,5 N	Leistung	= 25 W	~9%
Steigungswiderst.	= 0,0 N	Leistung	= 0 W	~0%
Luftwiderstand	= 25,4 N	Leistung	= 251 W	~87%
mech. Widerstand	= 1,4 N	Leistung	= 14 W	~5%
Gesamtwiderstand	= 29,3 N	Leistung	= 289 W	~100%
Gesamtarbeit	= 1.646 kJ	Leistung	= 3,9 W/kg	

Mont Ventoux

Zum Vergleich hier die gleichen Daten für den Anstieg zum Mont Ventoux:

Höhenunterschied	= 1.600 m	$V_{w(ind)}$	= 0,0 m/s	
Strecke	= 21,0 km	C_w*A	= 0,5 m²	
Zeit	= 90,5 min	ro	= 1,3 kg/m³	
Gewicht Rad	= 10,0 kg	C_f	= 0,003	
Gewicht Fahrer	= 75,0 kg	C_m	= 5,0 %	
Geschwindigkeit	= 13,9 km/h	Steigungsprozent	= 7,6 %	
Steigungsgeschw.	= 1.061 m/h	Steigungswinkel	= 4,4 °	
Rollwiderstand	= 2,5 N	Leistung	= 10 W	~3%
Steigungswiderst.	= 63,3 N	Leistung	= 245 W	~85%
Luftwiderstand	= 4,9 N	Leistung	= 19 W	~7%
mech. Widerstand	= 3,5 N	Leistung	= 14 W	~5%
Gesamtwiderstand	= 74,2 N	Leistung	= 287 W	~100%
Arbeit	= 1.485 kJ	Leistung	= 3,8 W/kg	

Beispiel-Berechnungen

Für meine persönlichen Berechnungen habe ich die oben erläuterten Formeln in einer Excel-Tabelle zusammengeführt, die automatisch die verschiedenen Widerstände und die verrichtete Arbeit und Leistung berechnet. Auf der vorhergehenden Seite sehen Sie beispielhaft, welche Werte die Tabelle für meine Bestleistungen auf meiner Hausrunde in Haarlemmermeer und für den Anstieg zum Mont Ventoux ausspuckt.

Fazit

Bei der Haarlemmermeer-Runde waren (trotz Windstille) allein 85 Prozent der Leistung nötig, um den Luftwiderstand zu überwinden. Am Mont Ventoux ging derselbe Anteil dafür drauf, um die Schwerkraft zu überwinden. Aber egal, ob Sie im Flachen in die Pedale treten oder am Berg, Ihrer Wattleistung sind dieselben Grenzen gesetzt. In meinem Fall liegt das Limit bei vier Watt pro Kilogramm Körpergewicht. Profis erreichen selbst bei Belastungen, die länger andauern als in den obigen Beispielen, teils sechs W/kg.

Und auf welche gewichtsbezogene Leistung kommen Sie? Berechnen Sie es doch einfach mit meiner Excel-Tabelle unter: *https://janver.home.xs4all.nl/hoesterk_berekening_online.html*

Jan Verduijn, Zoetermeer – 2002

ÜBER KLETTERZEITEN UND GEEIGNETE ÜBERSETZUNGEN

Auch wenn Sie wissen, wie es um Ihre Kräfte bestellt ist, ist es damit noch nicht getan. Power ist das eine, aber wie setzt man sie richtig ein, um zum Beispiel in einem Zug oder aber so schnell wie möglich den Gipfel des Mont Ventoux zu erreichen, ohne seine Muskeln zu zerstören und die Bänder zu überlasten? Wenn Sie zu große Gänge treten, laufen Sie Gefahr, sich eine böse Verletzung zuzuziehen, wenn Sie hingegen zu kleine Übersetzungen wählen, geraten Sie unnötig außer Atem. Und gleich vom Start weg superschnell loszulegen und auf dem Weg nach oben dann diverse Male dem Mann mit dem Hammer zu begegnen, ist auch nicht sonderlich klug.

Mit den folgenden Informationen können Sie sich ein genaueres Bild davon machen, wie lange Sie für den Anstieg benötigen werden und welche Möglichkeiten es gibt, um mit flüssigem Tritt an den Fuß der Observatoriums zu gelangen. Ab und zu werden Sie ein bisschen rechnen müssen, aber wenn Sie sich schon im Voraus über Ihre eigenen Möglichkeiten und die des Materials im Klaren sind, werden Sie während der Fahrt hinauf auf den Berg sicherlich davon profitieren.

Wie lange werde ich wohl brauchen?

Das ist normalerweise die Frage, die den Ventoux-Novizen am Berg beschäftigt: Wie lange werde ich brauchen? Loet Janssen und Wim Torfs haben sich dieses Problems dankenswerterweise angenommen und speziell für die Website www.dekaleberg.nl eine Excel-Tabelle erstellt, mit deren Hilfe man seine vermutliche Auffahrtzeit für den Ventoux berechnen kann. Wenn Sie sie nutzen möchten, werden Sie nicht umhinkommen, sich vorher ein wenig damit zu befassen – lesen Sie vor allem die Erläuterung! – und ein paar individuelle Daten einzugeben, und es wird einige Zeit und Mühe kosten, aber Sie werden hinterher etwas davon haben: nämlich Ihren persönlichen Kletterplan für alle drei Seiten des kahlen Berges!

Auch mit Hilfe der Ciclomaniac-Suchmaschine unter www.ciclomaniac.com können Sie die Zeit berechnen, die Sie wahrscheinlich für die Fahrt auf den Berg benötigen werden. Dies klappt umso besser, je genauer Sie Ihre Kräfte einschätzen können. Wenn Sie Ihre Zeit z.B. für den Anstieg nach Alpe d'Huez bereits kennen, haben Sie einen recht guten Ausgangspunkt, um Ihre Möglichkeiten abzuschätzen. Wenn Sie diese Informationen bei Ciclomaniac eingeben, liefert Ihnen der Algorithmus der Website eine gute Prognose, wie lange Sie für den Aufstieg zum Mont Ventoux benötigen werden. Weitere Informationen finden Sie unter *https://www.dekaleberg.nl/voorbereiding2/welk-verzet/hoe-snel-kan-ik-de-ventoux-op*.

Sobald Sie erst einmal wissen, wie lang Ihre Fahrt hinauf auf den Mont Ventoux voraussichtlich dauern wird, können Sie mit Hilfe der folgenden Informationen herausfinden, welche Übersetzungen für Sie am besten geeignet sind.

Erfahrungswerte

Erstens: Rennräder, die im Verkaufsraum von Radsportläden stehen, sind oft mit Übersetzungen ausgestattet, die vor allem für männliche Radprofis geeignet sind, obschon diese Herren annähernd doppelt so schnell fahren wie der durchschnittliche Hobbyfahrer aus unseren Landen. Zudem können männliche Profis mit ihrer Ausdauerleistung von rund 400 Watt (Frauen müssen mit 10–15 % weniger auskommen) schwerere Gänge treten, während ein besserer Hobbyfahrer, der vielleicht 60 bis 70 Kilo auf die Waage bringt und den Berg mit 150 bis 200 Watt hinauffährt, doch lieber eine kleinere Übersetzung wählen sollte, wenn er sich nicht die Knie ruinieren will. Übrigens: Weniger Gewicht ist am Berg nie verkehrt!

Zweitens: Biomechanisch gesehen ist eine Trittfrequenz zwischen 90 und 110 RPM (Umdrehungen pro Minute) am effektivsten. Es dauert ein paar Jahre, um sich eine solch hohe Kadenz anzueignen. Aber sobald Sie dies geschafft haben, wird Ihnen fortan auch die effizienteste Herz-Lungen-Maschine zu Diensten sein.

Um eine solche Kadenz treten zu können, sprich: um mit Souplesse fahren zu können, braucht man eine Übersetzung, die zum eigenen Leistungsvermögen passt. Ein geringeres Leistungsvermögen bedeutet, dass man leichtere Übersetzungen montieren muss, um mit flüssigem Tritt fahren zu können. Das muss Ihnen nicht peinlich sein: Die Schaltung ist schließlich dazu da, um es uns leichter zu machen; sie ist das *Mittel*, um den Berg zu bezwingen, nicht das *Ziel*!

Welche Übersetzung ist passend?

Als Referenz nehmen wir einen Radprofi, der ein guter Kletterer ist. Er bezwingt den Ventoux in weniger als einer Stunde, das heißt mit einer Durchschnittsgeschwindigkeit von mehr als 21 km/h. Der entsprechende Referenzwert für Frauen gemäß praktischer Erfahrung: eine Stunde und 20 Minuten.

Souplesse verlangt eine Kadenz von mindestens 80 RPM. Dafür verwendet besagter Profi ein kleines Kettenblatt mit 39 Zähnen vorne und ein 18er- oder 19er-Ritzel hinten. Das ergibt eine Entfaltung (Ablauflänge pro Pedalumdrehung) von 4,40 Meter. Welche Übersetzung aber sollte man als Amateur montieren, um die Pedale am Ventoux flüssig in Bewegung zu halten?

Überlegen Sie zunächst, welche Zeit Sie für realistisch machbar oder erreichbar halten. Wenn Sie den Anstieg in zwei Stunden absolvieren wollen – mit anderen Worten: halb so schnell wie ein Profi –, können Sie bei gleicher Trittfrequenz eine halb so große Übersetzung bewältigen, wie die Profis verwenden. Denken Sie daran: Für Ihre Gesundheit ist es in diesem Fall besser, Ihre Fähigkeiten lieber zu *unter*schätzen, als sie zu *über*schätzen.

Die durchschnittliche Übersetzung, die zu Ihnen passt, würde dann ausgedrückt als Entfaltung ungefähr 2,20 Meter betragen (50 Prozent von 4,40 Meter). Der Radumfang bei einem Rennrad beträgt etwa 2,10 Meter. Das Verhältnis zwischen Ablauflänge und Radumfang beträgt demnach 2,20 : 2,10 = 1,05 : 1. Unter dieser Voraussetzung sind bestimmte Kettenblatt-Ritzel-Kombinationen geeignet. Welche, können Sie entsprechenden Übersetzungstabellen entnehmen. Beim oben genannten Verhältnis von 1,05 : 1 wären es am Rennrad z.B. 30 Zähne vorne und 28 Zähne hinten. Bei einem Mountainbike käme man auf eine Übersetzung von 32 Zähnen vorne und 28 Zähnen hinten oder 22 Zähnen vorne und 19 Zähnen hinten. Da Frauen im Durchschnitt eine um circa 15 Prozent geringere Leistung treten können als Männer, wäre es ratsam, auch eine um 15 Prozent kleinere Übersetzung zu verwenden.

Dreifach

Eine Dreifach-Kurbel (50/39/30 Zähne vorne) ist die beste Materialwahl, um mit flüssigem Tritt zu klettern. Die meisten Rennräder in den Geschäften sind mit einer Kompaktkurbel (50/34) ausgestattet.

Bei einem Straßenrad mit Dreifach-Schaltung lässt sich eine Übersetzung, die den oben dargelegten Ausgangsbedingungen entspricht, einfach herstellen: 30 Zähne vorne und 27/30 Zähne hinten. Übrigens passen an die meisten Dreifachkurbeln auch innere Kettenblätter mit 24 oder 26 Zähnen, vorausgesetzt die Differenz zum äußeren Kettenblatt beträgt nicht mehr als 24 Zähne. Die Wahl kleinerer Kettenblätter ist die einfachste und billigste Art, um eine kleinere Übersetzung zu ermöglichen.

Kompakt

Bei einer Kompaktkurbel haben die Schrauben, die zur Befestigung der Kettenblätter verwendet werden, einen Lochkreisdurchmesser von 110 Millimeter anstelle des alten Standardmaßes von 130 Millimeter für Shimano oder 135 Millimeter für Campagnolo. Dies ermöglicht sogar die Verwendung eines kleinen Kettenblatts mit lediglich 33 Zähnen, das sich zusammen mit einem äußeren Kettenblatt mit 48 Zähnen verwenden lässt.

Die Stärkeren unter uns kombinieren eine Kompaktkurbel mit einer Kassette, die als größten Zahnkranz ein 30er-Ritzel aufweist, weniger talentierte Hobbyfahrer nehmen eine Kassette mit einem 30er- oder 32er-Ritzel und ein passendes Schaltwerk. Für 10-fach- und 11-fach-Schaltungen sind auch Kassetten mit bis zu 34 und 36 Zähnen erhältlich. Mit diesen Optionen müssen Sie die Pedale nicht mehr herumwürgen und können sie auch im Steilen problemlos in Bewegung halten. Aber schalten Sie mit Bedacht!

Wenn Ihr Rad lediglich über eine 9-fach-Schaltung verfügt, ist die Auswahl an Kassetten ein wenig limitierter und Sie müssen etwas härter in die Pedale treten. Moderne Kurbeln können auch mit einem 9-fach-System kombiniert werden. Es ist nützlich zu wissen, dass durch die Verwendung eines Shiftmate-Schaltungskonverters am Schaltzug des Schaltwerks fast alle Systeme miteinander kombiniert werden können – siehe: www.jtekengineering.com.

Zweifach

Wenn das Rad über eine gewöhnliche Zweifachkurbel mit einem kleinen Kettenblatt mit 39 Zähnen verfügt, kann ein etwas besserer Kletterer mit einer 34er-Kassette eine Übersetzung auflegen, die für eine Zeit von einer Stunde und 45 Minuten geeignet ist. Manchmal benötigen Sie dafür ein MTB-Schaltwerk und einige zusätzliche Kettenglieder.

Wenn Sie noch eine traditionelle »Heldenkurbel« mit einem kleinen Kettenblatt mit 42 Zähnen am Rad haben und partout nicht mit einer Dreifach-Schaltung gesehen werden wollen, müssen Sie mehr verändern. Wenn Sie nicht viel Geld ausgeben wollen, wäre eine Superkompakt-Kurbel (46/30 Zähne) oder eine Kompakt-Mountainbike-Kurbel (42/27 Zähne) eine Alternative. Bei der

Umrüstung auf eine Kompaktkurbel ist es bei einem geeigneten Innenlager häufig möglich, die vorhandenen Umwerfer und Schaltwerke weiterhin zu verwenden.

Mountainbike

Auf einem Mountainbike haben Sie im Prinzip immer genügend Gänge zur Verfügung, aber die Ausstattung mit einer Federgabel ist sicherlich nicht ideal, zumal Sie auf diese Weise Vorwärtsenergie vergeuden. Ziehen Sie am besten schmale Straßenreifen an Ihrem Mountainbike auf und blockieren Sie wenn möglich die Federgabel, was auf dem Weg nach oben eine Menge Körner sparen wird.

Fitnessbikes und Tourenräder

Es gibt eine immer größere Gruppe von »Ventouristen«, die den kahlen Berg mit vollausgestatteten oder von allem »Unnötigen« befreiten Kreuzungen aus Rennrad, Mountainbike und Cityrad in Angriff nehmen. Die teureren Modelle verfügen dabei häufig über die gleichen Übersetzungen wie Mountainbikes (44/32/22 Zähne vorne und bis zu 32 Zähne hinten). Und vergessen Sie nicht den Effekt, den der Gewichtsunterschied hat, wenn das Fahrrad fünf oder zehn Kilo schwerer ist als ein Rennrad. Das werden Sie vor allem dann bemerken, wenn Sie selbst ein Leichtgewicht sind. Es hilft also, wenn Sie das Gewicht stets im Auge behalten.

Ältere oder günstigere Tourenräder verfügen häufig über ein kleinstes Kettenblatt mit 28 Zähnen und hinten ein 30er-Ritzel als größten Zahnkranz. Wenn Sie dann noch zehn Kilo zusätzlich nach oben schleppen müssen, wird das schnell zu einer ziemlichen Plackerei.

Es sind aber Kassetten mit bis zu 36 Zähnen erhältlich, sowohl für 9-fach-, 10-fach- und 11-fach-Schaltungen. Fündig werden Sie hier auch bei After-Sales-Herstellern wie BBB. Es ist ratsam, ein paar zusätzliche Glieder in die Kette einzubauen und das Schaltwerk entsprechend zu verstellen. Manchmal benötigt man auch ein Schaltwerk mit einem längeren Käfig. In diesem Fall wäre es die deutlich einfachere Lösung, vorne an der Kurbel ein kleineres inneres Kettenblatt zu verwenden. Übrigens: Die in Mode gekommenen gefederten Sattelstützen wirken Ihrer Tretenergie entgegen! Der Straßenbelag ist glatt wie ein Billardtuch, also lassen Sie die gefederte Sattelstütze lieber zu Hause!

Die Praxis

Mit den folgenden Tabellen können Sie bestimmen, welche durchschnittliche Übersetzung Ihren Fähigkeiten entspricht. Wohlgemerkt, die Rede ist hier von der *durchschnittlichen* Übersetzung - auf steileren Abschnitten oder wenn nach dem Chalet Reynard Gegenwind herrscht, sollten Sie ein wenig Reserve in der Hinterhand haben: Wenn Sie am Rennrad vorne und hinten jeweils 30 Zähne haben, sollte es sich aber meistens gut ausgehen. Denken Sie daran, dass bei Gegenwind Ihre Geschwindigkeit auf sechs bis sieben km/h sinken kann. Und in dem Maße, in dem Ihre Erschöpfung zunimmt, werden Sie von sich aus langsamer werden.

Übersetzungstabellen für den kahlen Berg

Ausgangspunkt ist eine Trittfrequenz von 80 Umdrehungen pro Minute (RPM). Wenn Sie eher zur Fraktion der Stampfer gehören und lieber mit 60 RPM fahren möchten, berücksichtigen Sie bei der Betrachtung der Geschwindigkeit einen entsprechenden Faktor von 0,75.

Suchen Sie in den Tabellen 1 und 2 zunächst in der linken Spalte die erwartete Durchschnittsgeschwindigkeit heraus. Suchen Sie dann in der obersten Zeile die Anzahl der Zähne heraus, die das verwendete Kettenblatt hat. Am Schnittpunkt der entsprechenden Spalte und Zeile ist dann als Ergebnis die erforderliche Anzahl von Zähnen angegeben, die das größte Ritzel haben sollte. Montieren Sie an Ihrem Rad falls erforderlich eine andere Kassette, die diesen Anforderungen entspricht.

Die abschließende Tabelle 3 verfolgt einen anderen Ansatz. Hier finden Sie Empfehlungen für die erforderliche Übersetzung abhängig von der zu erwartenden Fahrzeit für den Anstieg von Bedoin zum Gipfel (zu berechnen mit der Excel-Tabelle von Loet Janssen und Wim Torfs). Die Empfehlungen beruhen hier auf einer Trittfrequenz von 70 RPM und der Übersetzung, die für die steilsten Abschnitte erforderlich ist.

Sjef Schellings, Geleen - 2013

TABELLE 1 *Rennrad mit 23-622-Reifen, Reifenumfang 209,5 cm*

km/h Ø	Zähne vorne (kleines Kettenblatt)					
	39	**34**	**32**	**30**	**26**	**22**
7 km/h						32
8 km/h						28
9 km/h				34	29	24
10 km/h		34	32	30	26	22
11 km/h		32	30	27	24	20
12 km/h	32	28	27	25	22	18
13 km/h	30	26	25	23	20	17
14 km/h	28	24	23	22	19	16
15 km/h	26	23	21	20	17	15

TABELLE 2 *Tourenrad/Fitnessbike oder Mountainbike mit 37-622-Reifen, Reifenumfang 217 cm*

km/h Ø	Zähne vorne (kleines Kettenblatt)		
	32	**30**	**22**
7 km/h			34
8 km/h			29
9 km/h		34	25
10 km/h	34	32	23
11 km/h	30	28	21
12 km/h	28	26	19
13 km/h	26	24	18
14 km/h	24	22	16
15 km/h	22	21	15

TABELLE 3 *Benötigte Übersetzung anhand der erwarteten Fahrzeit*

Zeit	Übersetzung	Rad
1:15 h	34×23	Rennrad kompakt
	39×27	Rennrad dreifach
1:30 h	34×27	Rennrad kompakt
1:45 h	34×32	Rennrad kompakt
	30×28	Rennrad dreifach
2:00 h	28×32	Rennrad dreifach
2:15 h	26×32	Rennrad dreifach
2:30 h	22×27	Mountainbike
3:00 h	22×32	Mountainbike

VENTOUX-HELD AUF DEM DACHBODEN

Den Mont Ventoux im Schlafzimmer erklimmen? Kein Problem. Auf dem Tacx V(irtual) R(eality) Trainer ist er genauso hoch und genauso lang…

15. März. Ich sitze auf meinem Tacx VR Trainer mit Real Life Video und fahre aus Bedoin raus. Die Uhr auf meinem Laptop läuft. Der Ventoux wartet!
Ich bin kein Kletterer. Meine Muskeln eignen sich nicht zum Bergfahren und mein Geist eigentlich auch nicht. Ich hasse es zu leiden.

22. Juli. Ich wache in Avignon auf. Heute ist der Tag.
Ich kenne ihn wie meine Hosentasche, den Riesen der Provence: 1.909 Meter hoch, 21 Kilometer ununterbrochen bergauf, erst durch einen dunklen Wald und dann durch eine Mondlandschaft. »Mythisch«, heißt das im Radsport.

15. März. Ich habe das Vorderrad meines Rennrads ausgebaut und das Rad mit dem Hinterrad in einen Bügel des Tacx Trainers geklemmt. Das Hinterrad dreht sich gegen eine Rolle, die von einem Elektromotor angetrieben wird. Auf meinem Laptop sehe ich die gefilmte Strecke. Wenn der Anstieg steiler wird, nimmt der Widerstand der Rolle zu.

22. Juli. Halb neun. Wir fahren aus Avignon raus, auf dem Weg nach Mazan. Von dort aus erst ein paar Kilometer flach, um uns warmzufahren. »Es ist nur ein Berg«, sage ich zu meinen Freunden Job und Wilfried, als wir ihn in der Ferne sehen. »Es gibt noch viel höhere Berge.«
Grundgütiger, da soll ich hoch?

15. März. Es geht gut! Ich nehme mein Handy, um Wilfried anzurufen und ihm zu erzählen, dass ich bei näherer Betrachtung doch kein so schlechter Kletterer bin. Ich keuche nicht einmal!

22. Juli. Wir parken das Auto auf dem Platz in Mazan. Ich bin viel nervöser als auf dem Tacx.

Der Ventoux ist ein Killer, Männer mit einer Midlife-Crisis fallen wie die Fliegen von ihrem Rad! Wie viel Bar müssen auf die Reifen?

15. März. Ich habe den Tacx auf 75 Kilogramm eingestellt. Das muss ich am 22. Juli wiegen. Am besten noch drei Kilo weniger. Jedes Kilo schleppt man 1.600 Meter hoch, das ist, als müsste man 1.600 Kilo einen Meter in die Höhe hieven.

22. Juli. Wir fahren aus Bedoin raus. Es ist ein schöner Morgen. Nicht zu warm. Vom Tacx weiß ich, dass die ersten fünf Kilometer zu schaffen sind, nirgends mehr als fünf Prozent. Noch vor der scharfen Kurve bei Saint-Estève, wo der Anstieg richtig beginnt, lasse ich die anderen ziehen. War nicht so gedacht, aber das eigene Tempo ist essenziell, sagte schon Joop Zoetemelk.
Ich bin der größte Schlappschwanz der Welt, dass ich mein Zielgewicht von 72 Kilo nicht geschafft habe. Immer schön weiterfressen. Jetzt schleppe ich sechs zusätzliche Kilo mit hoch, ganz allein.

15. März. Im langweiligen Wald schaffe ich mühelos eine Geschwindigkeit um die zehn Kilometer pro Stunde. Zwei Stunden müssten drin sein.

22. Juli. Der Wald. Zehn Prozent. So bleibt es 16 Kilometer lang. Ich glaube, dass ich schon etwas Übersäuerung spüre. Herr im Himmel.
Ich fange an, mich selbst zu beschimpfen. Nicht laut, aber in meinem Kopf. Du musstest ja unbedingt, oder, du Idiot? Und auch gleich den Ventoux. Das hast du nun davon mit deiner ewigen Selbstüberschätzung, du Arschloch auf zwei Rädern.

15. März. Keiner kriegt mich heute kaputt. Das Chalet Reynard!
22. Juli. Ich schaue vor mich auf den Asphalt, um die endlose Steigung vor mir nicht sehen zu müssen. Jemand flüstert mir ins Ohr, dass ich den Lenker nur rumzureißen brauche und sofort zur Terrasse in Bedoin fliege. Es sind noch elf Kilometer.
Ich weiß natürlich, dass Klettern vor allem eine mentale Frage ist: Bücherwissen. Jetzt lerne ich die Praxis kennen. Ich MUSS schneller hochkönnen, aber ich kann es nicht.

15. März. Ein Gang rauf. Yes, ich bin ein Bergfahrer.
22. Juli. Ich beginne, ernsthaft Mitleid mit mir selbst zu haben. Ich finde mich mühelos in der Opferrolle ein. Ich bin das Opfer meiner selbst.
Du musst deine Gedanken kontrollieren am Berg, sonst geht es schief. Man kann sich selbst sicherlich 20 Prozent schneller einen Berg hochdenken, als eigentlich in einem

steckt. Oder 30 Prozent langsamer. Ich entscheide mich für Letzteres.

15. März. Die Tempoanzeige geht manchmal auf elf oder zwölf Stundenkilometer hoch.

22. Juli. Acht km/h. Ich werde überholt von einem wunderschönen blonden Mädchen auf einem alten Mountainbike. Verdammt. Eine Herzattacke simulieren?
Niemals vorher hat sich ein Kletterer auf dem Ventoux so gnadenlos auf den Hackblock gelegt und sich selbst so unbarmherzig in die Richtung eines mentalen Zusammenbruchs gedacht.

15. März. Wenn ich ein paar Kilo abnehme und gut weitertrainiere, müsste ich im Juni eine Stunde und 50 Minuten schaffen können.

22. Juli. Ich zerlege mich selbst endgültig. Wenn ich nur Doping hätte. Beim Chalet Reynard lebe ich wieder ein kleines Bisschen auf. Nur ganz kurz.
Woher nimmt man die Motivation weiterzumachen, obwohl man eigentlich schon aufgegeben hat und einem die völlige Sinnlosigkeit seines qualvollen Unterfangens wie ein Strick um den Halse hängt? Keine Ahnung. Ein letzter Funken Ehre. Masochismus. Die völlige Leere des Weiterfahrens dann halt.

22. Juli. Ich will nicht mehr. Noch sechs Kilometer Mondlandschaft.
Weichei!

15. März. Ich trete im Kampf gegen die Uhr die letzten steilen Kilometer weg. Ich bin müde, aber nicht kaputt. Oben stoppt die Uhr bei 1:59:56. Ich schwitze mich kaputt auf meinem Dachboden. Es ist zu Ende. Überhaupt nicht so schlimm, der Mont Ventoux. Komplett übertrieben, all die Geschichten.

22. Juli. Ich halte an und lehne mich gegen einen Zaun. Das darf man eigentlich nicht, laut Kodex der Ventoux-Fahrer, aber ich bin auch überhaupt kein Ventoux-Fahrer. Ich bin ein Arschloch, weil ich hiermit jemals angefangen habe. Ich hasse mich. Ich bin ein erbärmliches Würstchen.
Niemals glauben, dass ein Film echt wäre! Auch wenn du die Hauptrolle spielst.

15. März. Schweiß vom Boden wischen und eine Tasse Tee.

22. Juli. Wie lange dauert das noch? Ich grüße Tommy Simpson nicht. Ich bin toter als Tommy.
Der Tacx Trainer kann nichts dafür. Ich denke, dass er die Wirklichkeit ziemlich gut simuliert. Es ist in meinem Kopf. Ich kann auf meinem Dachboden Berge versetzen, aber im echten Leben bin ich eine Heulsuse.

15. März. Der Tacx-Computer hat sehr detailliert alle Infos der Auffahrt aufgezeichnet. Geschwindigkeiten, getretene

Wattzahlen – ich bin eine Statistik, also existiere ich.

22. Juli. Der Ventoux-Fotograf. *Einmal kurz den Blick voller Todesverlangen aus den Augen.*

15. März. Alpe d'Huez!

22. Juli. Ich fahre über die Ziellinie. »Scheißberg!«, rufe ich Job zu. Ich habe eine Stunde länger gebraucht als auf dem Tacx und bin viermal so kaputt. *Der Berg ist in der Realität viel grausamer als auf einem Bildschirm und das hat mich zerstört. Er hat mich zermalmt.*

15. März. Der Tacx hat keine Abfahrt mit 75 Stundenkilometern.

22. Juli. Ich schreibe eine SMS: »Hölle, nie wieder.« In 20 Minuten bin ich unten. *Ich wurde heute oft eingeholt, aber vor allem von der Wirklichkeit.*

Bert Wagendorp, in: *de Volkskrant*, 17. Oktober 2009

TIPPS

»Ich weiß aber, dass ich mich ihm nur gut vorbereitet nähern darf, denn sonst weist er mich zurück. Und das zu Recht.«

– Hans Roelofs – *www.dekaleberg.nl*

Natürlich, wir kennen sie alle: die starken Kerle, die sich nach dem Osterbrunch nicht im Sessel fläzen, sondern sofort das Rad aus dem Schuppen reißen, so schnell wie der Wind den Ventoux hochfliegen, vor dem Umtrunk wieder zurück sind und einen dann im Vorübergeben fragen, ob wir uns vielleicht gleich »die Beine noch ein bisschen vertreten« wollen. Und in der Tat: Wenn man oft auf dem Rad sitzt oder von Natur aus schon über eine bemerkenswerte Kondition verfügt, braucht man nichts Besonderes zu tun, um den Ventoux zu erklimmen. Schließlich ist es nur ein dummer Berg, oder, wie es die Übersetzungsmaschine im Internet formuliert: »Il est mais un stomme Mons!« Abhängig von den Umständen oder je nachdem, was das jeweilige Ziel ist, kann man die Fahrt auf den Ventoux als anstrengend empfinden oder aber als entspannte, sportliche Tagesbeschäftigung.

Wenn man es toll findet, alle paar Kilometer abzusteigen, um sich eine halbe Stunde umzusehen, zu picknicken oder mit der Familie zu quatschen, dann erholt man sich wahrscheinlich jedes Mal so gut, dass man sich abends nicht vorstellen kann, dass es Menschen gibt, die sich am Ventoux die Zähne ausbeißen.

Will man hingegen ohne abzusteigen den Gipfel erreichen, dann ist das schon was anderes, und wenn man innerhalb von eindreiviertel Stunden oder sogar in 90 Minuten oben sein will, sollte man sich in der Regel doch vernünftig vorbereiten.

Aber ob man nun ein ambitionierter Radsportler ist oder nur ein reiner Radtourist, in jedem Fall ist man in der Vorbereitung und auch am großen Tag selbst gut beraten, das eigene Leistungsvermögen ebenso zu berücksichtigen wie die Launen des Ventoux. Deshalb die nachfolgenden Tipps, zusammengetragen aus eigenen Erfahrungen und denen anderer. Nutzen Sie sie zu Ihrem Vorteil.

Training

Sorgen Sie dafür, dass Sie eine gute Kondition haben, gesund und fit sind. Trainieren Sie regelmäßig und spulen Sie in der Vorbereitung gehörig Kilometer ab. Wenn es bei Ihnen in der Nähe Berge gibt, die Sie hochfahren können, nutzen Sie die Gelegenheit. Sollte das nicht der Fall sein, brettern Sie nicht gleich am ersten Urlaubstag auf gut Glück »in den Wald« rein.

Akklimatisieren Sie ein paar Tage, fahren Sie ein paar Touren in der Gegend und nehmen Sie dabei hin und wieder einen Berg mit – siehe *Radfahren rund um den Mont Ventoux*, S. 247. Wenn man erst mal ein paar Tage lang ein paar Klettererfahrungen sammelt, lernt man seine Möglichkeiten kennen und taumelt nicht beim Anblick der Kurve von Saint-Estève spontan vom Rad.

Manche tun sich leichter, wenn sie unmittelbar nach der Vorbereitung direkt loslegen – wenn das auf Sie zutrifft, sollten Sie das Training so lange wie möglich fortsetzen. Für andere ist es besser, vor einer großen Anstrengung auf einige Tage relativer oder sogar absoluter Ruhe zu achten. Jeder Körper und Geist ist nun mal verschieden. Probieren Sie schon zu Hause aus, was für Sie am besten ist, zum Beispiel in der letzten Woche vor einer längeren RTF. Auf diese Weise finden Sie heraus, wie Sie körperlich und mental am besten an die Sache rangehen.

Material

Es versteht sich von selbst, aber sorgen Sie dafür, dass Ihr Rad gut in Schuss ist. Montieren Sie zu Hause bereits ein paar Wochen vor der Auffahrt schon neue Bremsbeläge, damit Sie sie gut einfahren und einstellen können. Achten Sie bei der Anschaffung nicht auf ein paar Euro. Ein Krankenhausaufenthalt stürzt Sie im Allgemeinen in höhere Unkosten.

Geben Sie, falls nötig, einen Tropfen Öl auf die verschiedenen Züge. Prüfen Sie, ob alle Speichen gespannt sind, und ziehen Sie ungeflickte Schläuche auf – das fährt sich wesentlich sicherer. Dass Ihre Reifen in optimalem Zustand sein müssen, sollte ebenfalls selbstverständlich sein.

Gut trainierte junge Hobbyfahrer und talentierte ältere Fahrer kommen problemlos mit einer Übersetzung von 39x26 oder 39x23 nach oben. Wenn Sie weniger fit, kein begabter Kletterer oder einfach schon etwas eingerostet sind, wählen Sie die Ritzel hinten lieber nicht zu klein. Vor allem wenn Sie nur mäßig trainiert sind, können Sie keine zu schweren Gänge treten und würden sich nur die Gelenke ramponieren, wenn Sie eine zu große Übersetzung montieren. Vergessen Sie nicht: Wenn Sie in einem Stück hochwollen, haben Sie circa 21 Kilometer lang kaum Gelegenheit, Ihre Sehnen und Muskeln zu entlasten. Deshalb: Stampfen Sie besser nicht wie ein Polderjunge hoch, sondern kurbeln Sie lieber wie eine elegante Bergziege mit flüssigem Tritt hinauf zum Gipfel. Wir kennen einen »Ventoux-Fresser«, der getreu dem Motto »Ich gehe vorsichtig mit meinen alten Knien um« vorne ein 28er-Kettenblatt und hinten ein 34er-Ritzel montiert hat. Und warum auch nicht? – siehe auch *Über Kletterzeiten und geeignete Übersetzungen* in *Wie stark ist der einsame Radfahrer*, S. 159.

Ein einfacher Rucksack sitzt nicht immer angenehm und man bekommt schnell einen ziemlich nassen Rücken. Also am besten vorher zu Hause mal ausprobieren. Es gibt übrigens Rucksäcke speziell für Tourenfahrer. Eine Bauchtasche funktioniert auch sehr gut.

Sie können sich überlegen, einen zusätzlichen Trinkflaschenhalter zu montieren. Setzen Sie einen Bidon mit weitem Hals ein (eventuell ohne Deckel) oder eine Joghurtflasche aus Plastik, von der Sie das obere Stück abgeschnitten haben. Dort können Sie dann gut einen Ersatzschlauch, etwas Werkzeug oder ein paar Müsliriegel reintun.

Nicht wirklich geräumig, aber ideal für eine Brille oder ein Handy ist ein sogenannter »Cable-Safe«: eine zylinderförmige Plastikbox, mit der man die Verbindung zwischen zwei elektrischen Kabeln vor Feuchtigkeit schützt. Ein Cable-Safe passt genau in einen Trinkflaschenhalter und ist im Elektroshop oder im Campingbedarf erhältlich.

Sollten Sie eine nächtliche Auffahrt erwägen, zum Beispiel um den Sonnenaufgang aus 1.909 Metern Höhe zu bewundern, sorgen Sie dann dafür, dass Sie sowohl von vorn als auch von hinten gut zu sehen sind; das ist gesetzlich Pflicht und auch notwendig für Ihre Sicherheit.

Möchten Sie eine unsanfte nächtliche Begegnung mit einem Wildschwein vermeiden, lohnt sich die Anschaffung einer Stirnlampe: Eine gute Stirnlampe bringt deutlich mehr Sicht als die herkömmliche Fahrradbeleuchtung. Zusätzlicher Vorteil ist, dass sich der Lichtkegel mit dem Kopf mitdreht: Dort, wo Sie hinschauen, landet auch das Licht. Das ist vor allem in Kurven sehr angenehm, weil Sie dann sehen können, wie die Straße weiter verläuft. Noch mal ganz deutlich: Es gibt natürlich Fahrradbeleuchtung, die den Abblendlichtern vom Auto in nichts nachsteht, aber dann sollte man darauf vorbereitet sein, tiefer in die Tasche greifen zu müssen. Nehmen Sie die Spezifikationen der Hersteller übrigens nicht ganz so genau; dass einige von ihnen eine Ausleuchtung von bis zu 70 oder 100 Metern versprechen, bedeutet nicht, dass Sie auf diese Entfernung ein Wildschwein von einem Kaninchen unterscheiden können…

Es gibt verschiedene Arten und Weisen, wie Sie für jeden gewünschten Ort der Welt (also auch für den Ventoux) und für jedes Datum den exakten Zeitpunkt bestimmen können, an dem die Sonne und der Mond auf- bzw. untergehen.[22]

Natürlich gibt es dafür auch Apps. Für einige Smartphones muss man diese extra runterladen, auf dem iPhone ist standardmäßig eine Wetter-App installiert, die tagtäglich den Zeitpunkt des Sonnenaufgangs und -untergangs anzeigt. Denken Sie daran: Wenn Sie den ersten Streifen der Sonne über Italien aufgehen sehen wollen, müssen Sie eine halbe Stunde *vor* dem echten Sonnenaufgang oben sein. Und wollen Sie die Geburt des Tages vom zarten Beginn an miterleben (und das ist natürlich das Schönste): Der Übergang von der Nacht zur Dämmerung findet noch einmal eine halbe Stunde bis eine dreiviertel Stunde früher statt.

Kleidung

Schwitzend oben anzukommen und keine Jacke dabeizuhaben, bedeutet meistens Frieren und Leiden statt Erholung. Von der Möglichkeit, krank zu werden, wollen wir gar nicht mal sprechen. Die Jacke leistet auch bei der Abfahrt ausgezeichnete Dienste. Vergessen Sie nicht, dass Ihr erhitzter und schwitzender Körper ziemlich viel auszuhalten hat, wenn Sie nun ohne nennenswerte Anstrengung mit mehr als siebzig Sachen runterdonnern. Auch wenn es anfängt zu regnen, freuen Sie sich über die dreihundert Gramm Zusatzgewicht, die Sie »mitgeschleppt« haben.

Essen

Denken Sie daran, dass Sie an einem Anstieg wie dem Mont Ventoux ziemlich viel Energie verbrauchen. Es sollte Sie nicht wundern, wenn Sie zwischen Bedoin und dem Gipfel zwischen 2.000 und 2.500 kcal verbrennen. Zum Vergleich: Ein erwachsener Mann, der alltägliche, nicht allzu schwere körperliche Arbeit verrichtet, verbraucht an einem ganzen Tag ungefähr 2.400 bis 2.500 kcal. Wenn Sie es gewohnt sind, anständig zu essen, und eine normale Portion Verpflegung einpacken, werden Sie keine Probleme haben. Wenn Sie an die Fahrt auf und über den Ventoux hingegen noch einen Ausflug dranhängen möchten oder versuchen, den Cinglé, den Galerién oder noch Ärgeres zu meistern, müssen Sie zusätzliche Maßnahmen ergreifen. Für diesen Fall sollten Sie die nachfolgenden Tipps beherzigen.

Nehmen Sie an den Tagen vor der Auffahrt kohlenhydratreiche Nahrung zu sich. Vermeiden Sie zu viele Ballaststoffe; das beschert Ihnen höchstens Probleme. Weißbrot, weißer Reis, helle Makkaroni oder Spaghetti etc. liefern ungefähr genauso viel Energie wie die Vollkorn-Varianten, bedeuten aber viel weniger Ballast für Ihren Darm.

Packen Sie kalorienreiche Verpflegung ein. Bananen oder selbstgebackenes Bananenbrot aus süßem Teig schmecken lecker und liefern viel Energie. Zum Teig hinzugefügter Käse versorgt Sie mit etwas Salz; Nüsse (eventuell gemahlen), Rosinen und Honig verleihen dem Gebäck noch etwas mehr Geschmack und Energie.

Als sehr nahrhaft und praktisch hat sich »Pfannkuchentorte« erwiesen. Zum Teig gibt man Honig, Zucker und/oder Rosinen. Als Belag zwischen den gestapelten kleinen Pfannkuchen können Sie alles Mögliche als Energielieferant verwenden (Müsli zum Beispiel), außer Zuckersirup, Honig und dünne Marmelade (das läuft alles raus). Schneiden Sie die Torte in Stückchen und verpacken Sie sie einzeln in Alufolie. Lecker!

Wer Schwierigkeiten damit hat, beim Radfahren zu essen, aber trotzdem nicht absteigen möchte, kann darüber nachdenken, flüssige Nahrung mitzunehmen. Empfehlenswert ist gelartiges Fruchtmus, das voller Kalorien steckt (rund 200 kcal pro 100 ml). Man presst das Mus ganz einfach aus dem verschließbaren Alubeutel in seinen Mund. Nehmen Sie Wasser mit, damit Sie den megasüßen Geschmack wegspülen können. Das Zeug (von den Marken Born, PowerBar und Enervit zum Beispiel) bekommt man unter anderem in besser sortierten Fahrrad- und Outdoorläden.

Es ist nicht schlau, während der Auffahrt Kekse, Brot oder andere (zu trockene) Nahrung zu essen. Durch die schwere Atmung bekommen Sie ziemlich leicht Krümel in die Luftröhre, und Husten, Keuchen und Radfahren sind keine erfolgversprechende Kombination. Steigen Sie lieber kurz ab oder essen Sie etwas anderes.

Bei einem Anstieg wie dem Ventoux verbrennen Sie jede Menge Vitamine und Mineralien: Reserven, die Sie wieder auffüllen müssen. Wenn Sie davon ausgehen, unterwegs viel Energie zu verbrauchen, sollten Sie also in Betracht ziehen, eine Trinkflasche mit einem fertigen oder selbstgemachten Energydrink zu füllen. Selbstmachen geht so: In einer großen Trinkflasche mischen Sie 160 ml Fruchtsirup (30 % weniger Zucker als herkömmlicher Sirup), 65 g Reismehl (oder ähnliche Babynahrung) mit Wasser. Eine kleine Prise Salz kann nützlich sein, um die Schweißverluste wieder zu ersetzen.

Im Kapitel *Vorbereitung auf den Berg: Die Frage nach dem richtigen Training*, S. 107, finden Sie viel Wissenswertes zu Fetten und Kohlenhydraten und zum richtigen Umgang damit.

Trinken

Es ist sehr wichtig, für einen ausgeglichenen Wasserhaushalt zu sorgen. Nehmen Sie sich in diesem Zusammenhang die Worte des Wärmephysiologen Peter Reffetrath von der Niederländischen Organisation für Angewandte Naturwissenschaftliche Forschung zu Herzen. »Die Kerntemperatur des Körpers muss 37 Grad Celsius betragen und zwar am besten so konstant wie möglich. Bei Anstrengung steigt diese allerdings. [...] Bei zu großer Anstrengung beginnt das körpereigene Thermostat zu regulieren. Blutgefäße in der Haut weiten sich. Blut wird als eine Art Kühlflüssigkeit etwas schneller durch den Körper gepumpt. Daneben spielt noch ein weiterer Mechanismus eine Rolle: schwitzen. Wenn man ausreichend Wasser getrunken hat, kann man ausreichend schwitzen. Aber mehr als einen Liter Wasser pro Stunde nimmt der Darm nicht auf.« (*de Volkskrant*, 20. Juli 2006)

Das bedeutet also, dass Sie vor dem Start einen stabilen Wasserhaushalt haben sollten und auch während des Anstiegs weiter trinken müssen, ob Sie Lust haben oder nicht. Nehmen Sie also ausreichend Wasser mit – vor allem mitten im Sommer sind zwei Trinkflaschen mit je einem dreiviertel Liter kein übertriebener Luxus. Gehen Sie davon aus, dass ein einprozentiger Rückgang des Körpergewichts durch Wasserverlust (schwitzen also) zu einem Leistungsverlust von circa zehn Prozent führen kann! Trinken Sie also, bevor Sie Durst bekommen.

Trinken Sie am Tag vor der Auffahrt keinen oder nur wenig Alkohol. Wasser, Milch, Tee und Kaffee löschen den Durst auch und laugen Sie nicht aus.

Am Chalet Reynard, am Chalet Liotard und oben beim »Laden« können Sie sich Wasser kaufen – stecken Sie aber ein paar Euro ein, die Leute dort wissen, dass Sie Durst haben... Eine 1,5-Liter-Flasche »de l'eau à emporter« kostet fünf Euro oder mehr. Das Wasser ist dann auch gekühlt. Es ist jedoch wesentlich günstiger, seinen eigenen Durstlöscher herzustellen. Füllen Sie dazu eine große Trinkflasche mit 50 bis 80 ml Fruchtsirup, geben Sie eine Messerspitze Salz dazu, dann noch ein bisschen Zitronensaft und Wasser.

Brunnenwasser können Sie beim Chalet Reynard zapfen – neben dem Hydranten links vor der Terrasse – und oft an der Fontaine de la Grave, kurz vor der Schranke in der fünften Kurve der Mondlandschaft. Das Rohr, das dort aus der Mauer kommt, hat in der trockenen Jahreszeit allerdings wenig zu bieten. Passen Sie auf, wenn das Wasser sehr kalt ist: Ihr Magen könnte protestieren. Wer Hygienefanatiker ist, sollte daran denken, dass das Wasserbecken unter dem Rohr auch tagtäglich von Schafen und Hunden benutzt wird. Die Tiere schlürfen das Wasser übrigens besonders gern direkt aus dem Rohr.

Sind Sie in der luxuriösen Position, dass jemand oben auf Sie wartet, geben Sie ihm oder ihr eine Thermoskanne mit etwas zu trinken mit. Ein Becher heiße Suppe, wenn Sie bei vier Grad Celsius zähneklappernd das Gipfelplateau erreichen… Einfach himmlisch!

Essen und trinken Sie sofort, wenn Sie zurück in Ihrer Unterkunft sind; das sorgt für eine schnelle Regeneration. Greifen Sie dabei insbesondere zu eiweißreicher Nahrung: Das ist gut für Ihre Muskulatur.

Machen Sie aus dem Mont Ventoux bitte keinen Müllplatz, wie die Alpinisten es mit dem Mount Everest getan haben. Mit anderen Worten: Werfen Sie die Verpackungen Ihrer Esswaren und dergleichen nicht einfach in die Böschung, sondern gebrauchen Sie die Mülleimer entlang der Straße (oder die auf Ihrem Campingplatz bzw. in Ihrem Hotel).

Wetter

Wer den Ventoux mit dem Rad hinauffahren möchte, muss auf die Wetterbedingungen achten. Das Klima in der Provence lässt sich allerdings schwer in Statistiken ausdrücken, weil es von Ort zu Ort sehr unterschiedlich ist. Die Bemerkungen, die nun folgen, sind daher auch sehr allgemein und beziehen sich häufig auf Mittelwerte.

Die D 974 ist wegen der Gefahren von Schnee und Eis auf jeden Fall von Mitte November bis Mitte April zwischen dem Chalet Liotard und dem Chalet Reynard gesperrt.

Die besten Monate zum Radfahren im Vaucluse sind Mai, Juni und September. Mai und Juni sind im Allgemeinen die schönsten Monate, mit durchschnittlich neun Sonnenstunden am Tag, aber im September sind es auch nicht viel weniger. Im Mai ist es etwas kühler (durchschnittlich 21 °C) als im Juni (24 °C) und im September (24 °C), aber meist sehr angenehm. Durchschnittlich fällt in diesen drei Monaten an acht oder neun Tagen Niederschlag. Die Schauer können aber heftig werden.

Juli und August sind meistens trocken und brütend heiß. Im Tal werden es tagsüber ungefähr 28 °C, aber 35 °C oder mehr sind absolut keine Ausnahme; es regnet durchschnittlich nur an drei Tagen. In der Ferien- und Urlaubszeit ist es außerdem unheimlich voll auf und rund um den Ventoux und deshalb gefährlich.

Im Tal ist es im Allgemeinen etwa elf Grad wärmer als sechzehnhundert Meter höher. Unten ist kein Windhauch zu spüren? Auf dem Gipfel kann es dennoch im gleichen Moment sehr windig sein. Die Sicht in Bedoin oder Malaucène ist gerade völlig klar? Vor allem tagsüber hängt um das Observatorium herum gleichzeitig oft ein dichter Nebel. Dort steht der nichts ahnende Tourist dann in kurzer Hose und seiner Sommerbluse schräg im Wind und friert sich einen ab. Und zwar nicht mit Sicht auf den Mont Blanc oder die Pyrenäen – mitunter kann man vom höchsten Punkt der Straße aus nicht mal das Observatorium sehen.

Eine ernst zu nehmende, aber oft unterschätzte Gefahr ist Überhitzung. Im Sommer ist es in Südfrankreich normalerweise (sehr) heiß und es scheint von Jahr zu Jahr immer heißer zu werden. In der letzten Juniwoche 2019 zeigten die Thermometer auch am Fuße des Ventoux Werte von etwa 40 °C an. Am 28. Juni wurde in Gallargues-le-Montueux, auf halbem Weg zwischen Nîmes und Montpellier, laut Météo-France ein französischer Hitzerekord von 45,9 °C aufgestellt. »Auf dem Ventoux selbst (beinahe 2.000 Meter hoch) wurden schlappe 33 °C gemessen«, hieß es in Ton Koppenols Wetterrubrik im *Papendrechts Nieuwsblad* vom 9. Juli 2019. Während dieser Hitzewelle starb mindestens ein Radfahrer auf dem Ventoux an Überhitzung. Aber mehr noch als der direkte Einfluss der Sonne spielen dabei meteorologische Verhältnisse wie hohe Luftfeuchtigkeit und Windstille eine Rolle. Auch falsche Kleidung, eine zu hohe Intensität und eine zu lange Dauer der Anstrengung haben Einfluss, genau wie Alter, Trainingsstand und der medizinische Zustand des Sportlers. Mountainbiker, die abseits der Straße durch die Mondlandschaft fahren, gehen ein zusätzliches Risiko ein: Die weißen Steine reflektieren die Hitze der Sonnenstrahlen gnadenlos.

Wenn mehrere dieser Faktoren zusammenkommen, kann auf jeden Fall eine Situation entstehen, in der der Körper nicht (mehr) schwitzen kann. Die Körpertemperatur kann dadurch gefährlich ansteigen. Anfänglich erscheinen die Symptome wie ein »gewöhnlicher« Sonnenstich, aber letztendlich kann der »Coup de chaleur« zum Koma und sogar zum Tod führen – siehe *Trinken* in: *Tipps*, S. 176.

Man muss also Maßnahmen ergreifen: eine Kopfbedeckung und leichte, locker sitzende Kleidung tragen, rechtzeitig längere Pausen einlegen, wo immer möglich den Schatten nutzen und viel, sehr viel trinken. Noch vernünftiger ist es natürlich, solchen Problemen aus dem Weg zu gehen. Wenn die Sonnenblumen die Köpfe in die Höhe recken, fahren Sie am besten früh am Morgen oder spät am Nachmittag los. Dann geht man weniger Risiko ein, durch Hitzestau in Schwierigkeiten zu geraten, und hat einen zusätzlichen Vorteil: Man vermeidet die Fliegen im Wald.

Wenn der Mistral weht, ist die Sicht im Allgemeinen ausgezeichnet. Aber viel Wind bedeutet nicht automatisch, dass die Sicht oben gut ist. Es ist sehr gut möglich, dass Sie irgendwo auf halbem Wege durch die Mondlandschaft tiefgebeugt gegen den Wind ankämpfend trotzdem in die Wolken eintauchen.

Sie müssen immer mit starken Windböen rechnen. Anders als bei den Stürmen hierzulande, die meist vergleichsweise gleichmäßig wehen, gibt es beim Mistral sogenannte *rafales*: plötzliche, starke Windstöße nach einigen Dutzend (oder weniger) Sekunden manchmal relativer, manchmal absoluter Windstille. Météo-France gibt eindringliche Warnungen heraus, wenn dieses Phänomen im Anmarsch ist.

Wenn Sie dennoch aufs Rad steigen, bleiben Sie dann auf jeden Fall in der Mondlandschaft ein ganzes Stück weit weg vom Straßenrand, damit so ein peitschender Windstoß Sie nicht in den mitunter ziemlich tiefen Graben schickt oder ganz einfach vom Berg weht – Sie wären nicht der Erste, dem das passiert.

Unterwegs gibt es recht wenige Gelegenheiten, sich unterzustellen. Ein schöner Tag kann allerdings in gut einer halben Stunde zu einem Alptraum werden, wenn pfeilschnell ein schweres Unwetter heraufzieht. Bäume mag es unterhalb des Chalet Reynard genug geben, aber ob man gut beraten ist, sich im Wald vor Blitz und Donner zu verstecken…?

Der Pavillon de Roland, von Bedoin aus bei Kilometer 8,7, und das 1996 restaurierte Maison forestière de Jamet bei Kilometer 10,2 sind frei zugänglich und bieten eventuell einen guten Unterstand. Das gilt auch für das 1995 renovierte ehemalige Straßenwärterhaus de la Grave, anderthalb Kilometer hinter dem Chalet Reynard.

Die Temperatur kann in den Bergen – insbesondere bei Regen – sehr schnell fallen, und durchnässte Kleidung hat sehr unangenehme Folgen, denn: Je feuchter die Luft, desto niedriger ist die gefühlte Temperatur. Ein Regenguss bei der Abfahrt auf Höhe des Simpson-Denkmals kann sich locker 20 bis 25 °C kälter anfühlen als der Nieselregen, den man bei der Auffahrt in der Nähe von Saint-Estève gar nicht beachtet hat. Auch wenn die Sonne verschwindet, können die Temperaturen ziemlich schnell sinken, erst recht wenn es sehr windig ist.

Wenn Sie die Auffahrt Ende September in Angriff nehmen wollen, sollten Sie daran denken, dass es gegen acht Uhr abends dämmert und um halb zehn stockfinster ist. Dieselben Überlegungen gelten auch früh im Jahr.

Auch im Sommer werden die Schranken beim Chalet Liotard und bei der Fontaine de la Grave gelegentlich geschlossen, falls es aus besonderen Gründen unverantwortlich sein sollte, den Gipfel zu erklimmen. Das heißt nicht, dass Radfahrer oder Wanderer aus der eigenen Verantwortung entlassen würden. Es ist natürlich schade, wenn man den Gipfel nicht erreicht oder den Diable abbrechen muss, aber es ist doch vernünftig, sich den Rat des Psychologen und erfahrenen Alpinisten Peer van der Helm einzuprägen: »Im Allgemeinen können wir uns schwerwiegende Ereignisse weniger gut vorstellen. [...] Weil wir wenig Erfahrung mit schlechtem Wetter haben (hierzulande kann man sich meist überall sicher unterstellen), unterschätzen wir systematisch die Gefahren von schlechtem Wetter in Kombination mit starkem Wind. Deshalb betrachten wir die Berge wie einen großen Spielplatz. Eine wichtige Folge der Unvorstellbarkeit unangenehmer Ereignisse ist, dass wir die Inkaufnahme eines ungewissen großen Verlustes (z.B. Tod durch Unterkühlung) einem sicheren kleinen Verzicht vorziehen.« (*de Volkskrant*, 19. Mai 2004)

Zusammengefasst: In den Bergen können sich die Bedingungen schnell ändern, bereiten Sie sich also sorgfältig vor. Sehen Sie sich das Wetter vor Ort an. Die Vorhersagen der regionalen Zeitung *La Provence* sind sehr zuverlässig; *La Provence* ist in jedem *tabac* erhältlich.

Als Besitzer eines Smartphones kann man natürlich auch eine Wetter-App verwenden. Wie stark der Wind aktuell auf dem Gipfel weht und wie hoch die Temperatur ist, kann man auf dem Smartphone mit der App Infoclimat sehen, auf der Website www.meteo-ventoux.fr oder auf Twitter unter @MeteoVentoux.

Météo Vaucluse und Météo 84 haben auf Facebook einen täglichen Wetterbericht, auch mit den Prognosen für die nächsten Tage. Météo 84 ist auch auf Twitter unter @84meteo zu finden.

Auffahrt

Bereiten Sie sich auch mental auf eine schwere Tour vor, dann werden Sie nicht enttäuscht. Ungeachtet diverser angsteinflößender Berichte ist es keineswegs ein Ding der Unmöglichkeit, den Mont Ventoux mit dem Rad zu erklimmen, aber es ist doch schon ein schwieriges Unterfangen – die Kilometersteine werden Ihnen nicht gerade um die Ohren fliegen.

Legen Sie moderat los und versuchen Sie, einen Rhythmus zu finden, der zu Ihnen passt; das ist viel wichtiger als ein hohes Tempo. Lassen Sie sich nicht dazu hinreißen, zu forsch anzugehen: Wenn Sie einmal im roten Bereich fahren, ist es besonders schwer, die Herzfrequenz wieder runterzukriegen; dafür ist die durchschnittliche Steigung einfach zu groß – siehe *Vorbereitung auf den Berg: Die Frage nach dem richtigen Training*, S. 107.

Wenn Sie mit Herzfrequenzmessung trainiert haben, vertrauen Sie dann auf Ihr Wissen und die Erfahrung, die Sie damit erworben haben. Lassen Sie sich durch das niedrige Tempo nicht dazu verleiten, über Ihrer Schwelle zu fahren, »weil doch bestimmt mehr gehen müsste«. Die Pulsuhr lügt nicht.

Finden Sie sich damit ab, dass Ihr Name nicht Pantani oder Armstrong ist. Wenn es irgend geht, sollten Sie sich das größte Ritzel für den Moment aufheben, in dem Sie es wirklich brauchen. Genieren Sie sich nicht, wenn das schon bei Saint-Estève der Fall ist.

Im Gegensatz dazu, was in manch angsteinflößenden Erzählungen behauptet wird, ist die Luft auf dem Mont Ventoux nicht dünner; dafür ist der Berg nicht hoch genug. Für Menschen, die Probleme mit dem Herzen oder Atemwegsprobleme haben, kann es aber unter bestimmten Bedingungen bei der Höhe doch schwierig werden.

Zollen Sie dem Berg Respekt und nehmen Sie alles, was er Ihnen an Unterstützung bietet. Nutzen Sie ein bisschen Schatten, einen Windhauch oder die etwas weniger steilen Stücke nicht, um Ihr Tempo zu steigern, sondern um kurz durchzuschnaufen. Nutzen Sie dafür, wo es geht, auch die Außenkurven; sie sind etwas länger als die Innenkurven und deshalb weniger steil. Achten Sie aber auf entgegenkommende Fahrzeuge. Vor allem in der Virage du Bois (auch Virage de Robin genannt), der sehr steilen Rechtskurve kurz hinter dem Maison forestière de Jamet (auch Maison Jaune genannt), ist es kreuzgefährlich, die ach so verlockende flache Außenkurve zu nehmen; ein entgegenkommender Rad- oder Autofahrer in der Abfahrt hätte keine Chance, Sie zu sehen.

Wenn Sie das Gefühl haben, dass Sie viel schlechter in Form sind, als Sie erwartet hatten, gibt es einen Trost: Sie sind nicht der Einzige, der mit diesem Gedanken hadert.

Abfahrt

Abfahren… man könnte ein ganzes Buch darüber schreiben[23], aber vor allem anderen gilt: Halten Sie immer Ihre Konzentration aufrecht, beziehungsweise – um ein modernes Wort zu verwenden – Ihren Fokus! In einer schönen Abfahrt von vielleicht einer halben Stunde Dauer können Ihre Gedanken sehr leicht abschweifen, was einem wohlbehaltenen Ankommen daheim nicht besonders zuträglich ist. Bei allen Abfahrten gibt es unübersichtliche Kurven. Direkt dahinter kann eine Haarnadelkurve warten, und wenn Sie den Berg mit 80 km/h runterbrettern, sehen Sie sie unter Umständen zu spät.

Gucken Sie nach vorne. Betätigen Sie nicht ständig die Bremsen; vor allem wenn Sie Schlauchreifen verwenden, können die Felgen dadurch so heiß werden, dass Sie einen Reifenplatzer oder einen schleichenden Platten riskieren. Sie können das Tempo auch drosseln, indem Sie einfach aufrechter sitzen und Ihre Knie nach außen stellen.

Man bremst in der Abfahrt zu ungefähr 70 Prozent mit der Vorderradbremse und zu 30 Prozent mit der Hinterradbremse. Wenn Sie es andersherum halten, kann schnell das Hinterrad blockieren und Sie kommen ins Rutschen. Allzu abrupt und zu stark vorne zu bremsen, bedeutet jedoch eine ernsthafte Gefahr, kopfüber über den Lenker zu gehen. Auch hier gilt also: dosieren. Und vergessen Sie vor allem nicht, Ihr Gewicht nach hinten zu verlagern; halten Sie so viel Druck wie möglich auf dem Hinterrad, um ein Blockieren und damit den Verlust der Bremswirkung zu verhindern.

Versuchen Sie, geschmeidig zu fahren und eins mit dem Rad zu werden. Wer wie ein Block aus Stahlbeton auf seinem Rad sitzt, reagiert auch wie ein Block aus Stahlbeton, und der Mont Ventoux weiß, wie er damit umzugehen hat – siehe die zu Geröll pulverisierte Mondlandschaft.

Tragen Sie einen Helm! Der Mann, der alles übers Radfahren auf dem Mont Ventoux weiß, Bernard Mondon, lässt uns in seinem Buch *Le Mont Ventoux – encyclopédie d'une montagne provençale* wissen, dass hier jedes Jahr fünf bis zehn Radtouristen ihr Leben lassen aufgrund von Herzproblemen und Stürzen. Sporta – siehe *Mon Ventoux* in: *Der Aktionsberg*, S. 265 – spricht auf www.sporta.be sogar von jährlich zwischen zehn und zwanzig Toten. Auch wenn wir woanders niedrigere Zahlen gelesen haben: Ein guter Helm kann sich im Notfall als Ihr bester Freund herausstellen.

Meist gehen Selbstüberschätzung und/oder Erschöpfung der Katastrophe voraus. Allein in der ersten Woche im Juni 2003 mussten die *sapeurs-pompiers* drei Schwerverletzte bergen. Das war für das *Office du Tourisme* in Bedoin Grund genug, ein Plakat aufzuhängen mit einer Warnung: Wer zu übermütig wird, fällt dem Berg zum Opfer. Oder, um mit Lévi Weemoedt zu sprechen: »Und wer am allerschnellsten abfahren kann, bekommt einen Sarg und das Läuten der Glocken.«

Tragen Sie während der Abfahrt auch eine gute Brille, ob es nun sonnig ist oder nicht. Die Insekten, die Ihnen bei der Auffahrt begegnen, treffen Sie auch bei der Abfahrt wieder: Schon mal eine Hornisse mit einer Geschwindigkeit von 80 km/h ins Auge bekommen? Das kann Ihnen ganz leicht einen längeren Krankenhausaufenthalt bescheren.

Geben Sie den uneingeladenen, manchmal sehr reizbaren Gästen am besten erst gar keine Chance und fahren Sie auch so viel wie möglich mit geschlossenem Mund, auf jeden Fall bei der Abfahrt.

Andere Viecher, vor denen Sie aufpassen müssen, sind Schafe, die die Straße überqueren. Manchmal laufen ein paar verirrte Exemplare auf oder neben der Fahrbahn herum. Aber regelmäßig, wenn sie spät am Nachmittag oder früh am Abend unterwegs sind zum Stall, streunt auch eine komplette Herde durch die Mondlandschaft, und denken Sie bloß nicht, dass die sich um den Verkehr kümmern würden. Kommt man gerade um die Ecke geflogen, starren sie einen zu vielen Hunderten an. Ein Zusammenstoß mit einem Schaf sorgt übrigens in der Regel für gehörige Blessuren. Ein extra Tipp: Spitzen Sie gut die Ohren; Sie hören ihr Blöken oder die Glocke um ihren Hals oft schon, bevor Sie die Tiere selbst sehen können.

Manchmal spült der Regen kleine Steine oder Splitt auf die Straße. Achten Sie darauf, insbesondere wenn Sie sich einer unübersichtlichen Kurve nähern.

Wenn Sie mit einem Kumpel runterfahren, halten Sie dann mehr als genug Abstand zum Vordermann. Fährt man Windschatten, sieht der Hintermann gefährliche Kurven und dergleichen oft nicht kommen. Die Folge: Der erste Fahrer kommt normal durch die Kurve, der zweite reagiert zu spät und kommt von der Straße ab. Noch ein Nachteil, wenn man zu dicht hintereinander fährt: Wenn Ihr Vordermann stürzt, haben Sie als Nachfolger oft keine Chance mehr, Ihrem Kollegen auszuweichen.

Unterschätzen Sie nicht die Abfahrt nach Sault. Die ist lang und die Kurven sind flüssig zu fahren, eine Kombination, die ganz schnell zu Konzentrationsmängeln führen kann. Mitte 2013 wurde die Straße wo nötig neu asphaltiert, das holprige Bergab, an das man sich vor 2013 gewöhnen musste, ist zum Glück vorbei.

Die Abfahrt nach Malaucène ist, auf jeden Fall hinter dem Kreisverkehr bei Mont Serein, eine perfekte Rennpiste, aber achten Sie darauf, dass Ihr Reaktionsvermögen etwas eingeschränkt sein kann. Das kommt durch die Anstrengungen, die Sie geleistet haben, und durch die aufgeputschte Stimmung, in der Sie sich nach Erreichen des Gipfels möglicherweise befinden.

Nach der Abfahrt lockt ein Leffe in der Bar l'Observatoire in Bedoin! Hier verkehren die echten Bedoinais und es ist die Bar, wo Tom Simpson seinen letzten Calvados/Wein/Cognac/Pastis oder sein letztes Wasser getrunken hat (je nachdem, mit wem Sie sich unterhalten), bevor er mit seiner ultimativen Auffahrt begann.

Lieber ein regionales Bier? Versuchen Sie dann das mehr als vortreffliche Blanche du Ventoux. Das ist ausnahmsweise nicht aus Gerste oder Weizen gebraut, sondern aus Dinkel, einer uralten Getreideart, die rund um Sault wieder vielfach angebaut wird.

Verschiedenes

Nehmen Sie sich in Acht vor den BMW und Mercedes, die hier Testfahrten unternehmen, und seien Sie, vor allem bei der Auffahrt, auf der Hut vor »Streetlugern«. Das ist eine Art Rodelschlitten auf Rädern. Rücklings auf seinem Fortbewegungsmittel liegend, die Füße nach vorn, saust der Straßenrodler auf diesem Boliden den Berg hinunter. Es geht ihm nie schnell genug, also wenn sich (in seinen Augen...) auch nur die Gelegenheit ergibt, wird er versuchen, vor ihm fahrenden Verkehr zu überholen. Weil ein Streetluger nicht höher ist als etwa zwanzig Zentimeter, sieht man ihn kaum kommen: erst recht nicht, wenn er hinter dem entgegenkommenden Verkehr nach vorn geschossen kommt. Wir haben dieses aus Amerika herübergewehte Phänomen schon mehrere Male auf dem Ventoux wahrgenommen und uns jedes Mal sehr erschrocken. Und ja, gehen Sie besser nicht davon aus, dass so ein Rodler das Bremsvermögen eines Formel-1-Wagens hätte...

Für Menschen, die von vornherein wissen, dass sie viele Stunden beschäftigt sein werden, ist es, vor allem wenn sie in den Wald hineinfahren, kein verrückter Gedanke, eine Rettungsdecke mitzunehmen. Das ist eine sehr leichte, isolierende Decke aus metallisiertem Polyester, die sowohl vor starker Abkühlung als auch vor extremer Hitze schützen kann. Beide Wetterbedingungen kommen häufig vor auf dem Ventoux und sie können sich schnell abwechseln. Im Notfall, z.B. nach einem heftigen Sturz, kann es schon lange dauern, bevor die *pompiers* bei Ihnen sind, und dann kann Ihnen so eine Decke viel Ärger ersparen. Rettungsdecken sind in allen möglichen Preisklassen erhältlich, es fängt bei etwa acht Euro an.

Es ist eine gute Idee, sich für lange Tagestouren (Cinglé, Forestier etc.) einen Begleiter zu suchen. Vergessen Sie nicht, dass Sie sich auf den Waldwegen nicht auf die Hilfe von Passanten verlassen können (die gibt es nämlich kaum), und denken Sie daran, dass Sie auf großen Teilen des Berges mit Ihrem Handy, auch wenn es noch so smart ist, wegen schlechten Empfangs wenig ausrichten können. In Notfällen können Sie dann auf jeden Fall auf Ihren Kameraden zurückgreifen.

Stecken Sie sich einen Zettel oder eine Karte mit Ihrem Namen und der Adresse Ihrer Unterkunft in die Tasche. In Notfällen wissen die Rettungsdienste dann, wo Sie hingehören. Es gibt dafür auch spezielle Armbänder, Helmsticker und Anstecker für die Schuhe, auf denen Sie Ihre persönlichen Daten und Telefonnummern von Kontaktpersonen hinterlassen können. Erhältlich sind sie unter anderem von ID Inside.

Haben Sie ein Smartphone? Dann können Sie verschiedene Apps wie z.B. Ride ID verwenden. Diese App zeigt auf Ihrem Sperrbildschirm Ihren Namen und Ihre medizinischen Daten an und wer im Notfall angerufen werden soll.

Offenes Feuer ist auf dem Berg streng verboten. Sogar für das Anzünden einer Zigarette gibt es ein Bußgeld von mehr als 150 Euro.

Respektieren Sie Absperrungen bei Trockenheit. Sie können natürlich daran vorbeifahren, aber sie stehen nicht umsonst dort.

Regelmäßig sind an verschiedenen Orten kurz unter dem Gipfel Berufsfotografen aktiv, vor allem früh am Tage. Wenn sie Sie verewigt haben, bekommen Sie eine Art Visitenkarte in die Hand gedrückt – keine Angst, Sie brauchen nicht anzuhalten, die Männer rennen mit Ihnen mit, geben Ihnen die Karte oder stopfen sie Ihnen in die Trikottasche. Auf dieser Karte steht, wie und wo Sie die Fotos erwerben können.

Diejenigen, die über eine *route forestière* rauffahren, können darüber nachdenken, sich ein Gewehr ans Sitzrohr zu binden... Im Jahr 2011 hat jemand gemeldet, dass er auf den Flanken des Ventoux einen Wolf gesehen habe, und am 30. Januar 2012 fand ein Jäger nicht weit vom Pavillon de Roland einen toten Wolf mit zwei Schusswunden.

Der Bürgermeister von Bedoin, Luc Reynard, zeigte sich nicht überrascht: »Bis jetzt gab es keinen Beweis, aber den gibt es nun. Soweit ich weiß, ist das der erste Wolf, der auf dem Ventoux erschossen wurde.« Was ihn aber überraschte, war, dass der Wolf so nah an Wohngebiete herangekommen war.

Ein niederländisches Paar behauptete im August 2012, sie hätten bei der Abfahrt nach Sault gleich drei Wölfe gesehen. Ein anderer niederländischer Tourist stand Anfang September des gleichen Jahres während der Abendwanderung Auge in Auge mit einem Wolf. Das Tier sah ihn kurz an und ging dann ruhig in den Wald hinein. Diese letzte Wahrnehmung mag der Beruhigung dienen. Wölfe sind normalerweise nicht interessiert an einem menschlichen Mahl. Im Gegenteil, sie lassen sich selten blicken und bei einem unerwarteten (und von beiden Parteien unerwünschten) Treffen ergreifen sie als Erste die Flucht.

Und es scheint voller zu werden auf dem Ventoux! Ende April und Anfang Mai 2017 wurden zwei verschiedene Wölfe von einem Amateur-Naturfotografen aus Pernes-les-Fontaines beobachtet und fotografiert. Auf www.ledauphine.com berichtet besagter Fotograf, dass Schäfer ihm erzählt hätten, es würden auf dem Berg sogar sechs Wölfe herumstreunen.

Doping?!

Einige Sportler nehmen heutzutage Rote-Bete-Saft, ob konzentriert oder nicht, um ihre (Ausdauer-)Leistung zu steigern. TopsportTopics (ein niederländischer Ratgeber-Service mit wissenschaftlichen Informationen für die Sportpraxis, der u.a. auch im Namen der nationalen Sportorganisation NOC*NSF spricht) sagt Folgendes zu diesem Thema: »Auf der Grundlage des derzeitigen Wissensstandes lässt sich der Schluss ziehen, dass Rote-Bete-Saft/Nitrat bei Sportlern mit mittlerer bis durchschnittlicher Sauerstoffaufnahmekapazität zu besseren sportlichen Leistungen führen kann. Für Sportler mit einer höheren Sauerstoffaufnahmekapazität wurden bis heute keine Belege für positive Effekte veröffentlicht. In jedem Fall wurden keine negativen Auswirkungen auf die Leistung festgestellt. […] Schließlich gibt es Hinweise darauf, dass es im Hinblick auf die Effektivität von Nitrat ›Responder‹ und ›Non-Responder‹ gibt. Mit anderen Worten: Bei manchen Sportlern hilft es, bei anderen nicht.«

Sportzorg.nl meint zu dem Thema: »Es wurde nachgewiesen, dass die Verwendung von Rote-Bete-Saft zu einem geringeren Sauerstoffverbrauch und einer niedrigeren Herzfrequenz führt als bei der gleichen Anstrengung ohne Verwendung von Rote-Bete-Saft. […] Personen, die bereits einen niedrigen Blutdruck haben, sollten auf die Gefahr eines weiteren Blutdruckabfalls mit der Folge einer möglichen Ohnmacht achten.«

Das Zentrum für Ernährung in Den Haag rät derweil völlig von der Verwendung von Rote-Bete-Saft durch Sportler ab. Also ein wenig sollte man wohl doch aufpassen.

Zum Schluss

Auf die Frage, welchen Rat er künftigen Ventoux-Bezwingern mit auf den Weg geben möchte, antwortet Radsportkenner und -journalist Martin Ros:

»Gaaanz ruhig bleiben, erst mal. Steigen Sie ruhig einfach mal ab oder so und fahren Sie nicht in der schlimmsten Hitze und wenn kein Lüftchen weht. Dann sollte man das echt nicht machen. Dann haut einen das nämlich um. Ich hab' genug Menschen miterlebt, die es dort umgehauen hat, die auch was am Herzen gekriegt haben. Ist 'ne viel zu große Anstrengung. Da können Leute das zu Hause auskurieren, aber nein, dann fahren sie trotzdem hin, wissen Sie, es ist jetzt 'ne richtige Mode geworden. Aber ich warne die Leute davor. Macht es nicht! Dann denken sie: Ach, komm, jetzt geht's. Nein, dann geht's eben gerade nicht! […] Eine ernsthafte Warnung. Der Mont Ventoux, das ist 'ne Art Mythologie geworden. Da wollen sie jetzt alle hin, Väter von vier Familien, fahren alle im Urlaub hin, um den Mont Ventoux zu erklimmen. Und das ist Irrsinn! Macht es lieber nicht!«

Aus einem VPRO-Radiogespräch in einer Serie
über Pilgerfahrten und -orte – in diesem
Fall den Mont Ventoux, 22. März 2001

CAPPUCCINO

Sault (Vaucluse, Frankreich) – Die Bar La Promenade liegt oben auf einer hervorstehenden Felsspitze am Rande des Dorfes. Das Land tief unten ist leer, der Lavendel geerntet. Am Waldrand, hinter den Äckern tauchen die ersten fahlen Herbstfarben auf. Mein Rad lehnt an einer riesigen Platane am Rande der Terrasse. Der Stamm hat bestimmt einen Umfang von fünf Metern, wenn es nicht sogar mehr ist. Ich wische mir den Schweiß von der Stirn. Am Tisch hinter mir bricht jemand in Lachen aus. Ein Junge schleudert drei Teller Spaghetti auf die Terrasse. Ich rieche den Duft des Eau de Menthe, der Minzlimonade, die man hier oft trinkt. Ich habe meine Augen halb geschlossen, die Sonne spielt mit meinen Wimpern.

Ich schrecke auf, als ich die Stimme der Kellnerin höre. »Monsieur?« Mir stockt der Atem. Unfassbar, was für eine Schönheit. Was für eine Schönheit! Unwillkürlich setze ich mich etwas gerader auf meinen Stuhl. »Eh, une tarte aux fromages et un café cappuccino, s'il vous plaît.« Ich versuche, »Cappuccino« so italienisch wie möglich klingen zu lassen. »Tarte aux fromages et café cappuccinó«, verbessert sie mich. Wieder das Lachen ohne Hintergedanken. Sie wischt mit einer Serviette über den Tisch und dreht sich um. Ich traue mich nicht, ihr hinterherzusehen.

Ich strecke meine Beine und schließe meine Augen. Stimmengewirr, das monotone Geräusch Hunderter Zikaden, der Geruch des Holzfeuers aus der Pizzabäckerei auf dem Platz. Die morgendliche Fahrt sackt mir langsam in die Beine. Eine Art Friedlichkeit, die zu Weihnachten gehört, ergreift von mir Besitz. Weihnachten in der Provence, Mitte September, eine dicke Platane als Weihnachtsbaum…

»Voilà, monsieur, tarte aux fromages et cappuccinó. Cinq euro cinquante, s'il vous plaît,« wiederholt sie, etwas langsamer als gerade eben. Ich gebe ihr sieben Euro und nicke, dass es so stimmt. Sie macht eine kokette Verbeugung, lacht und dreht sich um.

Zerstreut tauche ich den Löffel in die Sahne, die wie ein Eisberg mit einer Mütze aus Kakao auf dem Kaffee treibt. »Cappuccinó«, singt es in mir, »Cappuccinó.«

Als ich vorsichtig von der dampfenden Käse-Tarte abbeißen will, sehe ich, wie mich ein älterer Herr gegenüber mit einem Lachen mustert. Er zwinkert mir zu, spitzt seine Lippen und nimmt einen winzig kleinen Schluck von seinem Pastis. Ich spüre, dass ich rot werde. »Cappuccinó.« Ich werde es nie vergessen.

Aus: Willem Janssen Steenberg, *Voor eigen parochie – Columns 2003–2011*

GANZ KURZ ENGEL, HEILIG AUCH

»[...] und ich ward ganz kurz Engel, heilig auch
mit dem Atem der Radsportgötter in meinem Nacken,
ihren Muskeln in meinem murrenden Körper:
ein Berggott in der Tiefe meiner Gedichte [...]«

– Willie Verhegghe, *Tourmalet en andere poëzie buiten categorie*

»Mit dem Atem der Radsportgötter in meinem Nacken.« Vielleicht fühlen Sie sich am Start in der Tat etwas nervös und gehetzt. Und wer hat sich »im Wald« nicht mehrfach die Frage gestellt, ob das Chalet Reynard wohl jemals in Sicht kommen würde? Eine gute Vorbereitung ist die halbe Miete. Liefert das Kapitel *Tipps* einiges an Wissenswertem, was mit dem Radfahren selbst zu tun

DIE DREI ANSTIEGE

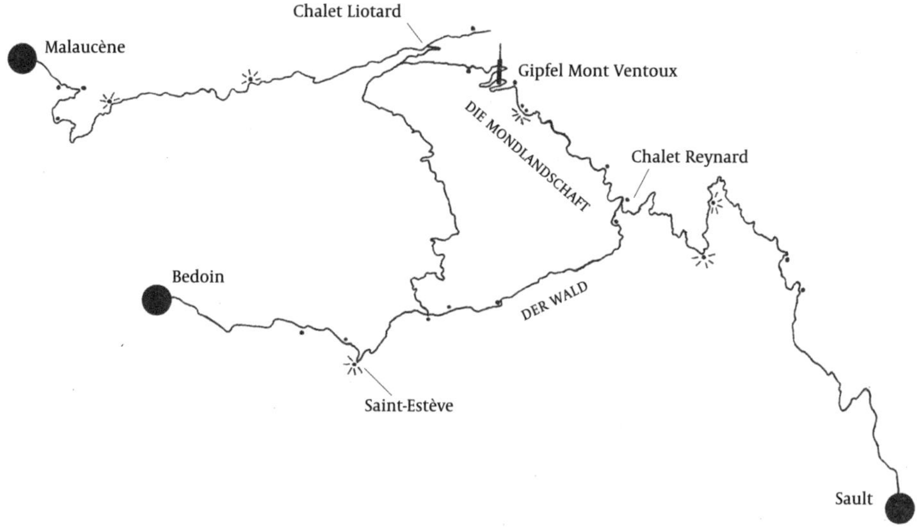

hat, erläutert Ihnen das Kapitel *Ganz kurz Engel, heilig auch,* was Sie von der Strecke zu erwarten haben.

Anhand der Profile können Sie sich ein Bild von der Strecke machen. Sie können sich ansehen, wo Sie welche Steigungsprozente vors Rad bekommen und wo mal ein Stückchen falscher Ebene mit fünf Prozent Steigung zumindest für etwas Entspannung sorgen kann.

Die Streckenkarten sind bewusst in ihrer einfachsten Form dargestellt, damit Sie sie sich kopieren und in die Rückentasche stecken können; sie zeigen Ihnen die wichtigsten charakteristischen Punkte entlang der Strecke und die wichtigsten Entfernungen. Verirren werden Sie sich am Ventoux nicht, aber es ist äußerst angenehm, wenn man bestimmte Punkte wiedererkennt und weiß: Na, sieh mal einer an, ich komme also doch vorwärts!

Wenn Sie die Geschichten von den Ventoux-Auffahrten gelesen haben, sollte deutlich geworden sein, was Sie in der Mondlandschaft vom Mistral erwarten können, dass Sie nicht der Einzige sind, der gegen sich selbst kämpft, dass sich nicht nur bei Ihnen dieser eine Tag von allen anderen Tagen unterscheidet.

»C'est dur, hé?!«
BEDOIN

Es stürmt die ganze Nacht heftig und ab und zu gibt es Regenschauer. Dass wir gut geschlafen hätten, kann man nicht gerade behaupten…

Karel ist spät dran heute: Er geht erst um sieben Uhr los, um Brot zu holen. Wir trinken in aller Ruhe Kaffee, kaufen in Bedoin ein, wechseln die Gasflasche und holen zum letzten Mal Francs vom Geldautomaten; nächstes Jahr haben wir schon den Euro.

Im Laufe des Tages wird der Wind schwächer. Die Sonne kommt raus und es sind ungefähr zwanzig Grad. Also umziehen und aufs Rad! Wegen der Beine mache ich mich nicht bange; die große Frage ist: Wie steht es mit dem Sitzfleisch? Das ist nicht ganz unbegründet, denn wir fahren den Ventoux noch einmal hoch. Wir haben vor, es erst mal ganz ruhig angehen zu lassen, erst mal nur bis zum Chalet Reynard. Dort schauen wir dann, wie es um Körper & Seele bestellt ist und was der Mistral für uns so bereithält.

Wir füllen die Trinkflaschen mit allem, was uns Kraft bringen kann. Ich stecke vier kleine Mars-Riegel und ein Päckchen Traubenzucker in die Satteltasche und eine Banane und einen Alubeutel mit Konzentrat in die Trikottasche. Mein Helm dient als Aufbewahrungsort für die Jacke.

Als junger Hund bereitet Karel gewohnheitsgemäß den Weg, als bedächtiger alter Herr folge ich in immer ehrwürdigerem Abstand.

DER ANSTIEG AUS BEDOIN

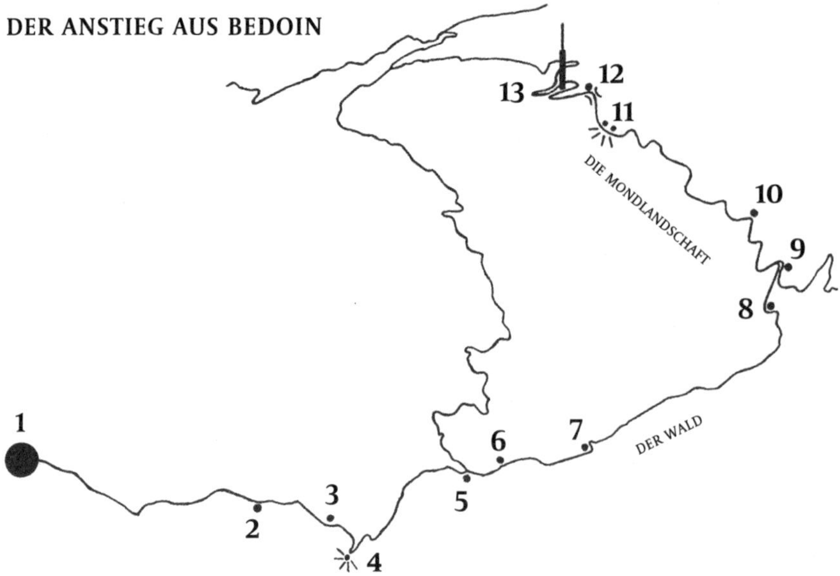

1 Bedoin
2 Sainte-Colombe
3 Les Bruns
4 Saint-Estève
5 Beginn des vierten Anstiegs beim Galérien (Route forestière)
6 Pavillon de Roland / Citerne
7 Maison cantonnière Jamet
8 Ferienhäuser
9 Chalet Reynard
10 Fontaine de la Grave / Maison cantonnière de la Grave
11 Gedenkstein Tom Simpson / Gedenkstein Pierre Kraemer
12 Col des Tempêtes / Gedenkstein Brügge–Mont Ventoux
13 Gipfel Mont Ventoux

Entfernungen (ca.)

1 – 4	=	5,5 km
4 – 5	=	2,5 km
5 – 8	=	6,0 km
8 – 9	=	1,0 km
1 – 9	=	15,0 km
9 – 10	=	1,5 km
10 – 11	=	3,0 km
11 – 13	=	1,5 km
9 – 13	=	6,0 km
Bedoin – Gipfel	=	21,0 km

Bedoin – Gipfel
295 – 1.909 m
21,0 km
durchschnittlich 7,7 %

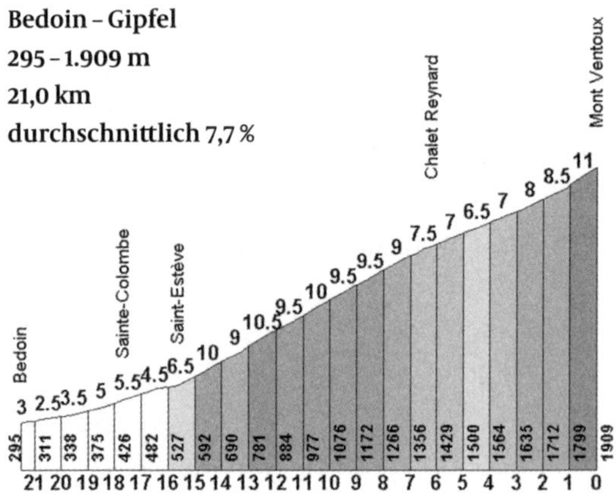

Es fällt schwer heute, sehr schwer. Nach ungefähr vier Kilometern frage ich mich, ob ich nicht besser anhalten soll. In Saint-Estève muss ich schon runterschalten auf 30x26, einfach nicht zu fassen. Das kann niemals gutgehen. So habe ich null Chance, da hochzukommen. Ja, in den Himmel vielleicht. Die Kadenz fällt mickrig aus, um die fünfzig herum. Meine HF geht derweil Richtung 150. Also explodieren werde ich nicht, aber ich habe absolut keine Kraft.

Nach 5,3 Kilometern steht auf der Straße: »KNALLEN KEES«. Knallen Kees. Ich hätte lieber »WUPP WILLEM« gelesen oder »TANZEN JANSSEN«. Ein Stückchen weiter vermeldet die Gemeinde auf einem großen Schild, dass der Gipfel *ouvert* ist. Zum Glück. Ich fange an, mich jetzt besser zu fühlen, schalte aufs 21er hoch.

Bei Kilometer neun denke ich: Das halte ich noch eine Weile durch; ich will versuchen, es mit diesem Gang bis zum Chalet Reynard zu schaffen. Ich frage mich aber trotzdem ständig: Was ist das Klügste? Soll ich so lange wie möglich mit 30x21 fahren oder sollte ich besser einen Gang kleiner schalten? Allgemeine Verunsicherung. Nach 9,8 Kilometern ruft jemand in halb abgeschliffenen weißen Lettern: GO BAS!, und ein Stückchen weiter schreit der Asphalt: FAHR ROLAND! Was sollte ein Mensch hier denn anderes tun? Ich verspreche mir selbst eine Pause bei der Zehn-Kilometer-Marke.

Aber als der Tacho auf zehn springt, halte ich nicht an. Stattdessen male ich mir die Pausenwurst auf dem nächsten Parkplatz aus. Dort sitzt ein Ehepaar, gemütlich ein Brot kauend. Hier abzusteigen, wäre zu peinlich für mein Ego, der nächstbeste Schattenplatz wird daher mein Ziel. Aber auch an dem fahre ich vorbei. Alles tut mir jetzt weh, mein Rücken, mein Nacken, meine rechte Schulter.

Ich höre eine Schaltung hinter mir, neben mir. Ein drahtiger etwa sechzigjähriger Franzose fährt vorbei. Wir wechseln ein paar Worte.

»Schön hier, nicht wahr?«

»Auf jeden Fall.«

»C'est dur, hé?!«

»Oui oui, assez dur.«

»Ich fahre jetzt zum zweiten Mal hintereinander hoch.«

»Oh, das ist 'ne stramme Leistung, aber, excusez, ich möchte lieber nicht allzu viel reden; ich muss mir den Atem aufsparen, vous comprenez?«

»Sicher, sicher. Konzentrieren auf rouler, n'est-ce pas?«

»Oui oui.«

»Bon courage!«

»Merci, aussi et salut.«

Netter Junge, nettes Gespräch, aber der Atemrhythmus ist dahin. Nach 11,3 Kilometern muss ich auf 30x23 wechseln. Dann sei es halt so. Ab und an spüre ich den Mistral in meinem Gesicht, kalt und grimmig. Das verspricht wenig Gutes für die Mondlandschaft.

»Petra« ist auf die Straße gepinselt. Petra. Wo würde sie wohnen? Wäre es eine junge Frau mit wehendem Pferdeschwanz, der unter dem Helm hervorlugt, und mit einem flott geschnittenen Triathlon-Anzug? Oder so eine wettergegerbte, durchtrainierte Dame mittleren Alters, wie man sie hier öfter sieht? Petra, oh Petra, wie tut mir mein Rücken weh. Zum so-und-so-vielten Male fährt der schwarze Mercedes mit seinen getönten Scheiben und seinem Schleier an mir vorüber. Die Leute unternehmen hier Testfahrten. Ein Traumjob, scheint mir. Auf Kosten des Chefs versuchen, neue Autos kaputt zu fahren. Toller Job. Vom Seitenstreifen ruft ein Belgier: »C'est dur, hé!?« »Oui oui, je préfère la Hollande«, keuche ich. Er lacht.

Zweieinhalb. Noch zweieinhalb Kilometer bis zum Chalet. Versuchen, irgendwie durchzuhalten. Aber wie auch immer: Ich fahre nicht bis zum Gipfel. Das klappt heute einfach nicht. Es reicht mir einfach. 13 km/h. 13,5. Ich bin kaputter als kaputt. Ich wechsele ständig kurz in den Wiegetritt, aber davon werde ich nur müde und meine HF geht sofort auf 155. Zurück in den Sattel also. Ich bekomme gut Luft durch die Nase, ich trinke regelmäßig von meinem Energy-Drink, ich habe auch genug gegessen, daran liegt es nicht. Sechs km/h, sieben. Wo bleibt das Chalet? Ich bin nur froh, dass ich vor ein paar Tagen den Gipfel schon einmal ohne anzuhalten erreicht habe. Diesen Sieg habe ich auf jeden Fall in der Tasche.

Endlich, die letzte Kurve, direkt vor mir das Chalet. Der eiskalte Mistral bläst mir voll ins Gesicht. Fünf km/h. Vor mir geht jemand zu Fuß, das Fahrrad an der Hand. Karel ist schon seit Stunden oben. Ich gehe aus dem Sattel, setze mich hin, gehe wieder aus dem Sattel.

Dann bin ich da. Ich setze mich an eine geschützte Stelle und ziehe meine Jacke über. Es ist genug. Ich höre auf. Mir ist kalt. Ich warte hier auf Karel.

Nach ein paar Minuten denke ich: Sollte ich nicht einfach doch mal mit der Mondlandschaft beginnen? Wenn mir Karel entgegenkommt, drehe ich halt um und fahre mit ihm mit, wieder runter.

Die kurze Pause hat mir scheinbar gutgetan, denn ich klettere ziemlich leicht: HF 145 und sieben bis acht km/h. Die erste Kurve nach rechts. BAMM! Ein kalter Schlag. Der Mistral. Was für ein Wind. Trotzdem gelingt es mir, HF und Tempo stabil zu halten. Man sollte meinen, dass ich noch Spielraum hätte, dass die Herzfrequenz weiter steigen und ich schneller in die Pedale treten könnte. Eben nicht. Wenn ich das versuche, bin ich sofort außer Atem. So oder so gehören diese HF und das Tempo für mich scheinbar zu diesem Anstieg und diesem Wind. Das ist dann halt so.

SO GEHT'S NATÜRLICH AUCH...

Obere Reihe: Im Schlepptau, im Kinderanhänger, auf dem Trailerbike und mit zusätzlichen Ketten.
Mittlere Reihe: Mit dem Liegedreirad, auf Stelzen und mit dem Sitz-/Liege-Tandem.
Untere Reihe: Auf dem Tandem mit Hilfsmotor-Unterstützung und auf dem Einrad.

EINMAL OBEN...

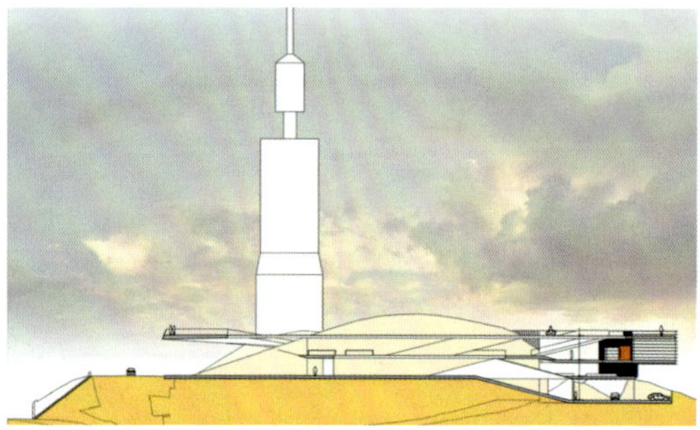

Diese Seite (von oben nach unten):

Süd-Ansicht: Nur der Turm bleibt stehen. An der Nordseite (teilweise sichtbar) das neue Gebäude mit links dem Restaurant, in der Mitte (verdeckt) dem Hotel, dem Kiosk und dem Besucherzentrum sowie rechts der Lounge. Direkt vorne der Eingang zum Einschnitt in den Berg.

Südwest-Ansicht: Gipfelankunft aus Richtung Bedoin/ Sault. Links des Turms das Restaurant und darunter die Parkdecks. Rechts ein Teil der Plattform oberhalb des Eingangs zum Einschnitt in den Berg.

Ost-Ansicht: Links des Turms die überstehende Plattform oberhalb des Eingangs zum Einschnitt in den Berg. Rechts das Besucherzentrum, die Lounge und die Parkdecks.

Draufsicht: Ebene 1. Links unten der Turm. Im Einschnitt in den Berg der Unterstand mit Fahrradabstellmöglichkeit und sanitären Einrichtungen. Links unten das Restaurant, rechts oben das Hotel, der Kiosk und die Lounge. Das Besucherzentrum liegt auf Ebene 2. Die gebogenen Linien sind die Radwege aus Bedoin/Sault (l.) und Malaucène (r.).

Rechte Seite:

Restaurant (oben): Mit Aussicht auf die Ebene und das Skigebiet auf der Nordseite.

Lounge (mittlere Reihe links): Mit Aussicht auf die Alpen.

Einschnitt in den Berg (mittlere Reihe rechts): Eindruck vom Eingang (Ebene 0; das heutige Gipfelplateau) bei Nacht; darüber die Plattform (das Dach des neuen Gebäudes).

Nordost-Ansicht (unten): Die Fassade verleiht dem Entwurf eine zusätzliche Dimension, da sie auf Wind reagiert.

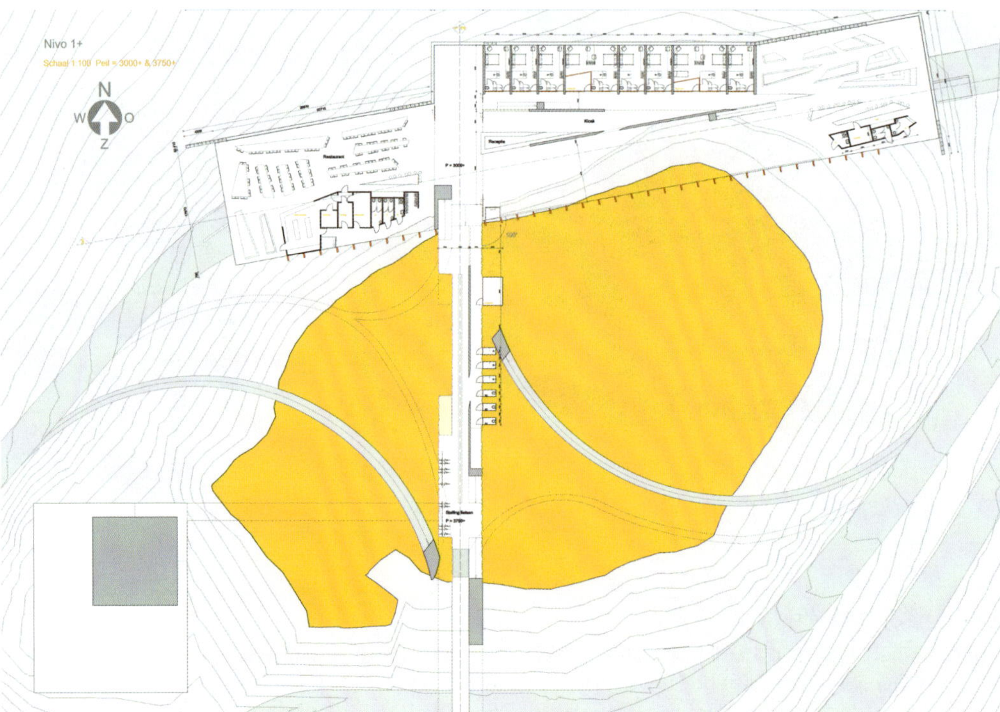

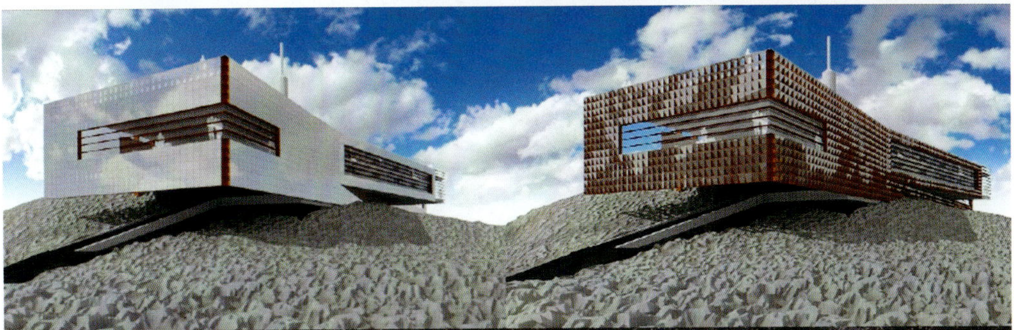

**DER
KAHLE BERG
IN DER
BILDENDEN
KUNST**

Linke Seite:

Oliviers et Ventoux, Bert Vergouwen, 2011. Aquarell. (oben links)

Mont Ventoux, Peter Hoeben, 2017. Acryl. (oben rechts)

Faucon on Mont Ventoux, Jeroen Krabbé, 2004. (mittlere Reihe links und rechts)

Neige au Mont Ventoux, G. Riekert, 2012. Aquarell. (unten)

Diese Seite:

Venster op de Mont Ventoux, Fred Jaarsma, 2012. Acryl. (oben)

Mont Ventoux, Kees Koomen, 2017. Installation. (rechts)

MONTAGNE DE LURE

Obere Reihe:
Auf 1.075 Metern Höhe kommt der Gipfel erstmals in Sicht (links); Andachtshäuschen kurz vor dem Abzweig zur Abtei Notre-Dame-de-Lure (rechts).

Mittlere Reihe: Die Kapelle der Abtei Notre-Dame-de-Lure von außen (links) und innen (rechts).
Untere Reihe: Zweite Aussicht auf den Gipfel kurz hinter dem Abzweig zur Abtei (links); das Refuge de Lure (rechts).

Oben und mittlere Reihe rechts: Mondlandschaft.
Mittlere Reihe links: In der Nähe des Refuge de Lure.
Untere Reihe links: Gedenkstein für den Astronomen Godefroy Wendelin.
Untere Reihe rechts: »Eine Art Col des Tempêtes«.

Oben und untere Reihe links: Sende- und Empfangsanlagen auf dem Gipfel der Montagne de Lure.

Mitte: Unmittelbar unterhalb des Gipfels an der Combe la Sapée Cruis.

Untere Reihe rechts: Der Pas de la Graille.

Trotz der Anstrengung und der Kälte genieße ich das, was ich hier mache, in vollen Zügen. Ich fühle mich als Teil der Radsportgeschichte, spüre, dass ich irgendwo dazugehöre. Dass ich einer der Verrückten bin, die unbedingt diesen riesigen Hügel bezwingen müssen. Und ob man nun Pantani oder Virenque heißt, Michiel, Roland oder Kees; oder ob man sich mit 21 km/h durch die Geröllandschaft ackert oder mit sechs, das ist egal.

Kurve nach links. Mistral im Rücken, herrlich. Kurve nach rechts. BAMM! Wieder der Schlag. Und so geht es immer weiter. Ab und an fahre ich ein Stückchen im Unterlenkergriff, um so gut wie möglich unter dem Wind hinwegzutauchen. Manchmal flaut er für einen Moment völlig ab, nur um ein paar Sekunden später den inzwischen vertrauten Schlag auszuteilen. Ich bleibe fast einen Meter vom Straßenrand entfernt, damit ich nicht bei einem unerwarteten Windstoß im Graben lande.

Nach einem Kilometer denke ich: Ich fahre weiter bis zum Unterstand an der Fontaine de la Grave, dann ist es genug, dort warte ich auf Karel. Ich nehme die Kurve bei der Fontaine de la Grave, fahre auch am Unterstand vorbei. Fünf km/h, sechs. Es ist lange nicht so voll auf der Straße wie in den letzten Tagen; die Menschen warten sicher auf bessere Zeiten. Vor mir zuckelt hier und da ein Rennradfahrer, tief über den Lenker gebeugt. Was wollen wir denn nur beweisen? Dass die Zeit uns noch nicht im Griff hat? Dass der Wille den Körper vorwärtstreiben kann? Dass der Mensch heutzutage stärker ist als die Natur? Dass Radfahren so oder so Spaß macht?

Etwa drei Kilometer vor dem Observatorium kommt mir Karel entgegen. Ich rufe: »Ich fahre gerade noch weiter.« Ich bin jetzt so nah am Gipfel, das lasse ich mir nicht mehr nehmen. Karel fährt weiter runter, ich nach oben.

Ab und an fluche ich elendig, aber die HF bleibt bei 145, das Tempo bei sechs bis sieben km/h. Äußerst merkwürdig. Kurz vor Tom Simpson fahre ich fast auf der Stelle. Der Wind scheint mich kleinzukriegen. Vor mir sehe ich, wie ein Paar, hinter dem ich schon etliche Kilometer fahre, von links nach rechts über die Straße schwankt. Es liegt also nicht nur an mir.

Okay, ich wusste es: Die letzten anderthalb Kilometer würden schwer werden. Und trotzdem. Allmächtiger, was geht das schwer. Das Tempo geht runter auf fünf km/h. Fünf Kilometer pro Stunde! Dann braucht man für anderthalb Kilometer noch... Ich komm nicht drauf. Wenn dieser Tour-Teufel mit seinem Dreizack hier wäre, könnte er auf jeden Fall locker neben mir herspazieren. Ich versuche, ob ich runterschalten kann, als ob ich nicht wüsste, dass ich keinen kleineren Gang mehr in petto habe. Ich drehe mich um. Die Kette liegt tatsächlich schon auf dem 26er. Ich fahre im Stehen, setze mich, fahre im Stehen, setze mich. Es hilft nicht.

Vor der Mauer auf dem Col des Tempêtes steht der junge Kerl, der vor einer Weile an mir vorbeigefahren ist, und mustert mit der Hand über den Augen die Aussicht auf die Ebene. Der Heuchler. Einfach nur erschöpft und abgestiegen. Absolut keine Schande natürlich, aber ich durchschaue dich, Freundchen! Naturliebhaber? Ha! Ich kann fast sehen, wie du auf deinen Beinen zitterst. Wie alt mag er wohl sein? Fünfundzwanzig? Irgendwie schon ein gutes Gefühl.

Ich fahre an ihm vorbei, möchte aus dem Sattel gehen. Es geht nicht. Auf einmal scheinen meine Beine leer zu sein. Innerhalb von fünf Sekunden. Leer, alle, aus, Amen, fertig. Ich schaffe es nicht, verdammt, ich schaffe es nicht! Scheißwind! Kurve nach links. Kein Windhauch! Zwei Meter weiter: Rückenwind. Herrlich. HERRLICH! Vor der letzten Kurve hinauf zum Gipfelplateau steuere ich die gegenüberliegende Straßenseite an, die Außenkurve. Ich gehe in den Wiegetritt und setze an für die letzten Dutzend steilen Meter. Der Wind erfasst mich und beinahe werde ich auf die Straße nach Malaucène getrieben. Gerade rechtzeitig kann ich nach links lenken, aufs Plateau, zur Ziellinie, zum echten Gipfel. Dann bin ich da.

Mit zitternden Beinen steige ich ab. »Alle Achtung«, höre ich. Es klingt Bewunderung mit in seiner Stimme. »Danke sehr«, seufze ich. Es weht ein starker Wind hier oben und es ist kalt. Ich setze mich in den Schutz der kleinen Treppe, von wo aus man einen wunderbaren Blick auf die Millionen Gesteinsbrocken hat. In *no time* esse ich vier kleine Mars-Riegel. Ich ruhe mich nur ein paar Minuten aus und trete dann den Rückweg an; Karel wartet schon so lange auf mich.

Die Abfahrt verläuft gut, auch wenn ich mich vor plötzlichen Windstößen in Acht nehmen muss. Beim Chalet berichte ich Karel von meiner Fahrt. Mein Kumpel sagt, dass er seine HF bewusst niedrig gehalten hat und mit flüssigem Tritt und ohne Probleme hochgekommen ist. Eine wunderbare Fahrt, findet er. Tja.

Nachdem ich mich wieder ein wenig akklimatisiert habe, jagen wir runter zurück nach Bedoin. Zu Hause duschen wir und stürzen uns auf ein Pils. In vier Tagen viermal den Ventoux hoch! Es gibt nicht so viele, die uns das nachmachen. Und was nun so merkwürdig ist: Trotz allen Elends war ich heute viel schneller oben als vor drei Tagen.

Et on est loin du sommet…
MALAUCÈNE

Karel ist ein Morgenmensch. Das dürfte daran zu erkennen sein, dass er um halb sieben ins Dorf geht, um Baguettes zu kaufen. Um halb sieben… Glücklicherweise darf ich noch eine Viertelstunde in angemessener Ruhe versuchen, mich Morpheus' Armen zu entwinden. Als er zurück ist, berichtet er, dass es schon 17 °C sind. Nicht zu fassen.

Nach dem Frühstück rollen wir gemächlich nach Malaucène. Heute nähern wir uns unserem großen Freund von der Nordseite.

Kaum vom Campingplatz runter müssen wir auch schon hinauf zum Col de la Madeleine klettern (458 Meter). Es ist herrliches Wetter, der Anstieg ist keine große Sache und das Tempo auch nicht: *Die* Gelegenheit, die Muskeln nach der schweren Arbeit von gestern auf Betriebstemperatur zu bringen, ohne was zu erzwingen.

In Malaucène schicken wir eine Karte nach Hause und essen eine Banane – so stört uns das Ding wenigstens nicht mehr. Es sind 24 °C, als wir nach einer kurzen Pinkelpause beim Ortsausgangsschild starten.

Die Straße beginnt sofort anzusteigen und das ist entmutigend in der jetzt schon warmen Sonne. Karel nimmt die Beine in die Hand und ich versuche, einen Rhythmus zu finden. Meine HF ist sofort bei 155 und ich kriege sie nicht runter. Der Anstieg läuft nicht gut. Ich muss ständig hart schuften, um vorwärtszukommen, und die Sonne stört mich. Schatten ist so gut wie keiner da.

Nach zehn Kilometern beschließe ich, meinen heimlichen Plan, doch in einem Rutsch zum Gipfel hochzufahren, aufzugeben. Meine HF geht auf die 170 zu und das ist in dieser Phase des Unterfangens einfach zu hoch. Ich habe meiner geliebten besseren Hälfte und mir selbst versprochen, vorsichtig zu sein, und dieses Versprechen will ich halten. Außerdem: Mit einer HF von 169 fährt man nicht gerade mit Souplesse. Unter dem nächsten Baum esse ich ein paar kleine Mars-Riegel und trinke jede Menge Energydrink. Ein junger deutscher Mountainbiker in Sportschuhen fährt vorbei. Er fährt mit 20x58 oder so. Meinen Gruß lässt er unbeantwortet, der Lümmel. Nach fünf Minuten ist mein Puls auf 126 runtergegangen. Jetzt müsste ich wieder ordentlich bei Kräften sein, also los geht's.

Aber naja, ich habe nun mal noch Hunderte von Höhenmetern vor mir, also verläuft die Straße bergauf. Nach gut 200 Metern zeigt der Pulsmesser wieder eine HF von 152 an und es kostet mich die größte Mühe, sie unter 160 zu halten. Ist es die Sonne? Die gestrige Fahrt? Die mentale Einstellung? Ich schufte und schufte. Die Aussicht links von mir wird immer grandioser. Die Sonne fällt auf den Mont Blanc und die anderen weißen Gipfel in dessen Nähe. Man kann hier den Mont Blanc sehen! Das ist doch unglaublich! Mein Tempo beträgt meistens sechs km/h, ab und an sieben. *Et on est loin du sommet...*

Ein Schild teilt mir mit, dass die nächsten drei Kilometer mies sind. Das stimmt. An Dutzenden Stellen ist der Straßenbelag geflickt. Der Asphalt ist

DER ANSTIEG AUS MALAUCÈNE

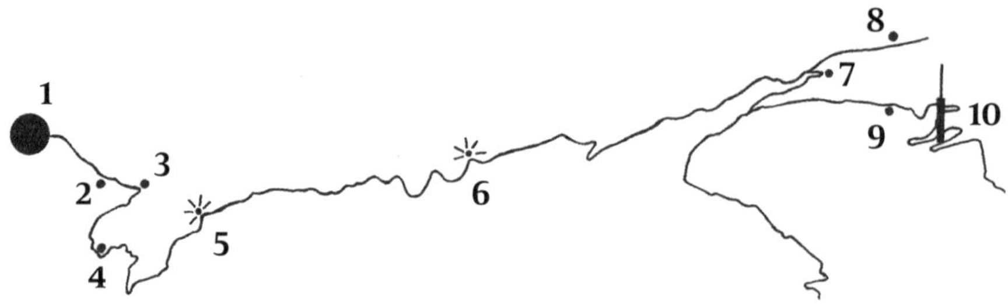

1 Malaucène
2 Notre-Dame-du-Groseau
3 Source du Groseau
4 Rocher du Portail Saint-Jean
5 Ausblick auf die Montagne de Piaud
6 Ausblick auf die Rochers des Rams
7 Chalet Liotard
8 Station du Mont Serein
9 das Observatorium kommt in Sicht
10 Gipfel Mont Ventoux

Entfernungen (ca.)

1 – 3	=	1,5 km
3 – 7	=	13,5 km
1 – 7	=	15,0 km
7 – 9	=	3,2 km
9 – 10	=	2,8 km
7 – 10	=	6,0 km
Malaucène – Gipfel	=	21,0 km

Malaucène – Gipfel
330 – 1.909 m
21,0 km
durchschnittlich 7,4 %

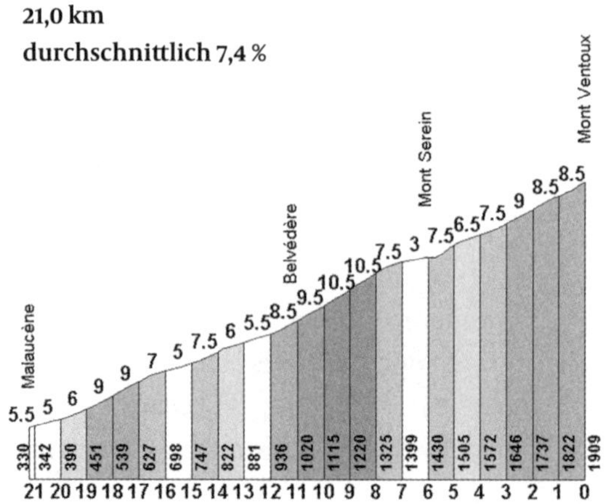

noch nicht ausgehärtet (oder schmilzt schon wieder) und man hat nicht an spitzen Steinchen gespart. Das Zeug klebt wie Sau und ich fürchte mich vor einem Platten. Regelmäßig wische ich während der Fahrt den Vorderreifen ab, hinten traue ich mich nicht. Zum Glück bleibt alles heile. Es wäre auch zu verrückt, wenn ich ausgerechnet hier meinen ersten Platten des Jahres kriegen würde. Ich bin kaputt und mag das Radfahren in diesem Moment überhaupt nicht. Es schmerzt heftig im Schritt, wodurch ich keine gute Sitzposition finde. Wenn auf der linken Straßenseite etwas Schatten ist, werde ich dort fahren. Ich trinke viel, in der Hoffnung, daraus Kraft oder etwas anderes Schönes zu schöpfen.

Beim Chalet Liotard mache ich vier Minuten Pause. Ich tausche die Trinkflaschen aus, esse das Kraftfutter und bewundere die Berge in der Ferne. Dann steige ich auf für die letzten Kilometer.

Die ersten 300 bis 400 Meter vergehen wie im Flug. Leider nicht weil ich neue Kraftreserven angebohrt hätte, sondern nur weil die Straße etwas flacher ist. Danach heißt es wieder: schuften, schuften, schuften. Ich fahre an Menschen vorbei, die in der Böschung sitzen und essen, und an einer Frau, die ihr Rad schiebt (hier fahren so viele Frauen Fahrrad!). Anderthalb Kilometer vor dem Gipfel, wo im Schutz einer gefalteten Felswand noch Schnee liegt, muss ich wieder runter vom Rad. Eine Minute lang bewundere ich den Mont Blanc, bevor ich für das letzte Stück wieder aufsteige. Es knarzt und ächzt überall im erschöpften Körper, aber es gelingt mir. Als ich die vorletzte Kurve geschafft habe und nach unten schaue, kann ich meinen Augen fast nicht glauben: Bin ich das wirklich gefahren? Bin ich auf einem so kurzen Stück so viel höher gekommen? Scheinbar schon, sonst würde ich jetzt nicht hier fahren.

Die letzte Kurve, bei der Richtungstafel. Eine Dame applaudiert: »Bravo!« Karel wartet auf mich, bereit fürs Zielfoto. Und dann bin ich da.

Nach knapp einer Minute kann ich wieder sprechen. Karel scheint schon seit 32 Minuten oben zu sein. Was für eine Leistung!

Ich ziehe meine Jacke an und schaue mich um. Unaufhörlich kommen Rennradfahrer hoch mit einem Grinsen, das da sagt: »Ich habe es geschafft, aber frag nicht wie.« Jeder hatte die gleichen Probleme, alle haben die gleichen Geschichten zu erzählen. »Wunderschöne Aussicht. Furchtbares Stück beim Belvédère. Das letzte Stück, Mann. Ganz schon heiß, oder?«

Wir sehen uns ein bisschen um und nehmen dann die Abfahrt nach Bedoin. Wir fahren vorsichtig: 25, 30 km/h. Ich fühle mich wie im Rausch, während ich die Mondlandschaft auf mich wirken lasse. Was für eine urtümliche Landschaft doch hier in der Sonne backt. Überall Rennradfahrer, meistens über vierzig, oft mit tief liegenden Augen, schwitzend, schuftend, Trikot weit offen, mühselig tretend, müde.

Nach dem Chalet Reynard lassen wir die Bremsen öfter mal los. Die Abfahrt ist göttlich: gut zu überblicken, wenig Verkehr, meist problemlos verlaufende Kurven. Grandios.

Nach insgesamt 28 Minuten Abfahrt sind wir um halb zwölf zurück in Bedoin. Wir unterhalten uns mit ein paar Belgiern und fahren dann zum Campingplatz. Der Hintern tut ziemlich weh. Das kann was geben die kommenden Tage…

Wir genehmigen uns ein Pils und besprechen die Pläne für morgen. Eigentlich wollen wir das Auto in Villes-sur-Auzon abstellen und dann mit dem Rad durch die Gorges de la Nesque nach Sault fahren und von dort aus bis zum Chalet Reynard und über Bedoin zurück nach Villes. Aber es sind jetzt 37 °C im Schatten und so wird es vermutlich erst mal bleiben; das ist zu heiß für so eine Tour. Deshalb entscheiden wir uns dafür, mit dem Auto direkt nach Sault und von dort aus mit dem Rad auf den Gipfel des Ventoux und wieder runter zu fahren.

Wir duschen, waschen ab, erledigen die Wäsche, räumen unser Lager auf und verbringen den Rest des Nachmittags in angemessener Ruhe auf unseren Liegen, lesend, Erdnüsse und Cashewnüsse essend, in der Hitze wegdösend. Ein schwüler Windhauch bringt etwas Abkühlung.

Über Zeiten und Geschwindigkeiten
SAULT

Und wieder geht Karel um halb sieben Brot holen. Ich winde mich aus dem Schlaf und ziehe mich an. Wir frühstücken und bereiten uns vor auf die heutige Expedition. Den Abwasch lassen wir stehen: Je eher wir in Sault sind, umso besser, denn zur Abwechslung ist es mal warm. Wir dürfen also nicht allzu lange warten mit unserer dritten Auffahrt in drei Tagen.

Beim Start in Sault, um neun Uhr, sind es schon wieder 24 °C.

Die Auffahrt beginnt, sehr originell, mit einer Abfahrt von etwas mehr als einem Kilometer. Danach geht es beständig mit drei bis vier Prozent hoch. Die Straße liegt genau in der Sonne und wir haben eine wundervolle Aussicht über die Lavendel- und Getreidefelder. Wirklich überraschend ist die Strecke übrigens nicht, erinnert fast ein bisschen an die Vogesen. Karel fährt neun Kilometer mit mir mit. Dann, nach 47 Minuten, hat er genug von meinen neun bis zehn km/h und zieht davon. Ich halte bei 30x19 mein eigenes Tempo.

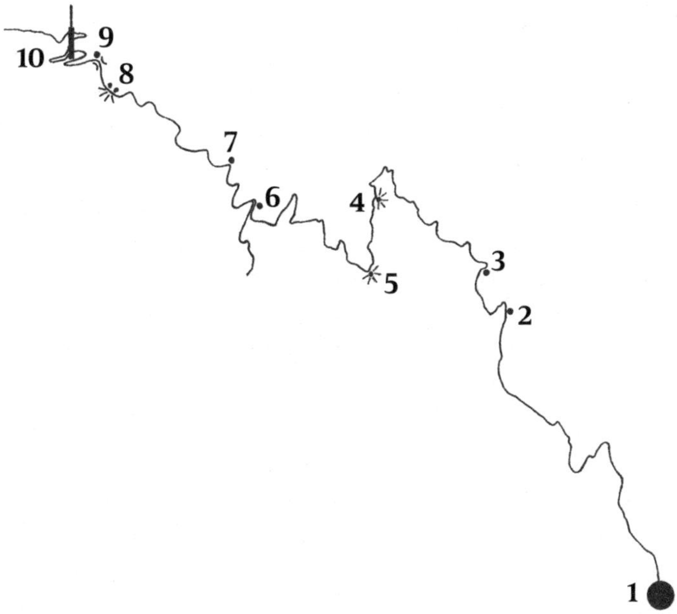

1 Sault
2 Feldkapelle Notre-Dame-des-Anges
3 Les Reynards
4 Aussicht auf den Forêt Domaniale d'Aurel
5 Aussicht auf die Gorges de la Nesque und den Rocher du Cire
6 Chalet Reynard
7 Fontaine de la Grave / Maison cantonnière de la Grave
8 Gedenkstein Tom Simpson / Gedenkstein Pierre Kraemer
9 Col des Tempêtes / Gedenkstein Brügge-Mont Ventoux
10 Gipfel Mont Ventoux

Entfernungen (ca.)

1 - 2	=	8,5 km
2 - 5	=	7,0 km
5 - 6	=	4,5 km
1 - 6	=	20,0 km
6 - 7	=	1,5 km
7 - 8	=	3,0 km
8 - 10	=	1,5 km
6 - 10	=	6,0 km
Sault - Gipfel	=	26,0 km

Sault - Gipfel
765 - 1.909 m
26,0 km
durchschnittlich 4,4 %

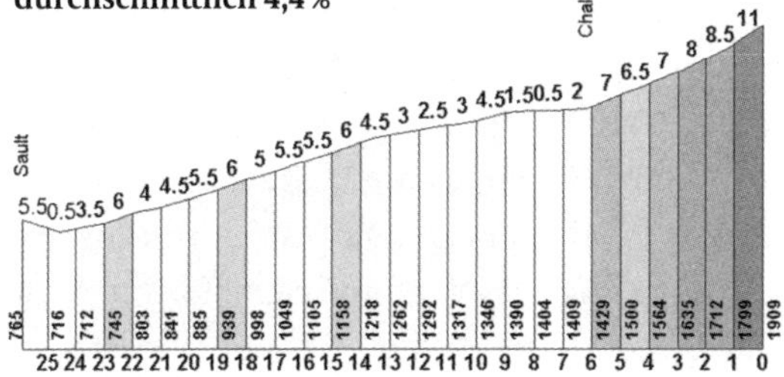

Nach einer Stunde und zehn Minuten fasse ich plötzlich neuen Mut. In dem Moment, in dem ich das Observatorium zum ersten Mal sehe, schalte ich rauf auf 30x17 und bei gleichbleibender Kadenz geht das Tempo entsprechend hoch. Kilometerlang fahre ich mit 17, 18 km/h. Ich verstehe das gar nicht, so einfach geht es. Ich vermute, dass die Straße hier ein Stückchen bergab verläuft oder zumindest als falsche Ebene nur noch leicht bergauf, sonst würde ich niemals so schnell fahren. Die letzten Kilometer vor dem Chalet Reynard zeigt der Tacho sogar 23 km/h an. Ganz angenehm. Nach genau einer Stunde und 30 Minuten habe ich die zwanzig Kilometer von Sault bis zum Chalet Reynard hinter mir.

Ich trinke was, packe die volle Trinkflasche in den vorderen Halter und die leere in den hinteren, schalte auf 30x23, schöpfe Mut und düse ab in die Mondlandschaft.

Das Tempo liegt konstant bei sieben bis acht km/h; das 26er-Ritzel möchte ich mir für die letzten anderthalb Kilometer aufheben.

Die Schmerzen am Hintern werden immer lästiger; ich kann das Sitzpolster absolut nicht mehr ertragen. Das Hin- und Hergerutsche auf dem Sattel die letzten Tage rächt sich fürchterlich. Katastrophe, oh Katastrophe!

Ab dem Gedenkstein für Tom Simpson fällt es mir richtig schwer. Das Tempo bleibt konstant, aber ich muss hart arbeiten, um das zu bewerkstelligen. Die Gewissheit, dass ich fast da bin, hält mich aufrecht. Und deshalb schaffe ich es. In einem Zug hoch. In zwei Stunden und 13 Minuten. Die Mondlandschaft hat mich 43 Minuten gekostet.

Weil er bergauf dermaßen am Lenker reißt, hat Karel Schmerzen am Trizeps. Schon unterwegs hat ihn das gestört, aber dafür hatte er eine Lösung. Er legte immer einen Arm auf den Rücken, die Hand hinter der Trinkflasche, die er in die Rückentasche des Trikots gesteckt hatte. Das scheint sehr zu entspannen. So sieht man, wie ein Mensch von seiner (Eisschnelllauf-)Vergangenheit verfolgt wird. »Oui maman, ehrlich wahr! Da fuhr echt ein Schlittschuhläufer den Berg hoch!«

Die Abfahrt nach Sault ist nicht besonders spektakulär. Wir schaffen einen Schnitt von 37,2 km/h und ein Maximum von 66,3 km/h; manchmal müssen wir sogar extra hart in die Pedale treten, um über fünfzig zu bleiben. In vierzig Minuten sind wir unten. Die Straßenoberfläche ist übersät von geflickten Stellen und das bedeutet, dass wir den Lenker sehr gut festhalten müssen. Eigentlich kann man die Abfahrt fast ein wenig langweilig nennen. Ich ertappe mich zumindest dabei, dass ich dazu neige, die Konzentration zu verlieren.

Unter dem wachenden Auge des Ventoux trinken wir in Sault auf der Terrasse der Bar la Promenade jeder zwei *grands cafés* und wir essen eine *tarte au deux fromages*. Ein Fahrradkollege macht ein Foto von uns, wir quatschen mit ein paar anderen Rennradfahrern, legen unsere Sachen ins Auto und schlendern einmal durch den Ort. Es sind 34 °C. Dann fahren wir durch die Gorges de la Nesque zurück nach Bedoin.

Während wir uns auf den Liegen unterhalten, zieht der Himmel zu und wir hören Rumpeln in der Ferne. Wir bereiten uns auf Regen vor und noch bevor wir unsere Angelegenheiten in Ordnung gebracht haben, bricht ein kurzes, aber heftiges Gewitter los. Eine halbe Stunde später herrscht wieder herrlichster Sonnenschein.

Wir legen uns noch nicht fest, was unsere Pläne für morgen betrifft. Beim Frühstück werden wir schauen, was wir machen. Das machen wir abhängig von den Wetterumständen und dem Zustand unserer Weichteile und deren Umgebung.

Willem Janssen Steenberg

SO GEHT'S NATÜRLICH AUCH

»Für den namenlosen Bezwinger des Mont Ventoux
kein Strauß oder flüchtiger Kuss
von einer kichernden Schönheit
aber ein unsichtbarer Triumphbogen
wie eine Narbe auf ewig in sein Herz gebrannt.«

– Eric de Preester, *De bedzwinger van de Mont Ventoux*

Die Urkunde, die jeder auf dem Ventoux bekommen kann – »und nirgendwo anders in der Welt« – bestätigt, dass die darauf angegebene Person »mit eigenen Mitteln den Mont Ventoux erklommen hat«. Wer sich selbst in die Tasche lügen will, fährt einfach mit dem Auto nach oben – das ist schließlich auch ein »eigenes Mittel«. Oder er hebt einen Kilometer vorm Gipfel sein Rädchen vom Heckträger und holt sich mit einem trockenen Rücken eine Urkunde ab. Der normale Sportler bezwingt den Berg auf die herkömmliche Weise: wandernd, laufend, auf einem Rennrad oder mit einem Mountainbike.

Aber es geht auch anders. Gerard Lataire aus Zomergem (Belgien) zum Beispiel lenkt einfach mal einen Bauernkarren mit zwei Pferden über den Ventoux. »Im Nachhinein war es eigentlich unverantwortlich«, sagt er später. Vor allem die Abfahrt, mit dem oft ungesicherten Abgrund zur Rechten also, habe für einige bange Momente gesorgt. »Wenn man da wegrutscht…«, gruselt es ihn noch immer.

Und was soll man von jemandem halten, der auf Stelzen durch die Mondlandschaft stolziert, oder von einer Mutter, die – inzwischen weinend, das schon – auf der Höhe der Radarkugel ihr Rad hinaufschiebt, im Kindersitz ein Kind, das noch kein Jahr alt ist? Oder von jemandem, der auf einem schwer gesponserten Lastenrad hochkurbelt, um Spendengelder für die Krebsstiftung zu erstrampeln, oder von einem Rennrad mit Seitengespann oder von drei Huskys vor einem Tandem, dahinter ein Anhänger mit zwei Kindern drin? Im Anstieg. Tatsächlich schon gesehen.

Kombinieren ist eigentlich auch immer ganz schön, findet der zu dem Zeitpunkt 70-jährige Julien Bouteille und fährt am 14. Oktober 1962 erst mit dem Rad in einer Stunde, 54 Minuten und 35 Sekunden nach oben, um danach in einer Stunde und 19 Minuten zurück nach Malaucène zu laufen. Ach ja, fast vergessen: Er hatte vor der Abfahrt den Sattel von seinem Rad abmontiert...

Ein bisschen normaler – wenn man das denn so sagen darf – ist es, den Ventoux mit dem Rollstuhl hochzufahren. Um die Kassen der Krebsstiftung zu füllen, fährt Edwin Vermetten, ein während eines Einsatzes in Bosnien schwer verwundeter Veteran der Luftwaffe, am 1. September 2012 als untrainierter Vertreter des Teams Invacare in drei Stunden und zehn Minuten von Bedoin bis zum Chalet Reynard. Weiter darf der Draufgänger aus Goirle nicht, das Wetter ist zu schlecht. Was für eine Leistung...

André Derve hat sich auch etwas Besonderes überlegt, um Aufmerksamkeit zu erhaschen. Er fährt am 3. Juli 1983 mit seinem 52 Kilogramm schweren Lastenrad aus Malaucène los und kommt vier Stunden und drei Minuten später auf dem Gipfel an.

Thibaut Dejean kommt auf die Idee, sich Räder unterzuschnallen: Im Jahr 2003 fährt er als Erster auf Inlineskates bis zum Gipfelplateau. Mag Dejean sich erster Inlineskater nennen, so ist Benoit Gambas bisher der schnellste. Am 30. Juli 2006 skatet er in einer Stunde und 47 Minuten zum Gipfel, das entspricht einer Durchschnittsgeschwindigkeit von mehr als 14 km/h.

Eine sehr originelle Herangehensweise praktiziert Leutnant Gustave Daladier, Pilot der noch jungen französischen Luftwaffe. In der heutigen Zeit völlig undenkbar natürlich, aber damals ging so etwas noch: Er lässt sich von einem Citroën-Autohändler herausfordern, der im Zusammenhang mit dem berühmten Course Automobile Mont Ventoux eh auf dem Gipfel des Ventoux zu tun hat. Und so landet Daladier am 7. August 1921 in einem schweren Sturm mit seinem Jagdflugzeug auf einem kleinen Plateau beim Col des Tempêtes. Um zu verhindern, dass die Maschine vom Berg geweht wird, müssen seine Kameraden blitzartig die Flügel des Doppeldeckers abbauen. Der Pilot trinkt inzwischen einen Kaffee mit den Autorennfahrern – freie Vögel so wie er.

Es dürfte für das Volk auf dem Gipfel schon ein leicht surrealistisches Schauspiel gewesen sein: Erst all die »modernen« Autos, die auf dem Gipfel parken, und dann landet dort oben auch noch ein Flugzeug!

Wie das kommt, weiß niemand, aber irgendwie kehrt der Ventoux die Abenteuerlust im Menschen heraus. Denn es ist doch schon sehr eigenartig, in einer Zeit der TGVs und der Drohnen auf einem Einrad den Berg hochzufahren, oder auf einem Liegerad, oder aber gänzlich ohne Fortbewegungsmittel in Laufschuhen hoch zum Gipfel zu rennen...

GLANZNUMMER
Mit dem Einrad

Von Natur aus bin ich ziemlich sportlich, aber als ich vor etwa zehn Jahren mein Studium beendete, stellte sich schnell heraus, dass ich etwas würde tun müssen, um körperlich fit zu bleiben. Ich war auf der Suche nach einem abwechslungsreichen Sport, am besten einem, den man alleine ausüben kann und der nicht zu schwer ist; Radfahren war also keine Option. Die Wahl fiel schließlich auf Zirkustechniken.

Nach ein paar Jahren beherrschte ich die meisten Basistechniken der verschiedenen Disziplinen. Weil das Erlernen und vor allem das Bewahren der fortgeschrittenen Techniken viel Zeit in Anspruch nimmt und das genau das ist, wovon ich zu wenig habe, beschloss ich, die Basistechniken mit Ausdauer zu verbinden: Radfahren auf nur *einem* Rad, folglich eher als Show denn zur körperlichen Ertüchtigung.

Inspiriert von den Übertragungen der Bergetappen bei der Tour de France wusste ich, dass *die* große Herausforderung nun mal in den Bergen lag. Und so bin ich nach intensiver Vorbereitung am 12. Juli 1999 (nicht ganz zufällig an meinem Geburtstag) auf meinem Einrad nach Alpe d'Huez hochgefahren. Die Fahrt – von der ich vorher absolut keine Ahnung hatte, ob sie überhaupt möglich war – dauerte zwei Stunden und fünf Minuten.

Während des Sommerurlaubs 2001 erinnerte mich neben der Autobahn ein großes Schild mit der Aufschrift »Mont Ventoux« an ein Gespräch mit einem ehemaligen Kollegen, der mir nach meiner Einrad-Nummer hinauf nach Alpe d'Huez vorschlug, es doch mal mit dem Mont Ventoux zu probieren. Also ließen wir uns auf dem Campingplatz Le Voconce in Vaison-la-Romaine nieder, im Schatten des Riesen sozusagen. Ich wusste, dass ich die komplette Auffahrt nicht schaffen würde, also schien mir ein Startpunkt etwa neun Kilometer hinter Malaucène gar nicht so schlecht.

SAMSTAG, 25. AUGUST 2001. Und das ist nun, was einen richtigen Radsportfanatiker von einem Gelegenheitsfahrer wie mir unterscheidet: Ich hatte immer noch nicht die geringste Ahnung, was ich vor mir hatte. Davon zeugt das Frühstück, das ich am 25. August 2001 zu mir nahm: zwei Croissants und eine Tasse Kaffee...

Ausgestattet mit drei Litern Wasser und etwas Traubenzucker fuhr ich los Richtung Gipfel, mit einer Durchschnittsgeschwindigkeit von acht km/h. Ich merkte aber gleich, dass man den Mont Ventoux nicht ohne gute Vorbereitung hochfährt, und es war schon rasch notwendig, ab und an eine kurze Erholungspause einzulegen.

Nach etwa sechs Kilometern kam das Chalet Liotard in Sichtweite und ich konnte es nicht unterdrücken, ein Steak mit Pommes zu essen; die Croissants waren ja schon längst verputzt. Nach 45 Minuten und mit vollem Magen – auch nicht unbedingt ideal, aber es hatte mir doch gutgetan – ging es zurück auf die Strecke für die letzten sechs Kilometer.

Zu diesem Teil kann ich mich kurz fassen: leiden, leiden und nochmals leiden. Drei Kilometer vor dem Gipfel bin ich zu Boden gegangen, was nicht verwunderlich ist bei einem Einrad, wenn man die Füße in die Pedale einklickt. Ein Moment der Unaufmerksamkeit genügt, und schon war's das mit dem Gleichgewicht. Das Ausklicken aus den Pedalen ist nur auf den ersten Kilometern eine Option, wenn man noch frisch genug dafür ist.

Angekommen auf dem Gipfel war die Befriedigung enorm, auch wenn ich nur einen Teil des Anstiegs gefahren war.

MITTWOCH, 8. MAI 2002. Nach dem Teilerfolg im Jahr zuvor hatte ich mir feierlich vorgenommen, noch mal wiederzukommen, um den Mont Ventoux hinaufzufahren, aber dann nach einer gründlichen Vorbereitung. Das war nun ganz sicher der Fall: Die letzten zwei Monate war das Einrad zum Standardfahrzeug für die morgendliche/abendliche Strecke zwischen Wohnung und Arbeit befördert worden (knapp zehn Kilometer am Tag). In der Mittagszeit das Gleiche mit dem normalen Rad. Auch regelmäßig Kilometer auf dem Indoortrainer zu schrubben, war Teil des Trainingspakets. Das Vertrauen war groß: Es sollte eine reine Formalität sein... Gerade weil auf dem Papier alles machbar aussah.

So dachte ich zwei Wochen vor meiner Verabredung mit dem MV immer noch. Als sich der Moment der Wahrheit immer mehr näherte, kamen doch wieder die Zweifel: Würde es gelingen? Habe ich mich ausreichend vorbereitet? Wie wird das Wetter sein? Es gab auf jeden Fall keinen Weg zurück: Die Presse hatte schon ausführlich über meine geplante Auffahrt berichtet und ich wurde mir nachdrücklich bewusst, dass die Zeit des »Darüber Redens« langsam zu Ende ging und nun die Stunde des Handelns gekommen war.

Ein Gespräch mit dem Betreiber des Campingplatzes Mont Serein über das Wetter und den Mont Ventoux lehrte uns, dass das Wetter schlecht war/ist/bleibt und dass der Mont Ventoux nur von Sault und Bedoin aus bis zum Gipfel geöffnet ist. Das war ein großer Glücksfall, ich konnte ihn nun zwar nicht dreimal hochfahren (von Bedoin, Sault und Malaucène) wie geplant, aber immerhin zweimal. Außerdem ist der erste Anstieg von Bedoin aus eh der wichtigste: Er bestimmt, ob ich es danach jemals wieder wagen könnte, mich in der Öffentlichkeit zu zeigen – die anderen beiden sind für die Ehre...

DONNERSTAG, 9. MAI 2002. Sieben Uhr, der Wecker lässt uns wissen, dass der große Tag angebrochen ist. Obwohl ich Atheist bin, lässt die Symbolik dieses Himmelfahrtstages mich diesmal nicht gänzlich unberührt. Heute erlebe ich meine eigene Himmelfahrt und dass dies auch bei mir im Alter von 33 Jahren der Fall ist, verstärkt dieses Gefühl nur noch. Die Wetterumstände sind nicht wirklich ideal, aber ich tröste mich mit dem Gedanken, dass der meiste Regen doch nun schon gefallen sein muss. Ein kräftiges Frühstück, die Ausrüstung zusammensuchen und dann los.

Das Wetter ist recht gut: Ab und zu ein Tröpfchen, so gut wie windstill und die Sonne wird sich wohl auch noch ein wenig herauswagen. Nach etwa zwei Kilometern ziehe ich meine Regenjacke und mein Sweatshirt aus, um im T-Shirt weiterzufahren. Der Anlauf bis zum richtigen Anstieg geht mit dem Einrad doch ein Stückchen langsamer als mit einem Fahrrad: Mit circa zwölf km/h kurbele ich Richtung Saint-Estève. Nach 28 Minuten im Sattel ist es so weit, die Kurve nach links und eine Wand von zehn Prozent taucht vor mir auf. Da muss ich doch kurz schlucken, das Tempo stockt und der Rhythmus von Herzschlag und Atmung schießt pfeilschnell in die Höhe. Ein Blick auf die Pulsuhr: 188. Kurze Panik, denn trainiert hatte ich während der Vorbereitung auf 150 bis 160 Schläge bei schwerer Belastung über eine Zeitspanne von ungefähr zweieinhalb Stunden. Mit diesem Puls werde ich also wahrscheinlich nicht bis zum Ende durchhalten. Ein Trost: Die Beine sind gut, ich kann die Pedale flott in Schwung halten und die Belastung der Knie scheint besser als befürchtet. Es geht darum, die Ruhe zu bewahren, das richtige Tempo zu finden, rechtzeitig zu essen und zu trinken und Kraft aus der Voraussicht zu schöpfen, dass ich innerhalb von zwei Stunden auf dem Gipfel stehe.

Nach 35 Minuten ein erster Schub für die Moral: Ich überhole zwei Damen auf Mountainbikes. Ich leide, aber ich bin eindeutig nicht der Einzige hier... Nach 53 Minuten fahre ich am Kilometerstein vorbei, der anzeigt, dass ich noch zwölf Kilometer vor mir habe. Das Wetter ist gut und die Sonne scheint ab und an durch die Wolken. Meine Herzfrequenz bewegt sich immer noch um die 180 herum, aber ich bekomme mehr und mehr Vertrauen, dass ich es schaffen werde, auch mit diesem Puls. Nach einer Stunde und sechs

Minuten überhole ich zwei Männer auf Mountainbikes. Im Vorbeifahren merke ich in meinem besten Französisch kurz an, dass der Anstieg doch ziemlich schwer ist, nicht erkennend, dass ein Einrad, das sie überholt, für die beiden Herren wahrscheinlich der ultimative Schlag mit dem Hammer ist.

Noch drei Kilometer bis zum Chalet Reynard, wieder ein Zweirad überholt. Ich frage mich schon, warum jemand tausend Kilometer in den Süden fährt, um zu leiden.

Noch sieben Kilometer zu fahren und seit einer Stunde und 35 Minuten auf dem Einrad. Es wird jetzt etwas weniger steil und das kommt mir sehr entgegen. Bestmöglich erholen, lautet die Devise, denn bald taucht das Chalet Reynard auf und dann fängt das große Leiden wieder an...

Als ich beim Chalet Reynard ankomme (eine Stunde und 40 Minuten), ist es Zeit, eine Regenjacke anzuziehen. An sich ist das eine alltägliche Aktivität, aber nach 16 Kilometern Mont Ventoux doch nicht mehr so selbstverständlich (ich habe mir ja nun mal vorgenommen, während der Auffahrt keinen Fuß auf den Boden zu setzen und mich nirgendwo anzulehnen). Also ein paar Runden vor dem Chalet Reynard gedreht, bis alles an seinem Platz ist, und los für das letzte »Stückchen«...

Obwohl es eine moralische Aufmunterung ist, das Chalet Reynard geschafft zu haben, bleiben die Kilometer quälend langsam. Nach einer Stunde und 50 Minuten lasse ich die Fünf-Kilometer-Marke hinter mir und tauche in die Wolken ein. Es wird furchtbar kalt, der Regen wird heftiger und Schneeflecken entlang der Straße weisen mich darauf hin, dass das Wetter hier noch viel schlechter sein kann. Wir sind jetzt mitten im Finale, der Gipfel liegt in Reichweite. Jetzt anhalten geht nicht mehr (oder besser gesagt: ist nicht mehr erlaubt).

Noch vier Kilometer zu fahren und seit einer Stunde und 57 Minuten auf dem Einrad. Ich fahre jetzt ein Tempo von ungefähr sieben Minuten pro Kilometer (8,5 km/h). Doch noch ziemlich schwer, diese letzten Kilometer. Inzwischen hat sich auch der Wind gemeldet.

Zwei Stunden und vier Minuten zugange und noch drei Kilometer vor mir. Ich merke, dass ich etwas zu lange vergessen habe, mich zu verpflegen; schnell etwas energiereichen Tee (nicht auf der Liste der verbotenen Substanzen) und hoffen, dass dieser Einbruch nicht zu lange anhält.

Nach zwei Stunden und 15 Minuten Leiden, irgendwo zwischen Kilometer drei und zwei vor dem Gipfel, überhole ich noch einen Radfahrer. Viel Kraft kann ich daraus nicht mehr schöpfen, das Wetter wird zusehends schlechter und es beginnt nun auch schon zu hageln. Am Gedenkstein für Simpson fahre ich vorbei, ohne ihn zu bemerken. 'Tschuldige Tom, ein anderes Mal, morgen komm ich wieder, wenn ich noch kann.

Der letzte Kilometer! Eine Kurve nach links mit einer Mauer, hinter der sich ein Radfahrer versteckt, auch wenn sie nur 50 Zentimeter hoch ist. Der Mann hat eigentlich recht, aber ich habe mal hoch und heilig behauptet, dass ich nicht absteigen würde, und das rächt sich jetzt. Der Hagel ist jetzt am stärksten und ich muss meinen Kopf wegdrehen, um den Schmerz ertragen zu können. Diese Sturheit scheint den sich verbergenden Radfahrer zu inspirieren, denn ich sehe ihn im Vorbeifahren hinter seiner Mauer hervorkommen. Zwei Stunden und 21 Minuten bin ich nun unterwegs, hat das hier eigentlich mal ein Ende?

Es ist ein Kampf gegen den Berg, aber auch gegen mich selbst. Es ist nun Pedalumdrehung für Pedalumdrehung, auf die Zähne beißen und alles rauspressen, was irgendwo noch in mir steckt...

Und dann endlich ... eine kleine Mauer links, die in einer Kurve nach rechts endet.

Das ist die letzte Kurve. Ich bin zu kaputt, um euphorisch zu sein, und die Umstände sind auch nicht dementsprechend. Durch den Hagel ist der Straßenbelag ganz schön glatt geworden, ein paar Autos kommen gerade durch die Kurve, und der Wind packt auch genau in dem Moment eine Böe aus, als ich in die Kurve gehe. Noch 50 Meter und ... baff, da rutsche ich weg!

Keine Kraft mehr, um die Füße aus den SPD-Pedalen zu klicken, also knalle ich so richtig auf den Boden. Da die Umstände nicht wirklich dazu geeignet sind, wieder aufs Rad zu steigen, schleppe ich mich und das Einrad über die Ziellinie. Noch mal kurz wieder rauf aufs Einrad – mit etwas Hilfe von begeisterten Zuschauern –, um einmal über die Ziellinie zu fahren, und dann ins Auto. Die Abfahrt hebe ich mir für ein anderes Mal auf... Wie ich schon sagte: Morgen komme ich wieder zurück, von Sault aus, und dann werden wir sehen.

DATEN AUF DEM CYCLOCOMPUTER:
22,1 km / 2h 29' 27" / 8,9 km/h durchschnittlich

Lode De Paepe, Gent (Belgien) – 9. Mai 2002

Am Freitag, dem 10. Mai 2002, vollendet Lode seine nächste Herausfoderung: In fünf Stunden und vier Minuten fährt er auf seinem Einrad von Sault aus zum Gipfel und wieder runter nach Bedoin. Die Abfahrt zwingt ihn fast in die Knie und alles tut ihm furchtbar weh, aber er schafft es!

»Nie wieder«, sagt Lode nach der Vollendung dieses langen Arbeitstages und jedem Cinglé oder Galérien wird diese Einsicht bekannt vorkommen. Nach den Anstrengungen und Entbehrungen vom 9. und 10. Mai 2002 scheint es noch viel weniger naheliegend, dass Lode de Paepe jemals versuchen würde, dreimal an einem Tag auf seinem Einrad hoch zum Gipfel zu fahren. Aber auch bei ihm gilt: Was einem im Blut liegt, lässt sich nicht verleugnen...

»Belgiens kreativster Bergkönig«, wie die Tageszeitung *Het Volk* ihn nennt, ist gut vorbereitet, als er am 18. August 2003 am Fuße des Berges steht. Auf dem Mountainbike hat er die Ardennen durchquert, mit großer Regelmäßigkeit hat er stundenlang das Einrad auf dem Indoortrainer bewegt und ist auch ansonsten verschiedene Male mit seinem »Zirkusrad« zur Arbeit gefahren. Und er hat sogar mal einen kompletten Cinglé, zumindest die drei Auffahrten, auf dem Indoortrainer simuliert. Um einen kleinen Eindruck davon zu bekommen: Das hieß, 2 x 21 km (= 10.000 Pedalumdrehungen) + 1 x 26 km (= 12.380 Pedalumdrehungen) Einrad fahren auf der Rolle, plus zwei Mal eine Stunde Pause, zusammen knapp zehn Stunden.

Er besitzt jetzt natürlich auch den nicht zu unterschätzenden Vorteil seiner Erfahrungen aus dem vorigen Jahr. Dadurch weiß er zum Beispiel, dass er die Auffahrten zwar mit dem Einrad bestreitet, die Abfahrten aber besser mit einem normalen Rennrad.

»Letztes Jahr habe ich versucht, mit dem Einrad runterzufahren... Am nächsten Tag habe ich eine volle halbe Stunde gebraucht, um die hundert Meter von meinem Zelt zum Waschraum zurückzulegen. Nie wieder.«

Auch während des Trainings in den Ardennen hat er mal versucht, mit dem Einrad runterzufahren, aber das ist ihm erneut außergewöhnlich schlecht bekommen. Es ist ihm klar, dass man die enorme Belastung, der die Gelenke bei der Abfahrt ausgesetzt sind, besser nicht riskieren sollte.

Beim Start um 6:30 Uhr ist es kalt in Bedoin, aber die Temperatur steigt schnell. Bei der ersten Auffahrt bekommt De Paepe Schmerzen im Rücken, in der zweiten, von Malaucène aus, beginnt er seine Sehnen zu spüren. Die Kombination aus Hitze und schwerer Belastung von Sehnen und Gelenken scheint ihren Tribut zu fordern, aber De Paepe macht weiter. Ab Sault wird es schwer für ihn. Seine Beine sind verbrannt von der Sonne und auch seine Knie beginnen zu protestieren. Regelmäßig muss er absteigen, um den Schmerz abebben zu lassen und dem ausgelaugten Körper etwas Ruhe zu gönnen.

Als es Abend wird, behindert ihn die tiefstehende Sonne. Und dann diese Knie... Schließlich kommt er im Dunkeln oben an, angestrahlt von den Scheinwerfern der Begleitautos. Um 22:00 Uhr fährt ein völlig fertiger Lode De Paepe durchs Ziel. »Nie wieder«, seufzt er. Und dieses Mal scheint er es wirklich ernst zu meinen...

Mit angemessener Hochachtung verleiht die *NBG De Kale Berg* ihm den Ehrentitel »Cyclope du Mont Ventoux« und dies geschieht in der festen Überzeugung, dass kein Mensch jemals versuchen wird, diese Grenze weiter zu verschieben.

Aber dann kommt der 16. Mai 2007: Der Zyklop höchstselbst rüstet sich zum Kampfe! Und das Unwahrscheinliche trifft ein: In knapp 21 Stunden fährt Lode De Paepe den Galérien: viermal auf seinem Einrad hoch zum Gipfel. Dass die Abfahrten mit dem Auto erfolgen, hinderte die *NBG* nicht daran, ihm voller Bewunderung den Ehrentitel *Quatricyclope du Ventoux* zu verleihen.

ZURÜCKGELEHNT IN DER SONNE
Mit dem Liegerad

»Den Mont Ventoux? Nein, den kenne ich nicht.« Das konnte sich mein Mitfahrer nicht vorstellen und er gab daraufhin sein Bestes, mich davon zu überzeugen, dass ein rechtschaffener Niederländer nicht auf dem Rad am Mont Ventoux vorbeifahren könne, ohne ihn auch zu erklimmen. Das ist gar nicht so seltsam, denn er ist einer dieser Kletter-Freaks, die sich am Berg partout nicht überholen lassen wollen und jeden Versuch dazu als Herausforderung betrachten. Ich bin dagegen eher jemand mit der Urlaubseinstellung: »Komm ich heut' nicht hin, komm ich morgen.« Trotzdem war seine Begeisterung ansteckend und so nagte der Gedanke an den Mont Ventoux weiter an mir.

Nach zwei Wochen Spanien fuhr der Rest der Gruppe, mit der ich unterwegs war, wieder nach Hause, während ich mich nach Frankreich begab. Nach einer Woche Radfahren kam ich auf einem Campingplatz etwas oberhalb von Mazan an, mit einer wundervollen Aussicht auf den Mont Ventoux. Ich war jetzt zu nah dran, um mich seiner Anziehungskraft noch zu entziehen, und so aus der Entfernung schien es nicht allzu schwer zu sein.

Am nächsten Morgen dachte ich etwas nuancierter darüber. Ich war in Seelenruhe aufgestanden und hatte aussortiert, was ich alles zurücklassen konnte. Dann meine Reifen gut aufgepumpt. Das erste Stück, zurückgelehnt in der Sonne und voller guter Laune, fuhr sich gut. Bei Bedoin musste ich mich durch das Marktgetümmel kämpfen. Ich sah, wie die Leute dachten: Was will der Mann hier auf einem Liegerad? Der kommt den Berg doch Zeit seines Lebens nicht hoch! Aber ich wusste es besser: Ein Hügel, den ein gebückter Radler hochfahren kann, den kann ich mit meinem Liegerad auch hochfahren, auch wenn mein Rad ein ganzes Stück schwerer ist. Ich fuhr um die Ecke und die Auffahrt konnte beginnen.

Als ich in den Wald hineinfuhr, freute ich mich über den Schatten, denn mir wurde schon ziemlich warm und das kam nicht nur von der Sonne. Ein Problem beim Bergauffahren ist, dass die Menge kühlenden Windes, den man spürt, in Relation zur Kraftanstrengung, die man aufbringen muss, unverhältnismäßig klein ist. Ich ließ es ruhig angehen, denn ich hatte weder die Ambition noch die Kapazitäten, mein Tempo zu steigern. Aber der Nachteil meines Urlaubstempos war, dass es für eine Horde Fliegen kein Problem darstellte, ständig um meinen Kopf herum zu kreisen. Das ist natürlich eine schwache Entschuldigung, wegen dieser Viecher anzuhalten, aber nach einiger Zeit begannen meine Beine überzeugend zu argumentieren, dass jede Entschuldigung gut genug war, um mal kurz zu stoppen. Als Liegeradfahrer tun mir Nacken, Rücken und Handgelenke sehr viel weniger weh als einem gebückten Radfahrer, aber eine Minute Pause ist doch sehr angenehm. Kurz die Beine auf den Boden, Kekse und Wasser rein, ein paar Rennradfahrern winken, die deutlich mehr Klettererfahrung als ich haben, und wieder weiter.

Nach einigen Minuten war vom ausgeruhten Gefühl bitterlich wenig übrig, aber ich wollte nicht alle paar hundert Meter anhalten. Entspannt in meinem bequemen Sattel liegend konzentrierte ich mich auf den Höhenmesser meines Radcomputers. Und nachdem ich eine Zeitlang quälend langsam geklettert war, zeigte dieser endlich 1.000 Meter an. Eins, zwei, drei, vier, fünf und ja: 1.001 Meter. Kurz rechnen, das bedeutet, dass ich nur noch etwa 5.000 Pedalumdrehungen machen muss bis zum Gipfel. Hmm… Vielleicht war es doch besser, an etwas anderes zu denken. Mein Lieblingsmantra für solche Gelegenheiten dann halt, im Rhythmus der Pedale: »Schmerz … ist … gut, … Schmerz … ist … gut …«.

Ich versuchte, kontinuierlich mit flüssigem Tritt zu fahren, denn manchmal neigt man als Liegeradfahrer dazu, zu viel Kraft aufzuwenden, weil man sich gegen den Sattel stemmen kann. Das geht dann schön schnell, ist aber nicht gut für die Knie.

Nach ein paar kurzen Halts und jeder Menge Schweiß hörten die Bäume endlich auf (und die Fliegen!) und es begann die Mondlandschaft. Inzwischen hatten sich ein paar Wolken vor die Sonne geschoben und die Kühle war ein Genuss. Ich war mal auf Teneriffa mit 79 km/h bergab gefahren, und hier sah ich Möglichkeiten, meinen Geschwindigkeitsrekord zu brechen. Aber erst musste ich noch ein Stück weiter klettern. Das Restaurant, kurz darauf der Gedenkstein, und langsam, aber sicher kam der Gipfel immer näher. Die letzten Meter mit den Anfeuerungen der Schaulustigen, mit Blicken zwischen Hochachtung und Mitleid. GESCHAFFT! Endlich, das Optima Condor abgestellt, schön an eines der Gebäude gelehnt und die Aussicht genießen.

Nach einer kurzen Zeit der Euphorie begann es doch ziemlich frisch zu werden. Also noch schnell ein paar Fotos, Sachen wieder in die Tasche und dann die Abfahrt genießen, die Belohnung für jede Kletterpartie. Das erste Stück vorsichtig zwischen den Leuten durch. Das ging gut, bis ich zu meinem Entsetzen spürte, wie sich mein Bremshebel in meiner Hand bewegte. Etwas stimmte nicht. Nach einer kurzen Inspektion fand ich heraus, dass meine Felge hinten an zwei Stellen nach außen verbogen war. Von einer Bordsteinkante konnte das nicht kommen, denn die gab es hier nicht. Dann wurde mir bewusst, dass ich meine Bremse seit diesem Morgen nicht mehr benutzt hatte. Also musste es wohl eine Kombination aus einer verschlissenen Felge und einem zu hart aufgepumpten Reifen sein. Tschüss, Abfahrt... Tschüss, Geschwindigkeitsrekord... Nein, nein und nochmals nein. Ich klettere hier doch nicht stundenlang hoch, um dann als Anhalter mit einem Auto runterzufahren. Dann halt so vorsichtig abfahren, dass ich die hintere Bremse nicht brauche, nicht schneller als 30 km/h. Meine Beine fangen den Schlag schon auf, wenn ich irgendwo gegenknalle. Das schien mir ein redlicher Gedanke.

Nach ein paar hundert Metern fing es doch an zu kribbeln: »Okay, aber nicht schneller als 40 km/h... Hm, vielleicht doch mal kurz rauf bis 50?« Nach einer Stunde war ich wieder zurück auf dem Campingplatz, müde und zufrieden. Die maximale Geschwindigkeit auf meinem Radcomputer stand bei 71,4 km/h. Absolut verantwortungslos, dachte ich mit einem Grinsen, aber schon toll! Ich beschloss, dass der Austausch des Hinterrads noch kurz warten konnte, und genoss den Rest des Tages die Aussicht auf »meinen« Berg. Er schien größer zu sein als am Tag zuvor.

Marco Louwerse, Venlo – 3. August 1999

MONT VENTOUX – RUNNER'S HIGH

In Laufschuhen

Da stehe ich nun also an der berühmten Marmor-Startlinie in Bedoin. Nervös? Ziemlich. Aber warum? Es ist nicht das erste Mal, dass ich meinen geliebten Mont Ventoux bezwingen werde. Ich habe jegliches Elend schon ein paar Mal auf dem Rad miterlebt, ich weiß also, was auf mich wartet. Aber dieses Mal habe ich Laufschuhe an. Joggend hoch, das ist was ganz anderes! Ich denke noch nicht daran, dass ich nach dem Laufabenteuer aufs Rad steigen muss, um noch einmal hochzufahren...

Wir haben uns zu siebzehnt in Malaucène niedergelassen, um Geld für die »Tegenkracht«-Stiftung zu sammeln. Sinn der Sache ist es, gegen Sponsorenzahlungen für den guten Zweck einmal, zweimal, dreimal, bis zu viermal an einem Tag den Berg mit dem Rad hochzufahren. Ich habe als Einziger entschieden, den Ventoux laufend zu bezwingen, nicht weil ich mich von den anderen absetzen will, sondern weil Laufen nun mal meine Leidenschaft ist. Ganz einfach deshalb.

Die Vorbereitungen sind gut verlaufen. Aufs Berglaufen habe ich mich vor allem mit dem Laufband vorbereitet; das ist schließlich überaus gut geeignet, um verschiedene Steigungswinkel zu trainieren. Man kann sogar über den Computer das Steigungsprofil des Ventoux in verkürzter Form eingeben.

Und ansonsten habe ich in Beek bzw. Berg en Dal sehr viele Höhenmeter absolviert. Meine Trainingseinheiten am Berg bestanden zum Beispiel darin, 15-mal den Oude Holleweg raufzurennen. Das sind am Ende mehr als tausend Höhenmeter, immerhin zwei Drittel des Ventoux. Aber trotzdem... Kein Training bestand darin, mehr als drei Stunden am Stück einen Berg hochzulaufen, die Zeit, die ich wahrscheinlich für den Ventoux brauchen werde.

7:00 Uhr – Ich starte ruhig. Den ersten Teil kann ich mich an einem Tempo von circa neun km/h orientieren; ich bin überrascht, wie schnell ich den Wald erreiche.

Nach einer kurzen Pinkelpause beginne ich mit Angst in den Beinen mit dem meist gefürchteten Teil des Anstiegs. Ich bin nervös. Ich kenne den Wald von meinen Auffahrten mit dem Rad. Aber jetzt muss ich laufen. Ich fürchte mich vor dem Wald, habe Angst, dass es so schwer wird, dass ich das Kriegsbeil schon lange vor dem Gipfel begraben muss.

Ein paar Kilometer hinter Saint-Estève schließt sich mir mein Vater in seinem gemieteten Van an. Wir vereinbaren, dass er alle zwei Kilometer anhält, damit ich etwas essen oder trinken kann.

Es ist noch früh, nahezu kein Verkehr. Eine faszinierende Stille hängt im Wald. Die Sonne zeigt sich mehr und mehr, die Temperatur wird immer angenehmer.

Nach den ersten zwei gemein steilen Kilometern im Wald kommt mein Motor auf Touren. Ich finde einen schönen Rhythmus, behalte meine Atmung unter Kontrolle. Meine Beine machen ihre Arbeit, sie mahlen und mahlen.

Les Sept Virages. Das lange gerade Stück danach. Es geht immer weiter, immer weiter. Langsam komme ich in einen Rausch und Stückchen für Stückchen dringt es bis zu meinem Kopf vor: Das ist anders, als den Berg hochfahren, das hier ist total anders. Es läuft wie geschmiert. Das hier wird gelingen! Ohne dass ich mir dessen bewusst bin, gehe ich von selbst in einem der allerschönsten Momente auf, die ich als Läufer jemals erlebt habe. Runner's High. Und wie. Überwältigend…

Die Bäume werden kleiner, der Wald wird lichter, das Flachstück vorm Chalet Reynard öffnet sich im gleißenden Licht der Morgensonne. Es fühlt sich an, als würde ich aufwachen. Da weiß ich zu 100 Prozent sicher, dass ich den Gipfel erreichen werde, wenn es sein muss, auf allen vieren. Ich halte mich immer noch schön an meinen Plan von etwa drei Stunden, auch wenn mich die Zeit gar nicht so sehr interessiert.

Pech ist aber, dass der Wind sich furchtbar regt. So habe ich es bei meinen bisherigen Auffahrten noch nicht erlebt. Von Zeit zu Zeit laufe ich im Windschatten des Vans, ich zähle die Kilometersteine, komme dem Gipfel immer näher. Die Erschöpfung setzt ein, aber der weiße Turm wird nach jeder Kurve größer und ich kann immer noch weiterlaufen. Nach drei Stunden und zehn Minuten erreiche ich den Gipfel, genau nach Plan.

Ein unbeschreibliches Gefühl ergreift mich und sorgt dafür, dass ich vergesse, dass ich am Nachmittag auch noch mal mit dem Rad hochmuss.

Auf dem Gipfelplateau steht ein belgischer Touristenbus, der Busfahrer fragt, wo denn mein Fahrrad ist. Als ich ihm von meinem Laufabenteuer berichte, nimmt er mich mit in den Bus, nimmt das Mikrofon in die Hand und erzählt dem vollen Bus, was ich gerade getan habe. Ein großer Applaus wird mir zuteil. Schön!

Die Auffahrt per Fahrrad, später am Tag, ist eine Prüfung, aber die Magie des Oben-Ankommens wird nicht geschmälert. Und da viele Wege zum Gipfel dieses mythischen Berges führen, ist das bestimmt nicht das letzte Mal gewesen!

Laurens Groenendijk, Oirschot – 24. Juni 2011

EWIGE LIEBE AUF DEM MONT VENTOUX

Von zwei Seiten

Die Idee entstand am 20. Juli 1998. Ich wollte den berüchtigten Mont Ventoux erklimmen, meine Freundin Ariane sollte ein Stückchen mitfahren. Dreieinhalb Stunden später stand sie neben mir auf dem Gipfel. Ihre Leistung war so überwältigend, dass es zur Inspiration für alle anderen Dinge in ihrem Leben wurde. Als ich vorschlug, den Ventoux von Bedoin aus hochzufahren, schlug sie mir vor, mir von Malaucène aus entgegenzufahren. Und könnten wir dann oben auf dem Gipfel nicht heiraten?

Weniger als ein Jahr später, am Montag, dem 28. Juni 1999, finden sich unsere engeren Angehörigen und besten Freunde am Rande von Malaucène ein, bei einer alten Brücke am Fuße des Berges. Hier beginnt der Hochzeitstag.

Ariane und ich stellen unsere Räder gegen eine Mauer. Wie in einem klassischen Theaterstück gießen wir diesen Tag in die Form eines Dreiteilers. Im ersten Akt, am Fuß, erzählen wir etwas darüber, wie der mittelalterliche Dichter Francesco Petrarca im Jahr 1336 den Ventoux bestieg und zu tieferen Einsichten über die Liebe gelangte. Um heute selbst zur Liebe zu gelangen, müssen Ariane und ich ebenfalls den Berg hoch. Liebe wird dort auf uns warten.

Es ist kurz nach acht Uhr, als wir den Kampf gegen die Elemente, die Schwerkraft und uns selbst aufnehmen. Ariane verschwindet außer Sichtweite, den Berg hoch. Ich schwinge mich in den Sattel, grüße Familie und Freunde und steure Bedoin an. Der zweite Akt ist die Auffahrt. In Gedanken feuere ich Ariane an.

Ein letzter Kuss, ich versuche die Pedale zu finden, rutsche ab und dann bin ich weg. Unser Freund und Kameramann hält meine Tollpatschigkeit fest. Gedanken geistern durch meinen Kopf, als ich den Zähler meines »Flight-Decks« auf null stelle und mit den ersten Kilometern beginne. Voriges Jahr waren die schwer und ich weiß noch, dass eine steile Kurve nach rechts folgte mit dem Schild MONT VENTOUX – COL OUVERT. *Ich schalte runter. Bas hat gesagt: »Fahr immer kleine Gänge und halte dich die ersten zehn Kilometer zurück.« Ich versuche mit flüssigem Tritt zu fahren, aber wie kann man einen steilen Berg, 21 Kilometer lang und durchschnittlich*

7,7 Prozent steil, durchweg flüssig hochfahren? Ich fahre gut, rede mir selbst gut zu und drücke noch mal auf den rechten Knopf für die Uhrzeit. Fast halb neun. Ist mein Bastiaan schon an Bedoin vorbei und hat er wohl schon mit dem steilen Anstieg im Wald begonnen?

Um die Handgelenke trage ich zwei blaue Gummiarmbänder, die Farbe von Arianes Augen, ihrem Rad und dem Himmel. Die Luft ist Ariane-blau und mit geschmeidigem Tritt schnelle ich über den Col de la Madeleine hinweg in Richtung Bedoin. Wie geht es Ariane? Sie muss nun schon ein paar Kilometer bergauf in den Beinen haben und der Anfang ihrer Auffahrt ist steiler als der von der Bedoin-Seite. Von Bedoin aus führt die Straße erst mal als falsche Ebene hinauf. Sogar die Zehen des Ventoux zwingen mich schon dazu, das Schaltwerk hinten zu spannen. Meine Kette findet das 17er Ritzel. Vor mir ist ein Rennradfahrer in einem lila-blauen Trikot. Seine muskulösen Waden verraten viele Kilometer. Sobald ich an ihm vorbei bin, schließt er sich mir an. Die Strenge in seinem Gesicht löst sich auf, ein Lächeln fragt, wo ich herkomme. »Je suis Hollandais.« »Bist du Radrennfahrer?« Ich erzähle ihm, dass ich heute hier bin, um zu heiraten, und dass meine Freundin von Malaucène aus hochfährt.

Zusammen fahren wir nach Saint-Estève, dahinter wartet die Hölle des Ventoux. Ich vertraue dem Berg, dem Wetter, meinen Beinen. Angefeuert und auf Fotos und Video festgehalten von meiner Familie und meinen Freunden, komme ich ins Gespräch mit der Straße. Meine Gedanken suchen Ariane.

Es geht erstaunlich gut. Letztes Jahr war alles die Hölle, vor allem das erste Stück mit zwölf Prozent auf der Nordseite. In einer steilen Kurve gehe ich aus dem Sattel und trete den Berg jetzt mit der kleinsten Übersetzung weg, die ich habe. Das 27er. Eine Dreifach-Kurbel habe ich nicht. Nach etwa sieben Kilometern beginne ich den Berg deutlich zu spüren, aber ich kann nicht mehr runterschalten. Meine Gedanken verdrängen die Schmerzen. Wo Bas wohl ist? Ich schaue auf die beiden gelben Gummiarmbänder – die Farbe seines Rads – um mein linkes Handgelenk, gestern zusammen im Supermarkt von Malaucène gekauft. Das Symbol unserer Verbindung.

In der Ferne sehe ich ein paar Silhouetten und höre Geschrei. »Bravo! Courage!« Es sind die gleichen Worte, die mich im letzten Jahr auf dem Weg zum Gipfel weiter angetrieben haben. Jetzt sind es meine Familie und meine extra aus Amerika rübergeflogenen Freunde. Sie füllen meine beiden Begleitfahrzeuge und feuern mich an. Ich fahre an ihnen vorbei, spüre die Schmerzen in meinen Beinen. Jede zweite Minute denke ich an meinen Freund, der bald mein Mann ist und seit jeher mit Leib und Seele Rennradfahrer. Ich weiß ganz bestimmt, dass er nach oben tanzt. In Gedanken bin ich den Ventoux schon seit Monaten hinaufgefahren, so wie er sich früher mental auf seine Schüler-, Junioren- oder Amateur-Rennen vorbereitete. Ich kenne diese Art von Konzentration nicht. Meine Beine fühlen sich an wie Blei. Als ich meine Familie wieder dort stehen sehe, entscheide ich mich fünf Minuten anzuhalten.

Mein Asphalt schlängelt sich durch den Wald hinauf. Es ist warm. Es ist ein langsames Sterben zwischen den Bäumen, zehn Kilometer lang zehn Prozent. Meine Lungen bekommen genügend Luft, aber meine Beine kann ich nicht schneller drehen. Ich will nicht zusammenbrechen, bevor ich nicht das Chalet Reynard passiert habe. Die Straße ist schmal und steil. Liebe erfordert Opfer. Wegen ihr, für sie, wegen uns!

Der freundliche Franzose guckt ab und an, ob ich noch an seinem Hinterrad bin. Ich schalte aufs 23er und folge seiner Spur. Er ist eindeutig gewohnt zu klettern. Meine Eltern und meine Freunde sind vorgefahren und haben ihre Autos am schmalen Straßenrand geparkt. Als wir vorbeifahren, höre ich das Klicken ihrer Kameras und schöpfe Kraft aus ihrer Anwesenheit und ihren Anfeuerungen. Auf dem Asphalt entdecke ich meinen Namen, in der Handschrift meiner Schwester Lisanne. Als ich noch Rennen fuhr, stand meine Familie auch immer dort. Es ist genau wie damals.

»Wie weit ist es noch bis zum Chalet?«, frage ich den Franzosen. Er hält zwei Finger hoch.

Das Tempo zieht an, wir lächeln uns an. Seite an Seite tanzen wir hoch. Er hat beschlossen, bei mir zu bleiben und mir bis zum Gipfel Gesellschaft zu leisten. Er bringt mich zu Ariane.

Nach einer kurzen Ruhepause, etwas Wasser, einem Riegel Kraftnahrung und ein paar ermutigenden Worten der Familie setze ich meinen Weg fort. Säure sammelt sich sofort in meinen Beinen. Anhalten ist eigentlich das Dümmste, was man am Berg machen kann. Man kommt aus seinem Rhythmus raus und es dauert dann auch ein wenig, bevor ich wieder drin bin. Ich trete weiter. Auf einem steilen Stück, zehn Prozent, wo ich letztes Jahr anhalten musste, fahre ich jetzt hoch. Ich kann mich auf einem flacheren Teilstück erholen, kurz vor dem Chalet auf der Nordseite, und danach beginnen ein paar steile Kilometer. Ob Bas wohl schon bei seinem Chalet Reynard ist? Und würde er dem ewigen Wind trotzen, der in der Mondlandschaft weht?

Mir ist klar, dass ich mich auf meine Strecke konzentrieren muss. Das ist auch die Lebenslektion dieses Berges. Jedes Berges. Konzentrier dich auf deinen Weg, sonst kommst du nie nach oben…

Endlich, das Chalet. Ich fahre seit einer Stunde bergauf. Wo wird Ariane gerade sein? Ist ihr auch kalt? Kraft strömt in meine Beine. Ich sehe den Gipfel. Das Land um mich herum ist kahl und ausgewaschen. Der Wind hat hier freies

Spiel. Mein Fahrrad beginnt zu pfeifen. Meine Augen finden die blauen Gummiarmbänder an meinen Handgelenken, ich murmele ihren Namen, schlage meine Augen auf und sehe die Wolken über mich hinwegrasen. Ob der Wind wohl auch sie fertigmachen will? Oder wird er sie nach oben tragen, so wie ich die Gesellschaft eines trainierten Radrennfahrers genieße?

Noch ein paar Kurven, wir fahren durch die Wolken. Der Gipfel ist nicht mehr zu sehen. Ich trete weiter, im Sitzen und im Stehen, und beiße mich am Hinterrad des Tänzers vor mir fest. Noch ein paar hundert Meter ... ein steiler Knick ... und ich bin da. Bejubelt von vertrauten Gesichtern fahre ich nach anderthalb Stunden Plackerei über die Ziellinie.

Kälte überfällt mich. Warme Hände reichen mir eine Jacke, einen Bademantel mit der Aufschrift »Mont Ventoux, 28. Juni 1999«. Ich bedanke mich bei dem Franzosen und fahre ein Stückchen runter, Richtung Malaucène. Meine Augen suchen in den Haarnadelkurven nach Ariane...

Auf einmal ist der Gipfel in Sichtweite. Ich schnappe nach Luft; acht Prozent, neun Prozent – es wird noch mal kurz heftig. Aber oben wartet mein zukünftiger Mann auf mich. Ich wringe die letzte Kraft aus meinen Beinen.

Die vorletzte Kurve, steil nach oben. Dort sehe ich einen Rennradfahrer mit einer Windjacke, die ich nicht kenne. Ob das... In der Tat, es ist Bas. Wir hatten vereinbart, dass er mir ein kleines Stückchen entgegenfahren dürfte. In der letzten Kurve steht der Name meines Geliebten aufgemalt, in einem Herz auf der Straße. Bas lächelt und fährt die letzten Meter mit mir mit.

Oben warten Familie und Freunde, durchgefroren vom kalten Wind. Ich rolle über die Ziellinie und falle meinem Freund in die Arme, bald mein Mann. Eine Stunde schneller als im letzten Jahr! Vielleicht kam es durch ein Jahr mehr Training oder vielleicht wurde ich von der Liebe nach oben getragen.

Wir lassen uns von den liebevollen Händen unserer Fans aufwärmen. Unsere Räder werden ins Auto gelegt. Alle zusammen steigen wir auf ein Treppchen für die Zeremonie. Liebe darf besiegelt werden. Der Mistral hat den Himmel sauber gefegt. Alle Wolken haben sich aufgelöst. Erregung und Entspannung finden ihren Weg in innigen Umarmungen und Tränen. Gemeinsam mit der Sonne, dem Wind und dem imposanten Berg sind unsere geliebten Menschen Zeuge dessen, was wir einander versprechen. Wir beten für die, die nicht mehr sind oder noch kommen. Es ist gut. Für viele hat der Ventoux etwas Magisches, für manchen ist er die Hölle. Für uns ist der Ventoux ein Altar, ein heiliger Ort, wo unsere Liebe immer weiterleben wird.[24]

Ariane Greep und Bas Steman, Apeldoorn – 28. Juni 1999

Was einem im Blut steckt, lässt sich nicht verleugnen. Der Junge konnte kaum krabbeln, als Vater Bas Steman mit seinem Sohn Jip in einem Anhänger den Ventoux hinauffuhr, auf dem Weg zu seiner Taufzeremonie. Wenn Philippe-Ventoux Blanc der Erstgeborene auf dem Mont Ventoux war – siehe *Der weiße Turm* in: *Gebäude*, S. 33 –, so könnte Jip Steman durchaus der erste Täufling sein.

Einen Monat vor seinem sechsten Geburtstag fährt Jip auf einem Trailerbike mit seinem Vater zum ersten Mal aktiv den Berg hoch. In Gesellschaft seines Vaters erklimmt er dann am 4. Mai 2012 erstmals auf seinem eigenen Rad in einer Stunde und 45 Minuten von Bedoin aus den Gipfel. Er ist zu diesem Zeitpunkt keine zwölf Jahre alt.

SCHEIBE SF-25

Hinter einem Steuerknüppel

Letztes Jahr habe ich meine Art entdeckt, den Ventoux zu erklimmen. Damals stand ich kurz vorm Gipfel und sah auf die Alpen. Plötzlich hörte ich ein säuselndes Geräusch gerade über mir. Ich schaute hoch und sah ein Segelflugzeug über den Berg hinweggleiten. Es hatte ein ziemliches Tempo drauf, in wenigen Sekunden war es nur noch ein kleiner Streifen am Himmel; ich hatte Schwierigkeiten, ihm zu folgen. Ich sah auch nicht, dass es umkehrte, sondern es wurde plötzlich wieder größer und stürmte auf mich zu. Faszinierend! Das will ich auch, dachte ich, das will ich auch.

Samstag, 27. Juli 2002. Ich werde über dem kahlen Berg schweben!

Auf dem Flughafen von Pernes-les-Fontaines, dem Basislager des Ventoux Air Club und der lokalen Abteilung der Fédération Francaise de Vol à Voile, stehen Flugzeuge aus Deutschland und der Schweiz und natürlich die örtliche »Luftflotte«. Gerade steigt eine Piper Seneca für einen Rundflug auf.

Ganz hinten, unter den Bäumen, hat der Segelfliegerclub mit einer Bank und einem Holzschreibtisch eine provisorische Rezeption eingerichtet. Für 45 Euro wird ein Schnupperflug über dem Flughafen angeboten. Das ist nicht Sinn der Sache: Ich möchte zum Ventoux! Das geht, aber es wird scheinbar nicht jeden Tag nachgefragt; es muss zumindest erst über den Preis des Fluges nachgedacht werden.

Oder hat es damit zu tun, dass ich ein amerikanisches Basecap aufhabe? Dieses Missverständnis wird schnell aufgeklärt: nein, kein Amerikaner, sondern Niederländer. Der Preis soll 60 Euro betragen für einen 45-minütigen Flug.

Ich bekomme einen Piloten, der davon ausgeht, dass Holländer lieber Deutsch als Französisch sprechen: Den ganzen Flug über wird er mich auf Deutsch ansprechen, auch wenn ich ihm auf Französisch antworte. Auch der Segelflieger ist deutsch: ein Scheibe SF-25 (F-CARL), eine Maschine, die mit einem Hilfsmotor ausgestattet ist. Es ist doch ein kurzer Schock, als ich auf der einen Seite lese, dass das Scheibe-Werk in Dachau steht.

Das Segelflugzeug wird zur Startfläche geschoben. Der Pilot macht mich im hinteren Sitz fest. Ich bekomme einen Kopfhörer auf, damit ich unterwegs mit ihm sprechen kann. Beide Sitze haben einen Steuerknüppel. Ich kann also – wenn ich das will – nachher auch kurz mal steuern. Das gläserne Cockpitdach wird über uns geschlossen und verriegelt. Ich bringe meine Videokamera in Position und meine Frau, die am Boden bleibt, macht Fotos von unserem Start.

Der Pilot startet den Motor und bevor ich das überhaupt so richtig mitkriege, sind wir schon unterwegs. Erst etwas holprig über das Gras, aber schnell sehe ich den Flughafen unter mir wegsacken. Ich sehe mich um und suche fast automatisch das Ziel meiner Reise. Rechts in der Ferne liegt der Berg.

Wir sind in Richtung Carpentras gestartet und fliegen nun einen weiten Bogen zum Ventoux. Es ist nur wenig Wind, also bleibt der Motor an. Wir steigen auf, aber das geht sehr langsam. Unter mir entdecke ich die Dörfer Mazan, Bedoin und Flassan und dazwischen Hügel mit Weinbergen. Ich sehe auch Steinbrüche und Baggerlöcher. Sehr schön von oben. Ich mache Filmaufnahmen. Nicht dass mir alles gelingt, denn vor lauter Nervosität drücke ich den An- und Aus-Knopf manchmal im falschen Moment. Das werde ich aber erst hinterher bemerken, wenn wir uns auf dem Campingplatz die Bilder ansehen.

Als wir nach einiger Zeit an den Flanken des Ventoux ankommen, befinden wir uns noch weit unterhalb des Gipfels. Die Südhänge, an denen wir vorbeifliegen, sind noch bewaldet. Der Pilot steuert nach Osten. Um Höhe zu gewinnen, fliegt er einen kompletten Kreis. Wir scheinen auf der Spitze des linken Flügels still zu stehen, so scharf ist die Kurve. Es geht kurz runter, um zu beschleunigen, und dann wieder hoch, weiter in Richtung Osten.

Zwischen den Bäumen gibt es immer mehr kahle Stellen. Wir passieren das Chalet Reynard. Ich sehe die Autos auf dem Parkplatz und die Radfahrer, die mühsam die letzten sechs Kilometer zum Gipfel zurücklegen. Wir drehen ab Richtung Norden und kommen auf der »Alpenseite« des Ventoux heraus: eine wüstere Landschaft mit vielen Felsschluchten und Kämmen. Erneut drehen wir und steigen auf. Und dann ist da plötzlich die Mondlandschaft. Wenn ich über die Schulter des Piloten schaue, sehe ich das Observatorium vor mir, immer noch höher als unser Segelflugzeug! Wir kriechen gleichsam den kahlen Berg hinauf, auf dem Weg zum Gipfel. Eine wundervolle Aussicht!

Endlich sind wir auf gleicher Höhe, wir fliegen am Gipfel vorbei und ich sehe die Gebäude auf dem Berg aus nächster Nähe. Drumherum Autos, Menschen, Radfahrer. Letztes Jahr stand ich zwischen den Menschen und sah dieses Segelflugzeug vorbeifliegen. Ich habe aber den Eindruck, dass wir viel langsamer sind als die Maschine damals. Auf jeden Fall zieht der Motor uns immer noch mühsam weiter in die Höhe.

Wir kreisen um den Gipfel und verlieren sogar etwas an Höhe. An der kahlen Bergwand zeichnet sich die scharfe Zickzacklinie eines Pfads ab. Wir fliegen weiter entlang der kleinen Radarkugel, die auf der Westseite des Ventoux auf einem anderen Gipfel liegt. Unter uns taucht die Station du Mont Serein auf. Wir kehren um und hängen wieder über der Mondlandschaft und den Haarnadelkurven, in denen sich die Straße hochschlängelt. Ich sehe Autos fahren und Radfahrer, die sich – sehr langsam – ihrem Ziel nähern. Auf der Straße stehen die Namen der Radprofis in weißen Lettern, Überbleibsel von der Tour in diesem Jahr.

Ich merke, dass ich fast den ganzen Flug über lache, so toll finde ich alles. Wieder kommen wir am Radarposten vorbei, aber nun in entgegengesetzter Richtung und zum ersten Mal schaue ich von oben drauf. Wir fliegen höher als der Ventoux!

Auf einmal merke ich, dass der Propeller still steht. Das Ausfallen des Motorengeräusches habe ich nicht bemerkt, dermaßen laut rast die Luft rund um das Cockpit. Wir fliegen jetzt auf 2.000 Metern Höhe und haben eine Geschwindigkeit von etwa 120 Kilometern pro Stunde.

Als wir am Gipfel vorbeifliegen, stellt sich heraus, dass er wieder neben und nicht unter uns liegt. Wir segeln also wieder etwas runter. Die letzte Kurve, die die Radfahrer nehmen müssen, wenn sie aus Richtung des Chalet Reynard kommen, und das Restaurant kurz vorm Gipfel. Dann zum so-und-so-vielten Male die Mondlandschaft.

Wir drehen. Durch die Kurve, die wir fliegen, beschleunigen wir und steigen schnell. Das Observatorium in der Ferne scheint schief zu stehen, aber wir hängen selbst schief, während wir uns zum Berg zurückdrehen. Wir fliegen über die kahle Stelle, wo letztes Jahr noch eine Radarstation der französischen Luftwaffe stand. Zum letzten Mal fliegen wir am Gipfel vorbei.

Der Pilot demonstriert die Funktion des Steuerknüppels. Wir machen eine Kurve nach links und eine nach rechts, steigen hoch und tauchen tief runter. Ganz einfach, ein Kinderspiel. Trotzdem beschränke ich mich lieber aufs Filmen.

Wir fliegen über Bedoin und suchen unseren Campingplatz auf dem Weg nach Malaucène. Ich entdecke ihn und sehe sogar unseren Wohnwagen, halb versteckt unter den Bäumen. Es geht jetzt schnell: Wir schweben vom Berg hinab und sinken rasch tiefer. Der Lärm der Luft um unser Cockpit herum nimmt zu. Der Pilot nennt die Namen der Dörfer unter uns: Bedoin, Saint-Pierre, Caromb. Wir fliegen in Richtung Carpentras, aber bevor wir so weit sind, kommt östlich der Stadt der Flughafen von Pernes in Sicht. Wir machen eine Kurve nach links und fliegen einmal parallel zur Bahn. Auf dem Boden sehe ich geparkte Flugzeuge, ein Segelflugzeug liegt schräg mit einer Flügelspitze auf dem Boden. Dann fliegen wir eine Schleife, um genau vor die Landebahn zu kommen. Während der Pilot zur Landung ansetzt, startet der Motor wieder und ein paar Sekunden später berühren wir den Boden. Wir rollen zurück zu den Hangars, wo Joke unsere Ankunft im Bild festhält. Ich habe meinen Ventoux bezwungen!

Henk Smeets, Vught – 27. Juli 2002

EINE RUNDE IM VAUCLUSE

»Ce n'est peut-être pas le paradis, mais cela y ressemble vraiment très fort.
Vous êtes hors du temps, en plein dans la vie.
Vous êtes en terre de Provence. Vous êtes dans la Vaucluse.«

»Du bist hier vielleicht nicht im Paradies, aber es sieht schon sehr danach aus.
Die Zeit steht hier still, aber das Leben lebt.
Das ist die Provence. Das ist das Vaucluse.«

– Anonym

Die Provence, das Land in der Umarmung von Rhône und Durance, ist ein Ort, wo die Historie hausgehalten hat; ein Ort, wo die Geschichte ihre Spuren ins Land und seine Bewohner gekerbt hat. Und das ist zu sehen. Man lehnt sein Fahrrad nicht gegen einen Stein, sondern gegen die Reste einer römischen Säule. Man isst sein Brot nicht einfach so auf einer Mauer, nein, das tut man auf den Ruinen der 28 Kilometer langen Pestmauer. Deshalb: ein bisschen Geschichte und Geografie.

In Vallonnet, bei Roquebrune, wurden die ersten Spuren menschlichen Lebens in der Provence gefunden: Schon vor Hunderttausenden von Jahren hausten hier Menschen in Höhlen und Grotten. Die ersten Beweise von etwas, was wir heutzutage einen Weiler oder Gehöft nennen würden, stammen von vor circa 6.500 Jahren: ein Ensemble von *bories*[25] in Courthézon im Vaucluse.

Ungefähr 600 Jahre vor Christus gründen griechische Siedler Massalia, das heutige Marseille. Auch Nizza (Nikè) und zum Beispiel Antibes (Antipolis) verdanken ihre Entstehung dieser Kolonisation. Weil die Griechen in heftige Auseinandersetzungen mit den örtlichen Stämmen geraten, eilen ihnen ihre Verbündeten, die Römer, im Jahr 125 vor Christus zu Hilfe. Nach getaner Arbeit bleiben die Römer, um den Durchgang von Italien über Südfrankreich zu ihren spanischen Provinzen zu sichern.

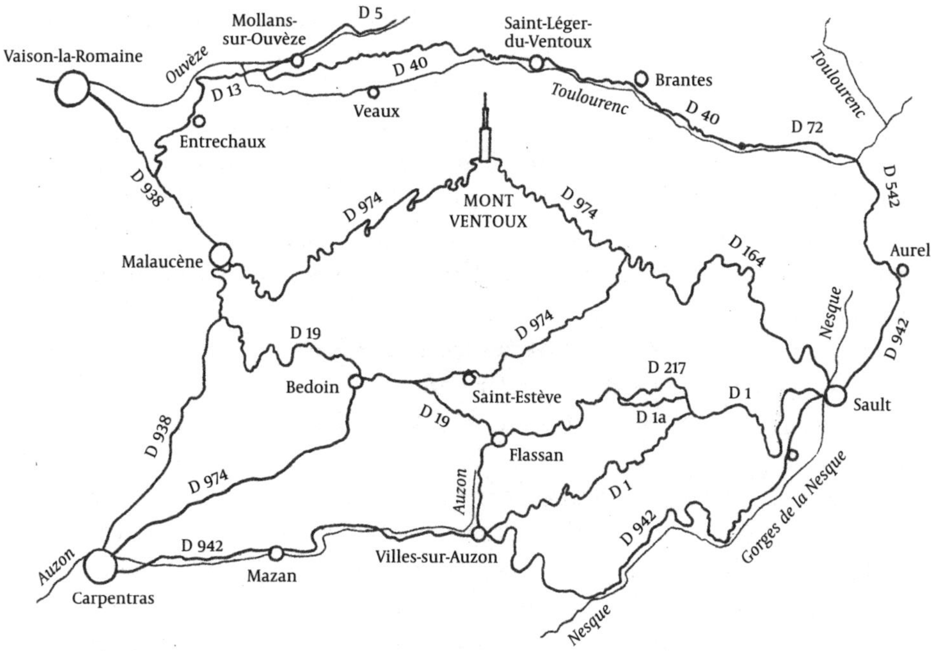

Als Julius Caesar politische Differenzen mit den Griechen hat, beschließt er, ihnen eine Lektion zu erteilen: 49 vor Christus nimmt er Massalia ein. Achtzehn Jahre später sichert sich Kaiser Augustus endgültig die Herrschaft über die Provinz Gallia Narbonensis (auch Provincia Transalpina genannt). Fortan ist die Provence römisch.

So wie überall, wo die Römer auf der Bühne der Geschichte auftauchen, macht die Provincia Transalpina eine rasend schnelle Entwicklung durch. Es werden Tempel errichtet, Aquädukte[26] und Theater[27] gebaut, Straßen angelegt und neue Siedlungen gegründet wie Apt, Arles, Fréjus und Vaison. Überall entstehen starke regionale Verwaltungszentren, aber der ländliche Raum bleibt so gut wie unangetastet.

Ab dem dritten Jahrhundert verbreitet sich das Christentum in diesen Gegenden.

Nach dem vierten Jahrhundert fallen verschiedene Völker ein; das Römische Reich geht unter und die Provincia verfällt. Schließlich erobern um das Jahr 535 herum die Franken unter Führung des legendären Königs Clovis die Gegend, aber praktisch bleiben die Einwohner der Provence ihr eigener Herr, bis Karl Martel um 730 herum die zentrale Macht wiederherstellt.

Beim Vertrag von Verdun (843) wird das riesige Fränkische Reich unter den drei Enkeln Karls des Großen verteilt. Die Provence östlich der Rhône wird dem Mittelreich zugeschlagen.

855 wird das Königreich Provence gegründet, das in groben Zügen mit dem Rhônebecken zusammenfällt. Die exakten Grenzen lassen sich nicht bestimmen – das ist übrigens auch heutzutage nicht möglich.

Schwach wie es ist, wird das Königreich Provence schon bald ins Burgundische Reich eingegliedert, das unter dem Schutz des Deutschen Kaiserreichs steht. Nach allerlei politischen Scherereien gelangt die Provence 934 in die Hände des Königs von Burgund. Dessen Herrschaftsgebiet wird nun auch als Königreich Arelat bezeichnet, benannt nach dem alten römischen Namen für die Stadt Arles.

In Folge der verschiedensten Verwicklungen ändert sich die Situation im Jahr 1032 erneut. Das Land östlich der Rhône gelangt nun in den Besitz des Heiligen Römischen Reiches. Die tatsächliche Macht liegt aber eher bei den Lehnsherren, den Grafen von Arles.

Die Region westlich der Rhône gehört derweil zum Burgundischen Reich; im täglichen Leben haben hier die Grafen von Toulouse das Sagen. Weil sie im Kampf gegen Eindringlinge aus dem Norden aufeinander angewiesen sind, legen die Grafen von Toulouse und Barcelona im Jahre 1125 ihre territorialen Konflikte bei und einigen sich auf eine Festlegung ihrer Herrschaftsgebiete.

Der Graf von Toulouse ist von nun an Herr über die *Markgrafschaft* Provence. Diese umfasst in groben Zügen die Gegend westlich der Rhône und nördlich der Durance, also auch das spätere Comtat Venaissin. Das Pays de Sault genießt jedoch relative Unabhängigkeit, die so lange andauern wird, bis die Französische Revolution sie schließlich beendet.

Der Graf von Barcelona bekommt derweil die *Grafschaft* Provence zugeteilt, die Gegend zwischen der Durance, der Rhône, den Alpen und dem Meer.

1229 beginnt der zentrale Machthaber, der katholische französische König, einen Kreuzzug gegen die sogenannten Katharer, die in seinen Augen ketzerischen Bewohner von Albi, der Hauptstadt des heutigen Départements Tarn. Er besiegt die Albigenser und damit ist die Macht der provenzalischen Fürsten gebrochen: Die Markgrafschaft Provence fällt an die französische Krondomäne. Die Lehre der Katharer köchelt allerdings weiter.

Durch Eheschließung fällt auch die Grafschaft Provence 1246 in die Hände eines direkten Verwandten des französischen Königs, des Herzogs von Anjou, und 1481 geht es per Testament in den Besitz der Krone über. Bis auf das päpstliche Comtat Venaissin ist nun die gesamte heutige Provence Teil der französischen Krondomäne und gehört somit zum Königreich Frankreich.

Die französischen Könige tun ihr Bestes, um in den neu eroberten Gebieten die traditionelle Macht der regionalen Hoheiten zu brechen und ihre Zentralmacht zu festigen. Im 17. Jahrhundert bringt Ludwig XIV. dieses Bestreben erfolgreich zum Abschluss: Der König ist nicht länger nur dem Namen nach, sondern auch in der Praxis der Chef in der Provence. Nur das Comtat Venaissin bleibt unabhängig. Das Pays de Sault behält seine Rechte.

1789 bricht in Marseille die Französische Revolution aus. 1790 werden die Départements Var, Bouches-du-Rhône und Basses-Alpes gegründet. Das Pays de Sault wird der Grafschaft Forcalquier zugeteilt, damals Teil des Départements Basses-Alpes. 1791 beschlagnahmen die Republikaner den päpstlichen Besitz rund um Avignon und bei der Neuordnung vom 25. Juni 1793 entsteht das Département Vaucluse[28]. Dazu werden die Grafschaft Avignon, die Grafschaft Venaissin, das Prinzentum Orange, das Vikariat von Apt und die Grafschaft Forcalquier zusammengelegt. Hauptstadt wird Avignon.

Im Laufe der nächsten Jahrhunderte entwickelt sich die Provence zu dem, was sie heute ist. Marseille wird eine einflussreiche Stadt, die Provenzalische Sprache wird vom Französischen verdrängt, der ländliche Raum entwickelt sich. Eine moderne Infrastruktur verbessert die Erreichbarkeit und damit die Handelsmöglichkeiten der Gegend. Nach dem Zweiten Weltkrieg wächst die einst bescheidene Tourismusbranche zum heutigen Massentourismus heran und an der Küste lässt sich eine Menge Industrie nieder.

Von 1954 bis 1962 tobte der grausame Algerische Unabhängigkeitskrieg, in dem sich Algerien von der Kolonialmacht Frankreich befreite. Hunderttausende Franzosen, die in Algerien gelebt hatten, die so genannten *Pieds-Noirs*, wollten mit der einheimischen Bevölkerung nichts zu tun haben und zusammen mit den kollaborierenden Algeriern, die auf französischer Seite gekämpft hatten, emigrierten sie ins Mutterland, wo sie fortan ein elendes Dasein fristeten und oft immer noch fristen. Der Widerstand gegen diese Neuankömmlinge und die gegenseitige Feindseligkeit unter den Einwanderern bedeuten eine Verschärfung der gesellschaftlichen Spannungen: Der extrem rechte Front National hat unter anderem in Orange und Carpentras eine starke Basis.[29]

Das Comtat[30] Venaissin

Der Sieg des Katholizismus im Jahre 1229 kann die »Ketzerei« in der Provence nicht endgültig ausrotten. Die Machtkämpfe ziehen sich über das gesamte 13. Jahrhundert hin und das bedeutet, dass der französische König erneut aktiv werden muss. 1274 fügt er den Albigensern eine vernichtende Niederlage zu, woraufhin der Kirchenstaat von ihm das Comtat Venaissin geschenkt bekommt. Avignon wird 1309 der Sitz von Papst Clemens V. und Carpentras wird 1320 die Hauptstadt des Comtat. Als der Heilige Stuhl im Jahr 1376 nach Rom zurückkehrt, machen die Gegenpäpste Avignon zu ihrem Amtssitz.

Das Comtat Venaissin umfasst ein recht großes Gebiet bei Avignon, vor allem östlich der Rhône. Wie die Grenzen im Laufe der Geschichte genau verliefen, bleibt vage. Es ist aber bekannt, dass das Hoheitsgebiet des Comtat sich auf dem Höhepunkt seiner Macht ungefähr von den Baronnies im Norden bis zur Durance im Süden und von der Rhône im Westen bis zur Grenze des Plateau de Vaucluse im Osten erstreckt. Unter anderem die Gemeinden Carpentras, Bedoin, Malaucène und Sault gehören dazu.

Auch der Ursprung des Namens *Venaissin* ist nicht genau geklärt. Einige Historiker meinen, dass er eine lokale Herkunft hat. Sie denken dabei an den Namen des heutigen Dorfes Venasque, das im späten Mittelalter *Vendasca* hieß und eine wichtige Bischofsstadt war; auch der Papst weilte oft dort. Von *Vendasca* soll sich dann *Venaissin* abgeleitet haben. Andere Gelehrte glauben, dass sich der Name aus dem Lateinischen *Avenicus*[31] entwickelt habe, das über *Venicinus* und das französische *Venessin* (*Venisse* im Provenzalischen) schließlich zu *Venaissin* geworden sei.

Den Bewohnern[32] des Comtat Venaissin geht es unter der Herrschaft der Päpste politisch und wirtschaftlich gar nicht schlecht. Sie wehren sich Ende des 18. Jahrhunderts denn auch mit Händen und Füßen gegen den erzwungenen Anschluss an Frankreich.

Bedoin[33]

Ausgrabungen zeigen, dass Bedoin schon lange vor Beginn unserer Zeitrechnung existiert und dass es auch römische Besiedlung gegeben hat. Der Name des Dorfes taucht zum ersten Mal im Jahr 993 auf (auch 998 wird teils als Jahr der ersten urkundlichen Erwähnung genannt), als ein gewisser Exmidio das Gebiet den Benediktinern von Montmajour schenkt; *Beduinum* heißt der Ort zu dieser Zeit. Der spätere Name *Bedoin* soll sich ableiten von *berceau du vin*, was wiederum auf das alte germanische Wort *bett-wein* zurückgehen soll. In diesem Fall würde *Bedoin* so viel bedeuten wie »Geburtsstätte des Weines«. Wissenschaftlich etwas wahrscheinlicher ist die Verschmelzung des uralten Wortes *bed* (Erhöhung in der Landschaft) mit dem späteren gallischen Wort *duno* (kleines Fort, militärische Verstärkung); die alte Mauer auf dem Saint-Antonin-Hügel mitten im Dorf ist in der Tat eine Ruine einer römischen Befestigungsanlage. Sollte diese Theorie zutreffen, müsste *Bedoin* also mit »verstärkter Hügel« übersetzt werden.

Wie auch immer, im Jahr 1264 wird Bedoin jedenfalls ein selbständiges Dorf. In diesem Jahr stirbt Barral des Baux, der Regent von Toulouse.[34] Durch sein Testament lässt er den Bewohnern von Bedoin verschiedene Privilegien auf dem und rund um den Mont Ventoux zukommen. Im Jahr 1274 überträgt der französische König große Teile des Besitzes der Grafen von Toulouse, darunter das Comtat Venaissin, also auch Bedoin, an den Papst – siehe *Das Comtat Venaissin* in: *Eine Runde im Vaucluse*, S. 229.

Die Existenz des Mont Ventoux hat direkt mit der Entstehung von dem zu tun, was heute Bedoin heißt (*Bedouin* im Provenzalischen). Das Dorf liegt auf etwa 300 Metern Höhe auf der Südwestseite des Ventoux und der natürliche Reichtum des Berges und seiner Umgebung bietet der Bevölkerung gute Existenzmöglichkeiten. Es gibt ausreichend Holz, die Nutztiere haben genug zu fressen, es gibt fruchtbaren Boden für den Anbau von Lavendel, Getreide, Gemüse und Obst, auch Jäger und Sammler finden problemlos ihre Mahlzeiten und so weiter. In späteren Zeiten sorgt auch die Herstellung von Backsteinen und Tonwaren für ausreichend Arbeit.

Eigentlich hat sich, was das angeht, im Laufe der Jahrhunderte nicht so sehr viel verändert: Immer noch zieht Bedoin viele Vorteile aus der Anwesenheit des Ventoux. In unseren Tagen florieren zum Beispiel die Landwirtschaft und der Gartenbau, die Weinproduktion (AOC Ventoux!) und eine sehr umfangreiche Sandgewinnung für die Keramik- und die Glasindustrie. Und natürlich bestimmt auch der Tourismus mit allem, was dazu gehört, derzeit das Gesicht dieses Tores zum Mont Ventoux.

Raubbau sorgt dafür, dass Mitte des 19. Jahrhunderts auf den Flanken des Ventoux nahezu kein Baum mehr steht. Was Bert Aardema »eine kleine grüne Hölle mit schwarzem Asphaltstreifen« nennt, haben wir einem ausführlichen Wiederaufforstungsprogramm zu verdanken, das 1861 effektiv startet – siehe *Wälder* in: *Der Berg*, S. 26.

Das Fortbestehen von Bedoin hat verschiedene Male am seidenen Faden gehangen. Trotz des gutgemeinten Versuchs, mit einer langen hohen Mauer die Pest außen vor zu halten, schlägt die Krankheit in den Jahren 1629 und 1630 erbarmungslos zu: Die gesamte Bevölkerung von Bedoin wird so gut wie ausgerottet.

Und es geht noch einmal richtig schief. Als 1791 das Comtat Venaissin eine französische Provinz wird, bringen die päpstlich gesinnten Einwohner ihre Missbilligung deutlich zum Ausdruck. Etwas zu deutlich, wie sich herausstellt, denn die Republikaner radieren das Dorf und seine antirepublikanischen Einwohner so gut wie aus. Die Chapelle Béccaras an der Route de Flassan und die Pyramide an der Ecke Rue Abbé Durand/Place des Écoles erinnern noch an dieses Drama.

Aber was auch geschieht, immer wieder beweisen die Bedoiner Widerstandskraft und bauen ihre Gemeinde auf den Flanken des Saint-Antonin-Hügels neu auf.

Was das Thema Bauen betrifft: Diesbezüglich hat Malaucène große Pläne – siehe *Malaucène* in: *Eine Runde im Vaucluse*, S. 244. Auch in Bedoin gab am Montag, dem 23. Oktober 2017, der Gemeinderat einem Lenkungsausschuss grünes Licht, der die Möglichkeiten für ein Megaprojekt untersuchen sollte. In der Nähe der Chapelle du Moustier, kurz außerhalb von Bedoin, links von der D 974, sollte eine Radrennbahn gebaut werden, die für internationale Wettkämpfe geeignet ist, außerdem ein Hotel mit Hunderten von Zimmern, einem Restaurant, einem Schwimmbad, einem Spa, Konferenzsälen, einem Kino und verschiedenen Einrichtungen für Sportler. Wenn man diese inzwischen torpedierten Pläne vor dem Hintergrund der seit langem bestehenden Absicht der nationalen Regierung betrachtet, einen Parc Naturel Régional du Ventoux zu schaffen, und wenn man bedenkt, welche zusätzliche Belastung ein solches Projekt für einen kleinen Ort wie Bedoin bedeutet hätte, so versteht man die Bürgerinitiative, die gegen den Größenwahn Sturm gelaufen ist. Auch Besucher aus dem Ausland, die regelmäßig in Bedoin zu Gast sind, äußerten ihre Bedenken. Der Politologe Professor Hendrik Vos sagte auf Radio 1: »Aber manchmal erkenne ich Bedoin im Sommer selbst nicht wieder. Ich fürchte, dass der Berg eines Tages kollabieren wird. Das Ökosystem ist unglaublich zerbrechlich. Mit diesen Massen von Touristen wird es für diese fragile Natur kein gutes Ende nehmen.« Es gab sogar eine internationale Kampagne gegen die Pläne – auch die Autoren dieses Buches zählten zu den Unterstützern. Letztendlich hat sich die Gemeinde damit abgefunden: Das Projekt wurde gestrichen und der Parc Naturel Régional du Ventoux wird im Jahr 2020 Wirklichkeit werden. Es wird sich weisen, ob auch Malaucène und Sault sich zu beherrschen wissen…

Le Barroux

Hoch auf einem Hügel an der Straße von Carpentras nach Malaucène gelegen, war Le Barroux mit seinem Schloss jahrhundertelang ein Wachposten am Übergang von der Ebene zu den Baronnies. Das ruhige Städtchen mit seinen engen Gassen liegt in Form eines Amphitheaters zu Fuße des herrschaftlichen Gebäudes aus dem 13. Jahrhundert. Ein Teil der Häuser ist noch authentisch aus dem Mittelalter erhalten.

Crillon-le-Brave

Östlich von Le Barroux, am südlichen Fuße des Ventoux, liegt Crillon-le-Brave, mitten zwischen den Weingärten und Obstbaumplantagen. Crillon gilt auch als eines der schönsten Dörfer des Vaucluse und man muss zugeben: Das ruhige Dorf mit seinem Auf und Ab von Gassen, prächtig restauriert und sehr gut erhalten, ist einen Besuch in der Tat mehr als wert. Vergessen Sie nicht, kurz durch den heimeligen Innenhof des restaurierten Schlosses zu laufen. Wenn keine Autos da sind, wähnt man sich Jahrhunderte zurückversetzt. Das Schloss selbst ist in Privatbesitz und kann nicht besichtigt werden.

Crillon-le-Brave hieß ursprünglich einfach Crillon, hat sich aber später nach einem seiner berühmtesten Einwohner benannt, Louis des Balbes de Crillon (circa 1543–1615). Dieser kämpfte während der Religionskriege als Offizier an der Seite von drei Königen. Er hat sich dabei den Spitznamen *le brave des braves* erworben, »der Tapferste unter den Tapferen«. Das Dorf ehrt sein Andenken auch mit einer mehr als mannshohen Statue.

Etwas außerhalb von Crillon liegt die Chapelle Notre-Dame-des-Accès. Diese Kapelle wurde 1721 errichtet. Die Dorfbewohner erhofften sich durch den Bau die Unterstützung des Himmels in ihren Versuchen, die Pest, die von Marseille aus näher rückte, von sich fernzuhalten. Genauso wenig wie der berühmten Pestmauer war diesem Vorhaben Erfolg beschieden: Die Epidemie tötete in der Gegend mehr als 100.000 Menschen.

Caromb

Zwei Kilometer nördlich des Dorfes Caromb liegt der bekannte Lac du Paty. Dieser drei Hektar große See wurde zwischen 1764 und 1766 für die Bewässerung der umliegenden Ländereien angelegt, aber er wird heutzutage auch intensiv zu Erholungs- und Freizeitzwecken genutzt. Es lässt sich in der Tat sehr gut dort aushalten, unter anderem dank der schattenreichen Ufer – siehe *Tour de Lac du Paty* in: *Radfahren rund um den Mont Ventoux*, S. 247.

Sainte-Colombe und Les Bruns

Wenn man von Bedoin aus zum Gipfel des Mont Ventoux fährt, kommt man zuerst an Sainte-Colombe vorbei. Hier beginnt der eigentliche Anstieg – oder endet die Abfahrt. Die Menschen hier müssen ab und an Todesängste ausstehen, wenn man sich die sehr hohen Geschwindigkeiten ansieht, mit denen viele Rennradfahrer durchs Dorf Richtung Bedoin sausen…

Sainte-Colombe ist ein unauffälliges Dorf. Aber wenn Sie abends den Ventoux hinabfahren, achten Sie dann auf den angestrahlten Kirchturm: ergreifend und anrührend in seiner Schlichtheit.

Einen Kilometer weiter kommt man durch die (Mini)-Ansammlung von Häusern von Les Bruns – bevor man sich versieht, ist man schon durchgefahren. Der blau angemalte Baumstamm auf der linken Straßenseite ist eigentlich das Einzige, was hier von der Straße aus auffällt. Betritt man das Dorf selbst, stößt man auf einen sehr schönen alten Waschplatz.

Saint-Estève

Viel macht auch diese Mini-Ansammlung von Häusern nicht her. Saint-Estève ist nur berühmt und berüchtigt wegen seiner scharfen Kurve. Aber diese Kurve reicht aus, um den Namen des Weilers in der gesamten Motorsport- und Radsportwelt Westeuropas zu einem Begriff zu machen. Spektakuläre Szenen haben sich hier in den Courses des Côtes du Mont Ventoux zugetragen.

Die besseren Automobilrennfahrer schafften zu Beginn des 20. Jahrhunderts zwischen Bedoin und dem Gipfel ein Stundenmittel von mehr als 50 km/h und in den Jahren, die folgten, wurden sie immer schneller. Und wer mit hoher Geschwindigkeit den Ventoux hochbretterte, der hatte eine gute Chance, hier aus der Kurve zu fliegen. Deshalb wurde die »Virage Saint-Estève« neu gestaltet: Nach allerlei kleineren Anpassungen bekam sie im Jahr 1936 – damals schaffte man bereits eine Durchschnittsgeschwindigkeit von 90 km/h – einen Straßenbelag aus Beton, der zur Außenseite hin in einem Winkel von 35 Grad anstieg und auf diese Weise wie eine Kurve auf einer Radrennbahn aussah.

Das stellte sich in späteren Jahren aber als eine Herausforderung für die »gewöhnlichen« schnellen Jungs heraus, die hier mit Tempo runterdüsen wollten. Zufällige Passanten wurden ab und an Zeuge eines Steilwand-Rennens: In einem Wahnsinnstempo kamen die Waghälse um die Kurve geflogen … auf der verkehrten Straßenseite. Die Folgen lassen sich denken. Deshalb wird die Kurve im Jahr 1973 wieder »normalisiert«.

Das vermag das Tempo bergauf allerdings nicht zu drosseln. Im Jahr 2003 zum Beispiel fährt der Gewinner des Course de Côte du Ventoux in 3:53 Minuten vom Start in Les Bruns zum Ziel am Chalet Reynard. Das heißt, dass Bernard Chamberod eine Durchschnittsgeschwindigkeit von 156,6 km/h auf den Asphalt zaubert.

Wer ein gutes Gehör hat, hört in der Kurve von Saint-Estève die Reifen seines Reynard(!) 92D immer noch quietschen oder ansonsten halt das Ächzen von Radfahrern auf dem Weg zum Gipfel oder das Knirschen ihrer Zahnkränze.

Flassan

Flassan ist ein Dorf mit ein paar hundert Einwohnern, mitten in der wundervollen Natur, am Fuße des Ventoux. Im Herzen des ockerfarbenen Dorfes steht eine hübsche Kirche aus dem 18. Jahrhundert, die Ende des 20. Jahrhunderts restauriert wurde. In der Krypta finden sich verschiedene Grabgewölbe.

Mazan

Mazan liegt im Herzen des Comtat Venaissin im Tal des Auzon. Es ist der Geburtsort des landesweit bekannten Bildhauers Jacques Bernus (1650–1728); die Pfarrkirche Notre-Dame-de-Pareloup beherbergt verschiedene seiner Werke.

Mazans Wirtschaft dreht sich vor allem um den Obstanbau, der zu einem großen Teil auf Trauben entfällt. Auch der Gipssteinbruch von Mazan, der größte ganz Europas, sorgt für die notwendigen Einkünfte. Der Steinbruch liegt nicht weit von Mormoiron entfernt und produziert den berühmten »Gips von Mazan«.

Mitten in Mazan liegt das Schloss des literarisch und auch für andere Dinge berühmten Marquis De Sade (1740-1814). Der Marquis war ein großer Liebhaber des Theaters und ließ in seinem Schloss einen Saal für knapp hundert Zuschauer bauen. 1772 organisierte er hier das erste Theaterfestival in Frankreich. Dieses hat seit einigen Jahren einen Nachfolger mit »Les Théâtrales«, das im Juli in den Gärten des Gemeindehauses aufgeführt wird. De Sade ist natürlich auch berüchtigt wegen seiner wilden Feste, aber dort, wo einmal außergewöhnlich zügellose Zustände herrschten, steht heute ein – nicht öffentlich zugängliches – Altersheim.

Frommere Gedanken ruft die Kirche Notre-Dame-de-Pareloup hervor, ein Wunderwerk von einfacher, nahezu brutaler Pracht aus dem 12. und 15. Jahrhundert, das am Rande des Zentrums liegt, halb versteckt im Erdboden.

Wie die Zinnen einer Burg bilden mehr als sechzig steinerne Sarkophage aus dem fünften und sechsten Jahrhundert die Begrenzung eines Teils des Friedhofs. Irgendwann einmal wurden sie verwendet, um die alte, von den Römern angelegte Straße von Carpentras über Mormoiron nach Sault zu kennzeichnen. Im 18. Jahrhundert entdeckte man sie in den Feldern entlang der Straße.

Villes-sur-Auzon

Villes-sur-Auzon liegt auf rund 400 Metern Höhe auf der Südseite des Mont Ventoux, am Beginn der Gorges de la Nesque. Wenn die Sonne großzügig scheint, ist das Dorf am schönsten. Dann strahlen auch die ockerfarbenen Häuser eine ungeheure Wärme aus. Diese sind – neben ein paar Ruinen von alten Werkstätten – das einzige Überbleibsel der früheren Ockerindustrie.

Momentan sind die Landwirtschaft und der Gartenbau die wichtigste Einkommensquelle, obwohl auch der Tourismus seinen Teil dazu beiträgt. Wie so viele provenzalische Dörfer und Städte lockt auch Villes-sur-Auzon mit einer attraktiven Promenade mit Platanen und Brunnen.

Gorges de la Nesque

1866 entdeckte der bekannte provenzalische Dichter, Völkerkundler und Rechtsgelehrte Frédéric Mistral (1830–1914)[35] diese durch den Fluss Nesque ausgewaschene Schlucht. Sie gilt nach der Gorges du Verdon als schönste in Südfrankreich.

Die Nesque entspringt auf der Ostflanke des Mont Ventoux und mündet kurz hinter Pernes-les-Fontaines in der Sorgue, um schließlich ihr Wasser in die Rhône zu spülen. Im Laufe der Zeit hat sie sich tief in den Kalkboden des Plateau de Vaucluse eingegraben.

Die D 942 verläuft heutzutage hoch über dem Ufer der Nesque von Villes-sur-Auzon aus über das uralte Monieux nach Sault. Ein paar Kilometer außerhalb von Villes-sur-Auzon kommt der Reisende am Relais de Fayol vorbei. Zu Beginn des 20. Jahrhunderts – die D 942 wird im Jahr 1911 eröffnet – ist dieses Gehöft ein für Mensch und Pferd notwendiger Halt auf der Strecke Sault–Carpentras. Heute wird es langsam von der Natur »zurückerobert«. Die Aussicht über die Gorges und den Rocher du Cire ist grandios.

Das Wasser der Nesque, unten in der Schlucht, ist durch die dichte Vegetation nur ab und an zu sehen. Wenn es eine Weile nicht geregnet hat, fällt der Fluss sogar trocken, weil das Wasser im Kalkboden versickert.

Der schönste Punkt dieser auch für Radfahrer sehr reizvollen Strecke ist der auf 734 Metern Höhe gelegene Belvédère du Castelleras, der dem 872 Meter hohen Rocher du Cire gegenüberliegt. Auf dem Gedenkstein, der hier am 11. September 1966 zu Ehren des Entdeckers dieses besonderen Ortes errichtet wurde, ist eine Passage aus dessen Buch *Calendau* (1866) gemeißelt, das lange epische Heldengedicht, das den Ruhm der Provence und vor allem dieses besonderen Ortes besingt und das damals seinen 100. Geburtstag feierte.

Nicht weit vom Belvédère steht unten am Ufer der Nesque die romanische Chapelle Saint-Michel-de-Anesca. Die Kapelle, gleichsam von einem großen Felsen umhüllt, wurde im zwölften Jahrhundert an einer prähistorischen Opferstätte errichtet und besitzt noch immer eine religiöse Bedeutung als regionaler

Wallfahrtsort.[36] Aus archäologischen Funden ist ersichtlich, dass hier in der Gegend schon vor 60.000 Jahren Menschen in Höhlen hausten. Manche behaupten sogar, dass die ersten Bewohner der Gegend sich hier schon 150.000 Jahre vor Christus niedergelassen haben. Auf jeden Fall wurden Zehntausende Knochenreste gefunden und mehr als fünftausend Gegenstände aus Feuerstein.

Auch im 19. Jahrhundert lebten hier ein paar hundert Menschen. Die meisten der kleinen Dörfer wurden dem Zahn der Zeit überlassen, wie Les Tarlans, aber Bouquet zum Beispiel wurde restauriert. Das Gebiet ist ein Paradies für (sehr geübte!) Wanderer, die keine Höhenangst haben. Wer ein Ziel für eine stramme Wanderung sucht, kann am besten die *aiguiers*[37] von Le Champ de Sicaude oder die von Bouquet besuchen.

Monieux

Von Flassan aus ist Monieux über die malerische Route de la Gabelle zu erreichen, etwas prosaischer ist die Bezeichnung D1. Andere Möglichkeiten sind von Sault aus oder über die Gorges de la Nesque von Villes-sur-Auzon aus. Das winzig kleine Dorf hat sich ungefähr sechs Kilometer westlich von Sault auf den Ausläufern der Gorges de la Nesque eingenistet. Es ist die älteste Siedlung des Pays de Sault; einige Häuser stammen noch aus dem Mittelalter. Die Reste einer schweren Verteidigungsmauer aus dem zwölften Jahrhundert verbinden das Dorf mit der Ruine, die mal ein stolzer Wachturm war.

Für Wanderer, Radfahrer und Autofahrer ist Monieux ein ausgezeichneter Startpunkt: Ob es nun um die Lavendelfelder von Sault geht, die geheimnisvolle Schlucht der Nesque oder den unerreichbaren Gipfel des Ventoux, man kann hier auf jedem Niveau etwas finden.

Stefan Hertmans brillanter Roman »Die Fremde« spielt zu einem Großteil in Monieux und Umgebung. »Ein Bergdorf scheint während der Kreuzzüge die Kulisse eines Liebesdramas gewesen zu sein«, so Persis Bekkering in der Literaturbeilage von *de Volkskrant* vom 8. Oktober 2016.

Sault

Der Name Sault ist vom Lateinischen *saltus* abgeleitet, das »bewachsenes Tal« oder »bewaldetes Land« bedeutet. Genau wie überall in der Umgebung leben hier in der grauen Vorzeit bereits Menschen. Und genau wie der Rest der Provence leidet Sault unter allen möglichen Völkern, die hier einfallen und plündern: Visigoten, Burgunder, Ostgoten, Lombarden und Sarazenen setzen vom fünften bis zum siebten Jahrhundert dem Wohlstand, der in der römischen Zeit herrscht, ein Ende. Aber genau wie die anderen Städte und Dörfer im Comtat Venaissin bleibt Sault lange unabhängig von der französischen Krone. Steuern zahlen an den König oder in seiner Armee dienen brauchen die Bewohner daher nicht. Im Jahr 1204 bestätigt König Philippe II. diese Rechte noch einmal mit Nachdruck. Erst 1790 geht Sault im französischen Einheitsstaat auf und am 25. Juni 1793 dann, zeitgleich mit Bedoin und Malaucène, im neuen Département Vaucluse.

Die Umgebung von Sault, das auf 765 Metern Höhe östlich des Ventoux liegt, ist berühmt wegen seines Lichter-, Farben-, Linien- und Flächenspiels: die grünen Weinreben, der lilafarbene Lavendel und die gelben Kornfelder im Hochsommer, die flammenden Buchen und Eichen im Herbst. Nicht umsonst hat die französische Regierung das Val de Sault und das Plateau d'Albion der UNESCO als Welterbe vorgeschlagen.

Das Pays de Sault, der Garten von Frankreich, ist bekannt für sein Nougat, seinen Nusswein und Honig. Aber wer Sault sagt, sagt doch vor allem Lavendel, und wer Lavendel sagt, sagt Sault. Schon seit der Zeit der Griechen und Römer steht das Leben zahlloser Menschen in dieser Gegend völlig im Zeichen des Lavendels. Er muss gesät, gejätet und geerntet werden, getrocknet, gepresst, destilliert, verpackt und wer weiß was noch alles. Die kosmetische Industrie und die Tierheilkunde verwenden die Blumen des Lavendels und die flüchtigen Öle, die daraus gewonnen werden; Extrakte der Blüten werden in Badesalz verarbeitet, in Puder, ja sogar in Süßigkeiten. »La lavande est l'âme de la Haute Provence«, so der Autor Jean Giono: »Der Lavendel ist die Seele der Haute Provence.«

Nach einer alten Legende ist diese Seele fast buchstäblich von oben auf die Erde herabgefallen, durch Zutun der guten Fee Lavendula. Es wird erzählt, dass Lavendula, geboren in einem Feld mit wildem Lavendel irgendwo in der Montagne de Lure, etwa sechzig Kilometer östlich von Sault, zu einem bestimmten Zeitpunkt in ihrem Leben, einen geeigneten Wohnort suchte. Ihr Auge fiel auf die Provence. Aber als sie auf einer Landkarte sah, wie arm, wüst und leer diese Gegend war, brach sie in Tränen aus. Ihre Tränen sorgten für große Flecken auf der Karte, die sie nicht wegbekam. Sie nahm ein Stück des blauen Himmels, um die nassen Flecken zu vertuschen. Seitdem, sagt man, wächst Lavendel in der Provence, um die Armut und die Wildheit zu verbergen.

Die »Seele der Provence« kann man sehen, riechen und schmecken im Jardin des Lavandes im Weiler Verdolier in der Nähe von Sault. In diesem botanischen Garten versucht man, alle existierenden Lavendelsorten zu sammeln; momentan wachsen dort 102 Sorten. Es spricht für sich, dass ein Besuch in der Blütezeit, also zwischen Ende Juni und Anfang September, am attraktivsten ist.

La Maison de l'environment et de la chasse – Centre de découverte de la Nature, das Haus der Natur und der Jagd in Sault, widmet der wunderschönen Umgebung in festen und wechselnden Ausstellungen viel Aufmerksamkeit. Auch für verschiedene Bildungs- und Sportaktivitäten (Wanderungen!) ist man hier an der richtigen Adresse.

Sault, hoch aufragend über dem Tal der Nesque gelegen, ist vor allem ein Ort der Ruhe und Entspannung. »Rien n'est violent, ou fracassant, ou de tumulte; tout est paisible et enveloppe de tendresse«, wie der Dichter Jean Giono es formuliert. »Alles strahlt Ruhe aus und Frieden und Stille; alles ist friedlich und lieblich«, so seine schwärmerischen Worte frei übersetzt. Wer an einem heißen Tag auf einer Terrasse eine *tarte aux fromages* und einen *grand café* genießt, vergisst, dass so etwas wie Stau, Müll oder Kleinkriminalität existiert. Es gibt den großen, schattigen Platz mit seiner herrlichen Aussicht über das Val de Sault, auf den Anfang der Gorges de la Nesque und auf den Mont Ventoux. Und es herrscht himmlische Ruhe hier.

Aurel

Etwas nordöstlich von Sault, auf 800 Metern Höhe, liegt das friedliche Aurel, ungefähr an der Grenze von Vaucluse, Drôme und Alpes-de-Haute-Provence. Auch hier wieder findet sich eine ursprünglich romanische Kirche aus dem zwölften Jahrhundert, geweiht Sainte-Aurèle. Die alten Häuser drumherum erinnern an Kleinkinder, die am Rock der Mutter hängen. Angezogen vom schönen Licht in der Umgebung haben ziemlich viele Maler eine Schwäche für dieses Dorf, das deshalb auch »le village des peintres« genannt wird, das Dorf der Maler.

Reilhanette und Montbrun-les-Bains

Reilhanette, die Gemeinde am Zusammenfluss von Toulourenc, Anary und Chavoul, liegt genau wie der Kurort Montbrun-les-Bains gerade so eben im angrenzenden Département Drôme. Mit den bewaldeten Hügeln, auf denen sie erbaut sind und den Ruinen ihrer Burgen bilden die beiden Dörfer unbestritten ein Paar: ein Landschaftsgemälde von fast mittelalterlicher Anziehungskraft im Norden des Ventoux. Montbrun, früher eine protestantische Hochburg, gilt mit seinen Mauern und rötlichen Häusern als eines der schönsten Dörfer ganz Frankreichs; Reilhanette hat sich stärker an die moderne Zeit angepasst.

Savoillan

Savoillan ist ein Dorf unweit der D 40, mit einer kleinen Kirche, einer Bäckerei, wo der Boulanger seinen Beruf noch traditionell als Handwerk ausübt, und mit Übernachtungsgelegenheit. Damit ist dann aber auch schon alles gesagt. Obwohl: Das Dorf verfügt auch, gegenüber der Kirche, über ein öffentliches Toilettengebäude mit allen Schikanen, auf das sogar ein kleines mittelständisches Unternehmen neidisch sein könnte. Der ordentlich gefliese Raum ist kühl und sauber und voll ausgestattet.

Alles in allem ist Savoillan ein Ort, um in Ruhe hindurchzurollen, zum Beispiel auf dem Weg nach Montbrun, oder um eine kleine Pause einzulegen, etwas zu essen und die Trinkflaschen mit frischem Wasser aufzufüllen.

Brantes

Apropos kleine Dörfer: Brantes hat auch nur einige Dutzend Einwohner. Es liegt nördlich des Mont Ventoux auf der Grenze von Vaucluse und Drôme und hängt hoch über dem tief ausgeschliffenen Tal des Toulourenc. Dieser Fluss hat sich genau wie die Nesque tief ins Kalkgestein gegraben. Seine Ufer sind oft wild bewachsen und unberührt, genau wie die weitere Umgebung des Dorfes.

Die Aussicht von der Burg mitten im Dorf auf die Flanken des Ventoux ist atemberaubend. Obwohl ein Prädikat wie »das schönste Dorf rund um den Ventoux« natürlich eine Frage des persönlichen Geschmacks ist, scheint es in diesem Fall doch mehr als verdient zu sein. Brantes wäre sicherlich auch in der »offiziellen« Liste der sieben schönsten Dörfer Frankreichs nicht fehl am Platz: Dazu zählen Ansouis, Gordes, Lourmarin, Ménerbe und Roussillon (alle im Luberon) sowie Séguret und Venasque, beide im Umland des Mont Ventoux.

Saint-Legér-du-Ventoux

Einige Kilometer westlich von Brantes liegt Saint-Léger-du-Ventoux, das kleinste Dorf im Vaucluse. Wenn man von Brantes über die D 40 nach Malaucène fährt, liegt es auf der rechten Seite auf einem Hügel. Wenn man es besuchen oder bewusst passieren will, muss man gut aufpassen, denn viel länger als hundert Meter ist es nicht.

Das Dorf ist vor allem bekannt als Start- und Zielpunkt der einzigartigen Wanderung durch das Flussbett des Toulourenc. Es ist wirklich lohnenswert,

EINE RUNDE IM VAUCLUSE

Diese Seite: **Bedoin**. Das Städtchen am Fuße des Mont Ventoux mit der ortsbildprägenden Pfarrkirche Saint Pierre (oben) und vielen engen Gassen (links).

Rechte Seite: **Crillon-le-Brave** (oben) und **Flassan** (unten) – zwei Dörfer südlich des Ventoux zwischen Weingärten und Obstbaumplantagen gelegen.

Vorhergehende Seite:
Blick aus den Weinbergen von **Mazan** in Richtung Ventoux-Gipfel (oben) und eine MTB-Tour entlang des Künstlerdorfs **Aurel** (unten).

Diese Doppelseite:
Wer **Sault** sagt, sagt Lavendel,
und wer Lavendel sagt, sagt Sault…

Diese Seite: Im Osten des Ventoux. Das friedliche **Aurel**, auch »das Dorf der Maler« genannt.

Rechte Seite: Im Norden des Ventoux. **Brantes** liegt oberhalb des tief ins Kalkgestein eingeschnittenen Toulourenc – und auf wunderschönen Radrouten.

evoc

Impressionen aus **Malaucène**, dem Dorf am Fuße der Nord-Auffahrt zum Mont Ventoux. Links oben die romanische Kapelle Notre-Dame-du-Groseau, die etwa einen Kilometer die D 974 hinauf in der Nähe der Groseau-Quelle steht. Darunter der Glockenturm unterhalb des Kalvarienbergs im Ortskern.

hier hinab zum Fluss zu steigen und durch die Schlucht nach Veaux zu wandern. Für die Tapferen ist die Wanderung in umgekehrter Richtung, also gegen die Strömung, ein guter Tipp.

Aber aufgepasst: Der Fluss trägt nicht umsonst den Spitznamen *»Tout ou rien«*, auf Deutsch: »Alles oder nichts«. In der trockenen Jahreszeit bekommt man kaum nasse Füße, aber nach einem kräftigen Regenschauer – und es kann hier richtig heftig schütten – steigt das Wasser rasend schnell und die Strömungsgeschwindigkeit ist immens. Ende Frühjahr/Anfang Sommer ist die beste Zeit für eine Wanderung. Ziehen Sie aber lieber Bootsschuhe oder Sneaker an, denn der Boden des Flusses besteht aus scharfen Kieselsteinen.

Rad- und Wandertouristen finden mehrere schöne Strecken in der Umgebung, zum Beispiel durch das Tal des Toulourenc oder zum nicht allzu hohen Col des Aires und zum Col de Fontaube.

Mollans-sur-Ouvèze

Mollans wird von den Bergen der Baronnies vor dem kalten Mistral aus dem Norden geschützt. Darum wird das Städtchen auch »das Tor zu den Baronnies« genannt. Es liegt auf der Grenze von Dauphiné und Comtat Venaissin, auf dem Übergang also von den kargen Bergen zur fruchtbaren, reichen Ebene. Es war hier schon immer ein Kommen und Gehen von Händlern und Soldaten, von Religionen und Kulturen. Das hatte und hat den Vorteil des Austauschs geistiger und materieller Dinge, war aber gleichzeitig auch Auslöser für viele Konflikte. Mollans war im Mittelalter deshalb auch eine Festung: Es gab zwei Burgen, drei verstärkte Türme und eine massive Mauer. Das war auf jeden Fall während der Religionskriege, die in der Provence wüteten, kein überflüssiger Luxus. Von den Verteidigungswerken ist nicht mehr allzu viel übrig.

Mollans war schon immer ziemlich wohlhabend. In der Umgebung wurden und werden Oliven und Lavendel angebaut; man erzeugt hier Obst, darunter natürlich Trauben (AC Côtes du Rhône!), die berühmten weißen Bohnen und man züchtet Seidenraupen[38]; es gibt auch kleine Industriebetriebe. Heutzutage sorgt außerdem der Tourismus für Arbeitsplätze und Einkommen.

Eine Sehenswürdigkeit ist die Brücke über die Ouvèze, die die Ober- und Unterstadt von Mollans miteinander verbindet. Die Reste des einzigen übrig gebliebenen Turms, von dem aus die Brücke bewacht wurde, bilden das Fundament für den Glockenturm, der Anfang des 18. Jahrhunderts errichtet wurde und der außer einem Uhrwerk auch eine Sonnenuhr und ein Glockenspiel beherbergt.

Sehr schön ist der Brunnen Au Dauphin aus dem Jahr 1713, einer der heute insgesamt dreißig Brunnen in dem Städtchen, das selbst keine natürlichen Quellen besitzt.

Die Oberstadt von Mollans ist öfter Kulisse für Theaterstücke. Am dritten Wochenende im Juli findet hier eine große Gemäldeausstellung statt: *Les peintres dans la rue*. Alle Straßen sind dann ganz in mittelalterliche Atmosphäre getaucht.

Beaumont-du-Ventoux

Das kleine Beaumont (um die dreihundert Einwohner) ist Miteigentümer des Ventoux. Die Höhe des Gemeindegebiets variiert dadurch erheblich: von 352 Metern bis 1.912 Meter. Genau: Der Gipfel des Ventoux gehört zur Gemeinde Beaumont-du-Ventoux! Übrigens, auch das bekannte Maison forestière des Ramayettes an der D 974 liegt in Beaumont. Von hier aus zog man im 19. Jahrhundert auf die Hügel, um den kahl geschlagenen Ventoux wieder »anzukleiden« – siehe *Wälder* in: *Der Berg*, S. 24.

Auffällig an Beaumont ist, dass es keinen richtigen Ortskern hat, sondern aus neun *hameaus* besteht. Der jüngste dieser Weiler ist auch der bekannteste: Mont Serein erblickte erst vor dreißig Jahren das Licht der Welt. Manche *hameaus* sind aber schon sehr alt. In den Steinbrüchen von Les Alazards zum Beispiel brachen die Römer die Steine, mit denen sie die Denkmäler von Vaison-la-Romaine bauten.

Die Bewohner von Beaumont leben, außer vom Sommer- und Wintertourismus, insbesondere vom Gartenbau. Sie erzeugen vor allem Oliven und die berühmten Kirschen von Beaumont, ihre *»kleine Königin«*, wie sie die Kirsche nennen.

Mont Serein

Am Nordhang des Mont Ventoux, auf 1.400 Metern Höhe, liegt Mont Serein, ein *hameau*, das zur Gemeinde Beaumont-du-Ventoux gehört. Als Ansiedlung hat es keine große Bedeutung, aber es ist eines der ältesten Skigebiete von Frankreich; schon seit den 1930er Jahren wird hier Wintersport ausgeübt.

Mont Serein verfügt heute über zwölf Kilometer präparierter Skipisten, die man mit acht Liften erreichen kann. Für Langläufer gibt es sieben Kilometer Loipen und man kann acht Kilometer Schneeschuhwandern. Zwei Gebiete sind reserviert zum Snowboarden und Rodeln.

Über www.meteoconsult.fr/mont-serein können Sie sich über die aktuellen Wetterbedingungen vor Ort informieren.

Das Skigebiet Mont Serein ist nicht sehr groß und man sollte dort keine mondänen Zustände oder umfangreichen Einrichtungen erwarten; die Preise sind daher auch niedriger als in anderen Skigebieten in Frankreich. Die gemütliche Atmosphäre und die Mystik, die nun mal am Mont Ventoux klebt, verleihen dem Gebiet eine ganz besondere Ausstrahlung. Hinzu kommt, dass Sportler verschiedener Niveaus hier zum Zuge kommen, und es spricht für sich, dass dieses Ressort ideal ist für ein Familienwochenende; die Spitzenskifahrer werden aber wohl vermutlich lieber höhere Gefilde aufsuchen.

Wenn der Schnee gut ist und das Wetter angenehm, wird Mont Serein manchmal Opfer des eigenen Erfolges. Dann stehen lange Schlangen vor den Liften, und man findet keinen Parkplatz für sein Auto; größere Orte wie Avignon und Orange sind halt nicht weit weg.

Wie woanders auf dem Ventoux sieht man auch hier ein, dass der kahle Berg touristisch und wirtschaftlich sehr interessante Möglichkeiten bietet, ohne dass dem Bergmassiv ökologisch der Hals umgedreht wird. Bereits Ende April 2013 hat die Verwaltung des Vaucluse deshalb beschlossen, Schneekanonen auf dem Mont Ventoux zu installieren, zumindest wenn die Ergebnisse verschiedener Umweltstudien nicht dagegen sprechen sollten. Wenn die Kanonen ihre Arbeit aufnehmen, wird der Skibetrieb auf jeden Fall in den Monaten Dezember, Januar und Februar gesichert sein. Für diese Revitalisierung der Skistation Mont Serein sind insgesamt 1,5 Millionen Euro veranschlagt. Bisher ist es aber noch ohrenbetäubend still.

Übrigens können sich Sportler auch im Sommer in und rund um Mont Serein austoben. Man kann dort wunderbar wandern und reiten: Die Fernwanderwege GR 4 und GR 9 führen nach Mont Serein, es gibt einen sogenannten Entdeckerpfad (Jean-Henri Fabre), man kann Paragliden und mit Dévalkarts – unmotorisierten Gokarts – den Berg hinab oder auf Rasenpisten Ski fahren. Oh ja, und dann ist da natürlich auch noch der Gipfel des Mont Ventoux in Wander-, Jogging-, Rad- und Mountainbike-Reichweite!

In Mont Serein und in der direkten Umgebung gibt es verschiedene Unterkünfte wie zum Beispiel das Hotel-Restaurant Chalet Liotard, den Campingplatz Caravaneige Le Mont Serein (zwei Sterne) und eine Reihe von Chalets, die auch vermietet werden – siehe *Die Abfahrt nach Malaucène* in: *Der Berg*, S. 40. Sollten Sie sich schon vom heimischen Schaukelstuhl aus live ein Bild machen wollen: Es gibt eine Webcam, die auf Mont Serein gerichtet ist; die Bilder kann man sich auch über www.dekaleberg.nl ansehen.

Entrechaux

Im wundervollen Land, wo die Ouvèze, die Ayge-Marse und der Toulourenc zusammentreffen, genau gegenüber der Drôme, liegt das malerische Örtchen Entrechaux. Es sollte keine Überraschung sein: Ein altes Schloss – das aus dem elften Jahrhundert stammt – wacht über das uralte Bauerndorf, das schon in der Zeit der Kelten bewohnt wurde.

Auf dem Kirchplatz beginnen drei markierte Wanderwege mit einer Länge von fünf, sieben und zehn Kilometern. Sie führen an drei romanischen Kapellen vorbei durch die Felder rund um das Dorf. Die Kapelle Notre-Dame-de-Nazareth aus dem zehnten Jahrhundert ist mit ihren schönen Wandmalereien die attraktivste Sehenswürdigkeit des Dorfes.

Malaucène

Malaucène, auf rund 375 Metern Höhe an der Nordwestseite des Mont Ventoux gelegen, ist nach Bedoin der wichtigste Startpunkt für diejenigen, die den Riesen der Provence hinauffahren wollen.

Im Provenzalischen heißt Malaucène *Malaussena*, das bedeutet: »schlechtes, sandiges Gebiet voller Steine«. Das Dorf hat seinen Namen also dem Hügel zu verdanken, auf dem es gebaut wurde: dem hochgedrückten weichen Kalksteinboden des Meeres, das in der Urzeit die Provence bedeckte.

Die Gesteinsart rund um Malaucène hatte eine rege Kalk- und Gipsindustrie zur Folge. In diesen Tagen ist davon nicht mehr viel übrig.

Außerdem besaß die Stadt einmal florierende Papierfabriken, die vor allem für die Zigarettenindustrie produzierten. 2009 wurde die letzte von ihnen geschlossen. Das bedeutete für die Gemeinde Malaucène einen beträchtlichen Verlust an Arbeitsplätzen, aber es gibt Hoffnung: New Design Associates, eine französisch-chinesische Baugesellschaft, hat einen großen Plan in petto, der für neuen Elan sorgen kann. Das Unternehmen möchte das Gelände der alten Papierfabrik völlig umkrempeln. Nahe der Chapelle du Groseau soll ein Fünf-Sterne-Hotel mit einer Golfakademie entstehen. Etwas tiefer am Zeh des Ventoux, also auch näher an Malaucène, möchte man zudem 60 Ferienwohnungen bauen, die komplett auf den Radtourismus ausgerichtet sind, inklusive medizinischer Einrichtungen.

Die Realisierung dieses Projekts war ursprünglich für 2017 geplant, aber bisher ist noch kein Spaten im Boden gelandet.

Rund um das Dorf findet man überall Weinberge, Kirsch-, Aprikosen- und Olivenbaumhaine; und es wird auch Spargel angebaut. Unerwartetes Detail:

Im Gebiet zwischen der D 938 (der Straße nach Le Barroux) und der D 19 (der Straße nach Bedoin) gibt es eine Lamazucht[39]; man kann sie unter Führung des Eigentümers besichtigen.

Ungefähr einen Kilometer außerhalb von Malaucène, auf einer Höhe von 413 Metern, entspringt der Groseau. Das auffallend saubere und klare Regen- und Schmelzwasser, das vom Ventoux herunterkommt, strömt hier aus ein paar Spalten unten an einer Felswand am Straßenrand – man kann es ausgezeichnet trinken. Die verschiedenen Ströme vereinen sich in einem natürlichen Bassin, von wo aus der Groseau weiter seinen Weg sucht. Sein Name leitet sich von dem heidnischen Gott Graselos ab. Diesen verehrte man hier in den dunklen Tagen der Geschichte, zusammen mit anderen Wasser- und Erdgöttern.

Die Römer führten das Wasser aus dem kleinen Fluss über ein Aqädukt nach Vaison-la-Romaine. Dort versorgte es die Bewohner mit klarem und sauberem Trink- und Reinigungswasser.[40] In der Nähe der Quelle steht die – übrigens nicht zugängliche – romanische Kapelle Notre-Dame-du-Groseau mit ihrem charmanten Glockenturm. Sie ist das Überbleibsel einer Benediktinerabtei, in der Clemens V., der von 1305 bis 1314 der erste Papst von Avignon war, zu Beginn des 14. Jahrhunderts seine Sommerresidenz hatte. Der älteste Teil der Kapelle ist Johannes dem Täufer gewidmet und stammt aus dem elften Jahrhundert.

Blickfänger in Malaucène ist die Église Saint-Michel-et-Saint-Pierre, die wirkt wie eine echte Burg und nicht nur wie eine Burg des Glaubens: Nach seiner Errichtung, Anfang des 14. Jahrhunderts, war der Bau Bestandteil des Verteidigungswalls rund um das Dorf. Die Kirche besitzt eine wundervolle Orgel aus dem Jahr 1712 und eine detailreich geschnitzte Kanzel. Ein auffälliges Element außen an der Kirche ist die 41 Meter lange steinerne Bank an der Südmauer.

Vom Kalvarienhügel hinter der Kirche aus hat man eine schöne Aussicht auf den Mont Ventoux und die Berge der Drôme.

Die Porte Soubeyran, neben der Kirche, ist der Zugang zum alten Dorf. An heißen Tagen ist es sehr angenehm, sich im Wirrwarr der Straßen und Gassen aufzuhalten. Das frische Wasser des Groseau sprudelt in zahlreichen Brunnen und Wasserstellen und sorgt für ein angenehmes Klima. Auch die riesigen Platanen, die mehr als hundert Jahre alt sind, dämpfen die schlimmste Hitze im alten Ortskern von Malaucène.

Die Runde durch das Vaucluse ist zu Ende, die Terrasse lockt. Das Rad wird vorsichtig an eine Platane mit fünfeinhalb Metern Stammumfang gelehnt. Licht- und Schattenflecken tanzen über den glänzenden Lack. Ein freundlicher Kellner stellt einen guten Côtes du Ventoux auf einen kleinen Tisch. Das Leben ist gut, sehr gut.

BEDOIN (VAUCLUSE, F)

Un très, très grand marché

Zwischen den Platanen hängt der Duft von Thymian und Majoran
und von gebratenem Hühnchen.
Auf dem Holzfeuer hinter dem VW-Bus
werden große Pizzen gebacken.
Ein wackliger Tisch trägt Stückchen Mandelbrot
und Flaschen Gigondas für 14 Euro.
Auf einem Brettergerüst reihenweise tote Amseln;
darunter döst ein alter Hund.
Neben ihm liest ein Mann Le Monde –
gedankenlos rührt er in seinem Kaffee.

La fête d'été

Man klatscht und jubelt ihm zu,
auch wenn er noch mal
von vorne beginnen musste.
Seine Gitarre ist schlecht gestimmt
und der Verstärker knackt ein bisschen,
aber die Sonne erwärmt den Platz
und spielt mit den Platanen.
Zwei Frauen tanzen,
reichlich aus dem Takt,
mit einem behinderten Jungen.
Die Harmonie stellt sich ein,
irgendwo fällt ein Glas um
und in wohlklingendem Provenzalisch
spielt eine alte Melodie
mit den Platanen.

Aus: Willem Janssen Steenberg, *Voor eigen parochie – Columns 2003–2011*

RADFAHREN RUND UM DEN MONT VENTOUX

»Das ist das wahre Radfahren:
Leiden und Widerwillen,
resultierend im reinsten Glück.«

– Bart Jungmann, *Fietsroutes – Zeven favorieten*,
in: *de Volkskrant*, Reisen, 2. März 2013

In der direkten Umgebung des Mont Ventoux kann man prächtige Radtouren unternehmen. Auch weniger geübte Radfahrer kommen hier bestens zum Zuge. Bedenken Sie aber, dass man gelegentlich doch einen ziemlichen Anstieg bewältigen muss.

Die im Folgenden vorgeschlagenen Strecken können anhand der Beschreibungen und mit Hilfe einer guten Karte (eventuell auf dem Smartphone) oder mit einem GPS-Navi abgefahren werden. Mittels Sternen haben wir versucht zu kennzeichnen, wie schwer die jeweilige Tour ungefähr ist. Zwei Sterne bedeuten: gut zu bewältigen, drei Sterne bedeuten: etwas schwieriger, und so weiter.

Rennrad

TOUR DE LAC DU PATY**. Runde nach dem Abendessen: Bedoin – Caromb – Bedoin. Circa 22 Kilometer. Empfohlene Karten: IGN 3140 ET TOP 25 Mont Ventoux (1:25.000) und IGN 3040 ET TOP 25 Carpentras (1:25.000). Manchmal kann man hinter der Touristeninformation in Bedoin parken. Entlang der D 974, Richtung Mont Ventoux, gibt es ungefähr hundert Meter hinter der Startlinie einen großen Parkplatz – mit Trinkwasserbrunnen.

Fahren Sie vom Brunnen in Bedoin Richtung Carpentras/Malaucène. Die von der Sonne verwöhnte D 19 dreht und windet sich ständig und bietet wunderschöne Ausblicke. Seien Sie aber auf der Hut, wenn der Mistral in Schwung kommt, denn der kann einen hier in den unerwartetsten Momenten überraschen. Nach 6,5 Kilometern lockerem Klettern ist die Passhöhe des Col de la Madeleine (448 m) erreicht. In der Abfahrt kommt man an einer Lamazucht vorbei. Kurz hinter einem kleinen See auf der linken Seite, ein Stück vor der Domaine de Saint-Baudille, biegen Sie beim Schild »Lac du Paty« (380 m) links ab, in die Chemin de Choudeirolles (bzw. Chandeirolles). Halten Sie in der ruhigen Abfahrt, die jetzt folgt, Ihre Nase gut offen: Aus dem Vallat de Chandeirolles steigen die herrlichsten, typisch provenzalischen Düfte auf.

Wenn der Tacho 10,9 Kilometer anzeigt, steht rechts am Straßenrand das Schild »Caromb. Le village à 2 minutes«. Hier kann man links abbiegen zum Parkplatz beim Lac du Paty (329 m). Bevor Sie sich dazu entschließen, hier eine kurze Abkühlung zu suchen: Informieren Sie sich besser erst, ob das Wasser nicht verunreinigt ist. Das ist, wie es heißt, mitunter der Fall durch die Abfallprodukte der nahe gelegenen Lamazucht.

Also: geradeaus weiter nach Caromb. Die kurze Abfahrt hinab zum Dorf hat ziemlich viele scharfe Kurven, in denen oft Sand und Splitt liegen. Aufpassen! Die Belohnung ist eine tolle Aussicht auf Caromb und die Ebene.

Bei Kilometer 12,5 endet die Abfahrt an einer T-Kreuzung. Auf dem Wegweiser für Wanderer steht auf einem gelben Schild der Name des Ortes: »Vallon de Paty – 230 m«. Sie fahren hier links ab auf die leicht abfallende D 13 und folgen beim Kreisverkehr der Richtung »centre ville«.

Wenn Sie ins Zentrum von Caromb reinkommen (200 m), biegen Sie sofort links ab, kurz vor einem alten Steintor mit einem Obelisk daneben, und bei der Gabelung kurz danach fahren Sie wieder links. Ihr Tacho steht jetzt bei 14,4 Kilometern.

Schräg vor Ihnen, auf dem Seitengiebel eines Hauses an der gegenüberliegenden Straßenseite, sehen Sie über einem Wegweiser den Straßennamen Chemin de Crillon. Fahren Sie in diese Straße rein.

Bei der Gabelung mit der Chemin de Rameille halten Sie sich rechts. Es folgt ein angenehmer Anstieg, bei dem Sie auf Höhe von Kilometer 17,2 eine tolle Aussicht haben. Bei einem der nächsten Abzweige, am Croix du Poudrier (ca. 280 m), halten Sie sich links. Folgen Sie dem Straßenverlauf links um Crillon-le-Brave herum. Nach 18,5 Kilometern kommen Sie zu einer T-Kreuzung mit dem Schild »Chemin de Bédoin à Caromb«. Rechts geht es zum restaurierten Schloss von Crillon mit seinem imposanten Innenhof, Sie biegen aber links ab auf die D 138 Richtung Bedoin.

Wenn Sie beim Croix du Poudrier rechts fahren würden, kommen Sie aber auch kurz darauf auf der D 138 heraus. Hier würden Sie dann ebenfalls links abbiegen und dann auf der D 138 auf der Ostseite um das Dorf herumfahren.

Bei der eben genannten T-Kreuzung fahren Sie dann einfach geradeaus Richtung Bedoin.

Sie kommen dort, wo die Straßen aus Bedoin, Crillon und Carpentras aufeinandertreffen, wieder nach Bedoin rein. Die Straße zum Brunnen lässt sich nun recht einfach finden. Endstand auf dem Kilometerzähler: ungefähr 22 Kilometer.

P.S.: Auch in entgegengesetzter Richtung eine ausgezeichnete Trainingsrunde!

ZWISCHEN VENTOUX UND BARONNIES.** Mollans-sur-Ouvèze – Col d'Ey – Sainte-Jalle – Mirabel-aux-Baronnies – Mollans-sur-Ouvèze. Circa 62 Kilometer. Empfohlene Karten: IGN 3140 ET TOP 25 Mont Ventoux (1:25.000) und IGN 3139 OT TOP 25 Nyons (1:25.000). In Mollans hinter dem Supermarkt bei der Brücke über die Ouvèze gibt es reichlich Parkplätze.

Starten Sie beim Glockenturm kurz hinter der Brücke (285 m). Ein Schild weist Ihnen hier über ein schmales Sträßchen den Weg nach Pierrelongue. Nach etwa einem Kilometer landen Sie auf der D 5; biegen Sie hier rechts ab. Die Straße ist im Berufsverkehr manchmal etwas voll, aber breit, ausgezeichnet asphaltiert und ... mit einem vernünftigen Radstreifen ausgestattet. Zu Ihrer Rechten liegt die dunkle, bewaldete Nordflanke der Montagne de Bluye.

In Pierrelongue (310 m) kommen Sie an der merkwürdig schmalen Chapelle Notre-Dame-de-Consolation vorbei. Die kleine Kirche liegt hoch oben auf einem Felsen, von wo man eine tolle Aussicht hat. Ihre einzigartige hohe Lage kann man am besten von der Rückseite auf sich wirken lassen, mit anderen Worten: Fahren Sie am besten kurz einmal in den Weiler rein. Als Zugabe gibt es dann eine schöne Wandmalerei zu bewundern, über der Tür des Hauses am Fuße des Felsens.

Zurück zur Hauptstraße und rechts ab wieder auf die D 5. Nach einer kurzen Abfahrt »klettern« Sie weiter zum Col Saint-Michel (374 m) und bei Kilometer 8,1 passieren Sie ein Schild, das den Beginn der Gemeinde Buis-les-Baronnies markiert.

Im Zentrum von Buis (378 m) folgen Sie dann der D 546. Die Straße schlängelt sich zwischen den imposanten Felsen der Gorges d'Ubrieux (400 m) hindurch. Beim Wegweiser nach 12,1 Kilometern biegen Sie links ab auf die D 108 Richtung Col d'Ey (718 m); die Straße führt mit circa sechs Prozent Steigung (am Schluss ein kleines Stückchen mit neun Prozent) durch die Montagne de Montlaud. Halten Sie sich konsequent an die D 108 Richtung Sainte-Jalle. Bei Kilometer 15,3 fahren Sie am sorgsam gegen neugierige Blicke abgeschirmten Centre International Naturiste le Romegas vorbei, um nach 17,3 Kilometern den Gipfel zu erreichen. Hier ist Gelegenheit für ein Picknick mit einer schönen

Aussicht auf Sainte-Jalle tief unten im Tal. Hinter Ihnen sehen Sie Buis-les-Baronnies.

Fahren Sie oben auf der Passhöhe links und bleiben Sie auf der D 108. Diese geht nun in eine ruhige, gut überschaubare Abfahrt mit durchschnittlich fünf Prozent Gefälle über, die sich an Lavendelfeldern und Weinbergen entlangschlängelt. An der Kreuzung von D 108 und D 528 nach 19,5 Kilometern folgen Sie rechts weiter der D 108. Nach 23,5 Kilometern erreichen Sie dann über eine prächtige Platanenallee Sainte-Jalle (403 m). Bei der Kreuzung 200 Meter weiter sind Sie auch praktisch schon wieder raus aus dem Dorf. Hier biegen Sie links ab auf die D 64 nach Curnier und setzen Ihren Kurs entlang der Ennuye fort.

Bei Kilometer 30,3 biegen Sie vor der sehr niederländisch anmutenden Bogenbrücke über die Eygues links ab ins kleine Dorf Curnier (334 m). Halten Sie sich hier an die D 501; sie sieht aus wie eine gewöhnliche Dorfstraße, ist aber tatsächlich doch eine Durchgangsstraße.

Ihr Tacho wird ungefähr 31,8 Kilometer anzeigen, wenn Sie auf 326 Metern Höhe an der Kreuzung D 501/D 185b ankommen. Entscheiden Sie sich für Letztere und biegen Sie hier rechts ab. Die schmale Straße führt nach Les Pilles, das sich auf 303 Metern Höhe eng an die Felsen schmiegt.

Dieser malerische Weiler auf halber Strecke der Tour ist eine gute Gelegenheit für eine Mahlzeit oder einen Fotostopp. Schenken Sie dabei auch den jahrhundertealten Häusern ein wenig Aufmerksamkeit – es gibt vor Ort eine Infotafel.

Fahren Sie nach einer eventuellen Pause nicht über die Brücke, sondern halten Sie sich an den linken Abzweig der Gabelung: Sehr schmal, zwischen hohen Häusern eingeklemmt, beginnt hier die D 185. Leicht abfallend folgt dieses äußerst ländliche Sträßchen dem schlängelnden Verlauf der Bordette. Im Nu ist Châteauneuf-de-Bordette (465 m) passiert, anschließend kommen Sie an einem Centre Équestre vorbei, einem Reiterhof, und klettern dann in aller Ruhe weiter hinauf zum Col de la Croix (Rouge) auf 513 Metern Höhe. Achten Sie auf diesem Abschnitt mal auf die auffällig schwarz gefärbten Gesteinsfalten – hier tritt Schiefergestein an die Oberfläche.

Auf dem Gipfel haben Sie ungefähr 41,6 Kilometer geschafft. Folgen Sie hier dem Hauptweg und halten Sie sich links. In einer rustikalen Abfahrt von fast sieben Kilometern, anfangs ziemlich steil und kurvenreich, rollen Sie hinab nach Mirabel-aux-Baronnies (272 m). Sie kommen etwas nördlich des Dorfes auf der D 538 raus. Hier fahren Sie links Richtung Mollans. Beim Kreisverkehr in La Tuilière, das ist nach 53,6 Kilometern, biegen Sie erneut links ab und fahren auf der D 46 über Puyméras und Faucon nach Mollans. Wieder am Ausgangspunkt angekommen, stehen knapp 62 Kilometer auf Ihrem Tacho.

Wenn Sie die D 538 und D 46 lieber umgehen möchten, weil diese doch etwas stärker befahren sind, gibt es dafür genügend Alternativen. Konsultieren Sie dafür einfach eine gute Karte und Sie werden gewiss fündig.

ROUTE DE LA PESTE **/*** (teilweise abhängig vom gewählten Startpunkt). Méthamis – Murs – Venasque – Méthamis. Circa 50 Kilometer. Empfohlene Karten: IGN 3140 ET TOP 25 Mont Ventoux (1:25.000) und IGN 3142 ET TOP 25 Cavaillon (1:25.000). Rund um die Kirche gibt es Parkplätze.

Sie verlassen Méthamis (380 m), ein Bergdorf an der Nesque, über die D 5 Richtung Sault. Diese verlassene Straße schlängelt und windet sich nach oben, zwischen Weinbergen und Kirschplantagen und später zwischen wilderem Grün. Die Aussichten über die engen Schluchten in den Monts de Vaucluse sind wunderschön. Sie lassen die Chapelle de Sainte-Foi auf 565 Metern Höhe buchstäblich links liegen und klettern weiter bis zur Pont de Faroud (auf 646 m, nach 10,5 Kilometern). Bei dieser Brücke kommen Sie an eine T-Kreuzung, wo die D 15 auf die D 5 mündet; links geht es nach Sault, rechts nach Murs. Sie biegen scharf rechts ab auf die D 15, Richtung Col de la Ligne und Murs. Vor und hinter dem Pass liegen überall rundherum eine Menge bruchstückhafter Überreste der Mur de la Peste.

Diese 25 Kilometer lange Pestmauer wurde im Jahr 1721 gebaut. Sie war mal zwei Meter hoch und 70 Zentimeter dick und wurde schwer bewacht. Man glaubte, auf diese Weise Reisende und somit die Pest, die sich von Marseille aus verbreitete, aufhalten zu können. Auf dem Gipfel des Col de la Ligne selbst (755 m, ungefähr bei Kilometer 13) kann man sich restaurierte Ruinen anschauen. Große Informationstafeln liefern ausführliche Erklärungen mit spannenden Illustrationen. Weiterführende Informationen finden Sie unter www.beyond.fr/history/plague.htm.

Die Abfahrt nach Murs (500 m), einem charmanten Dorf zwischen Weinbergen und Kirschplantagen, ist mitunter ziemlich steil und die Straße verläuft ab und an wie ein Deich durch die Landschaft: Links und rechts geht es manchmal sehr tief runter. Absperrungen in Form von Leitplanken oder Mauern fehlen hier.

In Murs – hier haben Sie dann ungefähr 21,5 Kilometer auf der Uhr – nehmen Sie die D 4 nach Venasque/Carpentras, erst Richtung Les Vergiers, La Bastide und La Briquette. Achten Sie von hier bis nach Venasque gut auf die Wegweiser und halten Sie sich konsequent an die D 4. Wenn Sie in dieser Ecke falsch abbiegen, läuft das darauf hinaus, dass Sie wirklich in die komplett falsche Richtung fahren würden! Einige Kilometer außerhalb von Murs, auf der Höhe von La Cadenière (510 m), beginnt die manchmal anstrengende, knapp vier Kilometer lange Auffahrt zum Col de Murs (627 m). Auch hier wünschte man sich manchmal ein zusätzliches Paar Augen, um alles wahrnehmen zu können.

Die Abfahrt durch den Fôret de Venasque und die Combe de Vaulongue ist fantastisch schön, aber gefährlich. Nehmen Sie das Schild »Virages sur 8000 m« in diesem Fall ernst, denn Sie bekommen es mit Dutzenden Kurven zu tun, die dicht aufeinanderfolgen und sehr oft zwischen 135 und 180 Grad scharf sind. Und bedenken Sie, dass französische Autofahrer gerne mal die Innenkurve nehmen…

Nach etwa 36,5 Kilometern passieren Sie Venasque (320 m), eines der ältesten und schönsten Dörfer der Provence. Einige behaupten, dass das Comtat Venaissin seinen Namen diesem alten Bischofssitz verdankt. Der Liebhaber nimmt die Mühe auf sich und fährt einmal hinauf bis ins Dorf, das hoch oben am Felsen klebt.

Auch ab Venasque halten Sie sich erst noch konsequent an die D 4. Wo diese hinter Venasque aber dann an einer Gabelung nach links Richtung Carpentras abknickt, nehmen Sie die rechte Variante und fahren auf der D 77 weiter. An der Kreuzung mit der D 5 (da ist sie wieder!) fahren Sie erneut rechts, Richtung Malemort-du-Comtat. Sie fahren durch Malemort hindurch und dann weiter über die D 5 an Les Pantalins und Les Bastides vorbei zurück nach Méthamis. Am Ende wird Ihr Radcomputer etwa 50 Kilometer anzeigen.

Die Tour kann man auch sehr gut mit Bedoin oder Villes-sur-Auzon als Ausgangspunkt fahren. Die Strecke Bedoin – Flassan – Villes-sur-Auzon – Méthamis (leicht abschüssig) bedeutet hin und zurück etwa 35 Kilometer zusätzlich, bei Villes-sur-Auzon – Méthamis und retour wären es 13 Kilometer.

TOUR DES GORGES ET DU MONT VENTOUX*/****** (je nachdem, welchen Rückweg man wählt). Villes-sur-Auzon – Sault – Villes-sur-Auzon. Circa 53, 67 oder 80 Kilometer. Empfohlene Karte: IGN 3140 ET TOP 25 Mont Ventoux (1:25.000). In Villes-sur-Auzon (340 m) gibt es mehr als genügend Parkplätze beim Complex Sportif Municipal, ganz nah am Campingplatz Municipal.

HINWEG: ROUTE DES GORGES DE LA NESQUE (29 km). Sie fahren das kurze Stück zurück zum Campingplatz und biegen dort gleich scharf rechts ab auf die D 942. An der Gabelung nach 0,5 Kilometern – Réganeou heißt es dort – halten Sie sich links Richtung Monieux. Ignorieren Sie die D 1 (Richtung Sault) und folgen Sie der D 942 (Richtung Gorges de la Nesque). Die erste Haarnadelkurve mit einer kleinen Brücke über die Combe de l'Ermitage lässt nicht lange auf sich warten. Bei Kilometer 1,7 und 2,4 finden Sie zwei Picknickplätze. Nach 4,9 Kilometer kommen Sie am Abzweig zum unsichtbaren, aber ausgeschilderten *hameau* La Lauze (436 m) vorbei. Langsam beginnt das bisher dominierende Grün das Feld zu räumen für immer mehr Felsgestein und immer beeindruckendere Schluchten (*gorges*).

Nach 8,7 Kilometern steht auf der linken Seite ein Maison de Ponts et Chaussées (487 m) und 1.500 Meter weiter die Ruine des überwucherten alten Rastplatzes Le Fayol – siehe *Gorges de la Nesque* in: *Eine Runde im Vaucluse*, S. 236. Es lohnt sich, hier kurz abzusteigen und sich umzusehen.

Der erste Tunnel (4,00 m Durchfahrthöhe) taucht nach 13,5 Kilometern auf. Im zweiten (3,65 m) müssen Sie den Kopf schon ein wenig einziehen, aber dem Ganzen die Krone auf setzt Tunnel Nummer drei nach 18 Kilometern: 3,37 Meter. Der vierte Tunnel, 400 Meter weiter, ist dann wieder 3,50 Meter hoch. Verwöhnen Sie ruhig Ihre Augen in dieser wunderbar schönen Umgebung, aber sehen Sie sich auch ein wenig vor: Die Straße ist hier nicht breit und manchmal sehr kurvig und unübersichtlich. Dafür sind Autos auf der D 942 aber eine Seltenheit.

Nach 18,6 Kilometern mühelosem Bergauf (durchschnittlich keine drei Prozent) erreichen Sie den höchsten Punkt dieser Straße, den berühmten Belvédère du Castelleras (743 m) gegenüber dem Rocher du Cire – siehe *Gorges de la Nesque* in: *Eine Runde im Vaucluse*, S. 236. Von diesem Punkt aus bis kurz vor Sault führt die Straße dann kontinuierlich leicht bergab.

Bei Kilometer 26 kommen Sie zum Schnittpunkt von D 1 und D 942, nicht weit von Fraysse (680 m). Biegen Sie rechts ab, Richtung La Loge (687 m). Bei Kilometer 27,9 folgt die berühmte Brücke über die meist ausgetrocknete Nesque; fahren Sie hier einfach geradeaus. Nach 28,4 Kilometern biegen Sie scharf links ab und fahren nach Sault (765 m) hinein. Halten Sie sich im Ort an die Hauptstraße und folgen Sie den Schildern Richtung Mont Ventoux.

Kilometer 29,0: Aussicht auf den Ventoux, Bar la Promenade und … Kaffee!

RÜCKWEG: MONT VENTOUX ODER COL DES ABEILLES. Für den Rückweg nach Villes gibt es verschiedene Möglichkeiten. Wenn Sie über den Mont Ventoux nach Villes-sur-Auzon fahren möchten, verlassen Sie Sault auf der Nordseite des Platzes bei der Bar la Promenade und folgen dem Wegweiser »Mont Ventoux«. Möchten Sie über den Col des Abeilles zurück nach Villes, müssen Sie nach Süden aus Sault rausfahren. Lange nach dem richtigen Weg suchen werden Sie nicht müssen: Auf dem Platz stehen Wegweiser.

Die Erfahrung zeigt, dass Sault immer einige zusätzliche Kilometer kostet, schon allein deshalb, weil es Spaß macht, ein wenig in dem Städtchen herumzufahren, und weil sich viele gern im großen örtlichen Supermarkt (in der Nähe des Friedhofs) eindecken. Damit es übersichtlich bleibt, stellen wir deshalb auf dem Platz, wo die D 164 und die D 942 zusammentreffen, den Tacho wieder auf null.

Nehmen Sie hier an der Straßengabelung die linke Variante, fahren Sie also auf die D 164. Nun müssen Sie sich ziemlich bald entscheiden.

Sollten Sie vor einer zusätzlichen Kletterpartie hinauf auf den Ventoux Manschetten haben, können Sie in der ersten Rechtskurve auf der D 164 (an der Weggabelung) die mittlere Straße nehmen und entlang der Nesque Richtung La Loge fahren. Kurz vor diesem Weiler biegen Sie dann rechts ab auf die D 942. Hinter La Loge halten Sie sich dort, wo die D 1 auf die D 942 mündet, an die D 1 und fahren über den Col des Abeilles zurück nach Villes-sur-Auzon. Das bedeutet vom Ausgangspunkt an der Kreuzung von D 164 und D 942 erst drei Kilometer bergab bis Fraysse, dann ein 8,7 Kilometer langer Anstieg mit 3,6 Prozent Steigung bis zur Passhöhe des Abeilles, gefolgt von einer 11,9 Kilometer langen Abfahrt mit einem Gefälle von durchschnittlich 5,9 Prozent. Nach geschätzten 53 Kilometern im Sattel kommen Sie dann wieder ganz nah am Startpunkt dieser Tour heraus. Das wäre Option 1.

Wenn Sie sich für den Ventoux entscheiden, führt die D 164 Sie zunächst einige Kilometer durch Getreide- und Lavendelfelder. Danach schafft die offene Landschaft langsam Platz für allerlei verschiedene Baumarten. Die Straße führt anfangs leicht bergab und beginnt dann nahe der Gîte d'etappe la Touche leicht anzusteigen. Bis zur schön restaurierten Chapelle Notre-Dame-des-Anges (1.008 m), das ist nach 7,9 Kilometern, begegnet einem wenig Auffälliges. Wer gute Augen hat: Überall am Straßenrand wachsen Brombeeren und sehr leckere Blaubeeren. Champignons zu sammeln, ist übrigens ausdrücklich verboten!

Auf 1.100 Metern Höhe, nach 9,4 Kilometern, kommen Sie am Rastplatz Les Reynards vorbei; nach 44 weiteren Höhenmetern folgt der Abzweig nach Les Marrans. Seelenruhig kletternd passieren Sie mehrere Rastplätze, von denen die meisten mit einem Picknicktisch ausgestattet sind. Bei einer Orientierungstafel bei Kilometer 13,6 bietet sich eine herrliche Aussicht über die Combe de la Font de Margot und das Plateau d'Albion. Sie befinden sich nun auf 1.260 Metern Höhe.

Nach 15 Kilometern im Sattel passieren Sie auf 1.327 Metern Höhe eine große *citerne*, ein Sammelbecken für Löschwasser, und eine hübsche Skulpturen-Gruppe links der Straße – siehe *Die Abfahrt nach Sault* in: *Der Berg*, S. 42. Hundert Meter weiter zweigt der Weg zum Belvédère mit Aussicht auf den Col de la Frache ab. Es folgen noch verschiedene weitere Rastgelegenheiten, aber viel mehr Ablenkung gibt es nicht; einfach schön weitertreten also. Das geht auch sehr einfach, denn die Steigung ist hier nicht der Rede wert.

Kurz hinter Carrière de Cros (1.403 m, Kilometer 16,9) taucht dann endlich das Chalet Reynard auf. Das liegt auf 1.417 Metern Höhe und seit dem Moment, in dem der Tacho in Sault wieder auf null gestellt wurde, haben Sie ungefähr 19,4 Kilometer mit durchschnittlich 4,4 Prozent Steigung geschafft.

Nun müssen Sie sich erneut entscheiden: entweder sofort scharf links abbiegen und die D 974 nach Sainte-Colombe/Bedoin nehmen – Option 2 – oder erst noch weiter geradeaus zum Gipfel, anschließend zurück zum Chalet Reynard und erst dann die Abfahrt nach Sainte-Colombe, was zusätzlich sechs anstrengende Kilometer Anstieg und sechs wunderbare Kilometer Abfahrt bedeutet – das wäre dann Option 3.

Für eine Beschreibung der Straße zwischen dem Gipfel und Sainte-Colombe, siehe *Die Abfahrt nach Bedoin* in: *Der Berg*, S. 36.

Unmittelbar hinter Sainte-Colombe, vier Kilometer vor Bedoin, biegen Sie links ab auf die D 19a. Diese Straße mündet ein wenig später auf der D 19. Hier biegen Sie erneut links ab und folgen der leicht welligen D 19 über Flassan nach Villes-sur-Auzon. Je nachdem, für welche Alternative Sie sich entschieden haben, steht Ihr Kilometerzähler bei ungefähr 52 Kilometern (Option 1), etwa 67 Kilometern (Option 2) oder fast 80 Kilometern (Option 3), wenn Sie wieder an Ihrem Auto ankommen.

Es sollte deutlich geworden sein, dass diese Tour etwas für Leute ist, die gern klettern. Die Belohnung, die Abfahrt nach Sainte-Colombe, ist dann aber auch sehr reizvoll. Vielleicht noch attraktiver ist die umgekehrte Strecke: von Villes-sur-Auzon aus über Flassan und Sainte-Colombe zum Chalet Reynard und/oder Gipfel und dann eine endlose Abfahrt über Sault und die Gorges de la Nesque nach Villes-sur-Auzon.

TOUR DE SUZETTE*/**. Eine angenehme Runde entlang der Dentelles de Montmirail: Malaucène – Suzette – Malaucène. Insgesamt etwa 30 Kilometer. Empfohlene Karte: IGN 3040 ET TOP 25 Carpentras (1:25.000). Auf der Nordseite von Malaucène (Richtung Veaux) befindet sich neben der Post ein großer Parkplatz.

In Malaucène nehmen Sie die D 938 nach Carpentras. Die ersten Kilometer heißt es, die Zähne zusammenzubeißen, denn diese Straße ist doch ziemlich stark befahren. Nach 6,5 Kilometern fahren Sie rechts ab und über die D 78 nach Le Barroux (344 m). Die Gabelung vor dem Dorf ist eine gute Gelegenheit, kurz einen Blick auf das berühmte Schloss zu werfen, das hoch über der Umgebung thront. Halten Sie sich bei dem Abzweig an die rechte Straße und fahren Sie dann auf der Nordseite um Le Barroux herum.

Über die D 90a, eine ruhige, leicht abfallende Straße, die auch den poetischeren Namen »Route Touristique des Côtes du Rhône« trägt, geht es weiter nach La Roque-Alric (342 m). Die Strecke macht ihrem Namen alle Ehre, denn auf dem Rest dieser Tour durch die Pays des Dentelles de Montmirail werden Sie kaum noch Verkehr begegnen, und die Dentelles sind praktisch ständig zu sehen. Sie kommen nicht direkt durch La Roque-Alric hindurch, aber streifen diese Ansammlung von Häusern, die an einem Felsvorsprung zu kleben scheinen. Die Straße zum winzig kleinen Lafare (163 m), ungefähr drei Kilometer weiter, führt in angenehmem Gefälle bergab.

In Lafare biegen Sie rechts ab, auf die D 90. Sie lassen die Dentelles links liegen und klettern durch eine wundervolle Umgebung hinauf nach Suzette (419 m). Das ist auch so ein kleines Dorf auf einem Bergrücken – ehe Sie sich versehen, sind Sie auch schon wieder durch.

Die D 90 führt danach leicht bergab bis auf eine Höhe von 368 Metern am Cirque de Saint-Amand und steigt dann wieder an bis zum Col de la Chaîne (469 m). Unterwegs haben Sie links und rechts eine wundervolle Aussicht auf die Dentelles, den Ventoux und auf die Obstgärten und Weinberge.

Die Abfahrt nach Malaucène geht dann ganz fix, aber vergessen Sie nicht, sich umzusehen; mit Scheuklappen Rad fahren können Sie zu Hause noch genug. Wenn sich das Ende der Abfahrt nähert, liegt Malaucène zu Ihren Füßen.

Wenn Sie diese Tour von Bedoin aus unternehmen, kommt die Strecke über den Col de la Madeleine noch dazu, was 18 zusätzliche Kilometer bedeutet; für Hin- und Rückweg zusammen wohlgemerkt.

Die Tour de Suzette lässt sich insbesondere von Bedoin aus ausgezeichnet mit der Tour de Lac du Paty kombinieren; dann ergibt sich eine wundervolle Tagestour von rund 50 Kilometern (***). Sie fahren dann von Bedoin aus über den Col de Madeleine bis zur D 938 und folgen ab dort der Tour de Suzette. Nach der Ankunft in Malaucène fahren Sie über die D 938 Richtung Bedoin. Gleich zu Beginn der D 19, bei der Domaine de Saint-Baudille, biegen Sie dann rechts ab, um über Caromb und Crillon-le-Brave zurück zum Startpunkt zu fahren.

Noch eine Idee (****): Malaucène – Gipfel Mont Ventoux – Bedoin – Tour de Suzette – Malaucène, ungefähr 80 km. Oder möchten Sie gerne die hundert Kilometer vollmachen? Gut, dann hängen Sie doch einfach noch die Tour de Lac du Paty dran. Anschließend können Sie mit Fug und Recht von einem ausgefüllten Tag in einer überwältigend schönen Umgebung sprechen (****/*****).

Anmerkung: In der gesamten Region, aber auf jeden Fall um Suzette und Lafare herum, gibt es zahllose Möglichkeiten zum Mountainbiken.

Mountainbike

Nicht nur die *Niederländisch-belgische Genossenschaft De Kale Berg* hat auf dem Mont Ventoux Offroad-Strecken ausgewiesen und beschrieben – siehe *Die nie-*

derländisch-belgische Genossenschaft De Kale Berg in: *Für alle, die ein bisschen verrückt sind: Mehrfach-Auffahrten*, S. 87. Überall im Vaucluse kann man diverse MTB-Streckenführer kaufen, und wer sich schon zu Hause ein wenig vorbereiten will, kann sie auch via Internet bei den verschiedenen Fremdenverkehrsbüros bestellen, beim Comité Départemental du Tourisme de Vaucluse und beim Comité Départemental de la Fédération Française de Cyclotourisme de Vaucluse. Manche sind kostenlos erhältlich. Praktisch zu wissen: MTB heißt auf französisch *VTT*.

Ein ausgezeichneter, ausführlicher MTB-Führer ist VTOPO VTT Vaucluse 2018–2019. Dieser Ratgeber stellt 77 Mountainbike-Strecken vor und es ist für jeden etwas dabei: Familien-Touren, eher technische Strecken, aber auch richtige Enduro-Pisten und schöne Zwei- oder Drei-Tages-Touren. Der Schwierigkeitsgrad jeder Strecke wird mit Hilfe eines Bewertungssystems angegeben, von V1 bis V6. Der Preis beträgt circa 20 Euro. Weiterführende Informationen erhalten Sie unter www.vtopo.fr.

2018 hat die Fédération Française de Cyclisme (FFC) am Ventoux verschiedene Mountainbike-Strecken mit einer Gesamtlänge von 220 Kilometern mit dem Label »Espace VTT-FFC Ventoux« versehen. Auf diese Weise versucht man, den wachsenden Strom von Mountainbikern zu lenken und zu verhindern, dass das Gebiet und seine Natur überstrapaziert werden. Die Mondlandschaft bleibt verbotene Zone und die 13 Routen umgehen auch die *combes* (durch Erosion entstandene Mini-Schluchten).

Die einzelnen Strecken sind mit einem Farbsystem gekennzeichnet, wie man es von Skipisten kennt: grün, blau, rot und schwarz, je nach Schwierigkeitsgrad. Die Markierung wird jährlich geprüft und gegebenenfalls erneuert. Insgesamt soll ein 300 Kilometer langes Wegenetz bis zu den Monts de Vaucluse ausgeschildert werden. Das vollständige Mountainbike-Angebot finden Sie unter www.provence-a-velo.fr.

Übrigens: Es ist nicht zu empfehlen, mit dem Mountainbike alleine auf dem Ventoux unterwegs zu sein. Die meisten Pfade führen durch völliges Niemandsland und Ihr Handy wird nur selten Empfang haben; falls etwas passiert, können Ihnen dann also zumindest Ihre Radkollegen helfen. Verschiedene geführte Touren (MTB-, Rennrad-, Familientouren etc.) bietet unter anderem die École MCF du Mont Ventoux in Bedoin an.

Möchten Sie sich mal auf ganz andere Weise auf zwei Rädern fortbewegen, etwas weniger anstrengend und ziemlich spektakulär? Dann ist vielleicht ein E-Bergroller etwas für Sie. Dieser wurde speziell für das Fahren in unwegsamem Gelände entwickelt. Unter anderem besteht die Möglichkeit, damit in Begleitung eines erfahrenen Guides eine 35 Kilometer lange Abfahrt vom Ventoux zu bestreiten. Weitere Informationen unter www.troteecime.com.

Grande Traversée VTT de Vaucluse

Mountainbiker können sich auf diese neu markierte Strecke freuen. Ihre Länge beträgt nicht weniger als 400 Kilometer – für die einfache Strecke ohne Rückweg wohlgemerkt – und dabei sind 10.000 Höhenmeter zu überwinden. Die Route beginnt in dem charmanten Dörfchen Savoillans, durchquert die nördlichen Ausläufer des Mont Ventoux, die Dentelles de Montmirail, die südlichen Ausläufer des Mont Ventoux und das Plateau de Sault, verläuft entlang des Regionalen Naturparks Luberon und endet schließlich in Mérindol.

Aufgrund der Höhenmeter und mehrerer technisch anspruchsvoller Passagen ist diese Strecke vornehmlich für erfahrene Mountainbiker geeignet.

Die Gesamtstrecke ist in neun Etappen unterteilt. Alles, was Sie zur Grande Traversée wissen müssen, finden Sie auf der Website www.provence-a-velo.fr. Wenn Sie die Informationen lieber in gedruckter Form vorliegen haben: Es gibt den Tourenführer *VTOPO guide VTT Grande Traversée de Vaucluse*, erhältlich unter www.vtopo.fr.

Ventoux Bike Park

Während der letzten Gemeinderatsversammlung von Bedoin im Jahr 2008 stellte Didier Pebre, Direktor des Skigebiets am Chalet Reynard, einen recht ausgefallenen Plan vor. Er regte an, das Gebiet rund um das Chalet Reynard touristisch und somit ökonomisch weiterzuentwickeln, damit sich Touristen auch im Sommer und in Wintern ohne Schnee (ja, auch die kommen in diesen Gefilden vor…) auf den Pisten dort austoben können.

So machte Pebre zum Beispiel den Vorschlag, eine Downhill-MTB-Strecke anzulegen, die vom Gipfel des Berges hinab zum Chalet Reynard führen sollte. An sich gar nicht mal so ausgefallen, wenn er nicht auch noch die Idee gehabt hätte, das dortige Skiliftsystem so anzupassen, dass Mountainbiker mit ihrem Rad und allem Drum und Dran mit dem Schlepplift hochfahren könnten.

Nun denn, er hat geschafft, was er sich vorgenommen hat: Der kahle Berg ist seit dem 24. September 2011 um eine Attraktion reicher. Seither gibt es den Ventoux Bike Park, einen Mountainbikepark mit drei *Downhill Mountainbike Trails* (Schwierigkeitsgrade grün, blau und rot), auf denen *Downhiller* ihre Fahrt genießen können, einem *Pumptrack* und einem *Skillcenter*.

Während man ganz normal auf dem Mountainbike sitzt, bringt der Téléski de l'Ermittant einen von der Talstation zur Bergstation; dort beginnen die drei

Downhill-Strecken. Man hat hier oben eine wundervolle Aussicht auf die Cevennen und die Alpen.

Der Parcours besteht größtenteils aus steinigen Pfaden mit den nötigen Kuhlen und Buckeln, es wurden Steilkurven aus Holz, Schanzen und andere Kunstwerke angelegt, um in der Sprache der Straßenbau- und Wasserbehörden zu bleiben, und man kommt in den Genuss einiger heftiger Sprünge. Mit der roten Strecke ist auf jeden Fall nicht zu spaßen.

Dass Helm und lange Handschuhe Pflicht sind, ist selbstverständlich, aber auch Rücken-, Knie- und Ellenbogenprotektoren werden dringend empfohlen. Schutzausrüstung und Räder lassen sich unter anderem bei den Radgeschäften Bedoin Location in Bedoin und Bike Trip in Monieux ausleihen.

Der Park ist samstags und sonntags geöffnet, von Anfang Mai bis Ende September. Öffnungszeiten: 10 bis 17 Uhr. Mindestalter: zehn Jahre.

Eine Tageskarte kostet 14 Euro; nach 14:00 Uhr zahlt man zehn Euro. Für Gruppen, Vereine und Kinder gilt ein vergünstigter Tarif. Pumptrack und Skillcenter sind für alle über zehn Jahre kostenlos zugänglich. Es ist ständig ein zweiköpfiges Team vor Ort, um ein Auge auf alles zu haben; in bestem Französisch nennt es sich: Bike Patrol.

Die Kasse befindet sich am Chalet Reynard, der eigentliche Eingang zum Bike Park einen Kilometer weiter, rechts von der D 974. Hier kann man auch parken.

Diese Angaben beziehen sich auf das Jahr 2020. Es kann sich natürlich immer mal etwas ändern. Aktuelle Infos lassen sich auch beim Office du Tourisme in Bedoin erfragen und auf www.stationventouxsud.com finden. Wer die Vorfreude schon mal etwas anheizen möchte: YouTube ist Ihr bester Freund!

Radfahren mit Apps

Viele Rad- und Wanderstrecken kann man sich aus dem Internet herunterladen. Auf www.dekaleberg.nl finden Sie etliche Strecken, die von der französischen Website www.lemontventoux.net stammen. Die Streckenbeschreibungen sind auf Niederländisch und die Karten wurden mit dynamischer Routenführung versehen.

Musste man sich anfangs noch einen teuren GPS-Radcomputer zulegen, um die digitalen Strecken nachfahren zu können, gibt es inzwischen auch diverse Apps fürs Smartphone, die das Gleiche und noch viel mehr können. So haben Sie zum Beispiel die Möglichkeit, auf Ihrem Handy eine topografische Karte des Mont Ventoux und seiner Umgebung aufzurufen, die sogar offline verwendet werden kann, damit Sie sich keine Sorgen um Ihr verfügbares Datenvolumen machen müssen. Damit können Sie bis auf den kleinsten steinigen Pfad heranzoomen und wissen immer ganz genau, wo Sie sind. Die Zeiten, in denen Sie riesige Streckenkarten auseinanderfalten und endlos suchen mussten, wo Sie wohl gerade ungefähr sein könnten, gehören der Vergangenheit an: Sie können sich jederzeit einfach Ihre exakte Position von Ihrem Smartphone anzeigen lassen. Und auch wenn Sie etwas Bestimmtes suchen, einen Ort oder eine Einrichtung, von dem Sie zumindest den Namen kennen, haben Sie es dank Ihres Handys schnell gefunden.

Ein Beispiel für eine solche App ist SityTrail. Damit können Sie die verschiedenen Strecken schon zu Hause auf Ihr Smartphone herunterladen (z.B. über WLAN) und sie danach auch offline nutzen. Auf diese Weise benötigen Sie auf dem Berg keine teure Internetverbindung – die es meist auch gar nicht gibt.

Es gibt viele Wander- und Fahrradstrecken, aber auch an Motorradfahrer und Reiter wurde gedacht. Wenn Sie bei SityTrail eine interessante Route gefunden haben, klicken Sie einfach auf »Download« und die Strecke und der passende Teil der Karte werden heruntergeladen. Sie können auch die Sehenswürdigkeiten in der Nähe über Wikipedia abfragen; dafür benötigen Sie dann wiederum eine Internetverbindung. Auch Bars, Restaurants, Campingplätze, Tankstellen etc. können Sie so finden. Außerdem können Sie auch eigene Strecken erstellen und im Internet teilen, sodass immer wieder neue Streckenvorschläge dazukommen. Den Wetterbericht für Ihren aktuellen Aufenthaltsort können Sie ebenfalls aufrufen. Weitere Infos unter www.sitytrail.com.

Weitere nützliche Apps zum Wandern oder Radfahren sind zum Beispiel Strava, MTB Project, Naviki, Komoot, Wikiloc und RouteYou.

Ventoux Night Session

Nach den erfolgreichen Ausgaben in den Jahren 2010, 2011 und 2013 fand in der Nacht vom 13. auf den 14. Juni 2015 die vierte Ausgabe der Ventoux Night Session statt. Für 30 Euro erwartete die Teilnehmer eine perfekte Organisation, ein üppiges Frühstück bei der Ankunft und eine Tombola mit tollen Preisen. Die Teilnehmerzahl ist auf 300 begrenzt.

Die Organisatoren, *Le club cyclo Amistadous Cyclo Ventoux* und *Les associations des donneurs de sang du Vaucluse* (sozusagen die vereinigten Blutspender des Vaucluse), erklären mit Nachdruck, dass es bei ihrer Veranstaltung kein Wettkampf-Element gibt. Spaß, Solidarität und Sicherheit, darum geht es. So wurde beim Start der 2015er Ausgabe beschlossen, aufgrund von Starkwinden, Nebel und eisiger Kälte auf dem Gipfel nicht weiter als bis zum Chalet Reynard zu fahren.

Eine *nächtliche* Fahrt den Mont Ventoux hinauf ist ein unvergessliches Erlebnis. Die Lichterkette, die den Berg hochfährt, die Lichter im Tal, der Leuchtturm von Marseille, wenn die Sicht gut ist: ein wunderbares Bild!

Außerdem ist die Auffahrt so geplant, dass man eine gute Chance hat, bei Sonnenaufgang oben anzukommen. Und wir können aus eigener Erfahrung versichern: Zu sehen, wie sich der Himmel über den Alpen von schwarz in blau, orange, gelb und weiß verwandelt, zu sehen, wie sich die »rosenfingrige Eos«, wie der antike griechische Schriftsteller Homer es nennt, sanft über den Horizont erhebt, ist ein wahrhaft magischer Moment, der für immer in Erinnerung bleibt.

Es war eigentlich geplant, dass dieses Event alle zwei Jahre organisiert werden soll. 2017 jedoch blieb es still, sehr still. In der Vergangenheit waren das bescheidene Budget und fehlende Mitorganisatoren schon mal ein Grund dafür, die Veranstaltung um ein Jahr zu verschieben. Die Tatsache, dass die Website der Organisatoren nicht erreichbar ist und niemand auf Fragen nach Informationen reagiert, lässt für die Zukunft der Ventoux Night Session das Schlimmste befürchten.

Am 16. Juni 2019 organisierte der Rotary Club von Carpentras eine nächtliche Auffahrt. Wahrscheinlich war dies jedoch ein einmaliges Event.

Radtourenfahrten im Vaucluse

Die Fédération Française de Cyclotourisme hat im Vaucluse eine große Zahl von Radstrecken zwischen 130 und 470 Kilometern als permanente Radtourenfahrten ausgewiesen. Diese Art von Touren ist vor allem für einzelne Fahrer oder kleine Gruppen geeignet: Man organisiert die Anmeldeformalitäten und fährt die Strecke alleine oder mit ein paar Freunden ab. Man kann sie im Prinzip an jedem Tag des Jahres fahren.

Neben diesen Permanenten gibt es auch Radtourenfahrten, die an bestimmten Tagen angeboten werden. Hier kann man sich das also nicht aussuchen: Die Tour wird nur einmal im Jahr gefahren. Man fährt sie auch nicht allein, sondern in größeren Gruppen oder in einem (großen) Peloton. Gehen Sie davon aus, dass in einigen Fällen eine Art radsportlicher Wettkampf entsteht, komplett mit Ergebnislisten und/oder Urkunden. La Ventoux-Beaumes-de-Venise ist ein Beispiel für eine solche Cyclosportive-Veranstaltung. Den aktuellen Kalender kann man auf der Website der Fédération Française de Cyclotourisme einsehen: www.ffct.org.

Übrigens: Seit 2006 ist ein medizinisches Attest oder eine Lizenz (von Radsportverbänden wie dem BDR) absolute Pflicht für die Teilnahme an allen französischen Rad-Veranstaltungen.

Jährliche Veranstaltungen

Der Ergysport Trail du Ventoux ist ein Lauf-Event, die anderen aufgeführten Veranstaltungen sind Radtourenfahrten. Darüber hinaus gibt es eine Reihe von Events, bei denen für den guten Zweck gelaufen und/oder Rad gefahren wird, wie zum Beispiel die »Tour du ALS«, »Klimmen tegen MS«, »Groot Verzet Tegen Kanker« und viele mehr. Alle Veranstaltungen werden zentral organisiert; Sie können sich also nicht einfach individuell oder an einem beliebigen Tag einschreiben und einfach loslegen. Einige der Events finden auch nicht jedes Jahr statt. Informieren Sie sich auf den genannten Websites und über den Kalender auf www.dekaleberg.nl.

GF MONT VENTOUX–BEAUMES-DE-VENISE
Jährliche Cyclosportive-Veranstaltung über den Mont Ventoux mit zwei Streckenlängen.
- Granfondo: 168 km / 3.597 hm
- Mediofondo: 98 km / 2.562 hm

Start in Beaumes-de-Venise
https://probikeshoplaventoux.com/

SANTINI GF MONT VENTOUX
Start in Vaison-la-Romaine, Ziel auf dem Gipfel des Ventoux.
- Granfondo: 137 km (vom Ziel auf dem Ventoux zurück nach Vaison: 31 km zusätzlich = 168 km insgesamt) Höhenmeter: 3.250 hm
- Mediafondo: 80 km (vom Ziel auf dem Ventoux zurück nach Vaison: 31 km zusätzlich = 111 km insgesamt) Höhenmeter: 2.135 hm

Beide angebotenen Strecken führen über mehrere *Pässe*.
www.gfmontventoux.com

MON VENTOUX
Mit mehr als 2.000 Flamen ein halbes Jahr trainieren und dann den Berg hoch.
www.monventoux.be

LA VÉLOCIO MONT VENTOUX
Jährlich stattfindende Radtourenfahrt zum Gedenken an Paul de Vivie, Spitzname Vélocio – siehe *Vendran* in: *Der Berg*, S. 31.
Drei Streckenlängen:
- La Velocio–Mt Ventoux: 133 km
- La Nesque: 90 km
- La Touristique: 60 km

Höhenmeter: 2.549/1.388/184 hm
www.carpentras.asptt.com

ERGYSPORT TRAIL DU VENTOUX
Jährliche Laufveranstaltungen mit drei Distanzen zur Auswahl. Start in Bedoin.
www.ergysport-trailduventoux.fr

HIRTEN

Mont Ventoux (Vaucluse, Frankreich) – Wie ein fauler Hund liegt der Mont Ventoux auf der Grenze von Vaucluse und Drôme. Er schlummert, seinen Kopf in alten Träumen verborgen. Ich sitze auf einem großen Stein und döse, an dem Punkt, wo die Erde sich öffnet und das Vallon de la Grave sich auffächert und immer tiefer wird. Kurz hinter mir erhebt sich die Bergwand wie ein bröckelndes ansteigendes Amphitheater, eine wilde Landschaft aus weißem Kalkstein, mit hier und da ein paar niedrigen Steineichen und Geruchsfetzen von wildem Thymian. Es ist brütend heiß und totenstill.

Der Toyota gehört hier nicht her, aber er ist da. Ruckartig klettert er langsam über den steinigen Pfad auf mich zu. Der Fahrer und der Junge neben ihm werden synchron hin und her geschüttelt, während sich der Pick-up durch die Geröllwüste kämpft. Die lose Heckklappe klappert.

Als sie etwa fünfzig Meter an mir vorbei sind, hält das Auto an, der Pfad endet im Amphitheater in einer Sackgasse. Der Fahrer wirft die Tür zu und beginnt die Wand dahinter hochzukraxeln; der Junge kommt auf mich zu. Er erklärt, dass sie auf der Suche nach zwei Lämmern sind, die sich von der Herde verirrt haben. »Bei Tageslicht kommen sie gut zurecht«, sagt er, »es gibt hier genug Futter, aber heute Nacht, nein, das überleben sie nicht.« Aus seiner Geschichte kann ich herleiten, dass sie im Dunkeln unwiderruflich Raubtieren zum Opfer fallen würden. Er winkt mir zum Abschied und geht seinem Vater hinterher. Ab und an höre ich, wie die beiden auf ihrem Weg eine kleine Steinlawine verursachen. Die Zeit steht still in der wohligen Wärme des Nachmittags.

Etwa eine Stunde später sehe ich sie zurückkommen. Es sieht so aus, als würde ich ein Bild aus einer illustrierten Bibel anschauen oder als wäre ich 2000 Jahre in der Zeit zurückgereist: Der Schäfer und sein Sohn steigen vorsichtig hinab, beide ein Lamm auf den Schultern. Die Tiere blöken klagend, aber verhalten sich ansonsten ruhig. Der Vater guckt ein bisschen grimmig drein, als würde er sagen wollen: »Dieses Getue. Bleibt doch einfach bei der Herde! Dumme Viecher!«

Die Männer schieben die Lämmer auf den Rücksitz des Toyota. Der Vater startet das Auto, lässt es ein Stückchen rückwärts rollen und kurz darauf fährt die Gesellschaft an mir vorbei. Ein Lamm sieht aus dem Fenster.

Aus: Willem Janssen Steenberg, *Voor eigen parochie – Columns 2003–2011*

DER AKTIONSBERG

Alpe d'Huez

2006 wurde die Spendenaktion Alpe d'HuZes aus der Taufe gehoben. Seitdem radeln, laufen oder wandern jedes Jahr Tausende den »Berg der Holländer« in den französischen Alpen hoch, mit nur einem Ziel: über Sponsoren so viel Geld wie möglich für die Krebsforschung zu sammeln, indem sie den Berg sechs Mal bezwingen (»*zes*« ist das niederländische Wort für sechs). Mit der Zahl der Teilnehmer stieg auch die Spendensumme: Im Jahr 2012 konnten sich die Forscher über den großartigen Betrag von 32,5 Millionen Euro freuen.

2014 nahm die Begeisterung durch verschiedene Umstände ab, aber langsam erholt sich die Veranstaltung wieder. Am Ende der 14. Ausgabe, die am 6. Juni 2019 stattfand, stand der (vorläufige) Tageszähler bei über 11.800.000 Euro. Nicht alle sind gleichermaßen begeistert von solchen Massenveranstaltungen, aber andererseits: »Seit 2006 hat Alpe d'HuZes mehr als 150 Millionen Euro an Spendengeldern für den Kampf gegen Krebs erbracht«, lesen wir auf Wikipedia.

Mont Ventoux

Es konnte natürlich nicht ausbleiben: Der Erfolg von Alpe d'HuZes ermutigte viele Nachahmer, auch Menschen, die auf die eine oder andere Weise mit anderen Krankheiten als Krebs in Berührung gekommen sind. Und so bekam auch der Mont Ventoux immer öfter Besuch von Leuten, die sich mit Hilfe von Sponsoren für den guten Zweck einsetzen möchten, für *ihren* guten Zweck.

Denn anders als in den Haut-Alpes spielt sich in den Provenzalischen Voralpen (noch?) kein gigantisches Event ab, bei dem alle Benefiz-Radfahrer, -Läufer, -Skater, -Handbiker und wer nicht sonst noch alles einmal im Jahr im gemeinsamen Kampf gegen den Krebs auf den Berg ziehen. Der Ventoux wird von größeren und kleineren Gruppen Gleichgesinnter erklommen, seien es Freunde, Kollegen, Nachbarn, Studenten, Kartenspielclubs, (Ex-)Patienten und so weiter, die sich unabhängig voneinander engagieren.

Es ist also nur logisch, dass, während sich bei Alpe d'HuZes alles an einem Tag abspielt, der Ventoux an vielen Tagen im Jahr einmal oder öfter für den wohltätigen Zweck bezwungen wird; es kommt halt darauf an, wie all die einzelnen Gruppen ihre Herausforderung planen.

Ein anderer Unterschied zu Alpe d'HuZes ist, dass sich die Leute auf dem Ventoux nicht nur für den Kampf gegen den Krebs abrackern. Ebenso engagiert man sich auch mit Leib und Seele dafür, Geld für die Erforschung von Krankheiten wie MS (multiple Sklerose), ALS (amyotrophe Lateralsklerose) und Herzkrankheiten bei Kindern zu sammeln oder für das Toon-Hermans-Haus und ähnliche Projekte.

Die älteste Ventoux-Auffahrt für den wohltätigen Zweck, die wir finden konnten, fand sogar noch vor der ersten Ausgabe von Alpe d'HuZes statt. 2004 bezwangen nämlich die Mitglieder der Stiftung Fietsers voor Fietsers – »Radfahrer für Radfahrer« – den kahlen Berg, um Spenden zu sammeln, damit Menschen mit Behinderungen, unter anderem Blinde und geistig Behinderte, die Möglichkeit erhalten, selbst Rad zu fahren. Der richtige Boom der Benefiz-Fahrten setzte aber erst etwas später ein.

Die Einnahmen solcher Aktionen können sich sehen lassen. Um nur beispielhaft ein paar Zahlen aus dem Jahr 2016 zu nennen: »Klimmen tegen MS« (»Klettern gegen MS«) erbrachte 573.000 Euro, die »Tour du ALS« 774.000 Euro und »Groot Verzet Tegen Kanker« (»Großer Widerstand bzw. mit großer Übersetzung gegen den Krebs«) 886.000 Euro.

Auch erleben wir immer häufiger individuelle Aktionen für den guten Zweck auf dem Ventoux. So fuhr der Belgier Patrick Dumont zwischen dem 31. Juli und dem 2. August 2017 in drei Tagen 13-mal den Berg hoch und runter, um Spenden für die belgische Organisation Octobre Rose zu sammeln, die sich im Kampf gegen Brustkrebs engagiert. Er strampelte auf diese Art und Weise immerhin 11.000 Euro zusammen.

Mon Ventoux

Unter der Schirmherrschaft von Sporta VZW, dem größten Sportverband Flanderns, organisierte die Stiftung Ventourist/Ventousiast im Jahr 2005 eine Radsportveranstaltung, bei der 2.000 Flamen gleichzeitig versuchten, den Mont Ventoux hinaufzufahren. Wer das einmal schaffte, eroberte den Ehrentitel »Ventourist«, wer es binnen eines Tages sogar dreimal schaffte, von Bedoin, Malaucène und Sault aus, durfte sich »Ventousiast« nennen.

Im Jahr 2012 wurden die Aktivitäten um »La Cannibale« erweitert, einen schweren Radmarathon mit Start in Malaucène, und um dessen kleine, nicht ganz so strapaziöse Schwester »La Cannibalette«. Seit 2013 starten die Teilnehmer der Cyclosportive-Veranstaltung in Bedoin. Alle anderen »Mon

Ventoux«-Teilnehmer können wahlweise in Bedoin, Malaucène oder Sault losfahren.

In den Anfangsjahren bekam jeder Teilnehmer 24 Stunden Zeit, um den Berg hoch- und runterzufahren. Seit 2010 wurde das Zeitfenster auf zwölf Stunden begrenzt; in der Praxis stellte sich heraus, dass 24 Stunden wegen des schlechten Wetters oft nicht machbar waren. Vorläufig liegt der Rekord für die meisten Ventoux-Auffahrten binnen 24 Stunden unter den Sporta-Teilnehmern bei Toon Claes (55) aus Herentals und Jef Van Dyck (56) aus Brecht. Am Samstag, dem 9. Juni 2007, bezwangen beide den Berg zehnmal innerhalb des 24-Stunden-Zeitfensters.

Das wesentliche Anliegen von Sporta ist es, den Flamen bei der Entwicklung eines gesünderen Lebensstils zu helfen, indem man die Leute aus dem Sessel rausholt. Außerdem werden ein Teil der Anmeldegebühr und die Beiträge von Sponsoren für einen wohltätigen Zweck gespendet, oft geht der Erlös an die Kinderkardiologie.

Wie bereits erwähnt, hieß diese sogenannte Bewegungskampagne anfänglich Ventourist/Ventousiast. 2012 spendierte Sporta der Veranstaltung dann eine neue Verpackung: Aus Ventourist/Ventousiast wurde Mijn Ventoux, das 2013 wiederum umgetauft wurde in Mon Ventoux. Dieser übergreifende Name der Initiative passt halt noch besser zu dem Namen des südfranzösischen Berges, um den es geht. Wir zitieren die Veranstalter: »Das Motto lautet: ›Jedem Radfahrer seinen Ventoux‹. Anfänger und etwas fortgeschrittenere Radfahrer entscheiden sich für den Ventourist, eine oder mehrere Auffahrten hinauf auf den kahlen Berg von einem der drei Startorte aus. Erfahrene Tourenfahrer und Hobbyradsportler, die auf der Suche sind nach einer richtig heftigen Herausforderung, können die Option La Cannibale wählen. Das ist ein schwerer Radmarathon über 173 Kilometer und sechs Gipfel, darunter zwei Auffahrten zum Gipfel des Mont Ventoux. Sporta bietet zudem die Option La Cannibalette an, eine alternative Strecke mit 131 Kilometern.«

2014 sorgten nicht weniger als 3.500 Teilnehmer dafür, dass die Jubiläumsausgabe zum unvergesslichen Raderlebnis wurde.

La Vintoux ist der jüngste Spross der »Mon Ventoux«-Familie. Seit der zehnten Ausgabe der Bewegungskampagne bietet Sporta auch eine touristische Radtour in der Umgebung des Ventoux an. Die Erfolgszutaten: wundervolle, weite Aussichten und frische, geschmackvolle Weine.

Die bisherigen 15 Ausgaben der Veranstaltung zogen insgesamt etwa 32.000 Teilnehmer an, die zusammen mehr als 50.000 Auffahrten bewältigten und über 1.000.000 Kilometer zurücklegten. Am 20. Juni 2020 hätte es der kahle Berg wieder mit dem Ansturm der Belgier aufnehmen sollen; in diesem Jahr muss er jedoch Corona-bedingt ausfallen.

Unannehmlichkeiten

Trotzdem gibt es unter den Bewohnern der Gegend rund um den Ventoux auch Einwände gegen diese Art von Aktivitäten, die dazu neigen, sich auf allen Fronten auszubreiten: immer mehr Events, immer mehr Teilnehmer, immer mehr Tage, an denen es extrem voll wird.

Als Belästigung wird an erster Stelle die hohe (mit entsprechenden Kosten verbundene) Beanspruchung von Einrichtungen wie Gemeindebehörden, medizinischen Notdiensten, Polizei etc. empfunden. Hinzu kommen die Belastung der Umwelt und die Störung der Natur auf dem und rund um den Mont Ventoux – generell ein heißes Eisen im Vaucluse!

Und die zusätzlichen Belästigungen für die Bevölkerung, die hier während der Aktionstage entstehen, kommen ja zum alltäglichen Trubel in der Touristensaison noch hinzu. Jedes Jahr aufs Neue ziehen Hunderttausende von Tagestouristen auf den Berg; in den Jahren, in denen die Tour de France hier vorbeikommt, sind es noch viele, viele Zehntausende mehr!

In *de Volkskrant* vom 14. Juli 2016 lässt Iwan Tol einige Bedoiner mit ihrer Sicht der Dinge zu Wort kommen. Laut Luc Reynard, Bürgermeister von Bedoin, kommen jedes Jahr etwa 130.000 Rennradfahrer am Chalet Reynard vorbei, und dabei sind all jene, die von Malaucène aus hochradeln, ja noch nicht mal mitgezählt. Jan Lemmens vom Café-Restaurant Le Portail de l'Olivier auf dem Platz bei der Touristeninformation sieht und hört, wie die Rettungsdienste ungefähr 350 Mal pro Jahr ausrücken – und dabei geht es nicht um eine Katze, die von einer Platane geholt werden muss.

Nicht zu vergessen, dass die Bewohner des Midi von jeher etwas Verschlossenes haben, eher nach innen gerichtet sind; ihre Geschichte dürfte daran nicht ganz unschuldig sein – siehe *Eine Runde im Vaucluse*, S. 226 ff. Viele Bedoiner verspüren denn auch eine gewisse soziale Überlastung; durch die Scharen von Fremden fühlt man sich manchmal nicht mehr zu Hause im eigenen Dorf. Ziemlich viele Rennradfahrer, so lautet eine Beschwerde, zeigten zudem wenig Respekt für die französische Art des Umgangs miteinander und verhielten sich, als würde die Welt nur ihnen allein gehören. Das ist natürlich ein Ärgernis.

Auch wenn die regionale Wirtschaft große Vorteile aus all dem Fremdenverkehr zieht, wird es manchmal einfach zu viel des Guten. Deshalb wurde 2008 eine jährliche Aktion ins Leben gerufen, um am Ende der Saison mit freiwilligen Helfern den Berg von Müll zu befreien – auch aus unseren Landen packen immer Leute mit an. Unlängst hat sich an der Organisation der Aufräum-Aktion ein wenig etwas geändert: Inzwischen ist sie Teil des weltweiten World

Cleanup Day. Im Kampf gegen die Vermüllung wird an diesem Tag in mehr als 160 Ländern an verschiedenen Orten eine jährliche große Reinigungsaktion durchgeführt, auch in den Niederlanden, in Belgien und im deutschsprachigen Raum. Am Ventoux konzentrieren sich die Freiwilligen auf zwei Orte: die Umgebung des Chalet Reynard und den Gipfel.

Übrigens ist die Menge des weggeworfenen Mülls auf dem Berg bereits zurückgegangen. Die Abfallbehälter, die im Juli 2018 direkt entlang der D 974 nach oben aufgestellt wurden (man kann seinen Müll dort auch im Fahren entsorgen), dürften dazu beigetragen haben, aber natürlich sollten solche Dinge eigentlich gar nicht erforderlich sein…

Jährlich finden auf dem Ventoux etwa 150 Sportveranstaltungen statt, an denen ungefähr 35.000 Menschen teilnehmen. Um die Interessen aller Betroffenen zu schützen, wurde im Jahr 2017 von der SMAEMV und der Sous-Préfecture de Carpentras ein ausführlicher Leitfaden herausgegeben. Dieser »Guide de l'Organisateur d'Événements sportifs-Ventoux« informiert die Organisatoren von sportlichen Events aller Art umfassend über die verschiedenen Aspekte, die sie beachten müssen. Dazu gehören unter anderem Termine, Genehmigungen, Streckenwahl, Sicherheit, Umweltbelange, die Kommunikation mit Behörden und der Bevölkerung, Transport, medizinische Versorgung und Adressen aller relevanten Behörden und Institutionen. Dieser Ratgeber, der unter www.smaemv.fr als PDF heruntergeladen werden kann, ist inzwischen in mehreren Sprachen erhältlich.

EINMAL OBEN...

EIN ENTWURF ZUR NEUGESTALTUNG DES VENTOUX-GIPFELS

Sie haben den Berg erklommen, der Gipfel ist erreicht, Sie sind oben. Sie klicken die Schuhe aus den Pedalen und was danach passiert, hängt von zahlreichen Faktoren ab. Wie geht es Ihnen körperlich: total erschöpft oder noch relativ frisch? Und wie geht es Ihnen mental: euphorisch, weil Sie den Gipfel erreicht haben, oder enttäuscht, weil nicht mehr drin war oder weil Sie es nicht in der erhofften Zeit geschafft haben? Wartet ein geliebter Mensch oben auf Sie, jubeln Ihnen Ihre Freunde oder Ihre Familie zu oder sind Sie mutterseelenallein auf dem Gipfel? Haben Sie Glück mit dem Wetter – Sonne, angenehme Temperaturen, klare Sicht – oder wütet der Mistral so sehr, dass Sie fast vom Gipfel geweht werden? Die Ankunft kann ein Fest sein oder eine Enttäuschung.

Letzteres galt zum Beispiel für Arnout Hasselaar aus dem niederländischen Bennekom, der zu der Zeit gerade seine Ausbildung als Architekt machte. Nachdem er den Ventoux mit dem Rad hinaufgefahren war, wurde ihm klar, dass er eigentlich viel länger auf dem Gipfel hätte bleiben wollen. »Wegen des starken Winds wollte ich aber schnell wieder runter und darüber hinaus schmälerte auch der touristische Trubel das Erlebnis, den Gipfel zu erreichen. Ich habe die Erfahrung gemacht, dass es an vernünftiger Organisation mangelt und dass ein längerer Aufenthalt, der das Gipfelerlebnis verstärken würde, nicht möglich ist.«

Was Hasselaar besonders beeindruckt hat, war das Wetter. Jede Tageszeit, jede Stunde ist anders. Das Wetter kann sich schnell ändern und hohe Windgeschwindigkeiten, kalte Stürme und heftiger Niederschlag sind keine Seltenheit. Schade, denn dadurch ist es manchmal schwierig, länger auf dem Gipfel zu bleiben: Es gibt nicht genügend Einrichtungen.

Außerdem ist der Gipfel im Laufe der Jahre sehr unübersichtlich geworden, was dazu geführt hat, dass es an einer klaren städtebaulichen und landschaftlichen Gliederung mangelt. Aufgrund der schlechten Organisation, des allgemeinen Trubels und des Mangels an Einrichtungen ist es für diejenigen, die sich dem Gipfel nähern, kaum möglich, diesen Moment intensiv zu erleben. Aus genau diesen Gründen entsprach sein Aufenthalt auf dem Gipfel, nachdem er ihn erreicht hatte, letztlich nicht Hasselaars Erwartungen.

Diese unschöne Erfahrung brachte ihn zum Nachdenken und so kam er auf die Idee, die (Neu-)Gestaltung des Mont-Ventoux-Gipfels zum Thema seiner Diplomarbeit zu machen, mit der er 2010 an der Akademie für Baukunst in Amsterdam seinen Abschluss schaffte.

Ausgangspunkt von Hasselaars Entwurf waren die verschiedenen Strecken, die ein Radfahrer, Autofahrer oder Wanderer zum Gipfel zurücklegt. Wichtig war es ihm, das Erlebnis der Auffahrt bis zum Gipfel zu verlängern. Das macht er, indem er Radfahrer teils durch den Berg führt, anschließend öffnet sich das Panorama auf die soeben zurückgelegte Strecke. Gleichzeitig verfolgt er mit seinem Entwurf die Absicht, die verschiedenen Verkehrsströme (Autos/Radfahrer/Wanderer) zu trennen, sodass sich ihre Wege möglichst wenig kreuzen. So kann jede Besuchergruppe ungestört ihre jeweilige Aktivität ausüben.

Erläuterung des Architekten

PARKEN. Entlang der Straße von Malaucène aus, also auf der Nordseite des Berges, teils im Berg, ist eine Parkmöglichkeit vorgesehen, bei der auf zwei Ebenen geparkt werden kann. Durch die räumliche Lage sind die Parkdecks auf zwei Seiten offen, wodurch Tageslicht einfallen kann und der Kontakt mit der Umgebung bestehen bleibt.

EINSCHNITT IM BERG. Die Grundlage des Plans bildet ein Einschnitt im Berg, in dem die Verkehrswege zum und vom Gipfel verlaufen. Auch sanitäre Einrichtungen wurden in diesen Bereich aufgenommen, ebenso wie Abstellgelegenheiten für Fahrräder. Da dieser Bereich öffentlich ist, sind diese Funktionen immer zugänglich und dienen auch als Unterstand. Die Wände der Aussparung werden größtenteils durch den Berg selbst geformt; das stärkt das Bewusstsein der Besucher, sich an einem besonderen Ort zu befinden.

RESTAURANT. Vom Restaurant aus hat man eine schöne Aussicht auf das Tal und das Skigebiet auf der Nordseite; Besucher blicken über das Tal und die Montagne de Bluye hinweg Richtung Drôme bis zu den westlichen Alpen.

Das Restaurant liegt zwar auf der Nordseite des Berges, aber weil es sich auf 1.900 Metern Höhe befindet und der Blick dort weiter reicht als auf Meereshöhe, ist es trotzdem möglich, den Sonnenuntergang im Nordwesten mitzuerleben. Anschließend kann man bei einem Abendessen den Sternenhimmel bewundern und die kleinen Lichter der Dörfer unten im Tal.

Da der höchste Lift des Skigebiets nah am Gipfel endet, ist es für Wintersportler möglich, das Restaurant auch im Winter zu erreichen.

LOUNGE. Die Lounge ist als Ruheort gedacht, mit Aussicht auf die eindrucksvollen Alpen im Nordosten. Von der Lounge aus kann man die Wetterbedingungen und die Veränderungen in der Atmosphäre, oft eine Folge des Mistrals, gut beobachten.

HOTEL. Im Hotel an der Nordseite kann man von den Zimmern aus den Sonnenaufgang (im Nordosten) und im Sommer auch den Sonnenuntergang (im Nordwesten) miterleben. Durch Aussparungen im Dach des Hotels lässt sich vom Hotelzimmer aus der Sternenhimmel beobachten. Dank vieler Glas-Elemente können Gäste im gesamten Hotelzimmer die Gipfelumgebung erleben.

BESUCHERZENTRUM + KIOSK. Durch das Drehen des Baukörpers ist im Herzen des Gebäudes Platz entstanden, wo sich der Kiosk und das Besucherzentrum befinden. Die reiche Historie des Berges in Sachen Flora und Fauna, Sport, Kunst und Literatur kann hier ausgestellt werden. Der Kiosk ist an die Rezeption des Hotels gekoppelt. Zusammen mit den Aussparungen im Dach des Hotels entsteht auf diese Weise eine Referenz an den zerborstenen Kalkstein, der den Berg prägt.

PLATTFORM. Die Plattform ist der höchste Punkt der Bebauung, eigentlich das Dach. Von der Plattform aus bietet sich ein 360-Grad-Panorama, sodass man das Wetter und die gesamte Umgebung erleben kann. Die Plattform ist für die meisten Besucher der höchste Punkt und somit der Endpunkt der Ventoux-Besteigung. Durch das Platzieren von Endpunkten an der Nord- und Südseite wird der Moment des Oben-Ankommens um ein Panoramabild und eine neue Erfahrung ergänzt.

FASSADE. Die Fassade verleiht dem Entwurf eine zusätzliche Dimension, weil sie auf den Wind reagiert. Die Fassade besteht aus einem Raster mit durchsichtigen Schaufeln, die vom Wind bewegt werden. So lässt sich auch im Inneren des Gebäudes der Wind draußen erleben.

So weit die Projektbeschreibung. Auf die Frage der Prüfungskommission, ob Hasselaar sich trauen würde, dieses Projekt auch zu realisieren, wenn er einen solchen Auftrag erhalten würde, antwortete er vollmundig: »Ja.« Die Wahrscheinlichkeit, dass er diesen Traum jemals realisieren kann, scheint jedoch äußerst gering zu sein.

Eine Präsentation des Entwurfs findet sich auch unter www.slideshare.net/hasselaar/0902-afstudeerverslag-print. Beachten Sie auch die Doppelseite »Einmal oben…« in der Fotostrecke nach Seite 192.

MONTAGNE DE LURE: DIE KLEINE SCHWESTER DES MONT VENTOUX

Für diejenigen, die den Mont Ventoux bereits wie ihre Westentasche kennen und mal was anderes ausprobieren möchten, gibt es eine nette Variante von dem, was ihnen so vertraut ist: die Montagne de Lure, ein Stückchen weiter nach Osten, im Département Alpes-de-Haute-Provence. Der höchste Punkt dieses Bergrückens, Sommet de Lure oder Signal de Lure genannt, zeigt so viele Ähnlichkeiten mit dem Mont Ventoux, dass einige ihn sogar die Zwillingsschwester des kahlen Bergs nennen.

Nein, man braucht keinen DNA-Abgleich, um festzustellen, dass es hier nicht um eineiige Zwillinge geht. Aber das ist genauso wenig notwendig, um zu konstatieren, dass beide Berge eindeutig miteinander verwandt sind. Der große Bruder Mont Ventoux ist zwar etwas kräftiger gebaut als die kleine Schwester Sommet de Lure, aber seine Erscheinungsform, die Länge und die Art des Anstiegs, die Bebauung, die Vegetation, der Verlauf in Ost-West-Richtung, die Höhe, das unterschiedliche Gesicht von Nord- und Südseite etc. zeigen auffällig viele Ähnlichkeiten mit dem anderen Bergmassiv, das Luftlinie etwa vierzig Kilometer weiter Richtung Italien liegt – siehe *Die Entstehungsgeschichte* in: *Der Berg*, S. 21.

Ein großer Unterschied ist die Atmosphäre, die die Montagne de Lure ausstrahlt. Man findet dort noch völlige Ruhe und Stille, die, insbesondere in der Urlaubssaison, auf dem Riesen der Provence und in dessen Umgebung immer seltener zu erleben sind.

Vielleicht war diese Ähnlichkeit auch der Grund, dass die *kleine* Schwester in der *kleinen* Tour auftauchte. Während der Mont Ventoux traditionell öfter mal eine wichtige Rolle im Parcours der Tour de France spielt, durfte die Montagne de Lure im Jahr 2009 erstmals bei dem Rennen mitwirken, das gelegentlich »die kleine Tour« genannt wird: Paris–Nizza. In jenem Jahr erreichte Alberto Contador auf der sechsten Etappe als Erster die Ziellinie am Fuße der Sendeanlage, damals das höchste Etappenziel, das bei dem Rennen jemals angesteuert worden war.

Dieses Ereignis hat die Behörden in der Umgebung aufgeweckt. Sie bekamen auf einmal mit, dass ihre Montagne de Lure durchaus Möglichkeiten in sich trägt, ohne dafür unbedingt die unberührte Natur, die Region oder die Umwelt im Allgemeinen »kaputt zu ökonomisieren«. Unterstützt von verschiedenen Institutionen steckte man die Köpfe zusammen ... und beschloss, etwas zu unternehmen.

Und so entstand im Juni 2010 ein Elite-Rennen für Radsportler und 2013 schickten auch die Organisatoren von Paris–Nizza die Profis erneut hinauf zum Sommet de Lure, für eine Bergankunft, die sie als »une montée de prestige« präsentierten. Auf der Königsetappe setzte sich der Australier Richie Porte durch, der mit seinem Sieg auf dem Sommet de Lure das Leadertrikot übernahm und die »Fahrt zur Sonne« letztlich auch für sich entscheiden konnte.

Heimlich hoffen die kooperienden Kommunen des Pays de Forcalquier-Montagne de Lure darauf, auch einmal die große Tour de France in der Region willkommen heißen zu dürfen. Aber dann sollte man vorher insbesondere die eingestaubte Skistation der Montagne de Lure mal ein wenig aufmöbeln...

Aber gut, alles in allem gibt es genügend Gründe, mal die Familie in Saint-Étienne-les-Orgues zu besuchen, in der alten Grafschaft Forcalquier. Wir würden dann auf jeden Fall auch eine schöne Tagestour einplanen: Saint-Étienne-les-Orgues – Sommet de Lure – Valbelle – Jabron – Peipin – Mallefougasse-Augès – Saint-Étienne-les-Orgues.

Die Südauffahrt: Saint-Étienne-les-Orgues – Sommet de Lure

Die Fahrt von Saint-Étienne-les-Orgues im Süden des Berges hinauf zum Sommet de Lure, dem Gipfel, ist ungefähr 18 Kilomter lang. Vom Gipfel zum Fluss Jabron im Tal auf der Nordseite der Montagne de Lure ist man dann etwa 26,5 Kilometer unterwegs. Wenn Sie eine komplette Runde drehen wollen, auf der Route Saint-Étienne-les-Orgues – Sommet de Lure – Valbelle – Jabron – Peipin – Mallefougasse-Augès – Saint-Étienne-les-Orgues, so müssen Sie dafür grob 18 + 26,5 + 30,5 (für den Rückweg Jabron–Saint-Étienne-les-Orgues) = 75 Kilometer veranschlagen. Denken Sie daran, dass die Entfernungen nur (genauest mögliche) Annäherungen sein können.

In der Beschreibung des zweiten Teils der Fahrt sehen Sie, dass immer zwei Entfernungen aufgeführt sind, mit einem Schrägstrich dazwischen. Die erste Zahl gibt die Entfernung *ab dem Gipfel* an, die zweite zeigt die gesamte Entfernung *ab dem Start in Saint-Étienne-les-Orgues*. Die Nummerierung der Straßen in der Beschreibung stimmt überein mit jener auf der empfohlenen Karte: IGN 3341 OT TOP 25 Montagne de Lure (1:25.000).

Es ist üblich, die Süd-Auffahrt in Saint-Étienne-les-Orgues zu beginnen, es ist aber auch nicht verboten, in Forcalquier zu starten. Versuchen Sie dann aber, den Weg über Fontienne zu nehmen. Der Asphalt der D 12 ist hier und da ziemlich holprig, aber die Strecke ist sehr schön, mit den zerfransten Gipfeln der Alpen immer zur Rechten.

Unmittelbar hinter Fontienne können Sie den Gipfel zum ersten Mal sehen. Anschließend erwartet Sie auf gutem Asphalt eine schöne Abfahrt nach Saint-Étienne-les-Orgues. Ein paar herrliche Haarnadelkurven komplettieren das Vergnügen.

Gleich zu Beginn der Süd-Auffahrt, am Nordrand von Saint-Étienne-les-Orgues (720 m), befindet sich ein gut ausgeschilderter Parkplatz. Der liegt zwar in der prallen Sonne, aber okay, irgendetwas ist halt immer. Ihre Bidons werden Sie übrigens woanders im Dorf auffüllen müssen.

Wenn Sie beim Verlassen des Parkplatzes sofort nach rechts abbiegen und ein paar Meter über die D 951 Richtung Ongles fahren, sehen Sie auf der rechten Seite einen Supermarché Utile und gleich daneben eine Autowerkstatt – das Teil liegt auf etwa 690 Metern Höhe. An der Kreuzung ein kleines Stück weiter beginnt rechts abzweigend die D 413, und genau diese Straße müssen Sie nehmen, um den Gipfel des Sommet de Lure zu erreichen. Es dauert nicht lange, bis sich der Name der Straße zu D 113 ändert.

Alles gut zu schaffen

Schon nach einigen Augenblicken sollte einem klar geworden sein, dass die Straße ansteigt: sieben Prozent und ab und an ein paar kurze Passagen mit 12 bis 13 Prozent. Kurz hinter der Abbaye Notre-Dame-de-Lure bekommen Sie es später noch mal mit einem solchen Steilstück zu tun – alles in allem liegt die Steigung auf 600 Metern des Anstiegs bei zehn Prozent oder etwas mehr. Aber Sie brauchen sich nicht zu stressen; mit einer Durchschnittssteigung von etwa 5,9 Prozent auf 18 Kilometern und 1.054 Höhenmetern fällt das Profil des Sommet de Lure im Allgemeinen recht moderat aus. Alles gut zu schaffen.

Ganz am Anfang des Anstiegs bittet eine *stèle*[15] für die Route Forestière de Lure um Aufmerksamkeit. Sofort wird einem eine Ähnlichkeit zwischen dieser Straße und den bekannten Strecken hinauf zum Gipfel des Ventoux deutlich.

Auch hier war es die französische Wasser- und Forstbehörde, die die Pläne erarbeitet und realisiert hat – in diesem Fall wurde die Straße 1936/37 gebaut. Der Gedenkstein steht hier übrigens erst seit 1949.

Die Straße schlängelt sich ruhig hoch, viele Besonderheiten gibt es nicht gerade, höchstens auf ungefähr 800 Metern Höhe die Ansammlung von Häusern rechts von der Straße, die natürlich nicht zufällig auf den Namen Domaine des Cèdres hört – klar, auch dabei muss man an den Ventoux denken, an die Route des Cèdres und das Massif de Cèdres auf gleicher Höhe wie hier.

Dreihundert Meter hinter einer unauffälligen kleinen Brücke erhebt sich rechts von der Straße ein Telefonmast, auf der Karte gekennzeichnet als »Pyl.« (*pylone*). Bei Kilometer 6,1 fahren Sie an einem Schild vorbei, das auf das Centre Equestre de Lure hinweist, einen Reiterhof also, und dann, wenn Sie sich nach 6,6 Kilometern auf ungefähr 1.075 Metern Höhe befinden, kommt plötzlich erstmals der Sommet de Lure in Sicht: ein weißer Gipfel, der hinter den Bäumen aufragt, mit oben drauf einer Ansammlung von Antennen und Sendemasten. Das Ganze mag bei weitem nicht so imposant sein wie der Gipfel des Ventoux, aber eine gewisse Ähnlichkeit mit dem Riesen der Provence lässt sich nicht abstreiten. Die Antennenanlage auf dem Gipfel macht übrigens sofort deutlich, warum der Sommet de Lure auch Signal de Lure heißt: Der große stählerne Mast ist kein Observatorium oder dergleichen, sondern wird vom Telefonprovider Bouygues Télécom betrieben.

Unbeirrt kriecht die D 113 weiter den Berg hinauf. Sich zu verfahren, ist praktisch unmöglich, denn es gibt keine Abzweige, die auch nur ansatzweise wichtig aussehen. Der Asphalt ist hier und da etwas grob, aber ein Großteil der Strecke wurde vor einigen Jahren neu asphaltiert. Man fährt die ganze Zeit durch den Wald und ab und zu kann man durch die Bäume hinab aufs Tal blicken – na, sieh mal einer an, das erinnert doch alles sehr an die D 164 Sault-Chalet Reynard, auch wenn hier alles ein bisschen kleiner ausfällt.

Die Straße steigt kontinuierlich an. Auf circa 1.155 Metern Höhe kommen Sie an einer *citerne* vorbei (links von der Straße), aber auf etwa 1.245 Metern wird es dann interessanter: Nach 9,3 Kilometern Anstieg taucht der Abzweig zur Abbaye Notre-Dame-de-Lure auf.

Abbaye Notre-Dame-de-Lure

Links von der Straße stehen zwei so genannte *oratoires*, in diesem Fall säulenartige Andachtshäuschen mit einer Marienstatue hinter Glas bzw. Gitterstäben. Fünfzig Meter weiter führt rechts ein Schotterweg hinab. Der gut zu fahrende, breite Weg führt in ein uriges Tal, knapp achthundert Meter von der D 113 entfernt, wo schon vor etwa neunhundert Jahren eine Abtei gebaut wurde, die Abbaye Notre-Dame-de-Lure, ein Relikt des religiösen Aufschwungs im zwölften Jahrhundert.

In der zweiten Hälfte jenes Jahrhunderts erlebt Westeuropa eine enorme Bevölkerungsexplosion. Menschen entwickeln sich auf verschiedensten Gebieten in verschiedene Richtungen. Das menschliche Dasein wird intensiver und für viele verwirrender.

Das gilt auch für das religiöse Leben. In einigen Fällen vertieft es sich, in anderen Fällen entfernt es sich immer weiter von seinem Kern und verweltlicht zusehends. So wird einerseits der Grundstein für den Bau der großen Kathedralen in Nordfrankreich gelegt, andererseits verliert so mancher in der Schnelllebigkeit der Zeit seinen gewohnten Halt; viele Menschen suchen in Rückzug, Schlichtheit und Kasteiung ein Gegengewicht zu übermäßigem Reichtum, Prunk und dem sich Loslösen von Gott. Oft finden sie dies in der Ruhe und Stille abgelegener Gegenden in Wäldern und Bergen, weit weg vom Trubel der bewohnten Welt.

Und so entsteht unter Einfluss der Grafen von Forcalquier und der Provence der Orden von Chalais. Die hauptsächlichen Lebensaufgaben der Mönche sind, außer Beten, die Schafzucht und die Forstwirtschaft. Der Orden umfasst schließlich zehn kleine Abteien – die Abbaye Notre-Dame-de-Lure ist eine von ihnen – und drei Priorate[48], die durch Transhumanzpfade[49] miteinander verbunden sind; die Mönche kümmern sich um die Instandhaltung der Wege und Wasserstellen.

Von der ursprünglichen Abbaye Notre-Dame-de-Lure ist heute wenig bis nichts übrig; nur die Kapelle steht noch – und jeder Stein atmet noch den Geist der Vergangenheit.

In dem Tal lässt es sich wirklich ausgesprochen gut aushalten. Es ist äußerst ruhig und es gibt ausreichend Schatten. Eine riesige allein stehende Linde schützt die Kapelle vor Unheil. Der Picknicktisch, in der Nähe der Kapelle, duckt sich unter majestätische Zedern, Linden und Nussbäume. Vor allem wenn die Sonne sich von ihrer besten Seite zeigt, ist man hier Zeuge eines raffinierten Spiels von Licht und Schatten.

Ein Tipp: Stellen Sie Ihr Rad irgendwo ab, hängen Sie Ihren Helm an den Lenker und tauchen Sie in die Kapelle ein. Klar, man muss dafür empfänglich sein, aber dieses uralte Gotteshaus ist schon beeindruckend: klein, dunkel, derb-robust, fast schon barbarisch in seiner Schlichtheit. Umso auffälliger ist das bunte Bleiglasfenster im vorderen Giebel. Wieder draußen können Sie neben dem Eingang der Kapelle eiskaltes Wasser aus einem richtigen Wasserhahn zapfen.

Kinder derselben Eltern

Schon bald nachdem Sie nach Ihrem Abstecher zur Abbaye zurück auf der D 113 sind, bekommen Sie eine weitere Chance zu beurteilen, ob der Sommet de Lure zu Recht als Schwester des Mont Ventoux bezeichnet werden kann. Bei Kilometer 11,6 nach dem Start beim Supermarkt in Saint-Étienne taucht er nämlich wieder auf. Hatten Sie beim ersten Anblick vielleicht noch ein paar Zweifel, so können Sie es jetzt nicht mehr länger ignorieren: Der Mont Ventoux und der Sommet de Lure sind Kinder derselben Eltern. Schauen Sie sich den kahlen Gipfel an, schauen Sie sich die Antennen und Sendemasten an, stellen Sie verwundert fest, dass die Anlagen aufgrund einer optischen Täuschung auch hier irgendwie schief zu stehen scheinen, und Sie müssen zugeben: Bruder und Schwester, geht gar nicht anders.

Es gibt noch etwas, worin beide Berge sich ähneln, stellt sich später heraus. So wie kurz vor dem Chalet Reynard rechts von der D 974 mehrere Ferienhäuser stehen, so ist das hier entlang der D 113 auch der Fall. Ungefähr 13,2 Kilometer nach dem Start verstecken sich rechts von der Straße, auf circa 1.530 Metern Höhe, Ferienwohnungen zwischen den Bäumen. Dass sie hier etwas schäbiger aussehen als die Chalets entlang der bekannten D 974, ist eine andere Geschichte.

Und es nähert sich schon wieder eine Verwandtschaft zwischen dem Sommet und dem Ventoux: die Station de Lure auf 1.610 Metern Höhe, 13,9 Kilometer nach dem Start. Das Plateau vor der Skistation, die auch Refuge de Lure genannt wird, ist viel größer als der Parkplatz vor dem Chalet Reynard; das Ganze sieht jedoch ziemlich armselig aus. Aber es funktioniert, denken wir uns mal. Zumindest darf man hoffen, dass dies im Winter der Fall sein wird, denn in der Radsaison ist hier oft keine Menschenseele zu sehen und man bekommt dann nicht einmal einen Schluck Wasser. Aber wenn das Bar-Restaurant La Sauvagine, sozusagen das Chalet Reynard der Montagne de Lure, geöffnet ist: Sie servieren dort einen fantastischen Espresso!

Oberhalb des Skigebiets folgt der überzeugendste Beweis der Verwandtschaft zwischen Mont Ventoux und Sommet de Lure. Beginnt am Ventoux nach dem Chalet Reynard die bekannte Mondlandschaft, so taucht auch nach der Station de Lure eine – man könnte sagen – »Mini-Mondlandschaft« auf und die Ähnlichkeit mit der Natur rund um den Gipfel des Mont Ventoux wird größer und größer. Denn genau wie dort bestehen auch rund um den Sommet de Lure die Hänge aus unüberschaubaren Massen von Steinen und auch hier wachsen am Straßenrand und zwischen den Felsbrocken die schönsten Blumen und Pflanzen. Aber wer gut hinschaut, entdeckt auf dem einen Berg doch deutlich andere Arten von Vegetation als auf dem anderen.

Infolge des kalten Mistrals und der mitunter felsspaltend niedrigen Temperaturen hat der Ventoux zum Beispiel einen kahleren und zerbröckelteren Gipfel, auf dem nur wenig Fruchtbarkeit herrscht. Die etwas gemäßigteren Bedingungen auf der Montagne de Lure sorgen für ein etwas weniger ausgetrocknetes Klima; der Gipfel des Sommet de Lure ist deutlich weniger karg.

Die klimatologischen Unterschiede zwischen beiden Bergketten sorgen verständlicherweise für unterschiedliche Vegetationen. So gibt es zum Beispiel auf dem Mont Ventoux häufig Bergtannen und Eiben, auf dem Sommet de Lure kaum bis gar nicht. Die Weißbirke, der Spitzahorn und die Bergulme sind dagegen in der Montagne de Lure im Überfluss und am Ventoux kaum zu finden.

Das gilt auch für Dutzende Pflanzen und Sträucher: Weil sie nun mal unterschiedliche Ansprüche an den Boden und die klimatischen Bedingungen stellen, wollen allerlei Arten auf dem einen Berg gedeihen und auf dem anderen eben nicht.

Die Liste ist zu lang, um sie hier alle zu nennen, aber eine Art verdient es, erwähnt zu werden, schon allein deshalb, weil sie die charakteristischste Pflanze des Massif de Lure ist. Die *Genista radiata*, ein südeuropäischer Ginster, gedeiht noch rund um den Pas de la Graille, knapp unterhalb des Gipfels an der Nordseite des Sommet de Lure, aber westlich davon nicht mehr – und deshalb auch nicht auf dem Ventoux.

Stèle Godefroy Wendelin

Auf 1.699 Metern Höhe, Ihr Radcomputer wird ungefähr 16,1 Kilometer anzeigen, fällt das Auge auf eine *stèle*[15], die, einsam und allein den Elementen trotzend, auf dem kleinen Plateau links von der Straße steht – auf der Karte ist sie als »Mon.« für »*monument*« gekennzeichnet. Hm, täuschen wir uns, oder gibt es auf dem Ventoux in der Mondlandschaft nicht auch ein paar solcher *stèles*?

Der Gedenkstein wurde am 22. August 1953 an diesem Ort aufgestellt, um daran zu erinnern, dass der seinerzeit berühmte belgische Astronom Godefroy Wendelin (1580–1660)[41] hier im Jahre 1603 versuchsweise die erste Sternwarte von Frankreich gebaut hat. Er wählte dafür den Gipfel der Montagne de Lure, weil die Luft dort blitzsauber war, völlig frei von Luft- oder Lichtverschmutzung.

Wenn man sich an diesem Punkt umsieht, sind die Ähnlichkeiten zwischen dem großen und dem kleinen Ventoux überzeugend: Hänge aus Felsgeröll, niedrige oder keine Vegetation, eine Beobachtungs- und Sendestation auf einem kahlen Gipfel. Und wenn wir den Vergleich mit dem Mont Ventoux durchziehen wollen, könnte man sagen, dass auch auf dem Sommet de Lure kurz vor dem höchsten Punkt noch eine Art Col des Tempêtes liegt; für die Aussicht hier lohnt sich ein kurzer Stopp auf jeden Fall.

La Sapée Cruis

Auf ungefähr 1.740 Metern Höhe knickt die D 113 nach rechts ab, um unterhalb des Gipfels in die Abfahrt überzugehen, die hinab zum Fluss Jabron führt, tief im Tal auf der Nordseite des Bergrückens. In dieser Kehre beginnt ein steil ansteigender Fußweg, der zum eigentlichen Gipfel auf 1.826 Metern hinaufführt. Der Pfad ist nur zu Fuß passierbar und auch nicht für Radschuhe geeignet, also fahren Sie am besten ein Stückchen weiter. Ein paar hundert Meter später, gleich hinter der nächsten Kurve, hat man einen viel besseren Blick auf den Gipfel mit seinen Anlagen. Am Wegweiser zur Combe de la Sapée Cruis auf circa 1.740 Metern Höhe, direkt unter dem Gipfel, gibt es ein schönes Flachstück zum Ausruhen und Fotografieren.

Wenn Sie einfach der Straße folgen, fahren Sie unterhalb des richtigen Gipfels vorbei. Möchten Sie hingegen zu Hause mit Fug und Recht behaupten, auf dem echten Gipfel des Sommet de Lure gestanden zu haben, fahren Sie dann auf der Höhe des Wegweisers zur Combe de la Sapée Cruis den kleinen Weg links rein. Der echte Gipfel liegt nämlich am Eingang der Sende- und Empfangsstation, die links oberhalb der Straße thront. Sie können dort zwar hin (auch mit dem Auto), aber vor dem Tor der Beobachtungsstation endet die kleine Seitenstraße in einer Sackgasse; für die Abfahrt werden Sie also zurück zur durchgehenden Straße rollen müssen. Die heißt ab dem Gipfel D 53.

Saint-Étienne-les-Orgues – Gipfel
720 – 1.744/1.826 m
18,0 km
durchschnittlich 5.9%

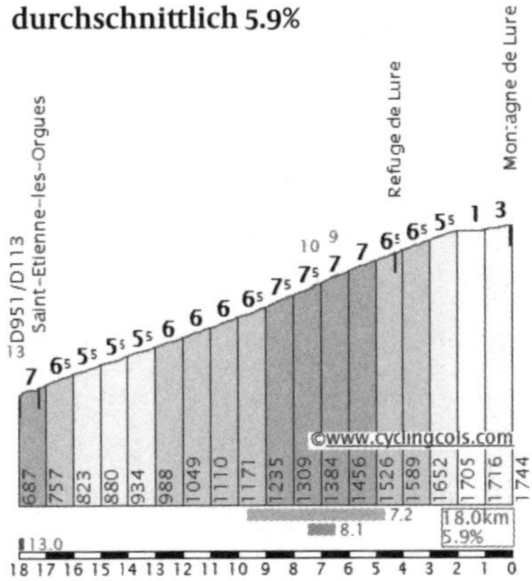

Bevor Sie mit der Nord-Abfahrt hinab zum Jabron beginnen, sollten Sie auf jeden Fall noch kurz auf das flache Plateau hinaufgehen, das sich zur Ihren Rechten erstreckt. Dort haben Sie eine grandiose Aussicht auf die Umgebung. Mit ein bisschen Glück können Sie im Westen den großen Bruder des Sommet de Lure sehen, den Mont Ventoux. Sollte es auf dem Wind und Wetter ungeschützt ausgelieferten Gipfel weniger angenehm sein, um länger zu verweilen, fahren Sie dann etwa drei Kilometer weiter: An einem etwas tiefer gelegenen Col, dem Pas de la Graille (1.597 m), kann man sich gut unterstellen. Sowohl vor als auch hinter der Haarnadelkurve genießt man dort eine atemberaubende Aussicht.

Die Nord-Abfahrt: Sommet de Lure – Jabron

Wir beginnen den zweiten Teil der Tour oben auf dem Gipfel. Die 26,5 Kilometer lange Abfahrt folgt der D 53 durch den Forêt Domaniale du Jabron hinab zum Fluss Jabron, tief unten im Tal. Die Atmosphäre ähnelt jener auf der D 164 zwischen dem Chalet Reynard und Sault: kurvig und reich an Bäumen, also auch an Schatten. Wirklich schwierig ist die Abfahrt nicht, wenn Sie nur den Lenker gut festhalten und auf der Hut vor scharfen Kurven bleiben – das durchschnittliche Gefälle beträgt etwa 4,5 Prozent.

Pas de la Graille

Ungefähr 3,1 Kilometer hinter dem Sommet de Lure, also 21,1 Kilometer seit dem Start in Saint-Étienne, erreichen Sie in einer scharfen Linkskurve den besagten Pas de la Graille auf 1.597 Metern Höhe. Die Aussicht ist hier königlich, aber auf dem Pass selbst ist nicht viel zu sehen. Wenn es »oben« allerdings zu windig ist, um sich dort auf angenehme Weise von der Auffahrt zu erholen, kann man dies, wie erwähnt, besser hier tun; auf dem Pas de la Graille gibt es ausreichend Unterstellgelegenheiten.

Auch hinter dem Pas de la Graille verläuft die Abfahrt weiterhin gediegen, nicht zu steil, nicht zu flach. Die Straße ist gut in Schuss, aber nicht breit und hier und da etwas holprig, also halten Sie die Konzentration aufrecht. Viel Ablenkung gibt es übrigens nicht, denn auf der einen Seite liegt der Berghang und auf der anderen Seite wird die Aussicht auf das Tal durch die Bäume erschwert. Wenn es irgendwo eine Öffnung zwischen den Bäumen gibt, ergreifen Sie dann ruhig mal die Gelegenheit, kurz anzuhalten und zu genießen: Die Aussicht ist fabelhaft.

Dreifache Haarnadelkurven

Bei Kilometer 5,8/23,8 (auf etwa 1.400 Metern Höhe) steht auf der rechten Straßenseite das Schild »RF Haute-Fayée«. Von hier aus wird die Sicht auf das Tal und die Berge im Norden (jetzt linker Hand der Straße) etwas besser, aber lange hält das nicht an. Die Straße schlingert unaufhörlich Richtung Tal. Viel Gas können Sie hier nicht geben, weil eine Kurve auf die nächste folgt. Manchmal sind es gewöhnliche Kehren, manchmal aber auch ziemlich spektakuläre Haarnadelkurven. Das bedeutet: reichlich bremsen. Ab und zu werden Sie bestimmt gerne Ihre Hände kurz ausschütteln wollen!

Bei Kilometer 10,8/28,8 steht auf der rechten Straßenseite das Schild »RF Basse-Fayée«. Kurz danach haben Sie eine wunderschöne Aussicht. Die Straße schlingert unverdrossen weiter und schickt Sie zum Beispiel bei Kilometer 12,4/30,4 durch eine dreifache Haarnadelkurve. Wie schon gesagt: Die Aussicht wird oft von Bäumen erschwert und der Asphalt ist, auf jeden Fall auf der rechten Seite, manchmal gefährlich holprig.

Nach 13,4/31,4 Kilometern (auf etwa 970 Metern Höhe) kommen Sie zu einer Kurve mit einer kleinen Brücke, die über einen Einschnitt in der Landschaft hinwegführt – hier befinden Sie sich im Jagdgebiet von Bevons und Valbelle und hier gibt es viele MTB-Strecken. Rechts ist auch ein kleiner Wasserfall. Sofort danach beginnt rechts der Straße eine weitere *route forestière*, die RF des Gravas.

D946/D53 – Gipfel
512 – 1.744/1.826 m
26,2 km
durchschnittlich 4,7 %

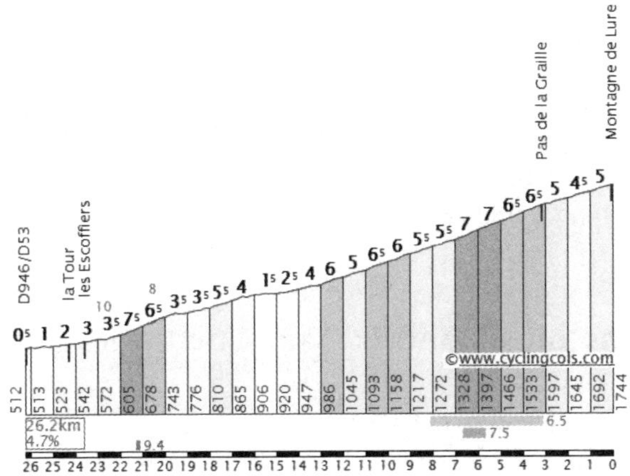

Jas des Bailles

Nach 14,8/32,8 Kilometern steht links der Straße das Schild »Jas des Bailles«. Auf dem Aire de Saint-Robert, dem Rastplatz kurz dahinter, finden Sie Informationen über die direkte Umgebung und ein Pfeiler mit sechs Wegweisern lässt Sie wissen, dass Sie von hier aus in alle Richtungen loswandern könnten. Am Anfang des Parkplatzes, direkt am Straßenrand, steht ein recht außergewöhnliches Schild mit der Abbildung eines Gartenzwergs; der Text daneben bittet Passanten, mit Leib und Seele in der Natur aufzugehen, so wie die jung gestorbene Sara (zwölf Jahre) dies tat.

Langsam nähern wir uns jetzt doch wieder ein wenig der bewohnten Welt an. Bei Kilometer 18,5/36,5 fahren Sie über eine Betonbrücke, die ein Tal überspannt. Unten fließt ein Bach hindurch; das heißt, um genau zu sein: Wenn Sie im Sommer unterwegs sind, dürfte das Flussbett trocken sein, so wasserreich ist die Provence überirdisch nicht. Danach passieren Sie noch mehrere kleine Brücken – auch hier sehen Sie im Hochsommer nur Steine, kein Wasser.

Vaucluse – Hautes-Alpes

Kilometer 21,7/39,7: Sie nähern sich jetzt wirklich den ersten Außenposten der bewohnten Welt. Der Rest der Strecke bis zur D 946 verläuft wellig auf und ab, eine richtige Abfahrt kann man es nicht mehr nennen. Der Abschnitt ähnelt dem letzten Stück der Abfahrt vom Mont Ventoux in Richtung Sault.

Ihr Tacho steht bei 22,9/40,9 Kilometern, wenn Sie zum Weiler Valbelle kommen (Achtung: der Ort ist nicht auf jeder Karte verzeichnet), bei 24,4/42,4 Kilometern, wenn Sie wieder rauskommen, und bei 26,5/44,5 Kilometern, wenn Sie den Jabron überqueren. Ein Stückchen weiter endet die D 53 und mündet in 508 Metern Höhe auf der D 946, die links nach Noyers-sur-Jabron führt und rechts Richtung (u.a.) Sisteron. Hier biegen Sie rechts ab und haben dann ein paar nervige Kilometer auf einer oft stark befahrenen Straße vor sich. Nehmen Sie sich hier also besonders in Acht! Bei Kilometer 27,4/45,4 erreichen Sie den Beginn des Beckens von Bevons, 900 Meter weiter sind Sie aber auch schon wieder raus. Die Straße folgt weiter dem Ufer des Jabron.

Der Anschluss: Jabron – Saint-Étienne-les-Orgues

Achtung! An der Kreuzung D 946/D 53 müssen Sie sich rechts halten und weiter der D 946 entlang des Jabron folgen. Fürs Protokoll: Die hier genannte

D 53 liegt im Département Hautes-Alpes, die oben genannte D 53 noch im Vaucluse – jedes Département hat seine eigenen Straßenbezeichnungen.

Bei der folgenden großen Kreuzung, jener mit der N 85, dürften ungefähr 33,3/51,3 Kilometer auf dem Display Ihres Radcomputers stehen. Hier biegen Sie rechts ab, auf die volle N 85. Passen Sie gut auf, denn es ist eine wirklich vielbefahrene Straße und man fährt dort in hohem Tempo.

Angenehmes Radfahren

Ungefähr 1,9 Kilometer nachdem Sie auf die N 85 gewechselt sind, wenn Ihr Tacho kurz hinter dem Weiler Les Bons Enfants (471 m) circa 35,2/53,2 Kilometer anzeigt, biegen Sie rechts ab in die Route de Sisteron. Passen Sie gut auf, denn diesen Abzweig übersieht man leicht und fährt daran vorbei.

900 Meter weiter (Kilometerstand: 36,1/54,1) steht das Ortseingangsschild von Peipin. Wieder 300 Meter weiter (Kilometerstand: 36,4/54,4) biegen Sie rechts ab auf die D 951. Sie fahren also auf der Westseite um das Dorf herum; diese Straße führt geradewegs nach Saint-Étienne-les-Orgues. Die Dörfer sind klein in diesem Teil von Frankreich und auch Peipin ist nicht gerade von stattlichem Wuchs: Bei Kilometer 37,3/55,3 kommen Sie schon wieder am Ortsausgangsschild vorbei.

Sie halten sich ansonsten weiter an die D 951. Das bedeutet, dass Sie bei Kilometer 40,6/58,6 durch Les Paulons kommen und bei Kilometer 41,3/59,3 durch Les Chabannes, im Untertitel: Commune de Châteauneuf-Val-Saint-Donat (der Name ist länger als das Dorf…). Die Strecke steigt hin und wieder an, präsentiert sich gelegentlich als falsche Ebene, um dann wieder klein beizugeben; kurzum: angenehmes Radfahren auf einer sehr schönen Straße.

Bei der Kreuzung bei Kilometer 46,1/64,1 halten Sie sich erneut an die D 951. Zwischen Kilometer 48,4/66,4 und 49,6/67,6 liegt Mallefougasse-Augès und träumt vor sich hin und nach 54,6/72,6 Kilometern hält Cruis es genauso. Passen Sie auf, die Ortsdurchfahrt durch Cruis ist sehr schmal.

Hoch und runter führt die D 951 dann noch zwei Kilometer weiter zum Ziel in Saint-Étienne-les-Orgues. Nach 57/75 Kilometern dürfen Sie dann an den Bremshebeln ziehen: Zielort erreicht!

Natürlich, eine ruhige Runde ist immer was Schönes. Aber eingefleischte Hobbyradsportler wollen ja oft ganz genau wissen, wie lange sie für einen Anstieg gebraucht haben. Das lässt sich machen. Eine der Aktivitäten, die von den kooperierenden Gemeinden in der Gegend auf die Beine gestellt wurden, ist die Challenge Cycliste de Lure. Die kann man etwa von Mitte März bis Mitte

November mit seinem Rad bestreiten, abhängig davon, was der Winter macht. Das Prinzip der Challenge ist simpel. Sie laden sich kostenlos die Challenge-de-Lure-App auf Ihr Smartphone (unter Apple oder Android). Bei Beginn des Anstiegs startet die App wahlweise automatisch oder manuell; beim Ziel, drei Kilometer hinter der Skistation, etwas unterhalb des Gipfels, stoppt sie dann, wiederum automatisch oder manuell. Später können Sie dann auf einer speziellen Website nachsehen, welche Platzierung Sie mit Ihrer Zeit in der Rangliste einnehmen. Je nach erreichter Zeit können Sie sich dann (virtuell) eine Bronze-, Silber- oder Goldmedaille mitsamt Urkunde überreichen lassen.

Auch toll: Während Sie schwitzen, liefert Ihnen die App allerlei gesprochene und geschriebene Infos über die Sehenswürdigkeiten entlang der Strecke. Sie können sich auch Ihre Geschwindigkeit usw. ansehen.

Wenn Sie kein Smartphone besitzen, können Sie sich für die Challenge Cycliste de Lure eines, inklusive Halterung, beim Office de Tourisme in Saint-Étienne-les-Orgues ausleihen.

Dort erhalten Sie auch Informationen über die Möglichkeit, den Sommet de Lure mit einem Pedelec zu bezwingen. Mieträder und -helme lassen sich ebenso dort buchen wie von erfahrenen Guides geführte Touren. Alle Infos dazu finden Sie unter www.forcalquier.com und www.challenge-lure.fr.

VERKÜNDIGUNG

Mont Ventoux (Vaucluse, Frankreich) – 4:00 Uhr. Auf dem Gipfelplateau des kahlen Berges rauscht der Wind in den Sparren des kleinen stählernen Sendemasts. Mit meinem Scheinwerfer in der Hand und dem zusätzlichen Licht einer noch nie dagewesenen Zahl von Sternen finde ich meinen Weg in der pechschwarzen Nacht vor dem markanten weißen Hauptturm. Die Atmosphäre über der Provence ist kristallklar. Tief unter mir funkeln die zahlreichen Dörfer und Städte in der Ebene des Vaucluse. Weit entfernt im Süden blinkt der Leuchtturm von Marseille in regelmäßigen Abständen.

Hier werde ich Zeuge des Sonnenaufgangs werden. Hier, auf mehr als 1.900 Metern Höhe, wird nichts zwischen mir und der Geburt eines neuen Tages stehen.

5:04 Uhr – Wie eine ehrfurchtgebietende Vergrößerung eines fernen und unbekannten Sonnensystems erstreckt sich im Osten über den noch komplett dunklen Westalpen ein vager, braun-oranger Streifen. Die Berge liegen noch im Schlafsack der Nacht verkrochen.

5:20 Uhr – Die Gipfel im Osten beginnen, sich aus ihrer Symbiose mit der Dunkelheit zu befreien, nach und nach nimmt der Horizont die Konturen einer nachlässig ausgerissenen Zeitungsseite an. Über den scharfen Bergspitzen verbreitert sich der Lichtstreifen zu einem heller werdenden Orange, das durch ockergelbe Schwünge in den noch schwarzen Teil des Himmels übergeht; die Nacht bereitet sich auf den Rückzug vor.

5:35 Uhr – Heller und heller wird der Farbgürtel, die Orangetöne verblassen und verwandeln sich in Gelb und Weiß, werden weißer und weißer. Das Schwarz des Himmels darüber löst sich in hellem Azurblau auf.

5:56 Uhr – Und dann geschieht das Wunder. Direkt neben dem Ort, an dem vor nicht allzu langer Zeit noch der Radarposten Réseau Terminal T2 über Frankreich wachte, bricht in einer verwirrenden, goldenen Explosion der Horizont in einem ungemein hellen Lichtpunkt auf: die Verkündigung. Einen Seufzer später krabbelt die Sonne über die scharfen Kanten der Alpen hinaus.

Im selben Moment berührt mich Auroras Atem und die Kälte des Morgens verflüchtigt sich wie der Schatten des Todes, eilig auf dem Weg nach Isfahan.[50] Es ist 6:02 Uhr.

Die Täler zwischen dem Ventoux und dem Horizont biegen sich wie unter dem Pinsel des klassischen japanischen Meisters: Sie füllen sich mit gräulich weißen Nebeln zu einem geräuschlosen prähistorischen Meer, aus dem sich die Bergrücken erheben wie die Rückenflossen von ebenso schweigsamen Walen. Der Tag hat begonnen. Ich fühle mich innerlich leicht und ruhig.

Aus: Willem Janssen Steenberg, *Voor eigen parochie – Columns 2003–2011*

DER LITERARISCHE BERG

Begleitet von surrealistischen Klängen suggeriert etwas, das dem Quietschen einer schlecht geölten Fahrradkurbel ähnelt, einen taumelnden Radrennfahrer, als Symbol allen Leidens. Aus dem Fixierbad erhebt sich die trostlose Leere der Mondlandschaft langsam zum Leben. Ein Pinsel versucht, das Morgenlicht einzufangen, das auf die Antennen oben auf dem Gipfel trifft; die Spitze des Ventoux reicht bis zum Ufer der Rhône. Ein mittelalterlicher Denker erlebt den Aufstieg über seine Flanken als Metapher für den Weg des Menschen in ein glückseliges Leben.

Der Berg der Berge lenkt den Geist von Philosophen, Malern, Fotografen und Komponisten. In diesem Kapitel finden Sie einige »Einhauchungen des windigen Berges«, Auszüge aus dem Werk von Schriftstellern, die sich vom Mont Ventoux haben inspirieren lassen.

VENTÖRTCHEN

Man nehme einen Berg
Unten bewaldet
Oben verlassen
Und kahl
Sodann kneten Sie die Haut
Schmieren Cajeputöl
Auf beide Schenkel
(Besprenkeln Sie
zur Not auch die Waden)
Nehmen Sie dann einen Teelöffel Salz
Oder eine Magnesium-Tablette
Füllen ein Bidon
Setzen den Helm auf
Bringen das gefettete Sitzleder
Zum Sattel und zum Rahmen
Vorzugsweise aus Carbon
Oder wahlweise Titan
Teilen Sie den Anstieg in drei Teile
Vermengen nun Verstand
Mit Wolkengefühl
Kochen und genießen Sie
Ein oder zwei Stunden
Bis Sie den Gipfel
Ihres Desserts sehen

Huisdichter Cornelis, Amsterdam – Juni 2007

MONT VENTOUX

Dichten ist Radfahren am Mont Ventoux,
wo Tommy Simpsons Leben ging zu Ende.
Hier, sehr tragisch waren die Umstände,
machte der Weltmeister die Augen zu.

Angetreten an dem Col sind viele,
erste Kategorie, seither tabu.
Es riecht nach Kieferndurft, Sunsilk-Shampoo,
das man auch nötig hat, erstmal im Ziele.

Alles ist Mühe, unfassbar horrend,
der Ventoux zu Rad ein echt hartes Werk,
weshalb auch gilt: Überlegt's euch vorher gut.

Doch ich schaff' es, obschon die Hitze brennt,
bis hoch zum Gipfel von dem kahlen Berg:
Eitelkeit und Jagd nach dem Wind voll Mut.

Aus: Jan Kal, *Fietsen op de Mont Ventoux: 222 sonnetten*

MONT VENTOUX

(für Youp van 't Hek)

Dichten ist Abfahren vom Mont Ventoux
wo mir ein Kaninchen vor's Rad gerannt
hier, sehr tragisch war der Begleitumstand
machte das Hoppeltier die Augen zu

das Ende kam schnell, Leid hat's nicht gegeben
und echte Nager sterben jung, kein Tabu
(eher 'ne Binsenweisheit, das weißt auch du)
sie sollten eh nie den Asphalt betreten

der Himmel hat was von dem kahlen Berg
man sucht ein Denkmal, sie beten und fleh'n
von Gewalt wird, wenn's nur geht, abgeseh'n

Mensch und Tier, jeder nichtig wie ein Zwerg
der liebe Gott fand's auch kein Teufelswerk,
wie wir Klopfer dann schön im Schmortopf dreh'n

Aus: Daan de Ligt, *daandeligt.blogse.nl*

AU FOND DU VENTOUX | BARTJE HOFFMAN[51]

Unsichtbare Grillen zirpen Lieder
eine jede einzigartig für und wider
wie meiner Kette Glieder und Glieder
der Morgen atmet den Geist der Sieger
das Einzige, was fehlt nun wieder
ist die Stimme der Massen hernieder
am Fuße des Ventoux

Es ist schon tausend Mal geschehen
dass ich den kahlen Berg gesehen
doch nie hab ich den Mut gehabt
kein einz'ges Mal ist das geschehen,
immer nur Ausreden und Flehen:
ach, die Hitze und des Windes Wehen
aber nun brülle ich mir zu:
heut' musst du deinen Mann stehen!

Am Fuße des Mont Ventoux
meine Knie zittern: oje, warum du!?
ich fühl die Angst, ich geb' es zu
am Fuße des Mont Ventoux

Werd' ihn erklimmen
mit keuchenden Stimmen
werd' mich selbst vergessen
und völlig auspressen
den Körper stählen
jeden Meter zählen
und seh'n Sie mich nun an:

Bin auf dem Gipfel des Ventoux
könnt' niedersinken im Nu
den ganzen vermaledeiten Ventoux
die Knie, sie jubilieren: Juchhu!!
auf dem Gipfel des Ventoux

Stehe auf dem Mont Ventoux
bin kraftlos und leer geradezu
ich packte Mont Ventoux
ich steh' auf dem Ventoux
ich packte den Ventoux…

Kasper van Kooten

MONT VENTOUX

Dichter und Radfahrer in bunten Scharen
haben den Berg schon vor mir erklommen
So viele, die auf dem Mont Ventoux bereits waren
Und auch nach mir werden noch viele kommen

Um zu erleben, wie es ist: zu Fuß, mit dem Rad
Das fast Unmögliche anzustreben
Niemand sagt, dass es zu sein hat
Und doch, oder gerade deshalb, will man es erleben

Es ist ein Phänomen, gleichwohl alltäglich
Wie Armstrong, Jan Kal, Petrarca, Anquetil
Sterbliche wie du und wie ich
auf zwei Rädern auffahr'n gen Himmel

Doch oben ist keinem Unterschied mehr zu zollen
Talent ist auch eine Form von sehr gern wollen

Aus: Huub van der Lubbe, *Geregeld leven*

AVEZ-VOUS VU MON PÈRE?

Zum Mont Ventoux also, jenem Berg in der Radsporthistorie, der die Fantasie zweifelsohne am meisten beflügelt.

[...] Aber wir haben Glück. Gleichzeitig mit uns kommt der Frühling in der Provence an, in der Woche vor Ostern. Die Region selbst ist sich noch etwas unschlüssig. Im Schatten der Stadtmauern von Avignon hängt noch immer die winterliche Kälte und in den Hotels und Restaurants ist die Heizung weiterhin verdächtig hoch aufgedreht. Aber die Temperaturen steigen, um ein paar Grad pro Tag, das lässt sich nicht leugnen, und die Vorhersagen versprechen noch mehr.

Nach zwei Übernachtungen machen wir uns mit vollem Gepäck auf den Weg nach Malaucène, wo die eigentliche Arbeit beginnt. Bereits auf dem Weg dorthin sehen wir ständig den Mont Ventoux herausfordernd vor uns liegen, den Bergrücken, der die gesamte Provence dominiert, den schneebedeckten Gipfel, der noch weißer ist als unsere winterlichen Radfahrerbeine. Jedes Mal taucht er aus einem anderen Winkel auf, jedes Mal anders eingerahmt, so wie der Fuji gesehen von Hokusai[42].

Dort oben, auf dem Gipfel dieses Berges, wird eine wichtige Entscheidung in unserem Generationenkampf fallen.

[...] Während er hinter mir her nach Malaucène fährt, versuche ich, meine Chancen realistisch einzuschätzen; ich bin jetzt fast zweiundvierzig, Sander ist fast achtzehn. Vor vier Jahren hatte er noch Legosteine und Schlümpfe in seinen Fahrradtaschen, jetzt erkenne ich durch das dünne rote Nylon seines Rucksacks Kassetten mit *Monk meets Mulligan* und *Zappa live in New York* und Bücher von Couperus und Faulkner. *Die langen Linien der Allmählichkeit. As I Lay Dying.* Ich weigere mich, diese Worte als symbolisch anzusehen, jeder Buchtitel könnte sich in den nächsten Tagen als passend erweisen.

[...] Es ist Ostern 1985. Auf dem schneebedeckten Mont Ventoux kämpft sich ein einundvierzigjähriger Mann auf einem Rennrad nach oben. Er sitzt nun seit mehr als zwei Stunden im Sattel und die Erkenntnis, dass der Gipfel näher kommt, beflügelt ihn überhaupt nicht. Sein Herz pocht sichtbar unter seinem dünnen Trikot und er hat immer mehr Probleme, die Pedale in Bewegung zu halten. Vorbeifahrende Autofahrer rufen aufmunternd *Allez Allez*, aber immer öfter muss er für eine Minute absteigen. Er pinkelt, fummelt an seinem Fahrrad herum, isst etwas oder sucht nach einem anderen Alibi. Die Straße steigt immer noch mit zehn Prozent an. Er weiß, dass er es schaffen wird, aber er weiß auch, dass er seine Kräfte eigentlich überschätzt hat.

Oben am Berg wird sein Sohn langsam unruhig. Er hat sein Rad gegen einen Pfeiler gelehnt, seine Trainingshose, einen Pulli und eine Nylonjacke übergezogen. Es sind hier oben nur ein oder zwei Grad über null, dreiundzwanzig weniger als unten im Tal, wo sie aufgebrochen sind. Vierhundertfünfzig Meter über ihm liegt der Gipfel des Mont Ventoux unter einer dicken Schneeschicht. Der Weg nach oben ist unpassierbar, *Col Fermé* verkündet ein Schild. Skitouristen fahren entlang der tiefverschneiten Straße zu Tal, stampfen den Schnee von ihren Schuhen und bewegen sich zitternd Richtung Glühwein.

Der Junge schaut auf seine Uhr. Schon zwanzig Minuten. Es wird ihm doch nichts passiert sein…? Ein blauer Renault kommt hinauf und hält an, damit die Passagiere die Aussicht genießen können. Als der Junge ans Fenster klopft, kurbelt der Fahrer die Scheibe sofort herunter.

»Avez-vouz vu mon père?«, fragt der Junge. »Avec une moustache rouge et un cap jaune?«

»Ah, bien sûr!«, ruft der Franzose entzückt. »A moins d' un kilomètre d' ici.«

Weniger als einen Kilometer entfernt fasst der Mann gerade den Entschluss, dass er nun nicht mehr anhalten wird, ehe Mont Serein erreicht ist. Er weiß, dass er geschlagen ist, aber seltsamerweise bringt ihn diese Erkenntnis weniger aus der Fassung, als er befürchtet hat. Nächstes Jahr, denkt er. Dann nehmen wir die Strecke von Bedoin aus. Dann brechen wir morgens etwas früher auf. Ich trainiere vorher eine Woche länger. Ich packe Trockenobst und Traubenzucker ein. Ich lasse eine 38/26-Kurbel montieren. Und dann…

Aus: Jan Donkers, *Reizen maakt rijk*

Mont
Mont Ventoux
le Mont Ventoux
Montant le Mont Ventoux
En montant le Mont Ventoux
Montant le Mont Ventoux en vélo
Le Mont Ventoux en vélo, montée monotone
Le Mont Ventoux en vélo, une montée monotone
Le Mont Ventoux en vélo, une montée très monotone
Le Mont Ventoux en vélo, une montée très, très monotone
Faites-le et vous trouverez ce poème d'un dynamisme inouï
(Il y en a qui disent que c'est comme l'amour)

Aus: Nanne Nauta, *Dit is de regel*

DIE BESTEIGUNG DES MONT VENTOUX

Der italienische Schriftsteller Francesco Petrarca (1304–1374), Begründer des Humanismus und der Renaissance, verbrachte aus politischen Gründen einen großen Teil seines Lebens im Vaucluse. Im Jahr 1336 bestieg er mit seinem Bruder den Ventoux, »lediglich aus Verlangen, die namhafte Höhe des Ortes kennenzulernen«. In einem Brief an seinen Lehrmeister Francesco Dionigi berichtete er über dieses Ereignis.

Das mittelalterliche Denken und somit auch die Kunst jener Zeit waren fast ausschließlich auf die Beziehung zwischen Gott und Mensch ausgerichtet. »Niemand sah damals, was wir von Tausenden von Ansichtskarten kennen«, erläutert Rudi Fuchs, ehemaliger Direktor des Stedelijk Museum in Amsterdam. Und so wie später Albrecht Dürer (1470–1528) als einer der ersten bildenden Künstler versuchte, Landschaften so zu malen, wie sie im wirklichen Leben waren, ohne religiöse Konnotation, so gilt dieser Brief Petrarcas als erste literarische Darstellung der Schönheit der Natur selbst. Auf diese Weise wurde Petrarcas Besteigung des Mont Ventoux »zum Symbol […] für den Durchbruch einer neuen Weltsicht, in der der frühmoderne Mensch die Herrlichkeit der Landschaften der Erde zu sehen und zu genießen lernt. Hier, auf dem Gipfel des Mont Ventoux, findet in der Tat eine dramatische Begegnung zwischen Augustinus und Petrarca statt, zwischen dem Geist des Mittelalters und dem Geist der Moderne, zwischen Selbstreflexion und Expansion.«[43]

Den höchsten Berg unserer Gegend, der nicht unverdienterweise der windige genannt wird, habe ich gestern bestiegen, lediglich aus Verlangen, die namhafte Höhe des Ortes kennenzulernen.

Seit langen Jahren lag mir diese Wanderung im Sinn; denn von Jugend an bin ich in diesen Gegenden, wie du weißt, vom Schicksal, das die Dinge des Menschen umtreibt, umhergetrieben worden. Jener Berg, weit und breit sichtbar, stund mir fast allzeit vor Augen, allmählich ward mein Verlangen ungestüm, und ich schritt zur Ausführung, […].

Da ich mir aber die Wahl eines Reisegefährten überlegte, schien kaum irgendeiner meiner Freunde allseitig passend dafür. So sehr ist auch unter Nahestehenden jene genaueste Übereinstimmung des Gemütes und der Lebensweise eine seltene; [...]. Kurz und gut, endlich warb ich häusliche Hilfstruppen und eröffnete meinem jüngern Bruder, den du wohl kennst, die Sache. Dem konnte nichts fröhlicher kommen; er wünschte sich Glück, zugleich Bruders und Freundes Stelle bei mir einzunehmen.

Am bestimmten Tag zogen wir von Hause ab und kamen gegen Abend nach Maloncenes (Malausana). Dieser Ort liegt an den Abhängen des Berges gegen Norden; dort verweilten wir einen Tag, und heute endlich bestiegen wir mit etlichen dienenden Leuten den Berg, nicht ohne große Schwierigkeit, denn er ist eine steile und kaum zugängliche Masse felsigen Terrains. Aber der Dichter sagt: *Labor improbus omnia vincit.* [»Die unablässige Arbeit besiegt alles.«] Der Tag war lang, die Luft mild, die Gemüter waren entschlossen, die Körper stark und geübt im Marschieren; nur die Natur des Ortes schuf uns Hindernisse.

[...] Beim jenem ließen wir zurück, was uns an Gewändern und Gerät lästig war; gürteten und schürzten uns nun lediglich für die Bergbesteigung und stiegen wohlgemut und hitzig empor. Aber – wie es zu gehen pflegt – auf mächtige Anstrengung folgt plötzliche Ermüdung. Wir machten also nicht weit von da auf einem Felsen halt; von dort rückten wir wiederum vorwärts, aber langsamer, und ich insbesondere fing schon an, den Gebirgspfad mit bescheidenerem Schritt zu beschreiten. Mein Bruder strebte auf einem abschüssigen Pfad mitten über die Joche des Berges zur Höhe empor; ich, als weicherer Steiger, wandte mich mehr den Schluchten zu. Da er mir nun zurief und den Weg richtiger bezeichnete, erwiderte ich ihm, ich hoffe, von der andern Seite leichter emporzukommen, und scheue mich nicht vor dem Umweg, wenn er mich ebener führe. Dieser Vorwand sollte die Entschuldigung meiner Trägheit sein; aber während die andern schon hoch auf der Höhe stunden, irrte ich noch durch die Täler, ohne daß irgendwo ein sanfterer Aufweg sich auftat; nur mein Weg ward verlängert und die unnötige Arbeit erschwert. Indessen, da ich mißmutig mich meines Irrtums ärgerte, beschloß ich, geradewegs die Höhe zu erstreben, erreichte auch wirklich müd und mit zitternden Knien meinen Bruder, der sich mit langem Ausruhen erquickt hatte, und wir gingen ein Stück weit gleichen Schrittes.

Kaum aber hatten wir jene Höhe verlassen, so vergaß ich meine frühere Erfahrung und kam wieder mehr zur Tiefe hinab – und in dem ich etliche Täler durchwandelt und die leichten langen Wege einhielt, bereitete ich mir selber große Schwierigkeit, denn ich schob die Mühsal des Emporsteigens zwar hinaus, aber durch des Menschen Ingenium wird die Natur der Dinge nicht verändert, und niemals wird es möglich werden, daß einer durch Abwärtssteigen in die Höhe gelänge. Kurz, nicht ohne Lachen meines Bruders stieß mir solches während weniger Stunden drei- oder mehrmal zu. Solcherweise oft getäuscht, machte ich in einem Tale halt.

Dort, in geflügelten Gedanken von Körperlichem auf Unkörperliches übergehend, sprach ich etwa folgendes zu mir selber: »Was dir heute bei Besteigung dieses Berges so oftmals widerfahren, wisse, daß dies auch dir wie vielen andern auf dem Wege zum seligen Leben widerfährt, aber es wird darum von den Menschen nicht hoch angeschlagen, weil des Körpers Bewegungen einem jeden offenkundig sind, die der Seele aber unsichtbar und verborgen. Siehe nun, auch die Seligkeit steht auf erhabener Höhe; ein schmaler Pfad führt zu ihr hin, viele Hügel ragen dazwischen, und von Tugend zu Tugend muß mit fürsichtigen Schritten gewandelt werden.

Auf dem Gipfel ist das Ende und Ziel unsers Lebens, auf ihn ist unsere Wallfahrt gerichtet. Dorthin wollen alle gelangen, aber wie Ovid sagt: *Odero, si potero: si non, invitus amabo.* [»Das Wollen genügt nicht, du mußt dich der Sache bemächtigen.«]

Und wenn du nun entschieden empor verlangst, was hält dich zurück? Nichts anderes, als daß der Weg durch die Freuden der Erde und ihre Niederungen ein ebnerer und beim ersten Anblick zweckmäßigerer erscheint. Aber nach langem Herumirren oder unter der Last übel hinausgeschobener Arbeit bleibt dir doch nichts übrig, als grades Weges zum Gipfel der Seligkeit emporzusteigen oder aber in den Tälern deiner Sünden ermattet niederzusinken – was Gott verhüten möge, wenn Finsternis und Schatten des Todes dich dort überraschen, ewige Nacht in ewiger Qual zu verbringen.«

Diese Betrachtung richtete mich unglaublich an Geist und Körper wieder auf. Gebe Gott, daß meine Seele ihre große Reise, der sie bei Tag wie bei Nacht sich entgegen sehnt, glücklich zu Ende führe!

[…] Den obersten der Gipfel heißen die Leute im Gebirg' »das Söhnlein«, warum, weiß ich nicht, vielleicht des Gegensatzes halber, denn er schaut in Wahrheit eher wie der Vater aller benachbarten Berge aus. Auf seinem Scheitel streckt sich eine kleine Ebene, dort hielten wir ermüdet Rast.

Und da du nun vernommen, von welcherlei Sorgen der Geist des Emporsteigenden erstiegen wurde, so vernimm, ehrwürdiger Vater, auch den Rest und wende ein Stündlein auf Lesung der Erlebnisse dieses meines einen Tages. Zuerst denn, von ungewohntem Zug der Luft und dem freien Schauspiel ergriffen, stand ich wie ein Staunender; ich schaue zurück: da lagerten die Wolken zu meinen Füßen. Schon erschien mir minder fabelhaft der Athos und Olympos, da ich das, was ich von jenen gehört und gelesen hatte, an einem minder berühmten Berge erschaue. […]

Aus: *Des Francesco Petrarca Sendschreiben an den Kardinal Giovannni Colonna, die Besteigung des Mont Ventoux betreffend*
(Übersetzung: Joseph Victor von Scheffel)

DIE FAHRT AUF DEN MONT VENTOUX

An einem etwas abgelegenen Ort in Französisch-Flandern leben die Bliecks, eine Familie, die aus einer bemerkenswerten Ansammlung von Individuen besteht. Obwohl sie oft im Streit miteinander liegen, bilden sie nach außen hin einen engen Clan. Es verbindet sie eine felsenfeste Solidarität und ihre Existenz ist von primitiven Gefühlen von Hass und Liebe, Leidenschaft und versteckter Begierde bestimmt. Zwei der Söhne versuchen, dem langweiligen, harten Leben auf dem Land zu entkommen: Maurice begibt sich auf ein Abenteuer nach Paris, der jüngste Spross Georges wird Radprofi. Er ist das Idol der Familie, ein zukünftiger Champion und ein würdiger Nachfolger von Generationen zäher und legendärer »Flandriens«.

Im vergangenen Jahr hat sich Georges bei seiner ersten Tour de France wacker geschlagen. Von einem Debütanten darf man nun mal keine Wunder erwarten. Nur leider geriet der Mont Ventoux zum Drama.

Vielleicht ist Georges noch zu jung und deshalb nicht stark genug für ein kraftraubendes, langes Etappenrennen wie die Tour. Außerdem ist der Junge kein geborener Kletterer, das haben wir inzwischen gelernt.

Clovis steckt diese Rückschläge recht locker weg, er sieht einfach darüber hinweg, aber ich kann das nicht. Wochenlang habe ich mich elend gefühlt und bin richtiggehend krank darüber geworden.

Der Mont Ventoux ist ein Schurke. Er hat unseren Georges daran gehindert, auf den Champs-Élysées anzukommen, und deshalb hasse ich ihn. Sonst hätten wir alle nach Paris fahren können, um Georges bei seiner Ankunft zu feiern. Dieser dämliche Erdklumpen hat uns einen Strich durch die Rechnung gemacht.

Natürlich kann es für diese Idioten von Zuschauern nie schwer genug sein; sie sehen es gerne, wenn erschöpfte Fahrer von ihren Rädern taumeln. Sie schwärmen für den Ventoux, diesen kolossalen Herzensfresser, weil er die armen Fahrer so gnadenlos erledigt.

Selbst ein ausgewiesener Champion und Rundfahrtspezialist wie Eddy Merckx hatte seine rechte Mühe mit diesem Berg gehabt. Ich glaube, aufgrund des Sauerstoffmangels, weil die Luft dort oben dünn ist und man deshalb kaum noch atmen kann.

Und dann der arme Tom Simpson, der diesen grässlichen Anstieg zu dieser morschen Wetterstation in fast zweitausend Metern Höhe mit seinem Leben bezahlt hat. Ich finde, das ist ein sehr hoher Preis. Jetzt hat er beinahe auf dem Gipfel sein Denkmal, aber das ist schon ganz passend, mit so einem kalten Stück Stein oben an einem Felshang. Das ist genauso schlimm wie ein Grabstein auf dem Friedhof, da setzen sie auch deinen Namen drauf. Das Schlimmste ist, dass man dann tot ist.

[...] Wir reden, trinken und diskutieren unentwegt. Trinken weiter, in unserer Suche nach Trost. Schmieden allerlei Pläne und versuchen, eine Lösung zu finden. Auch diesmal wieder schließen wir die Reihen und formen einträchtig einen Block gegen die Außenwelt.

Nach einer Weile sind wir uns alle einig. Vielleicht werden es die anderen verrückt und absurd finden, aber in unseren Augen ist es ein außergewöhnlicher Plan und eine ausgezeichnete Idee. Außerdem kommt noch etwas anderes hinzu, denn es wird unsererseits eine ganz besondere und allerletzte Ehrung für unseren unglücklichen jüngsten Bruder sein...

[...] Gegen neun Uhr morgens treffen wir in Bedoin ein. Ich parke das Auto auf einem länglichen, verlassenen Platz. Gustave bettet die Decke wieder vorsichtig über Georges' Körper, um ihn vor den neugierigen Blicken möglicher rarer Passanten zu schützen.

So früh am Morgen ist das kleine Städtchen noch völlig still und menschenleer. Die Sonne scheint herrlich, als ob im April schon Sommer wäre, und ich spüre, wie sich die angenehme, wohlwollende Wärme des Südens heilsam auf meine steifen Muskeln auswirkt.

»Es ist schon neun Uhr«, sagt Gustave.

»Hast du einen Termin, Bruder?«

»Ich sterbe vor Hunger.«

Ich zeige auf das Restaurant auf der gegenüberliegenden Seite des gelben, staubigen Platzes. »Da kriegen wir bestimmt ein Frühstück.« Er nickt zustimmend, in seinen Augen liegt der Blick eines schwer misshandelten Hundes.

Wie ein alter Mann schlurft er hinter mir her auf die andere Seite des Platzes. Er ist gerade mal siebenunddreißig, drei Jahre jünger als ich, aber jeder denkt, dass er der Älteste von uns wäre.

Nach dem Frühstück beginnen wir mit dem letzten und schwierigsten Teil unserer Aufgabe: die Fahrt hinauf auf den Mont Ventoux. Ich am Steuer, Gustave neben mir und Georges, wieder von seiner Decke befreit, auf der Rückbank.

Es ist gehörig warm geworden. Rundherum liegen die Weinberge in der Frühlingssonne. Ich erinnere mich an den Geschmack, ein bisschen wild, aber lecker und kräftig.

»Gleich genehmigen wir uns eine Flasche von diesem Côtes de Mont Ventoux«, sage ich. Ich meine es gut, aber die Reaktion von Gustave ist nicht gerade helle Begeisterung.

»Wo du immer dran denkst«, sagt er vorwurfsvoll. Er schließt seinen Kragen, als ob ihm kalt wäre.

Auf dem Weg nach oben reiht sich eine Kurve an die andere. Eine verwitterte Landschaft mit Bäumen, Sträuchern, Steinen, Felsbrocken und hier und da etwas Vieh auf einer kargen Wiese mit einem verfallenen Stall.

So klettern wir höher und höher auf den Flanken dieses grausamen »Riesen der Provence«. Und nach und nach wird es tatsächlich frischer, als ob die Sonne mit zunehmender Nähe ihre Kraft verlöre.

»Fast zweitausend Meter hoch«, sage ich und weise in Richtung des noch unsichtbaren Gipfels.

»Ich weiß«, sagt Gustave düster. »Der Junge hat hier furchtbar gelitten.«

»Heute bezwingt er den Mont Ventoux mühelos«, sage ich arglos.

Oha, das kommt nicht gut an. Gustave schaut mich fragend von der Seite an. Er hält es bestimmt für einen völlig unangebrachten, zynischen Spruch von mir, aber ich meine es ernst und ich meine es gut.

»Jetzt ist es zu spät«, sagt er.

Er schüttelt sich wie ein nasser Hund. Die Geste kommt mir bekannt vor. Etwas beunruhigt ihn schrecklich und er muss es loswerden.

»Was ist los?«

»Die ganzen Gauner aus dem Peloton, die noch am Leben sind«, sagt er feindselig, »und unser Georges mit seinen goldenen Beinen, der vielversprechende neue Flandrien, der ist tot…«

Er starrt grimmig vor sich hin, aber ich bin sicher, dass er in diesen Momenten nichts sieht, er ist so intensiv mit seiner inneren Wut und seinen zornigen Gedanken beschäftigt.

Ich halte am Denkmal für Tom Simpson, dem Vorposten des höchsten Punktes, aber wir steigen nicht aus. Andächtig und bewegt schauen wir uns den Stein mit dem Bildnis des Radrennfahrers an, der hier unter so tragischen Umständen starb.

Dann fahren wir langsam weiter zum nahen Gipfel. Rundherum, verstreut auf dem runden Bergrücken, in Felsspalten und auf den Abhängen, gibt es immer noch Flecken von gräulich weißem Schnee. Hinabfließendes Wasser ist auf seinem Weg talwärts gefroren und hat nun dünne, gewundene Bäche aus Eis auf die Straße gezeichnet.

Der schroffe Gipfel des Berges, terrassenartig abgeflacht, ist karg und unfruchtbar. Der Fels ist fast weiß, gepeinigt und ausgeblichen von Wind und Wetter, vom Wechselspiel aus Sonne, Schnee und Regen.

Es gibt ein Ensemble blockförmiger, grauer Gebäude, die mysteriös und unzugänglich wie ein Gefängnis abgeschirmt sind. Der Sendemast des Fernsehens ragt noch weiter in die Höhe, wie ein bedrohlicher Finger vor dem dunkelblauen Himmel.

Ein paar Autos stehen nebeneinander aufgereiht, die Nasen zeigen in Richtung der trübseligen Gebäude. Ich parke den Mercedes ein Stück weiter, ein menschenleerer Ort mit einer beeindruckenden Aussicht über die gesamte Region. Schmale, gewundene Straßen kriechen wie lange, gestreckte Regenwürmer hinauf. In den Tälern dort unten sind die Häuser dicht zusammengerückt, als könnten sie sich auf diese Weise besser vor der rauen Gewalt dieser unwirtlichen Höhe schützen.

Gustave löst vorsichtig den Gurt, der dafür gesorgt hatte, dass Georges während der Reise an seinem Platz blieb. »Der Junge ist ganz kalt und steif, und schau nur, wie blass er plötzlich aussieht«, sagt er aufgeregt, als ob er erst jetzt zu seinem Erstaunen zu der Einsicht käme, dass Georges wirklich tot ist.

Wir steigen aus und schlendern ein wenig ziellos umher. Hier, oben auf dem Gipfel des Berges, ist es eisig kalt und windig. Eine scharfe, schneidende Brise fährt mir durch Mark und Bein. Außer uns ist kein Mensch zu sehen, alles scheint gebannt in einer fast feindseligen Atmosphäre.

Georges sitzt allein auf der Rückbank des Autos und wenn man ihn so anschaut, macht er den Eindruck, als würde er das Vaucluse und sogar die gesamte Provence in Augenschein nehmen, als würde er einfach für sich allein dort hocken und in aller Ruhe die atemberaubende Szenerie genießen.

Wir bleiben in der Nähe, stehen vielleicht zehn Meter hinter dem Auto. Eine große Niedergeschlagenheit legt sich über mich, die bedrückende Unschlüssigkeit macht mich unsicher. Es ist ein beklemmendes Gefühl. Unruhe und Unbehagen.

Plötzlich sehe ich Tränen auf Gustaves Gesicht, wie Wasser, das unvermittelt durch einen Deich sickert. Das ist das erste Mal in seinem Leben, dass er über etwas jammert, denke ich, seit seiner Kindheit bestimmt nicht mehr. Er wendet seinen Kopf zur Seite, weil er sich schämt.

»Was hast du?«, frage ich.

»Nichts«, sagt er mit erstickter Stimme.

»Du weinst doch nicht etwa, Bruder?«

Erst schüttelt er den Kopf, dann ein kurzes Zögern. »Endlich kann ich weinen«, sagt er, »hier kann mich niemand sonst sehen.«

Seine Worte schlagen mir aufs Gemüt und auch ich werde nun übermannt. Anfangs will ich dagegen ankämpfen, weil ich es für zu verrückt und zu sentimental halte, aber dann fühle ich, wie meine Augen feucht werden, sich mit Tränen füllen, die nicht länger zurückzuhalten sind, und ich wende mich ab.

Gustave und ich stehen jetzt mit den Rücken zueinander. Zwischen uns beiden gibt es eine unsichtbare, verzweifelte Kluft von drei Metern, die nicht zu überbrücken ist.

Das Gewahrwerden einer grenzenlosen, unentrinnbaren Einsamkeit. Ich, Clovis, der harte Kerl, le Chef, schrecklich allein und in Tränen aufgelöst wie ein Kind.

Ich weiß nicht, wie lange es dauert, diese quälende Situation voller Schmerz und Ratlosigkeit, die anschwellende Gewissheit des unwiderruflichen Endes. Eine unermessliche Traurigkeit erfüllt mich von Kopf bis Fuß. Eine ferne und unbeschreibliche Traurigkeit, von der ich weiß, dass sie nie vergehen wird.

»Was werden sie zu Hause sagen, Gustave?«, frage ich.

Er denkt kurz nach. Dann, ehrlich und beunruhigend zugleich: »Ach, Clovis, du weißt doch, dass wir zu Hause alle ein bisschen verrückt sind...«

Aus: Jos Vandeloo, *De beklimming van de Mont Ventoux*

JEAN DES BAUMES

In der Novelle Jean des Baumes[44] beschreibt Henry de la Madele(i)ne (1825–1887) das Leben eines Einwohners von Bedoin, Jean Gravier, kurz nach der Französischen Revolution.

Anfang des 19. Jahrhunderts. Die Revolution hat den Franzosen eine neue Staatsordnung beschert: Die Republik hat sich das päpstliche und royalistische Comtat Venaissin einverleibt. Jean Gravier wurde zu sieben Jahren Militärdienst einberufen. Er beschließt jedoch, den Dienst zu verweigern und mit den Konsequenzen zu leben. Jean des Baumes, wie er genannt wird, versteckt sich am Mont Ventoux vor den Gendarmen und lebt von dem, was der Berg zu bieten hat.

So entwickelte er sich von einer Privatperson, einem »gewöhnlichen«, eigensinnigen Bedoinais, zu einer Ikone des Widerstands der Einwohner von Bedoin und des gesamten Comtat Venaissin gegen das grausame Regiment der neuen Herrscher und die Einschränkung ihrer jahrhundertealten Freiheiten. Die Figur des Jean des Baumes ist legendär geworden und fest im kollektiven Gedächtnis der Bedoinais verankert.

Der folgende Auszug liefert ein Bild des Mont Ventoux zu Beginn des 19. Jahrhunderts. Hier und da gönnt sich der Autor jedoch ein wenig dichterische Freiheit.

Fast fünfzehn Jahre lang überlistete er immer wieder aufs Neue seine Feinde und schaffte es, wenn auch manchmal mit ein wenig Glück, seinen Verfolgern zu entkommen.

Nun muss man sagen, dass der Mont Ventoux für eine Existenz wie Jean des Baumes wie geschaffen scheint. Der Ventoux, als letzter Ausläufer der Alpen allmählich auf fast 2.000 Meter über dem Meeresspiegel ansteigend, sieht aus wie ein riesiger abgeflachter Kegel. So weit das Auge reicht, vom Fuße des Berges bis zum Gipfel, vierzig- oder fünfzigtausend Hektar trostloser Nacktheit und blanker Fels: eine tödliche, freudlose Einöde. Weite Schluchten durchschneiden die ausgedehnten Berghänge. Auf dem Weg hinab in die Ebene formen sie tiefe Gräben, in denen für kurze Zeit saftiges Gras für die Schafe wächst. Nirgendwo eine Spur von Besiedlung, nur hier und da ein Schafstall aus gestapelten Steinen als primitiver Schutz für die Hirten und ihre Herden.

Es ist fast unvorstellbar, aber kaum ein Jahrhundert zuvor war diese endlose Trostlosigkeit bedeckt von majestätischen Buchen und Eichen, von Lärchen und Kiefern. Zu dieser Zeit gab es noch Hochwild in großer Zahl in den unzugänglichen Wäldern. Heute lassen allein noch in der Nachbarschaft von Sault und Revez ein paar verstreute Baumbüschel erahnen, wie schön es hier einst war. Und mit den Wäldern sind auch die Steinböcke, Rehe und Wildschweine so gut wie verschwunden. Die blinde Zerstörungswut, die fast überall unvermeidlich zur Revolution dazuzugehören scheint, hat sie aus den Bergen verjagt; lediglich Füchse, Wölfe und Marder sind dort noch anzutreffen.

Das Niederwild, in der Ebene fast vollständig ausgerottet, findet auf dem Mont Ventoux eine letzte Zuflucht. Es gibt Brutkolonien von Rothühnern und Regenpfeifern, und die Wachteln ruhen sich dort gerne auf ihrer Wanderung aus. Unzählige Kaninchen, kurz und breit, fressen sich am Thymian kugelrund. Und dann ist da noch der Hase, weltweit unvergleichlich im Geschmack. Nicht umsonst steht der Ventoux-Hase oft auf der Speisekarte der Feinschmecker.

Jean des Baumes, Wilderer und Kriegsdienstverweigerer, jemand, der deshalb immer auf der Hut sein musste, konnte sich keine bessere Lebensumgebung wünschen. Er wurde von den Bewohnern der umliegenden Dörfer geliebt und von ihnen für seine Rechtschaffenheit hoch verehrt. Wenn er zum Beispiel einen Steinbock geschossen hatte, gab es immer jemanden, der bereit war, das Tier für ihn auf dem Markt zu verkaufen. Und wenn unerwartet ein Gendarm in der Nähe eines Dorfes oder eines Bauernhofes auftauchte, dann echote sofort eine Warnung über die Hänge. Jeder, der den Schrei hörte, übernahm ihn und gab ihn weiter, sodass Jean schon von weitem vor seinen Feinden gewarnt wurde. Wenn er mit dem vereinbarten Zeichen klopfte, öffneten sich nachts alle Türen für ihn. Und bei zahlreichen Scheunen wusste er, wo der Schlüssel lag, sodass er immer einkehren konnte, als wäre es seine eigene Scheune.

Sonntags besuchte er gewöhnlich das Hochamt in einem der Dörfer. An allen Zufahrtswegen hielten Kinder Ausschau; sie sorgten dafür, dass der rechtschaffene Jean in aller Freiheit seinen religiösen Pflichten nachkommen konnte. Und sollte er einmal, aus Vorsicht oder aus einem anderen Grund, in den Bergen bleiben, so konnten die Gläubigen sicher sein, dass er beim Läuten der Glocken niederknien und mit ihnen in der Kirche sein würde. Dann folgte er der »Bergmesse«, wie er es nannte.

Nach Jahren des Umherziehens auf den Flanken des Ventoux, immer und überall auf der Hut vor »les bleus«, den Gendarmen, trifft Jean des Baumes die schöne Félise. Diese Begegnung mit seiner großen Liebe gibt seinem Leben eine dramatische Wen-

dung, in der der Mont Ventoux eine wichtige Rolle spielt. Am Ende werden nicht »les bleus« zu seinem Untergang, sondern der Berg.

Der letzte Winter rund um den Mont Ventoux war, wie jeder sich noch gut erinnern kann, außerordentlich hart. Anfang November legte sich der Schnee wie ein riesiges Leichentuch über den Ventoux und blieb, sehr ungewöhnlich, bis zum Frühlingsanfang liegen, ohne zu schmelzen. Bereits im Herbst schien Jean vom Erdboden verschwunden zu sein und der Winter verging, ohne dass es ein Lebenszeichen von ihm gab.

Die ersten Hirten, die sich nach dem Winter in die Berge wagten, fanden am Fuße der Combe[45] de Curnier einen formlosen Haufen: einige menschliche Knochen und ein paar Kleidungsreste. Daneben stand eine doppelläufige Schrotflinte, die noch geladen war, und etwas weiter fanden sie eine große Menge Schießpulver. Sie erkannten das Gewehr als das von Jean des Baumes wieder und es wurde allgemein angenommen, dass der arme Kerl vom Schnee überrascht und leider zur Beute der Wölfe geworden war. Der Priester ließ seine sterblichen Überreste sorgfältig einsammeln und gab ihnen ein christliches Begräbnis in der Clapier[46] de la Morte, neben den Gebeinen von Félise.

Aus: Henry de la Madele(i)ne, *Jean des Baumes*, in: *Les Fonds Perdus*

MÜDE

Ich brauche dringend Urlaub. Nicht so sehr wegen einer zermürbenden Theatersaison, nicht so sehr wegen einer großen Anzahl von Kolumnen (ist der Plural davon etwa Coli oder ist das doch eher ein Bakterium, das sich in der Magengegend rumtreibt und schon so manchen Urlaub in sonnigen Gefilden anders als geplant verlaufen ließ?), also vor allem Kolumnen rund um die Fußball-Europameisterschaft, nicht so sehr wegen eines intensiven Trainingsplans auch, der mich im September und Oktober wieder wie ein junges Bübchen von siebenunddreißig über des Herren Wege eilen ließ, nein, auch nicht einmal wegen der Erziehung zweier Kinder beiderlei Geschlechts, die mühelos von den ersten Zähnen in die Frühpubertät durchstarten, nein, ich bin einfach nur müde.

Außerdem, ich habe den Mont Ventoux erklommen, auch das noch. Nicht letzte Woche übrigens, eher vor ein paar Jahren, aber als ich am vergangenen Donnerstag die großen (und dürren) Jungs diesen mächtigen Pickel in Angriff nehmen sah, kam alles wieder hoch: der Berg, das Leiden, die Vorgeschichte, das Geschehen danach und die Erschöpfung. Scheinbar.

Es war Sommer 1995, eine Zeit, in der die Sommer noch richtige Sommer waren – obwohl Monique Somers sagt, wir sollten uns nicht über den Sommer beklagen, denn er war schon da und er kommt schon noch, und was wir jetzt haben, sei doch Sommer, zumindest gewissermaßen –, es herrschte also gutes Wetter. Vor allem in Südfrankreich. Wo der Mont Ventoux sich befindet. Ich war dort mit einem Rennrad und zwei Freunden, die glücklicherweise auch einen solchen Boliden dabeihatten. Vor unserer Abreise sprach ich mit einigen Leuten über unsere Reise in den Süden und das Radfahren dort und mehrere Leute sagten mir wortwörtlich: »Du willst doch nicht etwa den Mont Ventoux hinauffahren, oder?« Menschen, die nicht wirklich im Radsport zu Hause sind, normale Menschen, die sich vielleicht für meine Gesundheit interessieren. Ich fing an, mir ein wenig Sorgen wegen dieses Berges zu machen, zumal ich keine große Erfahrung als Radfahrer besaß und noch nie zuvor einen Berg bezwungen hatte. Ich kannte den Namen des Berges aus der ruhmreichen

Tour-de-France-Historie. Der Galibier, der Aubisque, der Mont Ventoux. Alpe d'Huez schien mir ein eher holländischer Berg zu sein, mit Spruchbändern und Kirmes, mit Smeets und Nelissen; der Mont Ventoux, das war für mich eher Tommy Simpson, der an den Flanken des Berges stirbt und kein Grill in der Nähe.

An den beiden Tagen vor DEM ANSTIEG erkundeten wir ein bisschen mit den Rädern die Umgebung, gewöhnten uns ein wenig an die Wärme und an den Sattel unterm Hintern und an das Trinken aus dem Bidon, wir sprachen viel über DEN ANSTIEG und über Steigungsprozente und Distanzen und natürlich über schöne Frauen. Und wo wir auch fuhren, immer sah man, zur Linken oder zur Rechten oder genau vor sich, in der Nähe oder in der Ferne, diesen weißen Berg. Am Tag vor DEM ANSTIEG unternahmen wir eine kleine Kletterpartie, knapp zehn Kilometer, und es stellte sich heraus, dass ich das Ganze offenbar ganz gut hinbekam. Oder meine Kumpels schonten sich nur. Nach zehn Kilometern bergauf wartete ich eine Viertelstunde auf sie, woraufhin H. begann, sich für den nächsten Tag abzusichern, und K. sagte, sein Ziel sei nur noch, irgendwie nach oben zu kommen. Die Zeit spiele keine Rolle. Jaja, natürlich.

Am Abend vor DEM ANSTIEG hatte ich ein Gefühl wie vor einem Marathon, verspürte wohl durchaus eine gewisse Vorfreude, aber auch eine Menge Aufregung, und für beides ist das beste Gegenmittel viel zu essen. Am Morgen frühstückten wir noch einmal und füllten die Wasserflaschen, ich klebte in Triathlon-Manier noch ein paar Bananen an mein Rad und dann machten wir uns auf den Weg. Eine Banane konnte ich gleich wieder abreißen, weil sie die Hinterradbremse blockierte, eine weitere Banane verlor ich auf der flachen Anfahrt zum Berg, aber es zählte die Idee.

Im dem Dorf etwa fünf Kilometer vom Fuße des Berges entfernt gibt es eine Startlinie auf der Straße, dort wurden die letzten Schlucke getrunken, die Blasen geleert, die Gebete gesprochen, die Absprachen getroffen (Wir sehen uns oben. Oder unterwegs. Oder im Hotel. Wir rufen an!) und die Uhren gestartet. Ich beschloss, »mein eigenes Tempo« zu fahren, weil ich so schnell wie möglich fertig sein wollte. Oder vielmehr wollte ich so schnell wie möglich endlich loslegen: Nach fünf flachen Kilometern biegt man links ab, in den Wald, und dann beginnt der Anstieg, pardon, DER ANSTIEG und hört leider nicht mehr auf.

Ich bin kein Radfahrer, das schrieb ich vergangene Woche schon, und ich habe den Fahrstil, der dazu passt: Ich fahre ein paar Tritte im Stehen, dann setze ich mich wieder hin, ich benutze ein Stückchen meinen Triathlon-Lenker, ich trinke in den Kurven, ich fahre im zweitkleinsten Gang, damit ich zur Not immer noch runterschalten kann, wirklich, ich mache alles Mögliche, aber ich finde es herrlich.

Ich fand es herrlich, denn ich mag die Art von Anstrengungen, bei denen man das Gefühl hat, dass man jeden Moment umkippen wird, aber doch weiß, dass man seine Kräfte gut eingeteilt hat. Bei denen man weiß, dass man es so gerade eben schaffen wird (auf den Gipfel, das veranschlagte Tempo während einer langen Trainingsfahrt durchhalten, den Marathon), aber dass es knapp ist. Ich mag es »auf der Kippe«.

Ich überhole insgesamt etwa acht Rennradfahrer, die Hälfte davon ernsthafte Radsportler, die andere Hälfte Touristen. Mir ist nicht klar, worunter ich selbst falle. Jeder kommt nach oben, es sei denn, man schafft es nicht. Ich für meinen Teil möchte es schaffen und zwar so schnell wie möglich. Es gibt keinen Moment der Erholung, es gibt keine flache Passage und wenn man aus dem Wald herauskommt, beginnt das echte, das richtige Klettern: eine nackte Asphaltstraße, die an einem strahlend weißen Berg klebt. Manchmal scheine ich geradezu leicht voranzukommen, eine Kehre später weiß ich, dass es am Rückenwind lag. Ich sehe den Gipfel, aber komme ihm nicht näher, ich sehe zuweilen das Denkmal für Tommy Simpson, will aber nicht an ihn denken. Ich will den Mont Ventoux bezwingen!

Nach etwa 80 Minuten fahre ich auf einmal an besagtem Denkmal vorüber und bin auf dem letzten Kilometer. Noch vier oder fünf Kehren, ich weiß es nicht. Ich höre den Jubel und den Rennsprecher in der Ferne, ich höre Smeets und Nelissen (sowieso), sie reden über meine schwere Jugend und mein Durchsetzungsvermögen und meine Frau daheim in Amsterdam, ich sehe zwei Wanderer vor mir auf der Straße, sie werden die einzigen wirklichen Zeugen meiner Leistung sein, ich will mit flüssigem Tritt an ihnen vorüberklettern, und das ist vielleicht der Grund, warum mein Fuß genau dort, etwa 400 Meter vom Gipfel entfernt, aus dem Pedal rutscht. Nur mit Mühe bleibe ich aufrecht und behalte mein Tempo. Zumindest bleibe ich nicht stehen und stürze nicht. Ich erreiche den Gipfel nach einer Stunde und 26 Minuten. Ich habe keine Ahnung, ob das sehr schlecht ist oder vielleicht auch gar nicht mal so übel, aber ich konnte an diesem Tag wirklich nicht schneller fahren. Und meine Kumpels kamen locker eine halbe Stunde und fast eine Stunde später oben an. Aber die beiden hatten ihre Kräfte wahrscheinlich für das Sieben-Gänge-Zwei-Sterne-Radsportdinner am Abend aufgespart…

Aus: Dolf Jansen, *Een stopnaald in maillot*

KAHLER BERG

Armstrong und der Mond. Pantani und das Drama. Unzertrennlich miteinander verbunden. Faszinierend bis zur letzten Faser, wie der amerikanische Ex-Krebspatient und der italienische Pirat zusammen die gesamte Konkurrenz in Grund und Boden fuhren. Mit, wohlgemerkt, gar nicht mal riesigen Zeitabständen, aber jede halbe Minute war wie eine rechte Gerade von Mike Tyson in seinen großen Tagen.

Es traf die Beteiligten mit voller Wucht, und in ihrem seelenlosen Galopp nach oben lernten die meisten von ihnen ihre Grenzen kennen, und von Minute zu Minute wuchs das Bewusstsein, dass der Ventoux vielleicht tatsächlich nur alle paar Jahre in den Streckenplan von La Grande Boucle aufgenommen werden sollte.

Der Ventoux muss seine mystische Wirkung behalten, ein Radrennfahrer darf einmal, höchstens zweimal in seinem Tour-Leben die Chance haben, diesen Berg zu bezwingen. Große und bedeutende Vertreter der Zunft können vielleicht drei- oder viermal versuchen, es mit ihm aufzunehmen; mehr ist nicht erlaubt.

Dieser von Gott verlassene Berg, überflutet von Verrückten, Fremden, Idioten, Freaks, Wagemutigen, Abenteurern und Narren, wurde zum dreizehnten Mal in der Geschichte der Tour »genommen«. Nun aber wieder ein paar Jahre nicht mehr, würde ich sagen. Wartet auf die nächste Rennfahrergeneration.

Lasst den Mythos weiter Bestand haben, lasst den Ventoux seine zerstörerische Wirkung auf die Menschheit behalten. Sollen doch all die Hunderttausenden, die sich in ihrer Freizeit in einem fast erstarrten Versuch des persönlichen Triumphes ihre Seele aus dem Leib fahren, auf ihren schlanken Rädern die breit asphaltierte Straße hinaufkriechen. In ihrer Nichtigkeit sind sie groß, in ihren Versuchen verzweifelt und töricht. Der Ventoux gibt niemals nach. Der Ventoux zerstört einen Menschen, auch wenn dieser es nach oben schafft. Auf welche Weise auch immer. Mit dem Fahrrad, zu Fuß oder mit dem Auto. Irgendetwas passiert dabei mit einem Menschen. Man wird ein anderer.

Aus: Mart Smeets, *Oranje boven! een jaar sport*

DAS ZUCKERBROT

[...] So saß ich dort klagend zwischen den steinernen Bruchstücken. An diesem Tag hatte ich den Mont Ventoux erklommen und daran musste ich denken.

Die extreme Hitze nicht mitgerechnet, war die Etappe von Gap nach Carpentras gar nicht mal so schwer. Einzig und allein der Ventoux war zu bezwingen. Und eigentlich stand ich, trotz der tags zuvor erlittenen Havarie, in leicht aufgeregter Stimmung an der Startlinie in Gap. »Das Zuckerbrot« hatte ich niemals zuvor erklommen. Ein Radrennfahrer ohne Ventoux in den Beinen war kein richtiger Radrennfahrer. Denn wer Ventoux sagt, sagt Tommy. Ich meine natürlich Tom Simpson, der sich bei der Tour '67 auf dem Berg buchstäblich zu Tode gefahren hat. Es hieß, dass ihn eine fatale Kombination aus sengender Hitze, sauerstoffarmer Atmosphäre, Erschöpfung, einer Dosis Amphetamine, etwas Cognac und einer an Wahnsinn grenzenden Willenskraft umgebracht hat.

Der Name Simpson tauchte und taucht noch regelmäßig in Artikeln und Büchern auf. In Gedichten sogar. Simpson ist nicht anonym gestorben. Nach seinem Tod wurde mit den Anti-Dopingkontrollen Ernst gemacht. An der Stelle, an der er niederstürzte, wurde später ein Gedenkstein errichtet. Und eigentlich startete ich als Wallfahrer in diese Etappe. Ich wollte das Denkmal sehen.

Eine vierstündige Schlenderpartie brachte ein komplettes Peloton zum Fuß des Mont Ventoux. Südseite – die schwierige Seite, Simpsons Seite. Das Rennen kam sofort in Fahrt. Es war vorbei mit der Lustlosigkeit.

Steil war er und lang, dieser Ventoux! Durch einen Wald schlängelte sich ein Weg in die Höhe. Keine Haarnadelkurven. Das Peloton schrumpfte natürlich schnell. Am hinteren Ende bröckelte es auseinander. Ich fasse mich kurz: Nach drei Kilometern Kletterei musste ich abreißen lassen, heftig schwitzend. Das Wasser lief nur so von mir runter.

Beim Chalet Reynard hörte der Wald auf und mit dem Wald zugleich auch jegliche andere Form von Vegetation. Kein Grashalm mehr, nichts war da. Nur ein paar weiße Steine, die Sonne und der Himmel. Stieg die Straße an? Es war nicht zu sehen, wohl aber zu fühlen. Ein Blick zwischen meine Waden lehrte mich, dass die Kette auf dem allergrößten Ritzel lag, der allerkleinste Gang war also bereits aufgelegt. Und die Straße stieg an. Mit dem Reglement nahm ich es auch nicht mehr so genau. Ab und zu ergriff ich die Türklinke eines beliebigen, langsam vorbeifahrenden Teamfahrzeugs. Kurz verschnaufen, kurz versuchen, mich wieder ein bisschen zu sammeln. Dies war also die Mondlandschaft, die Simpson das Genick gebrochen hatte.

Der Film, der Schwarzweißfilm, den ich im Laufe der Jahre mindestens zwanzig Mal gesehen hatte, lief vor meinem geistigen Auge ab. Tommy im Zickzack durch eine unwirtliche Mondlandschaft. Er fällt um. Ein paar Kerle eilen hinzu. Sie helfen ihm auf, setzen ihn wieder auf sein Rennrad und schieben ihn an. Nächste Szene: Tommy liegt auf dem Boden. Jemand verabreicht ihm eine Herzmassage, jemand anderes versucht es mit Mund-zu-Mund-Beatmung. Das harte Sonnenlicht sorgt für scharfe Kontraste.

Ich ergriff wieder einmal eine Türklinke. Als Simpson starb, war ich zehn. Wie viele Minuten war ich eigentlich von der Spitze des Rennens entfernt? Anhand der Blässe der mich umgebenden Köpfe schätzte ich meinen Rückstand auf sieben bis neun Minuten. Ein anderer Film, ein nicht-öffentlicher, lief ab.

[…] Der Ventoux kennt kein Erbarmen. Der Ventoux fordert den Radrennfahrer, selbst wenn sich dieser zehn Minuten hinter der Spitze eingenistet hat.

Das Denkmal konnte nicht mehr weit sein. Die Steinwüste war unüberschaubar. Ich stampfte weiter voran und ertrug mein Leid. Und verdammt, durch die Anstrengung ausgezehrt, entging es mir beinahe! Erst als ich mich über die rechte Schulter umblickte, sah ich den Gedenkstein. Ein Grüppchen von Radsportfanatikern stand in Radhosen und mit nackten Bäuchen davor. Durch ihre Beine hindurch sah ich frische und braun vertrocknete Blumen daliegen. Auch Rennhandschuhe und Bidons waren geopfert worden. Eine Mütze, um sie abzunehmen, hatte ich nicht. Diese lag irgendwo weiter unten am Straßenrand. Ich nahm einen Schluck Wasser und sah mich noch einmal um. Das Denkmal lag fünfzig Meter hinter mir. Widerwille stieg in mir hoch. Warum nur empfand ich das Sterben im Rennsattel plötzlich als den unglücklichsten Tod, den man sich denken konnte? Ich erwies hinterher noch meine Ehre, den Blick starr nach vorne gerichtet. Die rechte Hand vom Lenker genommen, Arm leicht seitwärts herunterhängend, Handfläche nach hinten gedreht. Finger spreizen, Finger schließen, Tommy.

Nachdem ich die Sternwarte auf dem Gipfel erreicht hatte, fuhr ich hinab. Tollkühn, als sei der Sieg noch zu holen und eine Rückkehr an die Spitze des Rennens noch möglich.

Aus: Peter Winnen, *Post aus Alpe d'Huez*
(Übersetzung: Christoph Bönig)

NEBEL AUF DEM VENTOUX

Ein Mensch kann sich aus vielerlei Gründen aufmachen zum Mont Ventoux. Für Wilfried de Jong war der Anlass sein 50. Geburtstag. »Diese Klettertour war mein Geschenk an mich selbst. Ich wurde fünfzig. So etwas musste man gebührend feiern. Ohne Torte, ohne Besuch. Auf einem Fahrrad.«

Und so findet er sich erneut auf dem kahlen Berg wieder: Nebel, Rotz, Schmerz, Keuchen, Stampfen, Simpson, Kämpfen und die Stimme von Sohn Sonny aus dem Begleitfahrzeug: »Du schaffst es schon, Papa!«

Ein Zwischenfall mit dem Auto veranlasst den Ich-Erzähler, anzuhalten, um seinen Begleitern zu helfen. Das ist natürlich schade, aber: »Alles war gut. Nächstes Jahr würde ich wieder auf den Mont Ventoux hinauffahren, beschloss ich. Dann ohne anzuhalten.«

Ich fuhr wieder. Es ging leichter als vor dem Absteigen. Es war, als hätte ich zwei frische Beine unter den Leib montiert bekommen. Als hätte ein Masseur mir die Müdigkeit und den Schrecken aus den Knochen herausgeknetet.

Ich musste etwas essen. In der Rückentasche meines Trikots steckte ein Beutel mit Flüssignahrung. Als ich mit der Linken danach suchte, trafen meine Fingerspitzen auf ein rundes Stück Metall. Der Glücksmagnet. Mit einem Bild des Schutzheiligen Christophorus. Kurz vor dem Wochenende hatte ich das Ding auf Anraten Sonnys von dem Stahlaschenbecher in meinem alten Mercedes abgenommen. »Bringt Glück«, hatte er gesagt.

Mit den Zähnen riss ich den Beutel auf und sog den Inhalt in mich hinein. Ein Gel mit bitterem Koffeingeschmack. Den leeren Beutel stopfte ich zurück in die Trikottasche. Ich nahm noch ein paar Schlucke aus meiner vorderen Trinkflasche. Leer.

Der Weg war hier weniger steil. Ich konnte sogar noch ein paar Gänge höherschalten. Das Grün wurde immer weniger, bald kam ich über die Baumgrenze hinaus. Nach einer weiten Kurve sah ich in der Ferne ein Restaurant liegen. Das musste das Chalet Reynard sein. Es sah geschlossen aus. Sie hatten die Straße verbreitert, um den Restaurantbesuchern einen Parkplatz bieten zu können.

Hier, außerhalb des Waldes, traf der Wind auf keinen Widerstand mehr. Es wurde kälter. Ich zog meine Armlinge hoch bis zu den Achseln. Etwa hundert Meter weiter fing die Tour durch die Mondlandschaft an.

Die Straße führte jetzt wieder schräg nach oben. Noch sechs Kilometer klettern.

Die berühmten schwarz-gelben Markierungspfosten an der Talseite der Straße glitten an mir vorbei. Hörte ich den Motor des Renault hinter mir? Ich schaute mich um. Benny saß hinter dem Steuer, immer noch mit diesem unruhigen Blick in den Augen. Er fuhr ein Stück vor, sodass wir auf gleicher Höhe waren. Sonny ließ sein Fenster herunter und streckte den Kopf nach draußen. Er hatte ganz rote Wangen.

»Auf den letzten Kilometern sind es elf Prozent, Papa«, sagte er.

Nebelschwaden wehten mir entgegen. Ich keuchte. Ging aus dem Sattel. Setzte mich wieder. Fuhr wieder im Stehen. Es war ein Ankämpfen gegen den heftigen Wind. Allmählich wurde es neblig. Benny machte die Scheinwerfer an. Durch Sonnys offenes Autofenster hörte ich ihn mit Rob sprechen. »Lebensgefährlich. Ich kann fast nichts mehr sehen.«

Es wurde immer dunkler. Verrückt. Es war erst halb vier nachmittags, aber es kam mir vor, als würde ich in die Nacht hineinfahren. Man hatte gerade noch zwanzig Meter Sicht.

Das Auto ließ sich zurückfallen.

»Du schaffst es schon, Papa«, hörte ich Sonny sagen. Dann verklang das Motorgeräusch nach und nach. Ich hörte nur noch das Sausen des Windes und mein eigenes Keuchen.

Das 29er kam mir wieder in den Sinn. Weg damit. Oder nein. Es einfach tun. In einen leichteren Gang schalten. Was scherte es mich noch? Die Kette sprang auf das größte Ritzel. Das war mein leichtester Gang. Es half. Ein bisschen.

Ich nahm den zweiten Beutel Gel aus meiner Trikottasche. Ich spritzte mir den Inhalt in den Mund, bis der Beutel leer war, und musste sofort würgen. Eigentlich sollte man in dieser Höhe nur noch auf Wasser und Luft fahren. Mitten in diesem kahlen Meer von Steinen musste das reichen. Ich spuckte die Hälfte des Gels auf den Boden und nahm stattdessen ein paar große Schlucke aus meiner zweiten Trinkflasche.

Eine Aussicht hatte ich nicht. Ich beschwor vor meinem inneren Auge die Ansicht eines sommerlichen Mont Ventoux herauf, wie ich sie in einem Kartenständer in Bédoin gesehen hatte: ein Mann mit kurzer Hose und Bergschuhen, der durch sein Fernglas ins Tal hinabschaute, wo in bescheidener Schlichtheit der Kirchturm eines Dorfes emporragte. Schotteriges Geröll im Vordergrund. *Bienvenue à La Provence.*

Die Sicht nahm ab, auf etwa zehn Meter. Höchstens. Wie weit war es noch? Moment. Die Kilometeranzeige stimmte ja nicht mehr. Das doppelt gefahrene Stück musste ich abziehen.

Ich schnappte nach Luft. Die Luft enthielt hier oben weniger Sauerstoff. Es hatte schon Profis gegeben, die, nachdem sie den Gipfel erreicht hatten, beatmet werden mussten. Meine Räder schienen manisch kleine Runden in einem mit Helium gefüllten Riesenballon zu drehen.

In meinem Rücken hörte ich ein Auto. Ich schaute mich um und sah zwei altmodische Scheinwerfer mit gelbem Licht näher kommen. Ein Citroën aus den sechziger Jahren tuckerte im Schneckentempo durch den Nebel hinauf.

Hinter der beschlagenen Windschutzscheibe sah ich einen Mann, der förmlich die Nase ans Fenster drückte. Er trug ein weißes Radtrikot mit kurzen Ärmeln. Ich starrte wieder geradeaus vor mich. Wo genau war ich in dieser Mondlandschaft?

Der Citroën hupte. Die Hupe klang blechern. Das Licht der Scheinwerfer fiel auf meine angespannten Waden. Ich schaute mich wieder um. Der Mann am Steuer schwitzte wie ein Schwein. Mit der Frontseite einer alten *L'Équipe* – der rote Titelschriftzug war deutlich zu erkennen – wischte er das Kondenswasser von der Innenseite der Windschutzscheibe. Er erinnerte mich an Tommy Simpson. Eingefallene Augen in einem schmalen Gesicht. Die Radmütze falsch herum auf dem Kopf.

Die vordere Stoßstange stieß an mein Hinterrad. Ich erschrak und wäre fast umgefallen. Aus dem Sattel gekippt. Gleichgewicht. Die Scheinwerfer machten einen vagen Schatten auf dem Asphalt aus mir. Ein idiotischer Anblick. Ich sah meinen langgezogenen Körper im Nebel hin und her schwanken. Der Kopf verschwand weiter vorn in den weißen Schwaden. Mir hing ein Tropfen an der Nase, von dem ich nicht wusste, ob es Rotz oder Nebel war.

Der Mann lehnte sich aus dem Fenster. Er konnte seinen Hals unendlich lang ausfahren und brachte seinen Mund ganz dicht an mein Ohr.

»Please, put me back on my bike. Put me back on my bike«, flüsterte er.

Er hatte eine Alkoholfahne.

»Geht nicht«, sagte ich, nach Luft schnappend.

Der Motor des Citroën knallte. Er lief auf absurd hohen Touren. Trotzdem überholte das Auto mich nicht, obwohl ich nur noch acht Stundenkilometer fuhr.

Wir irrlichterten über den Asphalt, er in seinem alten Auto, ich auf dem Rad.

»Wie weit?«, fragte ich.

Der Mann schüttelte seinen verschwitzten Kopf.

Links musste sich der Abhang befinden. Rechts sah ich ein paar Fußbreit der fahlgelben Steinmasse. Wie schön. Wie hässlich. Mein Leben reduzierte sich auf zwei drehende Pedale.

Der Citroën hinter mir stotterte und blieb dann liegen. Der Motor setzte aus.

»Please«, meinte ich noch ein letztes Mal zu hören, »please, put me back on my bike …« Die Stimme erstarb. Es wurde still.

Ich schaute zur Seite. Durch den Nebel sah ich einen Schemen auf den Knien ein paar steinerne Stufen erklimmen. Sie waren übersät mit Trinkflaschen, Bierdosen und Vespertüten. Es lagen auch Fotos und handschriftliche Zettel daneben. »Miss you, Tom«, stand auf einem großen Stück Karton, das im nächsten Augenblick vom Wind erfasst wurde. Und weg war es.

Der Schemen kroch über die Stufen zu einem Sockel, auf dem eine Marmorplatte thronte. In den Marmor war das Bild eines Radrennfahrers eingefräst. Das Denkmal glänzte im Nebel. Der Schemen wollte sich an dem Bild hochziehen, aber ihm fehlte die Kraft. Er rutschte mit den Schuhen ab.

Aus vollen Lungen schrie ich es hinaus. Durch die Nebeldecke wurde mein Schrei weiter getragen, als ich gedacht hätte.

»Tommy!«

Es gab keinen Nachhall, kein Echo. Ich hob die geballte Faust zu der Marmorplatte. Um Simpson und mir selbst Mut zu machen.

Verdammt, Tom. Nimm noch einen Schluck aus meiner Trinkflasche. Schluck zur Not eine Pille. Alle sind irgendwann mal an dem Punkt. Komm, wir fahren zusammen weiter. Ich lasse dich nicht im Stich. Ich halte dich aus dem Wind. Oben steht deine Frau, mit belegten Broten und warmem Tee. Wir sind fast da.

Das Bild verschwand im Nebel. Ich spuckte auf den Boden.

Höhenluft machte irre.

Ich ließ Tommy zurück. Fuhr allein weiter. Solo. Kein größeres Ritzel mehr in der Hinterhand. Ich fuhr einen Schlenker nach rechts. Schwerer Druck auf den Beinen. 29 Zähne bissen jetzt in die Kette. Kauen. Spucken. Noch einmal kauen. Ziehen. Keuchen.

Ich wusste es. Sonny hatte es noch gesagt. »Elf Prozent, Pap.« Sonny. Wo war Sonny?

Dies war die letzte Kurve vor dem Gipfel. Ich stand in den Pedalen. Sturm.

Nicht der kleinste Streifen Landschaft war zu sehen. Alles weiß vom Nebel.

Weiterfahren. Irgendwo hörte der Berg auf. Irgendwo war das Ziel. Elf Prozent. Ein Prozent mehr als zehn. Zwei mehr als neun. Ich musste weitertreten.

Hey, jetzt ging es leichter. Und noch ein bisschen leichter. War das der Gipfel? Die Pedale drehten sich schneller. Es war der Gipfel. Ich bremste erst, als ich sicher war, dass es nicht weiter bergauf ging. Nach einundzwanzig Kilometern Klettern stand ich auf dem Mont Ventoux. In fast zwei Kilometern Höhe. Ich stieg ab.

Ein peitschender, kalter Wind. Die Natur schwenkte ihr Zepter.

Jetzt kam auch der Renault an. Benny stellte den Motor ab. Sonny stieg aus und kam zu mir gelaufen. Er hatte keine Augen mehr, nur beschlagene Brillengläser. Und doch sah er fröhlich aus.

»Durch den Nebel konnten wir dich am Ende gar nicht mehr sehen«, sagte er.

Ich lehnte mein Rad an eine kleine Mauer, hinter der sich eine unermessliche Tiefe erstrecken musste. Dann hob ich meinen Sohn hoch. Labte mich an der Wärme seines kleinen Körpers.

»Was war deine Zeit?«

»Ungefähr zwei Stunden«, antwortete ich.

»Davon kannst du sieben Minuten abziehen, wegen des Unfalls. Hab' ich ausgerechnet mit meiner Stoppuhr.«

»Schön«, sagte ich.

Ach, die Zeit. Es gab hier oben keine Zeit. Zeit hatte hier keine Bedeutung. Alles, was ich wollte, war, diesen Körper voller Lebensenergie ganz fest an mich zu drücken.

»Du hast es geschafft, Pap.«

»Ja, gut, oder?«

»Mit Zwischenhalt«, sagte Sonny trocken.

Ich setzte ihn auf den Boden.

Am Rande des Gipfels, von dem aus man bei klarem Wetter einen weiten Ausblick über die Landschaft der Provence hatte, stand ein Stahlpfosten mit einem Schild. *Sommet du Mont Ventoux 1910 m.*

Das war's dann also. Mein fünfzigster Geburtstag auf einem Berg ohne Aussicht. Zu viel Wind für Geburtstagskerzen. Ich gehörte jetzt also auch zu dem Club der alten Männer, die allen körperlichen Einschränkungen zum Trotz den Mont Ventoux bezwungen hatten. »Glückwunsch, altes Haus«, sagte ich zu mir selbst.

Ich schaute zu Sonny. Er schlotterte.

»Ist dir kalt?«

»Ein bisschen.«

Ich machte den obersten Knopf seiner Jacke zu. Selbst zog ich die Windjacke über, die Rob mir zuwarf.

»Lass uns wieder runterfahren«, sagte ich.

Ich auf dem Fahrrad, Sonny in meinem Kielsog im Mietwagen.

In der Dämmerung begann ich mit der Abfahrt.

Tommy saß im Sattel seines steinernen Rads. Er schaute zum Gipfel. Noch etwa anderthalb Kilometer hatte er vor sich. Zu seinen Füßen lag immerhin genug Essen und Trinken.

Erst ab dem leeren Restaurant des Chalet Reynard wurde die Aussicht besser. Ich bog rechts ab und tauchte in den Wald ein.

Ich flitzte über eine schwarze Bremsspur hinweg. Mit der rechten Hand zeigte ich auf den Asphalt. Ob sie das in dem Renault hinter mir gesehen hatten?

»Du hast jetzt doch angehalten, was?«, hatte Sonny gefragt.

Ja. Ich hatte angehalten. Die Uhr hatte stillgestanden.

Alles war gut. Nächstes Jahr würde ich wieder auf den Mont Ventoux hinauffahren, beschloss ich. Dann ohne anzuhalten.

Tief über den Lenker gebeugt fuhr ich durch den Wald hinab. Meine Hände zitterten. Ich donnerte abwärts. In den steilen Abschnitten ging es ziemlich schnell. Mit vom Wind tränenden Augen sah ich den Tacho einmal kurz auf 85,1 Kilometer springen. Für Angst hatte ich keine Zeit.

Ich flog vom Mond zurück zu Mutter Erde.

Aus: Wilfried de Jong, *Ein Mann und sein Rad*
(Übersetzung: Ilja Braun)

DER NAMENLOSE MALOCHER

Seht
den namenlosen Malocher auf dem Weg zum Mont Ventoux
wie er unter seiner Mütze hochlugt
zum kahlen Felsklotz in nebliger Ferne
ohne brabbelnde Kommentatoren im verschwitzten Sog

selbst im kleinsten Gang
ist diese Pilgerfahrt
ein Kalvarienberg für das Herz

unbarmherzig brennt die provenzalische Sonne
auf sein glänzendes Nackenfell
derweil sein sehniges Wadenfleisch
sich krümmt und streckt
wie ein sterbender Hase

unter ihm in Sault
weht der Duft des gebändigten Lavendels
in der aufsteigenden Brise des Mistrals

Freunde oder Frau und Kind
warten in jeder Haarnadelkurve
auf den Zwerg, der klettert
wie eine flügellahme Fliege
über den verwitterten Buckel des steinernen Riesen

gleichgültige Steineichen in ihrer geschuppten Rinde
und verkrüppelte Kiefern
die entlang der Felsblöcke kreuchen
sind die rar gesäten Supporter in den letzten Kurven

ein Moment der Besinnung
vor dem Denkmal für Simpson
und wieder gleitet das schwarze Asphaltband
gepökelt vom Schweiß seiner Vorgänger
wie brennend heißes Pech im Zickzack voran

für den namenlosen Bezwinger des Mont Ventoux
kein Strauß oder flüchtiger Kuss
von einer kichernden Schönheit
aber ein unsichtbarer Triumphbogen
wie eine Narbe auf ewig in sein Herz gebrannt

Eric De Preester, Zingem - 2003

MIT BEIDEN BEINEN WIEDER AUF DEM BODEN

»Das Glück liegt [...] in sportlichen Leistungen, die ihresgleichen suchen: den Mont Ventoux dreimal mit dem Rad hinauffahren, mit großer Übersetzung, von der schwersten Seite. Für mich liegt das Glück eben da nicht da. Ich glaube vielmehr, dass wenn wir dort unser Glück finden wollen, das Unglück nahe ist. Denn was kommt nach dem dritten Mal Mont Ventoux? Okay, man kann sich den Galibier noch einmal vornehmen. Aber was dann? In meinen Augen verbirgt sich das Glück im Alltäglichen. Einmal mit einem ganz normalen Fahrrad durch die Veluwe fahren, [...]. Aber das sehen die Leute nicht, man prescht lieber vor, es ist immer dasselbe Speedboot-artige Denken.«

– Dirk de Wachter, *Er is niets tegen af en toe ongelukkig zijn*, in: *Trouw*, 6. Mai 2013[47]

LITERATUR, LINKS & CO.

Was folgt ist eine Auswahl aus den zahlreichen Büchern, Reiseführern, Broschüren, Faltblättern, DVDs, Videos, Websites, Tonaufnahmen und anderen Informationsquellen zum Thema. Wir haben Veröffentlichungen ausgesucht, die es dem interessierten Leser ermöglichen, sich ein umfassendes Bild von der Provence und vom Vaucluse und insbesondere vom Mont Ventoux und Tom Simpson zu machen. Die Bibliografien in diesen Werken wiederum liefern weitere Literaturhinweise, um sich weiter in die Materie zu vertiefen.

In der Literatur, die einen Überblick über die Geschichte der Tour de France oder des Radsports im Allgemeinen gibt, finden Sie natürlich ebenfalls eine Menge über den Mont Ventoux und Tom Simpson. Die Werke von Autoren wie Wim van Eyle, Jean Nelissen, Benjo Maso, Wim Simons, Reina van der Wal und Rob Groen und anderen sollten Radsportliebhaber diesbezüglich wunschlos glücklich machen.

Wenn Sie mehr über die Provence oder das Vaucluse, über einen der Orte in diesem Département oder über den Mont Ventoux wissen möchten, werden Sie in den Bibliotheken und den besseren Buchhandlungen im Vaucluse sicherlich fündig. Vor allem die Bibliotheken Inguimbertine (Carpentras) und Ceccano (Avignon) sind bestens sortiert. Hier die Adressen:

Bibliothèque Inguimbertine
Hôtel-Dieu de Carpentras
180 Place Aristide Briand
84200 Carpentras
Tel. 04 90 63 04 92
bibliotheque-musee@carpentras.fr

Médiathèque Ceccano
2 bis Rue Laboureur
BP 349
84025 Avignon cedex 1
Tel. 04 90 85 15 59
adultes.ceccano@mairie-avignon.com

Die Touristen-Informationen in Bedoin, Malaucène, Sault und anderen Orten bieten eine breite Palette an Büchern, Broschüren, Führern, Routenbeschreibungen, Karten etc. für Radfahrer, Wanderer, Reiter, Naturliebhaber, Feinschmecker und andere Interessierte. Die mit einem + gekennzeichneten Veröffentlichungen sind dort erhältlich, teils sogar kostenlos.

LESEN

Mont Ventoux

Antonini et al.: *Les sentiers du Ventoux Nord*, Avignon 1987. (Wanderführer) +

Barruol (Hg.) et al.: *Le mont Ventoux – encyclopédie d'une montagne provençale*, Forcalquier 2007.

Barruol, Joseph; Brusset, Gérard; Gaudin, Jean-Charles: *Der Mont Ventoux. Geschichte, Flora und Fauna – Reiserouten*, Monaco 2000. +

Bons, Martin: *De kunst van het dalen – Fascinerende zoektocht naar de wetten, de trucs en de geheimen van het dalen*, Thomas Rap, Amsterdam 2013.

Bottani, Dominique: *Guide des pays du Ventoux*, o.O. 1993. +

Brun, Georges: »Le Mont Ventoux« in: *Le Nombre d'Or*, o.O. 1969.

Castelein, Ingrid: »De roots van de Ventoux«, in: *Grinta!*, März/April 2013, Grinta! Publicaties, Tielt.

Castelein, Ingrid: *Mon(t) Ventoux – zomers en winters in de Provence*, Antwerpen 2015.

Claes, Toon et al.: *Ventourist/Ventousiast – Gids voor Wielertoeristen*, Sporta und Uitgeverij Davidsfonds NV, Leuven 2006.

Durand, Guy Gérard: *Bedoin à travers les siècles*, Avignon 2000. +

Galas, Jacques (Hg.): *Les Carnets du Ventoux*, Avignon 1985–heute (Serie). www.editions-espritdeslieux.com

Galas, Jacques und Christof, Alain: *Eaux et fontaines des pays du Ventoux*, o.O. 1992.

Galas, Jacques und Christof, Alain: *Les Pays du Ventoux*, o.O. 1996.

Grouiller, Christine und Jaulin, Serge: *30 balades en famille autour du Ventoux.* (Wanderführer)

Julian, P.: *Le Pèlerinage Littéraire du Mont-Ventoux*, Carpentras 1937. (Nachschlagewerk)

Leenhardt, F.: *Etude géologique de la Région du Mont Ventoux*, Montpellier, Coulet/ Paris, Masson 1883.

Madele(i)ne, Henri de la: »Jean des Baumes«, in: *Les Fonds Perdus*, Carpentras 1965. (Diese Ausgabe ist im Buchhandel nicht mehr erhältlich, wohl aber in Bibliotheken.)

Madon, Olivier: *La flore du Ventoux, des plantes et des hommes*, Avignon 1997. (Erhältlich beim Office du Tourisme in Sault.) +

Mondon, Bernard: *Le Mont Ventoux*, o.O. 1993.

Mondon, Bernard und Lipp, Steffen: *Le Mont Ventoux*, Barbentane 1998. (Ein sehr schöner Bildband.)

Morenas, François und Morenas, Claude: *Le Mont Ventoux et ses secrets et les Dentelles de Montmirail.* (Wanderführer; mit Karte) +

Petrarca: Die Besteigung des Mont Ventoux, o.O. 1336. (Übersetzung von Joseph Victor von Scheffel: *Des Francesco Petrarca Sendschreiben an den Kardinal Giovannni Colonna, die Besteigung des Mont Ventoux betreffend* in: *Reisebilder – Scheffels Werke, Vierter Band,* Leipzig/ Wien, 1917.)

Schauseil, Alphons: »Winderige berg – dal der wateren«, in: *Provence en Côte d'Azur*, Tiel 2001.

Thijssen, Martin: *Moord in de schaduw van de Ventoux*, Deamer Media Publishing, Helmond 2004.

Thijssen, Martin: *Nachtlied van een wandelaar*, Deamer Media Publishing,

Helmond 2009.
Thijssen, Martin: *De Ventoux als stille getuige*, Deamer Media Publishing, Helmond 2015.
Toman, Ralf (Hg.): *Provence. Kunst. Landschaft. Architektur*, Köln o.J.
Vandeloo, Jos: *De beklimming van de Mont Ventoux*, Antwerpen/Amsterdam 1990.
Wagendorp, Bert: *Ventoux*, München 2016. (Roman)

Provence

Bakker, Rudolf: *Altijd weer Frankrijk en andere Gallische hartenkreten*, Amsterdam 1999.
Bakker, Rudolf: *Provence en Côte d'Azur, benevens de Alpes-Maritimes en de Alpes-de-Haute-Provence: een reisgids voor vrienden*, De Arbeiderspers, Amsterdam 1995.
Booren, Raoul van den: *Provence*, Den Haag 2000.
Bossche, Stefan van den: *De adem van Mistral*, Amsterdam/Antwerpen o.J. (Die Provence in der niederländischen Literatur.)
Bossche, Stefan van den: *De Provence*, Amsterdam/Antwerpen, o.J. (Mit Erzählungen von u.a. Julian Barnes, Jan Donkers und Petrarca.)
Jacques, Maria: *Provence: zon en magie*, Leuven o.J.
Mayle, Peter: *Mein Jahr in der Provence*, München 1992.
Mayle, Peter: *Toujours Provence*, München 1993.
Polders, Loek (Hg.): *Als een god in de Provence*, Utrecht 2001. (Mit Erzählungen von u.a. Frédéric Mistral, Louis Couperus und Peter Mayle.)
Provence, aus der Reihe *Michelin – Der Grüne Reiseführer*.

Radfahren/Wandern

Arlman, Hugo und Knoop Pathuis, Tjakko: *20 x logeren en fietsen rond de Mont Ventoux*, Tielt 2009.
Aardema, Bert: *Berggids voor fietsers – Cols en hoogten in Frankrijk, Zwitserland, Italië, Oostenrijk, Spanje, België en Nederland – met bergprofielen*, Utrecht 1987. (Diese Ausgabe ist im Buchhandel nicht mehr erhältlich, wohl aber in Bibliotheken.)
FFRP Le Pays du Ventoux …*à pied – 45 Promenades et Randonnées*, Topo Guide PR, 2010.

Radsport

Donkers, Jan: *Reizen maakt rijk*, Amsterdam 1991.
Krabbé, Tim: *Das Rennen*, Stuttgart/Leipzig 2006.
Mondon, Bernard: *Les grandes heures du Tour de France au Ventoux*, Equinoxe, o.O. 2000. (Alle Tour-de-France-Etappen auf und über den Mont Ventoux werden ausführlich beschrieben. Das Buch ist sehr schön illustriert.) +
Smeets, Mart: »Kale berg«, in: *Oranje boven!: een jaar sport*, Amsterdam 2000. (Sportkolumnen)
Verhegghe, Willie: *Tourmalet en andere poëzie buiten categorie*, Eeklo 2002.
Verhoofstad, Renate: »Museum Baldini«, in: *De Muur*, Okt. 2005, Amsterdam.
Winnen, Peter: *Post aus Alpe d'Huez – Eine Radsportkarriere in Briefen*, Covadonga, Bielefeld 2005.

Tom Simpson

Fotheringham, William: *Put me back on my bike – Die Tom-Simpson-Biografie*, Covadonga, Bielefeld 2007.

Nelissen, Jean: »De dood van ›Majoor‹ Tom«, in: *De 100 beste wielrenners van de wereld*, Amsterdam 2000.

Sidwells, Chris: *Mr. Tom*, Norwich o.J. (Biografie)

HÖREN

Bank, Jacques: Put me on my bike nr. 1 : for solo-baritone, recorder (alto), mixed choir (16 singers), based on the last words (put me on my bike) supposed to have been said by the English cyclist Tom Simpson before he died near the top of the Mont Ventoux in France, Amsterdam 1971. (Erläuterung des Komponisten: »Alle klanglichen Möglichkeiten, die dieser Ausspruch bietet, werden ausgeschöpft, wobei zahlreiche seinerzeit moderne Stimmtechniken wie Zischen, Flüstern, Pfeifen, Zungenschnalzen usw. verwendet werden. Die Altblockflöte verbindet zusammen mit dem Bariton die verschiedenen Chorblöcke miteinander.«) Amsterdam 1973. Spieldauer 11 Minuten. www.donemus.nl

Blaudzun: *Powder Blue*, Titelsong des Spielfilms *Ventoux*.

Kooten, Kasper van: *Au fond du Ventoux*.

Misk Hills Mountain Rambler III: *The Ballad of Tommy Simpson*.

Mont Ventoux, Mini-CD-Album. Silber Records Silber 015, Land of Nod 2001.

Onlovestar.com: *Le Mont Ventoux*. Diese (Real-Audio- oder MP3-)Aufnahme steht zum kostenlosen Download bereit. Spieldauer 6:05 Minuten. www.onlovestar.com/noise/ le-tour-de-france/le-mont-ventoux.html.

SEHEN

Filme/Videos/DVDs

Feyaerts, Fons: *The King of Mont Ventoux*. In dieser TV-Dokumentation fahren fünf Sieger historischer Tour-de-France-Etappen ein virtuelles Rennen gegeneinander am Mont Ventoux. TV- und Crossmedia-Event anlässlich der 100. Tour de France. Juni 2013. stenola.eu.

Greep, Ariane: *Mont Ventoux Scala Paradisi. Hommage aan de magische Kale Berg*. DVD, Spieldauer 66 Minuten, Niederländisch/Englisch/Französisch. www.montventoux-scalaparadisi.com.

Kilsdonk, Nicole van: *Ventoux*, Verfilmung des gleichnamigen Romans von Bert Wagendorp. DVD, Spieldauer 103 Minuten, Niederländisch/Englisch/Französisch. Key Film 2015.

Tom Simpson »Death on the mountain«. BBC-Dokumentation über den britischen Radrennfahrer Tom Simpson, Englisch/Französisch. Zu finden auf www.youtube.com.

Pascoe, Ray: *Tom Simpson, Something To Aim At*. Ein Dokumentarfilm über das Leben von Tom Simpson von seiner frühen Kindheit bis zu seinem tragischen Tod auf dem Mont Ventoux, mit vielen historischen Filmaufnahmen. Zu Wort kommen u.a. Helen und Barry Hoban, Jane Simpson, Vin Denson, Eddy Merckx, Alec Taylor und Harry Hall. DVD, Spieldauer 105 Minuten.

Karten

La Carte de Randonnée Mont Ventoux 3140 ET, TOP 25, 1:25.000. Sehr detaillierte Karte des Mont Ventoux. Online zu bestellen unter www.ign.fr.

Vaucluse Carte touristique Série: Découverte des départements de France IGN, 1:100.000. Online zu bestellen unter www.ign.fr.

ViaMichelin, *www.viamichelin.de:* Auf dieser Seite können Sie Straßenkarten einsehen, Reiserouten zusammenstellen und herunterladen sowie Adressen von Hotels usw. (aus dem Roten Michelin-Führer) und weitere touristische Informationen recherchieren.

WEBSITES

Mont Ventoux

Chalet Reynard, www.chalet-reynard.fr.

Club des Cinglés du Mont-Ventoux, www.clubcinglesventoux.org. Die Website des Clubs der Verrückten vom Ventoux. Mit u.a. einem vollständigen Verzeichnis aller Cinglés, Galériens und Bicinglettes.

De Kale Berg, www.dekaleberg.nl. Die Website, die mit den Grundstein gelegt hat für dieses Buch. Bietet u.a. praktische Informationen rund um den Mont Ventoux, Fotos, Geschichten von Radfahrern, die den Berg bezwungen haben, Ranglisten, Veranstaltungen, Aktuelles, Wetter, Verkehr, Unterkünfte, Audio- und Video-Inhalte.

www.lemontventoux.net. Fotos, Pässe in der Umgebung, Unterkünfte, Radrouten. Französisch/Niederländisch.

www.stationdumontserein.com. Website der Skistation auf der Nordseite des Ventoux.

Ventoux Magazine.com, www.ventoux-magazine.com. Website und Zeitschrift.

Destination Ventoux, www.destination-ventoux.com. Den Ventoux und seine Umgebung entdecken. Französisch/Englisch.

Provence/Vaucluse

ProvenceWeb, www.provenceweb.fr. Sehr viele Informationen in französischer und englischer Sprache über die Provence.

Provence Beyond, www.beyond.fr. Sehr viele Informationen in Englisch über die Provence.

Tourismus in der Provence Vaucluse, www.provence-toerisme.com. Website des Fremdenverkehrsverbands des Vaucluse.

La Provence à vélo, www.provence-a-velo.fr. Rad- und MTB-Routen, interaktive Karte, Unterkünfte, Tipps. Französisch, Englisch, Deutsch.

Radfahren/Radsport

Fédération Française de Cyclotourisme, www.ffct.org. Die Website des französischen Radtourismus-Verbands, dem rund 3.100 Vereine angeschlossen sind. Mit u.a. zahlreichen Radrouten.

Le Tour de France, www.letour.fr. Offizielle Website der Tour de France.
Vélo101, www.velo101.com. Die französische Radfahrer-Website.
wielrennen.startpagina.nl. Viele Links zu Radsport-Seiten.

Radsportberge und -pässe

De Honderd Cols Tocht, www.100cols.nl. Die schwerste Radtour der Welt. Viertausend Kilometer über alle großen französischen Gebirge, über rund hundert Cols und rund hundert Côtes.
Climbbybike.com, www.climbbybike.com. Informationen zu Pässen und Anstiegen in aller Welt. Beschreibungen, Geschichten, Höhenprofile, Videos, Google Maps.
Cyclingcols.com, www.cyclingcols.com. Übersichtliche Höhenprofile von Bergstrecken in Europa.

Training etc.

www.knwu.nl. Verpflegung, Radsporttraining, Radtechnik, Fahrradwartung und sportmedizinische Informationen.
WebTrainer, www.webtrainer.com. Mit u.a. BergOp-Trainingsplänen für sportlich ambitionierte Radfahrer.

Radreisen

Cycletours, www.cycletours.nl. Radreisen für jung und alt, für Radsportler und Tourenfahrer, in nah und fern.
En Route fietsreizen, www.enroute-fietsreizen.nl. Anbieter von Gruppen- und Individualreisen für Radfahrer, u.a. auch für die Teilnahme am Granfondo Mont Ventoux–Beaumes-de-Venise.

ANMERKUNGEN

1 Abgeleitet vom provenzalischen *mistrau* (»der Meisterliche«).

2 Guy Gérard Durand, Autor van *Bedoin à travers les siècles*, hat einen beruflichen Hintergrund als Landvermesser.

3 Aus: »Jimmy«, einem Song auf dem Album *Hoe sterk is de eenzame fietser* von Boudewijn de Groot.

4 Der sogenannte Venturi-Effekt, der auch auf der Oberseite von Flugzeugflügeln auftritt.

5 Paul de Vivie (1853–1930) wurde bekannt unter dem Namen Vélocio, seinem Pseudonym als Autor. Er gehörte 1881 zu den Gründern des ersten Radfahrervereins von Saint-Étienne. Im Jahr 1887 gründete er die Zeitschrift *Le Cycliste forézien*, die später unter dem Namen *Le Cycliste* bekannt wurde und bis 1973 erschien. Er war Sekretär mehrerer Radsportvereine und als philosophisch orientierter Stammautor von *Le Cycliste* ein wichtiger Förderer des Radtourismus; er gilt auch als Erfinder des Begriffs »Cyclotourisme«. De Vivie war ein glühender Verfechter der Verwendung der damals noch seltenen Gangschaltungen und experimentierte viel, um die noch recht unzuverlässige und unpraktische Kettenschaltung jener Tage zu verbessern. Selbst im Alter legte er noch enorme Strecken mit dem Rad zurück. Noch immer findet einmal jährlich die nach ihm benannte Jedermann-Veranstaltung La Vélocio Mont Ventoux statt.

6 Im Jahr 2006 erhielten Gabriel Provane (1839–1921, Chevalier de la Légion d'Honneur) und Pierre Provane (1875–1922, Chevalier des Arts et des Sciences) »en Souvenir de deux enfants de Bedoin«, eine Gedenktafel an der Seitenfront des »Ladens« oben auf dem Gipfel. Der kleine Platz hinter der Touristen-Information in Bedoin war bereits zuvor nach den »Promoteurs de la Route du Mont Ventoux 1882« benannt worden.

7 Um keine Missverständnisse aufkommen zu lassen: Für viele Niederländer ist der Begriff *col* ein Synonym für »Berg«. Die Franzosen hingegen verwenden ihn, um den Ort zu bezeichnen, an dem eine durchgehende Wegverbindung von einem Tal ins nächste über einen Berg führt. Col bedeutet also nicht »Berg«, sondern vielmehr »Bergübergang« oder »Bergpass«. Oft liegt der Pass ein Stück(chen) niedriger als der Gipfel des Berges.

8 Er schickt einem Freund eine Postkarte mit der Nachricht: »Die Besteigung des Mont Ventoux dauert 7 Stunden, wenn man mit der Kutsche fährt, zu Fuß braucht man 6 Stunden und ein trainierter Radfahrer benötigt 3,5 Stunden (mit einer Übersetzung von maximal 3 Metern). Die schwindelerregende Abfahrt ist lebensgefährlich. Ohne Treppen über felsige Hänge mit 12 Prozent Gefälle, das ist etwas für Akrobaten. Meine Bremsen und Holzfelgen sind komplett verbrannt. Amateure sollten sich einfach nicht daran wagen!«

9 Britische Gewichtseinheit. 1 Stone entspricht 6,35 Kilogramm.

10 Paris–Roubaix 1960 war das erste Radrennen, bei dem TV-Aufnahmen mit

mobilen Kameras gemacht wurden. Tom Simpson wurde auf diese Weise zum ersten Menschen, der während eines Rennens live im Fernsehen gezeigt wurde.

11 In der englischen Radsportzeitschrift *Cycling* sagt Teammechaniker Harry Hall, dass er versucht habe, Simpson nach dessen erstem Sturz zum Aufhören zu überreden. »That's it for you, Tom. But he said he wanted to go on. He said ›My straps, Harry, my straps!‹ meaning that his toe-straps were still undone. So we got him upright and we pushed him off again.« Auf der Tom-Simpson-Seite von Romster Bike Wear (romsterbikewear.bigcartel.com/in-memory-of-tom-simpson) war zu lesen, dass in der Erinnerung von Harry Hall und Alec Taylor die letzten Worte von Tom Simpson lauteten: »Go on, go on!« Das berühmte Zitat »Put me back on my bike« gehe auf Sid Saltmarsh zurück, der damals für *The Sun* und *Cycling* über das Rennen berichtete. Allerdings war Saltmarsh in besagtem Moment nicht vor Ort und außerhalb der Reichweite von Radio Tour de France.

12 Im selben Jahr enthüllte Helen Hoban am Eingang des Harworth and Bircotes Sports and Social Club in Harworth eine kleine Nachbildung des Gedenksteins vom Ventoux. Das Geld für das kleine Denkmal wurde von der Familie, ehemaligen Kollegen und Fans aufgebracht. Einer dieser Fans war Simon Dutton, der Schauspieler, der u.a. Simon Templar alias The Saint spielte. Im Vereinshaus wurde zudem eine Vitrine mit Erinnerungsstücken eingerichtet, darunter ein Rad von Simpson, Trikots, die er getragen hat, und Veranstaltungsplakate.

13 Nachdem es knapp dreißig Jahre lang Wind und Wetter ausgesetzt war, war es notwendig, dem Denkmal einen neuen, mit Stahlstäben im Fels verankerten Betonsockel zu verpassen.

14 La Marmotte ist ein schwerer Radmarathon im Südosten Frankreichs. Obwohl es sich offiziell um eine Radtourenfahrt handelt, ist La Marmotte für viele Teilnehmer ein Rennen gegen die Uhr, bei dem man in verschiedenen Kategorien eine Auszeichnung in Gold, Silber oder Bronze erlangen kann. Bei einer Distanz von knapp 175 Kilometern sind insgesamt gut und gerne 5.000 Höhenmeter zu überwinden. Die Teilnehmer müssen den Glandon, den Télégraphe und den Galibier überwinden und dann noch den Anstieg hinauf nach L'Alpe d'Huez meistern.

15 Flämisch für »Denkmal«.

16 *Honi soit qui mal y pense* bedeutet so viel wie: »Ein Schelm, wer Böses dabei denkt« oder »Beschämt sei, wer schlecht darüber denkt«. Die altfranzösische Redensart ist die Inschrift auf dem Hosenbandorden, dem höchsten Ritterorden des Vereinigten Königreichs. Der Spruch wird auch gerne verwendet, um auszudrücken, dass das, was jemand sagt oder tut, nicht arglistig gemeint ist.

17 Siehe auch die Karten auf den Seiten 94 und 95.

18 Van den Bossche, Marc: *Sport als levenskunst*, Lemniscaat B.V., Rotterdam 2010, S. 38.

19 Rangiwahia: Stadt am südlichsten Punkt der Nordinsel von Neuseeland.

20 Hatepe Hill: Anstieg (159 m) in der Taupo Challenge, einer klassischen (seit 1977 ausgetragenen) Radtourenfahrt im Herzen der Nordinsel von Neuseeland. Die 160 Kilometer lange Strecke führt die etwa 11.000 Teilnehmer rund um den nahe der gleichnamigen Stadt gelegenen Kratersee Lake Taupo.

21 Dies ist die leicht komprimierte Version einer längeren Geschichte.

22 Weiterführende Informationen unter www.sunrise-and-sunset.com.

23 Bons, Martin: *De kunst van het dalen*, Thomas Rap, Amsterdam 2013.

24 Am Dienstag, dem 5. März 2013, feierte im Louis Hartlooper Complex in Utrecht der Film *Mont Ventoux Scala Paradisi* (Mont Ventoux Treppe ins Paradies) seine Premiere. Die Filmemacherin Ariane Greep huldigt in diesem Werk dem magischen Mont Ventoux. »Viele Legenden ranken sich um seinen Gipfel, wo Tausende Menschen seine steilen Wege mit dem Fahrrad oder zu Fuß erklimmen und damit einem alten Ruf folgen, immer höher und höher zu steigen. Vier Geschichten nehmen uns mit, von Petrarca, Simpson, den Bewohnern und der Regisseurin, alle auf der Suche nach der Seele des Berges, der sich selbst beobachtet und das letzte Wort hat«, so die Ankündigung.

25 *Bories* sind kleine Gebäude (Häuser, Ställe, Vorratsschuppen), die errichtet wurden, indem man flache Steine »kalt«, also ohne Verwendung von Mörtel, stapelte. Nicht weit von Gordes können Besucher ein restauriertes Dorf in dieser Bauweise besichtigen: Le Village des Bories – Musée d'un habitat rural; es ist auch unter dem Namen Le Village Noir (das schwarze Dorf) bekannt.

26 In Carpentras verläuft ein schön erhaltenes Exemplar quer durch die Stadt. Der berühmteste und meistfotografierte Aquädukt ist der Pont du Gard über den Gardon bei Remoulins.

27 Das Théâtre Antique auf dem Saint-Eutrope-Hügel in Orange gilt als besterhaltenes antikes Theater der Welt. Die sogenannte Theatermauer mit ihren 103 Metern Länge und einer Höhe von 38 Metern dominiert das Stadtzentrum. Die Akustik ist noch immer beeindruckend. Im Sommer finden hier große Theateraufführungen statt. Das Théâtre ist für Besichtigungen geöffnet.

28 Der Name Vaucluse leitet sich ab vom Lateinischen *vallis clausa*, was so viel bedeutet wie »geschlossenes Tal«. Dies bezieht sich auf das tief eingeschnittene Tal bei Fontaine-de-Vaucluse, wo die Sorgue entspringt. In dieser rund 300 Meter tiefen Karstquelle tritt das Regenwasser zutage, das aus einem 1.240 Quadratkilometer großen Einzugsgebiet über Schluchten, Spalten und unterirdische Flüsse hierherfließt.

29 Vor diesem Hintergrund spielt *Moord in de schaduw van de Ventoux* von Martin Thijssen, Deamer Media Publishing, Helmond 2004/2009. Dieser Krimi bietet nicht nur eine unterhaltsame Geschichte, sondern denen, die mit dem Mont Ventoux und seiner (weiteren) Umgebung vertraut sind, auch viele schöne Wiedererkennungsmomente. Ebenfalls bei DMP erschienen vom selben Autor *Nachtlied van een wandelaar* (2009) und *De Ventoux als stille getuige* (2015). Auch diese beiden Thriller spielen in und um Bedoin und werden beim geneigten Leser ebenfalls Erinnerungen an Zikaden, den Mistral und verschlafene provenzalische Dörfer wachrufen. *Eindhovens Dagblad* nannte *Nachtlied van een wandelaar* einen »Frankophilen Kriminalroman«.

30 Das *Comtat Venaissin* wird auch als *Comté Venaissin* bezeichnet. *Comtat* und *comté* sind Synonyme; beide Begriffe bedeuten »Grafschaft«.

31 *Avenicus* könnte sich im Volksmund aus dem Begriff *avena* entwickelt haben, dem lateinischen Wort für »Hafer«. Avenicus stünde dann vermutlich für »haferreiches Land«. Traditionell wird in der Provence viel Getreide angebaut.

32 Unter ihnen sind viele im Königreich Frankreich verfolgte Juden, die im Comtat Zuflucht suchen. Avignon besitzt sogar ein großes Ghetto.

33 Die erste Silbe von Bedoin/Bedouin wird sowohl im Französischen als auch im Provenzalischen wie das Doppel-e in »Meer« ausgesprochen. Die offizielle französische Schreibweise ist Bédoin – mit Akzent; die provenzalische Schreibweise lautet Bedoin – ohne Akzent. In der Tradition des Stadtrats von Bedoin und Guy Barruol et al (in: *Le mont Ventoux – encyclopédie d'une montagne provençale*, Forcalquier 2007) halten wir, vielleicht etwas eigensinnig, an der provenzalischen Schreibweise fest.

34 Nach dem Sieg des Königs über die Albigenser war die Macht des Grafen gebrochen.

35 Mistral ist in Maillane geboren und gestorben. Das Haus, das er 1876 bezog, blieb nach seinem Tod unverändert. Es beherbergt heute ein Museum, das Centre Frédéric Mistral.

36 Der Grund der Schlucht – und damit die Kapelle – ist über vier Fußwege erreichbar. Diese Wege beginnen in Monieux bzw. südlich des Dorfes am See von Malaval, rund 700 Meter vor dem Belvédère du Castelleras an der D 942, am Belvédère selbst und in der Nähe des zweiten Tunnels.

37 Ein *aiguier* (abgeleitet vom provenzalischen Wort für Wasser: *aigo*) ist eine kleine, in den Fels gehauene, meist abgedeckte Wasserzisterne. Das insbesondere im Sommer oft nur spärliche Wasser, das die Hänge hinabrinnt, wird darin gesammelt und gespeichert. Es war früher häufig die einzige Wasserversorgung für Mensch und Tier.

38 Der Maulbeerbaum (und mit ihm die Aufzucht von Seidenraupen) wurde zu Beginn des 14. Jahrhunderts von Papst Clemens V. eingeführt. Avignon entwickelte sich zu einem bedeutenden Zentrum der Samtherstellung. Die Pest hat dem ein Ende gesetzt. Hier und da sind noch Reste dieser Industrie vorhanden.

39 Aus Angst vor Waldbränden setzt die Familie Scherrer hier seit 1984 Lamas ein, um die Vegetation auf ihrem Land und Grund kurz zu halten. Das Experiment war erfolgreich und wurde immer bekannter. Seit 1990 werden mehr und mehr Mähaufgaben diesen Tieren überlassen – vergleichen lässt sich dies mit dem Einsatz verschiedener Rinderarten hierzulande, wie z.B. den Galloways. Die französische Luftwaffe setzt Lamas ein, um die Vegetation auf dem Stützpunkt Orange kurz zu halten, und Shell nutzt sie, um das Gebiet um die Raffinerie in Berre zu »trimmen«.

40 Auch die Toilettenspülung erfolgt in einigen Teilen der Stadt mit dem Wasser des Groseau. Wie das realisiert wurde, lässt sich anhand der Ausgrabungen von La Villasse in Vaison-la-Romaine sehr schön nachvollziehen.

41 Godefroy Wendelin heißt auf Flämisch Govaert Wendelen; auf Latein, der Sprache der Wissenschaft in jener Zeit, ist sein Name Vendelinus. Wendelin war nicht nur Astronom, sondern auch Kartograf und Physiker. Er unterhielt enge Kontakte zu verschiedenen wissenschaftlichen Größen seiner Zeit wie z.B. René Descartes und Constantijn Huygens sowie zu dem Maler Peter Paul Rubens. Der Mondkrater Vendelinus wurde nach ihm benannt.

42 Katsushika Hokusai war ein japanischer Holzschnittkünstler des 19. Jahrhunderts, der vor allem für seine Landschaftsbilder berühmt ist. Zu seinen bekanntesten Werken gehören die »36 Ansichten des Berges Fuji«.

43 Lemaire, Ton: *Filosofie van het landschap*, Amsterdam 2002, S. 18.

44 *Le baume* ist die Bezeichnung für eine natürliche Höhle im Osten und Südosten Frankreichs.

45 Schlucht, tiefes Tal.

46 Vom provenzalischen *clap* (Steinhaufen); hier: das Grab von Félise. Es war üblich, dass jeder, der an einem Grab vorbeikam, einen Stein vom Boden aufhob und ihn als Ehrbekundung auf das Grab legte. Im Laufe der Zeit entstand so ein »clap«. Der Clapier de la Morte liegt in der Combe de Maraval, ein Stück weit nordöstlich von Bedoin.

47 In seinem Buch *Borderline Times, het einde van de normaliteit* (LannooCampus, Leuven/Houten 2012) vergleicht Dirk de Wachter die moderne Gesellschaft mit einem immer schneller werdenden Speedboot, aus dem aufgrund der überhöhten Geschwindigkeit unaufhörlich Menschen herausfallen. Die Besatzung drückt den Gashebel immer weiter nach vorn, ohne dass jemand merkt, wenn irgendwer über Bord geht. Da auch ein Psychiater nicht in der Lage sei, das Boot zu stoppen, könne er nur als eine Art Küstenwache fungieren, die den Ertrinkenden eine Rettungsboje zuwirft.

Die Maßlosigkeit der westlichen Welt drückt sich laut de Wachter im nie endenden Streben nach kontinuierlichem Wirtschaftswachstum und in anderen extremen Ausdrucksformen aus, in der zwanghaften Sucht nach Glück, wie er es nennt: »Es heißt: immer mehr, immer heftiger, immer unmöglicher. Glück wird oft materialisiert, aber es ist auch eine Kultur des ständigen Kicks.« De Wachter zufolge steht die Gesellschaft so sehr im Bann von Glück und Erfolg, dass es die Menschen massiv unglücklich macht.

Dirk de Wachter ist Psychiater/Psychotherapeut und Leiter der Abteilung für System- und Familientherapie am Psychiatrischen Zentrum der Katholischen Universität Leuven.

48 Ein Priorat ist ein Kloster unter der Aufsicht einer Abtei oder ein kleines unabhängiges Kloster. An der Spitze eines Priorats steht der Prior. Eine Abtei ist ein Kloster eines kontemplativen Ordens (wie z.B. des Benediktiner- oder Kartäuserordens) und hat mindestens zwölf Mitglieder. Die Leitung liegt in den Händen eines Abts.

49 Die Bauern leben im Allgemeinen in tiefer gelegenen Tälern. Im Sommer bleibt das Vieh auf hohen, futterreichen Bergweiden und wird ins Tal gebracht, wenn der Winter naht. Sobald der Frühling kommt, treibt man die Tiere dann wieder auf die höher gelegenen Almen. Der jährliche Viehauftrieb und -abtrieb ist ein großes Ereignis in den Bergen Süd- und Südostfrankreichs; die bäuerliche Wirtschaftsform wird als Transhumanz bezeichnet. Auch Bedoin kennt dieses Phänomen: Zweimal im Jahr durchquert eine riesige Schafherde das Dorf auf ihrem Weg zu oder von den Wiesen oben am Ventoux – und hinterlässt dabei eine enorme Menge Köddel.

50 Ein Verweis auf das Gedicht *Der Gärtner und der Tod* von P.N. van Eyck (1887–1954).

51 Bart Hoffman ist die Hauptfigur in dem Roman *Ventoux* von Bert Wagendorp. Im gleichnamigen Kinofilm, der auf diesem Buch basiert, spielt Kasper van Kooten diese Rolle. Nach seinen Erfahrungen auf dem Ventoux legt er Hoffman dieses Lied in den Mund. Französischer Text: Jaques Du Mercou (Pseudonym von Kasper van Kooten). Übersetzung, Musik und Gesang: Kasper van Kooten. Auf YouTube illustriert mit Szenen aus dem Film.

DANKSAGUNG

Bei den Recherchen für *Der kahle Berg – Auf und über den Mont Ventoux* haben wir eine Vielzahl an Büchern und Websites zurate gezogen, die auf den vorangegangenen Seiten unter der Überschrift »Literatur Links & Co.« aufgeführt sind. Auch einige spezifische Internetseiten haben Informationen geliefert. Die wichtigsten sind: www.lequipe.fr, www.meteo.fr und www.anfas.fr. Zudem haben wir auch diverse andere Quellen genutzt, darunter Material, das uns von verschiedenen französischen Behörden zur Verfügung gestellt wurde.

Beim Kapitel über Tom Simpson haben uns auch verschiedene Artikel aus *Ons Zondagsblad*, *Het Volk/DNG*, *Het Parool*, *Het Nieuwsblad*, *Algemeen Dagblad*, *Miroir Sprint*, *Cycling*, *The County Times & Express*, *L'Équipe*, *De Muur*, *Skynet Nieuws* und *La revue municipale de Bedoin* sehr geholfen.

Darüber hinaus haben wir auf vielen Gebieten durch etliche Menschen unverzichtbare Unterstützung erhalten.

Joanne Simpson beispielsweise hat uns mehrmals außerordentlich herzlich empfangen und uns großzügig mit Informationen über ihren Vater versorgt. Umfangreiche Kontakte mit Roland Hurtecant und Christian Pic lieferten auch Zugang zu Daten und Fakten, die anderswo schwer zu beschaffen gewesen wären.

Luc Dekeyser, Marnix Van Hecke und Jan van Dam haben für uns in Belgien und Frankreich recherchiert und verschiedene Kontakte geknüpft und gepflegt. Jacquie Janssen Steenberg hat sich mit großer Geduld um die Kartografie gekümmert.

Marc und Marnix Van Hecke haben die Karten für die Mehrfach-Auffahrten erstellt.

Peer Rooswinkel, Karel Kleijn und all jene, die uns Erzählungen oder Fotos zur Verfügung stellten, trugen, jeder auf seine Weise, ebenfalls sehr zum Zustandekommen von *Der kahle Berg – Auf und über den Mont Ventoux* bei.

Lex Reurings und Willem Janssen Steenberg

BILDNACHWEIS

Die Fotografien auf den Seiten 1, 2 (oben und unten) und 6 (unten) der Fotostrecke »Ventoux: Gipfel, Straßen, Tour de France« steuerte dankenswerterweise Nicolas Garcera bei, Veranstalter des Santini GF Mont Ventoux (und auch der Mont Ventoux Dénivelé Challenges).

Vaucluse Provence Attractivité (www.vaucluseprovence-attractivite.com / www.provence-tourismus.de) stellte freundlicherweise die Bilder der Fotostrecke »Eine Runde im Vaucluse« sowie die folgenden Bilder der Fotostrecke »Mont Ventoux: Gipfel, Straßen, Tour de France« bereit: S. 3 links, S. 3 oben rechts, S. 5 unten, S. 6 oben, S. 8 oben und unten. Fotograf jeweils: Alain Hocquel für VPA.

Die Aufnahmen auf den Seiten 15 und 16 der Fotostrecke »Mont Ventoux: Gipfel, Straßen, Wege« stammen von Hennes Roth/Foto Roth & Roth.

Die weiteren Fotos in der Fotostrecke »Mont Ventoux: Gipfel, Straßen, Tour de France« und in der zweiten Fotostrecke (»So geht's natürlich auch« etc.) wurden von den folgenden Personen gemacht bzw. bereitgestellt:

Philippe Babinet
Hanneke van Dijk
Ariane Greep
Arnout Hasselaar
Jan IJzermans
Rutger van Ittersum
Willem Janssen Steenberg
Karel Kleijn
Stef Koning
Lode de Paepe
Lex Reurings
Willy Reuvis
Bruno Timperman
Hans und Peter Willemse
Fotoarchiv Sport-Express
Archiv Covadonga

Die Illustrationen auf den Fotoseiten »Einmal oben…« sind von Arnout Hasselaar. Bildnachweise für die Gemälde finden sich direkt auf den Fotoseiten »Der Mont Ventoux in der bildenden Kunst«. Die Übersichtskarte auf Seite 19 stammt von Dreamstime/Michael Schmeling, das Foto auf Seite 32 von der Website velo.balde.net; der Fotograf ist unbekannt. Es wurde jede Anstrengung unternommen, die Inhaber aller Bildrechte ausfindig zu machen; sollte dennoch unbeabsichtigt eine Nennung fehlen oder fehlerhaft sein, bitten wir die betreffenden Personen, Kontakt mit dem Verlag aufzunehmen, sodass die Angaben in folgenden Ausgaben oder Druckauflagen ergänzt werden können.

DIE AUTOREN

Lex Reurings (1948) fuhr 1996 zum ersten Mal den Ventoux mit dem Rad hinauf und kann seither dem Lockruf dieses Berges nicht mehr widerstehen. Er verfolgt tagtäglich alles, was sich rund um den Mont Ventoux zuträgt, und teilt es auf der vielbesuchten Website www.dekaleberg.nl.

Willem Janssen Steenberg (1947) fuhr 1997 eher zufällig mit dem Auto den Mont Ventoux hinauf und war nachhaltig beeindruckt. 2001 bezwang er den Ventoux dann zum ersten Mal mit dem Fahrrad und diese Erfahrung hat sein Leben verändert. Nun macht er sich jedes Jahr auf den Weg, um den Berg aufs Neue zu erobern.

COVADONGA VERLAG

Die Lust am schnellen Radfahren. Abenteuer auf zwei schmalen Reifen. Die Faszination und die Geschichte(n) großer Rennen, legendärer Anstiege und bildschöner Rennräder. Die wundersame Welt des Profiradsports. Die Geheimnisse bekannter Rennfahrer und das Geheimnis erfolgreichen Trainings. Das sind die Themen, auf die der Covadonga Verlag in Bielefeld seit seiner Gründung im Jahr 2002 sein Augenmerk legt. Zuletzt erschienen:

978-3-95726-054-3 *Quer durch Flandern.* Harry Pearson
978-3-95726-053-6 *Sokrates auf dem Rennrad.* Guillaume Martin
978-3-95726-048-2 *Colombia Es Pasión.* Matt Rendell
978-3-95726-047-5 *Ride Inside – Trainingshandbuch Indoorcycling.* Joe Friel & Jim Rutberg
978-3-95726-044-4 *One-Way Ticket – Neun Leben auf zwei Rädern.* Jonathan Vaughters
978-3-95726-039-0 *Flamme Rouge.* Daniel Lenz & Florian Summerer
978-3-95726-038-3 *T wie Trouble. Mit Fords Tin Lizzy durch Trumps Amerika.* Tim Moore
978-3-95726-037-6 *Dominik Nerz – Gestürzt.* Michael Ostermann
978-3-95726-035-2 *Die Trainingsbibel für Radsportler.* Joe Friel
978-3-95726-033-8 *Vintage-Räder.* Gianluca Zaghi
978-3-95726-031-4 *Zugtiere in Trägerhosen.* Phil Gaimon
978-3-95726-028-4 *Der Radrennfahrer und sein Schatten.* Olivier Haralambon
978-3-95726-027-7 *Die Regeln. Kodex für Radsportjünger.* Velominati
978-3-95726-026-0 *Die Radfahrer Cartoons.* Dave Walker
978-3-95726-024-6 *Thomas Dekker – Unter Profis.* Thomas Dekker & Thijs Zonneveld
978-3-95726-019-2 *Tausend Kilometer Süden.* Walter Jungwirth
978-3-95726-018-5 *Die Trainingsbibel für Triathleten.* Joe Friel
978-3-95726-017-8 *Mit dem Klapprad in die Kälte.* Tim Moore
978-3-95726-013-0 *Pellegrina. Eine italienische Radsportwallfahrt.* Lidewey van Noord
978-3-95726-012-3 *Tourleben. Vier Jahrzehnte Radsportfotografie.* Hennes Roth
978-3-95726-010-9 *Auf der Straße.* David Millar
978-3-95726-009-3 *Die vierzehnte Etappe.* Tim Krabbé
978-3-95726-006-2 *Schnell und fit ab 50.* Joe Friel
978-3-95726-005-5 *Domestik.* Charly Wegelius
978-3-95726-001-7 *Das Rennen gegen die Stasi.* Herbie Sykes

Mehr unter: www.covadonga.de